普通高等教育"十一五"国家级规划教材
全国高职高专院校财会系列教材

会计电算化（第二版）

Computer-based Accounting

刘东辉　张洪波　主编
段洪成　　　　副主编

中国财政经济出版社

图书在版编目（CIP）数据

会计电算化/刘东辉，张洪波主编. —2版. —北京：中国财政经济出版社，2008.7
普通高等教育“十一五”国家级规划教材
ISBN 978-7-5095-0625-7

Ⅰ. 会… Ⅱ. ①刘… ②张… Ⅲ. 计算机应用-会计-高等学校-教材 Ⅳ. F232

中国版本图书馆CIP数据核字（2008）第104483号

中国财政经济出版社出版
URL：http：//www.cfeph.cn
E-mail：cfeph @ cfeph.cn

社址：北京市海淀区阜成路甲 28 号 邮政编码：100036
发行处电话：88190406 财经书店电话：64033436
北京富生印刷厂印刷 各地新华书店经销
787×1092 毫米 16 开 16.75 印张 376 000 字
2008 年 7 月第 2 版 2011 年 7 月北京第 5 次印刷
印数：12071－14070 定价：29.00 元
ISBN 978－7－5095－0625－7/F·0510
（图书出现印装问题，本社负责调换）

编委会名单

序言

近年来，我国的高职高专教育得到了迅猛的发展。高职高专院校每年招生人数占全国高等院校招生总人数的一半以上，可以说已经占据了高等教育的半壁江山。与此同时，社会对技能型人才需求旺盛，各行业第一线操作型、技能型人才有大量缺口。有专家称：中国经济目前仍然是短缺经济，其中最大的短缺就是教育短缺。而现阶段最短缺的教育是实用教育。目前的现实情况是：一方面各用人单位缺乏好用、实用的人才，另一方面大学生毕业找不到工作。教育脱离现实，教育体制不甚合理是一方面原因，教材编写无法满足高职高专教育实际需要也是很重要的原因。与高职教育发展速度相比较，高职高专的教材建设相对滞后。虽然这几年出版了多种版本的高职高专教材，但在内容、结构、形式等方面尚不能完全满足高职高专教学的需要。

为了满足高职高专院校人才培养的需要，我们通过招标的方式，邀请了全国部分省市的高职高专院校财会教师，共同编写了这套财务会计系列教材，共九种十八本。包括：《基础会计》、《财务会计》、《成本会计》、《财务管理》、《管理会计》、《会计电算化》、《审计》、《纳税筹划》以及非财会专业使用的《会计基础》。其中，会计专业八种教材都配备了《实训与练习》；为强化会计专业学生毕业岗前培训，我们还为此套教材专门配备了《会计分岗位实训》，以方便教师的教学和满足学生不同的实训练习。

参加本系列教材编写的人员都是具有多年教学经验，并有一定实践经历的双师型教师。我们聘请的审稿人，也都是会计领域的专家、教授。

培养优质、实用的技术人才，实现高效、充分的直接就业，是国家大力开展高职高专教育的目标。本系列教材即是针对高职高专财会类专业学生的培养目标、知识结构、职业能力和就业方向等要求组织编写的。按照《教育部关于加强高职高专教育人才培养工作的意见》中要求的高职高专毕业生应具有基础理论知识适度、技术应用能力强、知识面较宽、素质高等的特点来安排教材内容。各门专业基础课理论内容以必需和够用为度，以应用为主旨，突出实践性内容，以培养学生的专业技能为核心，保证学习内容和企业实际需求的高度一致，培养立即能用得上的技术、立即能用得上的人才。

本系列教材具有如下特色：

一是内容新。本系列教材以财政部最新颁布的《企业会计准则》、中国注册会计师协会编写的《中国注册会计师执业准则指南2006》为主要编写依据，同时兼顾《小企业会计制度》，详细阐述了企业各种经济业务的会计处理方法。

二是编写手法新。本系列教材全方位、多角度地反映了企业的各种经济业务内容，使教学内容更贴近会计实务。同时注重了会计知识的组合、扩张、链接和创新，给读者以全新的感受。在叙述上采用多样化形式，不落俗套。教材中既有会计历史的回顾，又有经典理论的讲述，更有引人入胜的案例剖析，还有启迪思维、风趣可读的思考题，能激发学生的学习热情和兴趣。

三是形式新。本系列教材采用师生互动、灵活多变的编写形式，穿插多样的提示模块，帮助学生理解学习内容。同时，着力改善教材的视觉效果，用新形式衬托教材的创新特色，便于学生理解和接受，从而达到提高学习效果的目的。

本系列教材适用于高等职业院校、高等专科学校、成人高校及本科院校举办的二级职业技术学院、继续教育学院和民办高校的财会类专业使用，也可作为在职财会人员岗位培训、自学进修和岗位职称证书考试的教学用书。

可以预见，随着我国经济的不断进步，社会对高职高专层次的人才需求会进一步扩大，高职高专教育将得到进一步的发展。希望本系列教材能为发展我国的高职高专教育，培养21世纪技术型、应用型人才贡献我们的力量。

全国高职高专院校财会系列教材

编审委员会

2007年5月

再版说明

会计电算化是指计算机技术在会计工作中的应用。随着信息技术的不断发展，会计电算化工作的优势被人们越来越深地认识，越来越多的单位产生了开展会计电算化的需要。不仅大型企事业单位要开展会计电算化，为数众多的中小企业也在加快实施会计电算化的步伐，社会对会计电算化人才的需求在不断增长。可以说，掌握会计电算化的知识和技能是作为一名合格会计人员必须具备的能力，学好会计电算化课程对求职和就业都会大有帮助。

一、本课程的特点

会计电算化是财会及相关专业的一门非常重要的专业课程。会计电算化专门人才分为不同层次，由于我国电算化会计软件已进入市场化发展阶段，社会大量需要的是会计电算化应用型人才，而应用型人才的培养符合高职高专院校的培养目标。因此，学习会计电算化课程就是通过理论学习和上机操作，掌握会计电算化的基本理论，熟悉会计电算化应用技术，为从事会计电算化工作打下坚实基础。本课程的特点在于计算机与会计的结合，必须明确的是，会计电算化工作是借助于计算机这种现代化的工具开展会计工作，因此课程的实质内容是对会计工作技能的学习而非计算机知识的学习。

二、与其他课程的关系

学习本课程需要一定的会计理论与实务基础，如果不懂会计，掌握会计电算化技术就无从谈起；学习本课程还需要一定的计算机应用基础，只有具备一定的计算机知识和操作能力，才能真正使用会计电算化这项技术。因此，应该在学习了基础会计、财务会计、计算机应用基础等课程的基础上学习会计电算化这门课程。

三、本课程的学习目标

在学习会计电算化基本理论的基础上，掌握会计电算化的应用技术。具体目标是：了解会计电算化的起源和发展，掌握电算化会计信息系统及其结构，了解会计电算化的实施步骤，能够正确选择会计软件，了解电算化会计信息系统的内部控制以及管理与维护等内容。在此基础上，熟练掌握账务处理系统、报表管理系统各项功能的应用操作，掌握工资管理系统和固定资产管理系统常用功能的操作。

四、本课程的学习方法

由于会计学科与计算机学科本身都具有很强的实践性，本课程的学习应该采用理论讲授与上机实践相结合的方式，充分重视上机实验。在与本教材配套的实训教材中设计了丰富的实训用题，既有单项训练，也有综合训练，可以充分利用这些实训题开展好教与学。

教师的讲授以给学生一个清晰的思路为主，使学生对这门课有总体的把握，在讲授过程中要详略得当，对于学生一看就明白的概念或叙述以及一做便知的操作步骤，应该略讲或不讲，而对一些重点、难点和原理性的知识应该展开讲，使学生“窥其一斑而知其全貌”。学生的学习不应仅靠课堂有限的学时，还应在教师的指导下开展自学。上机时注意重点练习，不要把时间浪费在一些无谓的操作上，每操作一步都要思考一下，计算机对会计数据做了哪些处理，以真正理解会计电算化工作的实质。

五、本课程的教学建议

在教学手段上，本课程应尽可能采用多媒体教学，既方便理论内容的讲授，增强其趣味性，又便于对软件介绍部分进行操作演示。

在教学内容上，第一章会计电算化概述和第二章会计电算化的实施属于会计电算化基本理论部分，是学习本课程的基础；第三章账务处理系统和第四章报表管理系统属于会计电算化课程应用部分，是学习会计电算化软件操作的核心与重点；第五章工资管理系统和第六章固定资产管理系统大多数单位开展会计电算化工作时普遍应用，也应该加以学习。以上部分是本课程的必学内容。而第七章往来管理系统和第八章进销存管理系统，大企业应用的较多，而中小企业应用较少，各学校可根据具体的学时总量进行选择性学习。

我们编写的这本《会计电算化》从第一版出版至今已有三年，被许多高校选作教材使用，师生们在使用过程中对本教材的编写给予充分的认可，经出版社推荐、专家评审，2008年1月本书入选教育部“十一五”国家级规划教材；2009年12月入选教育部普通高等教育精品教材。

本书以《企业会计准则》和现行《企业会计制度》为依据，以主流会计软件中最为流行和普及的版本为基础，以培养会计电算化应用型人才为目标，深入浅出、循序渐进地向读者介绍会计电算化的基本理论和应用技术。这次我们根据科学技术发展、学科发展和教学改革需要，对《会计电算化》一书进行修订，吸取了同行们提出的一些宝贵意见，考虑《企业会计准则》的影响，部分修订了例题并更换了相应的图片。为便于教学中对比和衔接，书后以附录的形式为读者提供了新旧会计科目名称和编号。

本书由刘东辉、张洪波任主编，段洪成任副主编。具体编写分工如下：哈尔滨金融高等专科学校教授刘东辉编写第一章、第七章，哈尔滨金融高等专科学校副教授林秀琴编写第二章、第六章，哈尔滨金融高等专科学校讲师段洪成编写第三章，浙江温州职业技术学院讲师王金莲编写第四章、第五章，山东商业职业技术学院讲师张洪波编写第八章。全书由刘东辉教授总纂、定稿，由哈尔滨工业大学博士生导师王福胜教授主审。

由于会计工作一直处于不断的改革变化之中，会计电算化的发展更是日新月异，为此我们还会在今后的工作中注意搜集最新会计电算化信息，努力完善这部教材，同时欢迎各位同行不吝赐教。在本书再版之际，向给予我们关心和帮助的各位老师和读者朋友们致以诚挚的敬意和谢意。

编　者

2008年7月

目 录

第1章 会计电算化概述

小李即将毕业，眼下正在四处找工作。他听说有家公司的一名老会计马上要退休，他们正要招聘一名财会专业毕业生，并且公司有开展会计电算化的想法，他决定去试一下。为此，小李进行了认真的准备，他首先回顾了一下在学校时学过的会计电算化这门课程……

本章提要

- 会计电算化的起源和发展趋势
- 会计电算化与电算化会计信息系统
- 电算化会计信息系统与手工会计信息系统的比较
- 电算化会计信息系统的结构

1.1 会计电算化的起源和发展趋势

1.1.1 会计电算化的起源

会计电算化，是计算机技术和现代会计相结合的产物。20世纪40年代，世界上第一台电子计算机研制成功。初期，计算机主要用于自然科学的数据处理方面，进入50年代，计算机技术开始被用于经济管理。1954年，美国通用电器公司首次利用计算机计算员工薪金，这一举动引起了会计数据处理技术的革命，开创了利用计算机进行会计数据处理的新纪元。计算机技术最初应用于会计领域，主要是用于单项数据处理，如职工工资的计算、库存材料收发的核算等，大多是数量大，计算简单而又重复次数多的业务。随着计算机技术的迅速发展，计算机在会计工作中的应用范围在不断扩大。当今西方许多发达国家，计算机被广泛应用于会计数据处理、会计管理、财务管理以及预测和会计决策，并且取得了显著的经济效益。

在我国，计算机技术应用于会计数据处理起步比较晚。1979年，长春第一汽车制造厂大规模信息系统的设计与实施，是我国会计电算化发展过程的一个里程碑。

小资料 1981年8月，在财政部、第一机械工业部、中国会计学会的支持下，中国人民大学和长春第一汽车制造厂联合召开了“财务、会计、成本应用电子计算机专题讨论会”。会上第一次提出了“会计电算化”的概念，“会计电算化”成了“电子计算机在会计工作中应用”的代名词。

会计电算化就是以电子计算机为主的当代电子信息技术在会计业务处理工作中的应用，利用电子计算机可以完成记账、算账、报账，还可以完成对会计信息的分析、预测和决策。

随着会计电算化事业的不断发展，会计电算化的内容得到了进一步的丰富，不仅涉及到会计电算化的组织与规划、会计电算化的实施与管理、会计电算化人员的培训、会计电算化制度的建立、计算机审计等工作，还发展到会计信息系统的理论与实务研究。会计电算化是现代社会化大生产和新技术革命的必然产物，现已发展成为一门融电子计算机科学、管理科学、信息科学和会计学为一体的实用技术。

会计电算化可以从狭义和广义两个角度去理解。从狭义的角度，它是指电子计算机在会计账务处理过程中的应用，即用计算机代替手工记账、算账、报账，计算机替代手工是这一应用的目标；从广义的角度，会计电算化指电子计算机在整个会计信息系统和以会计信息系统为核心的管理信息系统中的全面应用，这是一项系统工程，是计算机硬件技术、软件技术和会计人员的有机结合。发展之初，人们提到会计电算化只是狭义的会计电算化，而如今，会计电算化经过几十年的发展已达到全面应用的程度，再谈到会计电算化通常是指广义的会计电算化。

1.1.2 会计电算化的发展趋势

1. 会计软件由核算型向管理型发展。随着社会的发展和计算技术的不断提高，以记账、算账和报账等作为主要内容的“核算型”会计软件逐渐不能满足部门和企业管理上的需求。在美国，1978—1983年的短短五年之内，企业中用于管理控制、计划和分析的软件比重由20%提高到55%，而核算软件的比重由80%下降到45%，可见管理型会计软件在会计电算化中有着举足轻重的地位。在我国，1996年第二届全国会计电算化会议上提出了财务会计软件从核算型向管理型发展的目标，并在开发与应用我国管理型会计软件方面提出了许多具体措施和建议。自此，我国会计电算化事业进入了开发与应用“管理型”会计软件的新阶段。目前市场上的主流电算化会计信息系统，如金蝶公司的K3、用友的U8等，都是管理型的财务软件。

2. 向网络化方向发展。网络的发展对企业信息环境的影响是显而易见的。国际互联网使企业在全球范围内实现信息交流和共享，企业内部网使企业走出原来封闭的“局域”系统，实现企业内部信息对外实时开放。同时，网络环境为会计信息系统提供了最大限度的全方位信息支持，为网络化的财务处理建立了平台。随着计算机技术的发展和会计软件开发与应用的网络化、智能化，电算化会计信息系统能够以不同的形式和方法，实时地为各类信息使用者提供最新最快的信息。

3. 会计软件向多元化发展。为了适应不同规模用户、不同行业会计核算和管理的需要，会计软件将向多元化发展，即会计软件多层次和多类型。会计软件多层次，是指会计软件要适合中小型企业、大型企业以及跨国集团公司等不同规模企业的会计核算和会计管理的要求；会计软件多类型，即会计软件要适合制造业、商业、服务业、行政事业等不同行业会计核算和会计管理的要求。

4. 会计软件向智能型发展。会计软件的智能化包括许多方面，如操作过程智能化、业务分析智能化、决策支持智能化。如原始凭证的自动识别，输入记账凭证过程中根据用户选择的凭证类型自动显示借贷方科目，进行税金的自动计算，根据明细科目进行业务分析等。决策支持智能化主要解决非程序化决策和半程序化决策中无法用常规方法处理的问题，就是将人类的知识、经验、创造性思维、直觉判断等能力，用计算机语言来表达，模拟人脑进行决策。

5. 会计电算化的法规制度更加完善。随着社会的发展和经济的进步，会计电算化的应用不断深入，人们越来越重视会计电算化在企业管理中的作用。因此，有关会计电算化的法规制度也在逐步完善。会计电算化的发展使计算机审计也得到了较快发展，与之相适应，计算机审计准则也将制定。这些都将促进会计电算化工作的顺利开展。

1.1.3 会计电算化的作用

会计电算化是会计发展史上的一次革命，它在会计数据处理流程、处理方式、内部控制方式及组织机构等方面都与手工处理有许多不同之处，它的产生对会计工作的各个方面都产生了深刻的影响。发展会计电算化，大力开发和应用电算化会计信息系统，对更好地发挥会计的职能作用巨大，主要体现在：

1. 会计电算化能减轻劳动强度，提高工作效率。

2. 全面提高会计信息质量。计算机系统的可靠性保证了大量的会计信息可以得到及时、准确地输出。实现会计电算化后，可以根据管理需要，随时提供丰富的核算信息和分析信息。

3. 提高会计人员素质。会计电算化要求会计人员不仅要学习掌握电子计算机有关知识，而且要学习各种经营管理知识。

4. 促进会计工作规范化。会计电算化的实施要求会计处理按照规范的流程和方法进行，避免了手工处理方式下的主观随意性，也避免了具体操作人员的习惯或偏好，使得整个会计工作更加规范。

5. 促进会计职能的转变。会计电算化使财会人员从原来的抄写、计算等繁琐的手工劳动中解放出来，使财会人员有更多的时间和精力参与经营管理。同时，计算机网络技术的发展和会计电算化网络系统的建立，实现了全球数据共享和信息的快速传递，为财务管理人员、会计管理与分析人员、企业高层领导利用企业内外部会计信息进行管理、分析、预测和决策提供了保障。

6. 促进会计理论和技术的发展。电子计算机在会计实务中的应用，不仅仅是核算工具的变革，而且也对会计核算的内容、方法、程序、对象等会计理论和技术产生影响。借助计算机运算功能，可以深入认识和掌握企业经济活动的内在经济规律，为寻求和安排企业生产经营活动最佳实施方案提供科学依据，这是在手工操作下会计工作难以实现的。实现电算化以后，还可以根据单项固定资产计提折旧，精确地计算每项固定资产的损耗和净值情况。在计算机系统中，对于存货计价、费用摊销等许多业务内容都可以进行更准确的核算。

7. 推动企业管理现代化。会计信息约占企业管理信息的60%~70%，而且多是综合性的指标。实现会计电算化，为企业管理手段现代化奠定了重要基础。会计工作中应用了计算机以后，财会人员可以把主要精力投向财会管理，从而提高企业的管理现代化水平；同时，会计电算化的实施可以带动其他系统的实施，带动企业管理的全面现代化。会计电算化的实施形成了示范作用，要求其他部门（如提供数据的业务部门、辅助决策的分析部门）也实现电算化处理，这样既可以加快信息处理的速度和精度，又可以提高信息的利用率。例如，账务处理系统实施以后，工资、固定资产等系统也会产生电算化需要，然后进销存等业务系统也会产生电算化需求，最后系统整合成一个完整的管理信息系统。

1.2 会计电算化与电算化会计信息系统

1.2.1 基本概念

1. 数据：是指从不同的来源和渠道取得的原始资料，包括数字与非数字。

2. 信息：是经过处理的数据，是指在任何一个信息系统，以一定的操作技术对输入的数据进行处理，从而产生出的有特定用途的信息。

3. 系统：是由一些相互联系、相互作用的若干要素，为实现某一目标而组成的具有一定功能的有机整体。

4. 信息系统：是基于计算机及各种软件技术的各种关联理论和管理方法，以信息为处理对象，进行信息的收集、传递、存储、加工，并在必要时向使用者提供信息的一个人机结合的系统。

5. 会计数据处理：是指会计信息系统对会计数据进行加工处理，生成管理所需要的会计信息的过程。一般要经过采集、录入、传输、加工、存储、输出等环节。

6. 会计信息系统：是管理信息系统的一个子系统，专门用于处理会计业务，收集、存储、传输和加工各种会计数据，输出会计信息，并将其反馈给各有关部门，为企业的经营活动和决策活动提供帮助,为投资人、债权人和政府部门提供财务信息。

7. 电算化会计信息系统:是指以电子计算机为处理手段的会计信息系统,也称计算机会计信息系统、电脑会计系统等。

电算化会计信息系统输入的会计信息主要是原始凭证和记账凭证,输出的是账簿、报表、计划和决策方案等。因此,电算化会计信息系统是一个人机相结合的系统,它基于计算机技术和会计理论,通过收集、存储、传输和加工各种会计信息,将其反馈给企业管理者、投资人、债权人和政府部门等会计信息使用者,并为经营和决策活动提供帮助。

8. 会计电算化与电算化会计:会计电算化是以电子计算机为主的当代电子信息技术在会计业务处理工作中的应用。电算化会计是指应用以电子计算机为主的当代电子信息技术所进行的会计业务处理工作。

"会计电算化"与"电算化会计"本身是两个不同的概念,但二者十分接近。从内涵上看二者都是既包含了会计工作又包含了计算机应用,只是二者所强调的重心稍有不同。"会计电算化"强调的是电算化的过程,即在会计工作中应用计算机的过程;"电算化会计"强调的是电算化前提下的会计工作。因此,以讲授会计软件应用为主要内容的会计电算化课程有时也被称作电算化会计。只是由于人们从习惯上更愿意接受"会计电算化"这一称谓,所以我们也就不硬性区分这两个概念了。

1.2.2 电算化会计信息系统的构成

电算化会计信息系统是一个人机相结合的系统, 它的基本构成要素包括人员、计算机硬件、计算机软件,以及会计规范和数据。

1. 人员。是指从事会计电算化工作的人员,如会计主管、系统开发人员、系统维护人员、凭证录入人员、凭证审核人员、会计档案保管人员等。会计电算化要求系统人员是复合型人才,要同时具备计算机应用和财会业务两方面的知识。

2. 计算机硬件。计算机硬件是指进行会计数据输入、处理、存储及输出的各种电子设备。如:键盘、光电扫描仪、条形码扫描仪等输入设备,磁盘机、光盘机等存储设备;打印机、显示器等输出设备。其核心部分是进行数据处理的中央处理器(CPU),此外,还有通信设备、机房设施等等。不同的硬件组合方式构成了不同的计算机工作方式,如单机系统、多机系统、多用户系统和局域网系统。

3. 计算机软件。包括系统软件和应用软件。系统软件包括操作系统、数据库管理系统等。应用软件是根据一个单位、一个组织、一项任务的实际需要而研制开发的软件。凡是为了解决某些具体的、实际的问题而开发和研制的各种程序,都可称之为应用软件。会计软件就是一种应用软件,它是专门用于会计数据处理的软件。

4. 会计规范。是指各种对会计工作进行管理、约束、限定等的法令、条例、规章制度。主要包括两大类:一是政府的法律、条例;二是基层单位在会计电算化工作中的各项具体规定,如对系统的运行进行控制的各种准则、岗位责任制度、内部控制制度等。

5. 数据。电算化会计信息系统的数据是指以各种方式取得的会计记录资料,如凭证票据等。处理经济业务数据是财会部门的传统职能,也是会计电算化的基本工作。电算化条件下会计信息系统的数据处理有如下主要特点:数据采集标准化和规范化;数据处理方式集中化和自动化;会计档案管理简捷化。

1.2.3 会计电算化的内容

1. 从其发展的不同层次来看，会计电算化可分为会计核算电算化、会计管理电算化和决策支持电算化。

(1)会计核算电算化。是指在会计核算过程的各个环节如设置会计科目、填制会计凭证、登记会计账簿、进行成本计算、编制会计报表等应用了电子计算机及会计核算软件，实现会计数据处理电算化。

(2)会计管理电算化。它建立在会计核算电算化的基础上，是核算型会计信息系统内涵和外延的扩展。其主要内容是：在会计核算电算化的基础上，利用会计核算提供的数据和其他经济数据，借助计算机会计管理软件提供的功能，帮助会计管理人员合理地筹措资金、运用资金、控制成本费用开支、编制财务计划、辅助管理者进行投资、筹资、生产、销售决策分析等。

(3)决策支持电算化。是决策支持系统在会计领域的应用，是会计信息系统的进一步发展。其主要内容是：借助计算机和会计决策支持软件，利用数据库、方法库和模型库，采用人机交互方式，帮助决策者做出决策。如：利用成本核算数据和回归分析方法建立成本估计模型，根据现有数据进行预测，获得决策方案，为领导决策提供依据。

2. 从会计电算化工作的实施过程来看，会计电算化包括以下内容：

(1)会计电算化工作的规划。就是根据企业发展的总目标和管理信息系统的总目标，明确会计电算化的总目标；并根据企业的实际情况划分子系统，做出短期、中期和长期的规划，明确各个阶段的目标和实现步骤，以及建立各子系统的先后顺序；确定会计电算化管理组织体制，研究方案，确定经费来源。

(2)建立电算化会计信息系统。建立电算化会计信息系统包括硬件及环境的购置安装、系统软件的配置、会计软件的取得、实施人员组织、新旧系统内容的转换等内容。

(3)电算化会计信息系统的管理和维护。系统管理包括人员管理、使用操作管理、维护管理、档案管理等内容；系统维护包括硬件、系统软件、应用软件、数据等多方面。系统硬件维护的目的是保证硬件系统稳定运行，保证日常工作的顺利开展；系统软件和应用软件维护的目的是保证系统的安全性和可靠性。由于数据处理量大，并且要连续进行数据处理，数据的安全至关重要，所以数据维护也是一项很重要的内容，应定期对数据库进行整理、备份等工作。

(4)会计电算化管理制度。制度建设是会计电算化的一项重要内容，实行会计电算化的单位应该建立包括岗位责任制度、操作管理制度、系统维护制度及会计档案管理制度等的一系列管理制度。

1.3 电算化会计信息系统与手工会计信息系统的比较

1.3.1 两个信息系统的相同点

无论是电算化会计信息系统还是手工会计信息系统，二者都要遵循基本的会计理论和会计方法，遵守共同的会计法规和会计准则。所以，无论是电算化会计信息系统还是手工会计信息系统都要经过数据采集、对数据进行加工处理、数据存储和传递、输出报表等基本功能。

此外，无论是电算化会计信息系统还是手工会计信息系统，它们都是会计信息系统，都具有数据量大、数据结构复杂、数据质量要求高等共性。

1.3.2 两个信息系统的不同点

1. 数据收集方式不同。传统会计从收集各种原始凭证开始，根据原始凭证填制和审核记账凭证，再把反映经济业务的会计数据手工记录到记账凭证上。电算化会计则根据原始凭证或汇总原始凭证以键盘输入或语音输入的方式将数据输入到计算机中形成记账凭证，也可以通过扫描仪器将数据扫描录入。当原始数据在生产经营过程中产生时，可以通过自动装置或现场终端直接输入计算机，还可以通过电脑自动生成固定格式、固定内容的凭证(如计提固定资产折旧、有关费用的计提及年终转账等比较固定业务的处理)。

2. 数据处理方式不同。传统会计通常根据业务量的大小，分别由多人手工登记现金、银行、往来、费用、存货等各种明细账和总账，出现数据处理错误和数据之间的不平衡在所难免，需要进行总账和明细账的平行登记并且定期进行总账和明细账之间的核对。而在电算化会计系统中，这些数据处理均可由计算机成批或实时自动处理完成，数据的准确率和可靠性相对较高，账与账之间的核对就不是十分必要了。但为了便于计算机处理，所有会计科目、设备、材料物资、产品和零部件、职工、供销往来单位以及企业内部各个部门等都必须统一编号，作为它们名称的代码；原始凭证一部分可以省略，需要保留的在格式和内容上要适应借助输入装置输入计算机的特点，要便于录入人员操作，还要考虑到一次输入、多方利用的需要，以避免重复输入。

3. 期末会计信息的报告方式不同。传统会计在期末时需要财会人员从账簿或其他资料中提取各种数据，并对其进行计算分析，计算出小计、合计等，并将其手工填列到固定格式或按使用者需要而设计的空白表格中编制出各种报表。而电算化会计系统只是采取一定的方法，将存储的账务处理等系统的数据信息通过自动提取或运算生成会计报表。根据使用者的需要，可以以屏幕显示、打印输出或软盘输出等方式精确地提供各种报表和数据。但打印输出会计报表，除按统一要求编制的对外会计报表外，还必须考虑日常管理需要的内部账表资料，其内容和格式还要适应打印系统的功能和特点。

4. 会计数据存储的方式不同。传统会计信息系统中，会计数据的收集、加工处理及会计凭证、会计报告都是人工完成的，无论是记账凭证、账簿，还是会计报表都是以纸介质的形式存放的，其需要的纸张多、空间大，保管的难度较大。而在电算化会计信息系统中，无论是记账凭证、账簿还是会计报表都是以数据库文件的形式保存在磁性介质上，不再需要纸张和太大的空间，只需为数不多的磁盘、磁带或光碟，保管的难度、所需空间条件相对较小。

5. 会计数据的审核方式不同。传统会计数据的审核全部是人工进行的，因而工作的效率和准确率受到会计人员本身素质和潜能的影响。而在电算化会计系统中，大部分数据的审核可以通过在计算机中设置一定的勾稽关系，让其实时或成批自动地完成，可极大地提高审核工作的效率。

6. 会计内部控制的方法与技术不同。内部控制是为了保证财产安全，加强财务报告的可靠性，提高工作效率所采取的计划、方法、规程等。传统会计的内部控制基于手工数据处理方式，已经形成了一整套特有的方法和技术。如按会计事务的需要，分为不同的专业组（例如材料组、成本组、工资组、资金组、综合组等），实物保管与账务处理相互分离、相互牵制，明细账与总账相互分离并相互核对等，通过账证相符、账账相符、账实相符等内部控制来保证数据的正确。电算化会计信息系统除了会计人员以外，还有计算机软硬件技术人员和操作人员，按数据的形态划分为数据信息收集组、凭证编码组、数据处理组、信息分析组、系统维护组等，内部控制扩大到对人员、计算机设备、数据和程序等各个方面，而且要求更为严密。在电算化会计信息系统中，主要在计算机的使用权限、输入原始数据的校验、数据处理的正确性、数据信息的保管等方面采取适当的控制措施。

7. 错账更正方法不同。在手工会计信息系统中，账簿记录的错误可用划线更正法和红字冲销法更正。电算化会计信息系统中，只能采用红字冲销法来进行修改。

8. 账务处理程序不同。在手工会计信息系统中，为了提高会计核算工作的效率和质量，节省人力和物力，各单位可以根据实际情况，选择使用记账凭证、科目汇总表、汇总记账凭证、多栏式日记账、日记总账账务处理程序等不同的会计核算组织形式。但是不同的账务处理程序并不是会计数据处理本身所要求的，而是手工处理的局限性所致，是为了减少或简化转抄工作，避免和减少各种错误。在电算化会计信息系统中，记账工作完全由计算机代替，由于计算机具有高速、准确处理数据的能力，因此，手工记账程序和方法失去了原本的意义。实现会计电算化的任何单位，不必考虑选用何种账务处理程序，只要会计软件提供的记账程序是正确的，会计人员就可以指挥计算机及时、准确地完成记账工作。

9. 会计工作的侧重点不同。由于会计信息系统和决策支持系统的建立，会计职能出现了转化和扩展，工作重点由过去的以编制会计报表的方式向有关各方提供信息，转向利用会计数据加强企业内部的经营管理；由过去单纯事后核算和分析，转向全面核算；由过去会计部门只是提供财务信息，转化为干预生产，推动经营和参与决策，发挥会计在企业经营管理中的重要作用。

在手工条件下，许多复杂、实用的会计模型，如最优经济订货批量模型、多元回归分析模型等很难在企业管理中得以实施，大部分预测、决策工作需要依赖管理者个人的主观判断。计算机在会计中的应用，使得这些会计模型具有了实施的条件。管理人员借助管理软件工具便可以将已有的会计管理模型在计算机中得以实现，同时又可以不断研制和建立新的计算机管理模型，使管理人员可以迅速地存储、传递以及读取大量的会计核算信息和资料，并毫不费力地代替人脑进行各种复杂的数量分析、规划求解，及时、准确、全面地进行会计管理、分析和决策工作。这样，可以使会计职能成为一种跨事前、事中和事后三个阶段，集核算、监督、控制、分析、预测于一体的全方位、多功能的管理活动。

1.4 电算化会计信息系统的结构

1.4.1 电算化会计信息系统的物理结构

电算化会计信息系统的物理结构是指计算机硬件设备的组合方式。不同的组合方式构成了系统中不同的计算机结构体系，也决定了不同的计算机工作方式和总体功能。目前，在电算化会计信息系统中使用的计算机系统结构主要有：

1. 单机结构。整个系统只设置一台计算机和相应的外部设备，所使用的计算机一般为微型计算机。在单机结构中，所有的数据集中输入、存储和输出，属单用户工作方式。这种方式投资规模小，见效快，数据共享程度高，一致性好，但输入、输出集中，速度低。同一时刻只能供一个用户使用，效率较低，只适用于业务简单，核算量少的小企业。

2. 多机结构。多机结构由多个单机结构组成。各台微机间不直接发生数据联系，它们共同形成了一个松散的多机结构。会计业务分散在多台微机中完成，避免了多个会计人员互相等待、互相干扰的问题。通过多台设备间的互相备份可以提高系统的可靠性。多机系统对设备的性能要求低、各种机型可以配合使用，管理、维护方便。但由于各台微机间不直接发生数据联系，不利于设备、数据共享，易造成资源的浪费。这种结构只适用于没有实现网络联结的单位。

3. 多用户结构。多用户结构由一台计算机主机和多个终端构成。在多用户系统中，数据通过各终端输入，各个终端可以同时输入数据，由主机对数据进行集中处理，终端通常不具有独立的数据处理能力。这种分散输入、集中处理的工作方式很好地实现了数据共享，提高了系统效率。多用户系统的保密机制比其他系统好，比较适合经济业务量大、地理分布较分散、资金雄厚且具有一定维护力量的用户。它的缺点是：系统比较庞大，系统维护要求高，一旦主机发生故障，整个系统就会陷于瘫痪无法工作。

4. 网络结构。网络结构是将单台计算机利用网络设备连接起来，共享网络服务器上的硬件资源和软件资源，使计算机之间能进行数据交换、资源共享。计算机网络是利用通讯设备和线路，将不同地理位置、具有独立功能的多个计算机互相联结起来，以功能完善的网络软件实现网络中资源共享和信息传递的系统。能够在网络范围内实现硬件、软件和数据的共享，以较低的费用，方便地实现一座办公楼、一个建筑群内部或异地数据通讯，具有较高的传输速度，且容易维护，可靠性高，使用简单方便，结构灵活，具有可扩展性。但其安全性不如多用户系统，工作站易被病毒感染。

计算机网络从它的分布范围看，有局域网和广域网之分。局域网，尤其是用微机构成的局域网，由于实现起来比较简单、投资费用低、功能强大，因此广泛应用于各个领域，是实现会计电算化首选的结构。

1.4.2 电算化会计信息系统的功能结构

一个实用的电算化会计信息系统，通常由若干个子系统（功能模块）组成。每个子系统处理特定部分的信息，各个子系统之间通过信息传递相互支持、相互依存，形成了一个完整的系统。所谓电算化会计信息系统的功能结构就是指电算化会计信息系统由哪些子系统组成，每个子系统完成哪些功能，以及各个子系统的相互关系。

电算化会计信息系统按功能层次可以划分为三种类型：核算型、管理型和决策型。目前，国内绝大多数企业使用的会计信息系统属于核算型和管理型。

1. 核算型会计信息系统的功能结构。核算型会计信息系统主要是以规范会计核算业务，减轻会计人员手工劳动为目的。因此，核算型会计信息系统主要由总账系统（账务处理系统）、报表处理系统、工资核算系统、固定资产核算系统等子系统组成，其基本功能模块及各子系统之间的关系可以用图1-1表示。

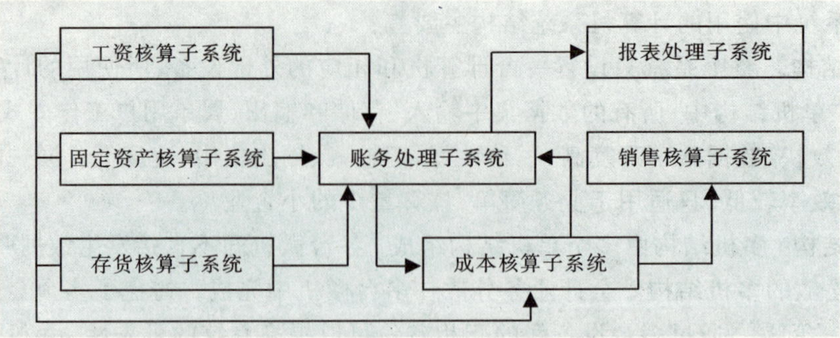

图1-1 核算型系统基本功能模块及各子系统之间的关系

(1)账务处理子系统。收集原始会计数据,完成全部记账、算账、转账、结账、出纳管理等工作,生成序时账簿、总分类账和各种明细分类账簿,进行账簿查询及打印输出,能完成和其他业务子系统之间的数据交换,并可向报表子系统提供数据。

(2)工资核算子系统。以职工个人的原始工资资料为基础,完成工资计算、工资费用的汇总和分配工作,计算个人所得税,生成工资结算单、工资条、工资汇总表等,同时可以完成职工福利费的计算提取工作,并自动生成凭证供账务处理子系统使用。

(3)固定资产核算子系统。对房屋、设备等固定资产的增减变动进行核算,完成折旧的计算、提取与分配,生成固定资产卡片、明细账、折旧计算表等,并自动生成凭证供账务处理子系统使用。

(4)存货核算子系统。完成存货的购进、入库、货款支付的核算以及发出、结存核算,提供库存状况。生成存货采购明细账、存货明细账、存货发出明细账等,并自动生成凭证供账务处理子系统使用。

(5)销售核算子系统。实现销售核算,包括销售收入、销售费用、销售税金、销售利润的核算。生成销售明细账、商品明细账、应收账款明细账、销售费用、销售成本、销售利润等各种明细账簿,并可将业务自动生成凭证供账务处理子系统使用。

(6)成本核算子系统。实现费用的归集和分配,及时准确地计算出产品的总成本和单位成本,输出成本计算的各种表格,并自动生成凭证供账务处理子系统使用。

(7)报表处理子系统。实现各种会计报表的定义和编制,并可以进行报表分析和报表汇总。该系统生成的会计报表包括对外会计报表和对内会计报表。

2. 管理型会计信息系统的功能结构。管理型会计信息系统一般是集业务处理与财务管理于一体的系统。该系统可以跨部门使用,使企业各种经济活动信息可以充分共享,最大限度地消除企业各部门的信息"孤岛"现象;实现了业务与财务的一体化管理,有效地实现了对资金使用和财务风险的控制,并能提供较充分的财务分析信息。因而,这种会计信息系统应用比较广泛,也为企业真正实施企业资源计划系统打下基础。

这种财务业务一体化的管理型会计信息系统的功能结构主要由财务会计部分、管理会计部分、供应链管理部分、集团财务管理部分组成。

(1)财务会计部分。主要包括账务处理(总账)、应收款管理、应付款管理、工资管理、固定资产管理、报表管理、财务分析、现金流量表等模块。这些模块从不同的角度,实现了从预算到核算到报表分析的财务管理的全过程。其中,账务处理(总账)模块是财务系统中最核心的模块,企业所有的核算最终在总账中体现。

(2)管理会计部分。主要包括项目管理、成本管理、专家财务分析等模块,通过项目和成本管理实现各类企业对成本的全面控制和核算,运用专家财务分析系统帮助企业对各种报表及时进行分析,及时掌握本单位的财务状况(盈利能力、资产管理效率、偿债能力和投资回报能力等)、销售及利润分布状况、各项费用的明细状况等。

(3)供应链管理部分。包括物料需求计划、采购管理、销售管理、库存管理、存货核算等模块,主要功能在于增加预测的准确性,减少库存;加快市场反应速度,提高供货能力;缩短工作周期,提高生产效率,降低供应链成本。同时,在这些模块中提供了对采购、销售等业务环节的控制,以及对库存资金占用的控制,对存货出入库成本的核算,使企业的管理模式更符合实际情况。

(4)集团财务管理部分。主要包括资金管理、行业报表、合并报表等模块及分行业的解决方案。资金管理模块实现对企业内外部资金的计息与管理;行业报表模块和合并报表模块等则为行业和集团型的用户进行统一管理提供了工具。

管理型会计信息系统主要功能模块及其相互间的关系可以用图1–2表示。从图中我们可以看出账务处理系统(总账系统)是整个会计信息系统的核心与基础,其他系统中产生的凭证数据都必须传递给总账系统,在总账系统中审核记账后反映到会计报表中。

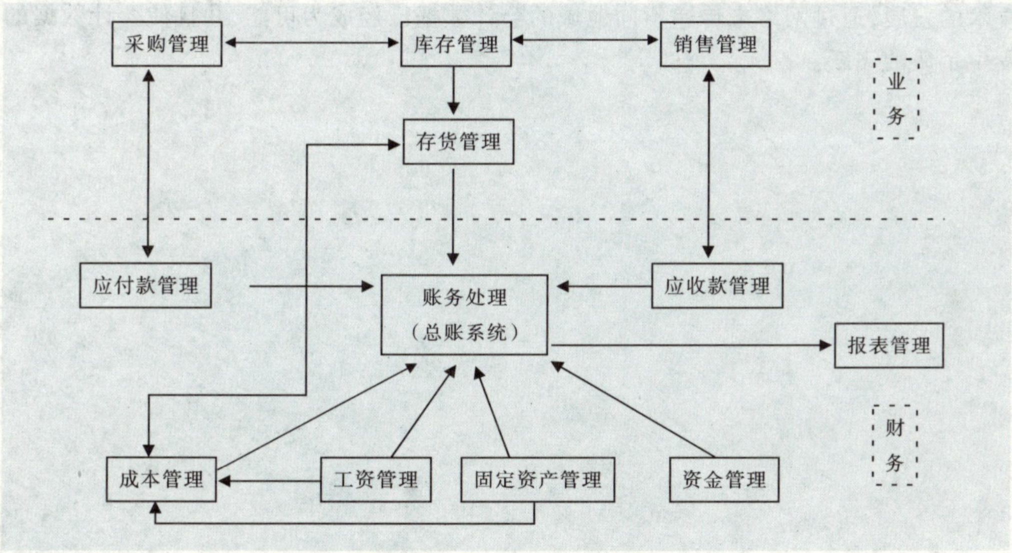

图1–2　管理型会计信息系统主要功能模块及其相互间的关系

1.4.3 电算化会计信息系统中各子系统之间的关系

电算化会计信息系统中子系统间的相互关系主要表现为数据传递关系，其数据的接收与传递大致有如下三种：

1. 单向接收型。这种类型的子系统只接收来自其他子系统的数据,而不向外部传递数据,如报表处理子系统。

2. 单向发送型。这种类型的子系统只向其他子系统传递数据，而不接收数据，如工资核算子系统、固定资产核算子系统以及存货核算子系统等。

3. 双向联系型。这种类型的子系统既向其他子系统传递数据，又接收来自其他子系统的数据，如账务处理子系统、成本核算子系统等。

一个完整的电算化会计信息系统内各子系统间不存在数据传递关系的情况很少。在处理它们相互之间数据的传递关系上，可以有三种不同的做法：

(1)集中传递式。是指各子系统之间的数据传递关系，通过一个专门的自动转账系统来实现。在这种形式下，需要专门建立一个自动转账子系统，它一般具有数据接收、转账模式定义、费用汇总模式定义、生成汇总转账数据、数据发送以及转账数据的查询、打印功能。

(2)账务处理中心式。是指各业务子系统对原始凭证汇总、处理后，编制出记账凭证直接传递到账务处理子系统；账务处理子系统对涉及成本、费用的凭证进行汇总后，再传递到各子系统。

(3)直接传递式。是指各业务子系统对原始凭证汇总、处理后，编制出记账凭证传递到账务处理子系统进行账务处理；同时，工资、固定资产、存货等业务子系统以及账务处理子系统要将各种直接的、间接的费用按一定的标准汇总后传递到成本子系统进行成本计算。

会计数据传递模式的变化，还表现在子公司与总公司之间、子公司与子公司之间、国内不同的地域之间、海内海外之间的会计数据传递方式上。随着网络技术的发展，国际互联网和企业内网技术的发展，通过网络来传递不同地域的会计数据已经成为可能，并且使会计数据的传递方式发生了质的飞跃。

第2章

会计电算化的实施

小李去面试了，经理对他的印象似乎不错，他交给小李和其他面试者每人一份公司资料，要求他们编写公司实施会计电算化的工作计划。小李想，这正是战胜其他对手的好机会，如果计划做得好，这份工作就十拿九稳了……

本章提要

- 会计电算化的实施步骤
- 电算化会计软件
- 电算化会计信息系统的内部控制
- 电算化会计信息系统的管理与维护

2.1 会计电算化的实施步骤

实施会计电算化包括建立会计电算化的组织机构、制定会计电算化实施计划、建立会计电算化管理制度等几个方面。

2.1.1 建立会计电算化的组织机构

会计电算化的实施要由具体的机构、具体的人员来负责，而人员又要通过岗位分工来各司其职。因此，建立会计电算化组织机构的主要内容包括：建立一定形式的组织机构、进行岗位设置和人员配备。

1. 会计电算化的组织形式。

(1)分散管理式。指将计算机分散在企业的二级或三级部门自行管理，会计电算化工作也由各部门自行负责。也有的企业财会部门单独配备计算机等设备，并配备一定的专业人员，会计电算化工作的实施，完全由财会部门负责进行，没有计算中心或计算中心不参与。分散管理的优点是便于各部门根据实际情况决定电算化实施进度，并且实用性强、投资少、见效快。但它也有很大缺点：一是由于缺乏整体考虑，各部门很可能从各自的目标出发，不考虑相互之间的联系，数据不能共享，系统效率不高；二是各业务部门都需要配备计算机专门人员，造成浪费。

(2)集中管理式。也称计算中心组织形式。这种形式把会计电算化工作包括管理、开发和使用维护等都放在企业计算中心(信息中心、资讯部)，财务部不设数据处理部门，也不安装计算机设备。财务部门定期按规定向计算中心提供核算和管理所需的数据，由计算中心负责会计电算化的日常运行。在这种情况下，财务部门的组织机构一般不做大的变动，除了一些业务由计算机处理外，许多工作仍由手工完成。这种方式有利于充分发挥计算机的作用，提高数据共享程度，避免重复开发，也有利于企业统一领导、规划和组织。但也有很大的缺点：第一，计算中心人员和财务人员不能很好地协作，偏重本部门情况；第二，各部门极易产生依赖思想，从而不能很好地配合和支持系统的实施和运行，影响会计电算化的正常进行。

(3)集中管理与分散管理相结合式。这种形式是由企业设立专门的机构，统一负责计算机应用规划工作。规划工作包括企业电算化的总体规划，管理信息系统总体设计及子系统划分，统一编码，对硬件、软件做出统一安排，指导各业务部门开展电算化工作。若企业已设立计算中心，专门机构的设置就可以以计算中心为主体设置。这种方式，既照顾了各业务部门的特点，又能统一管理组织，是目前一种较理想的组织形式。在这种方式下，实施会计电算化后，就需要调整财务部门的内部组织机构，岗位与职能都可能发生变化。

会计电算化要求在机构设置时应考虑以下因素：

(1)单位管理模式和组织机构设置。有的单位已经建立了计算中心或信息中心等计算机管理机构，那么可以在此基础上规划本单位会计电算化机构设置，将计算机管理、维护、数据存储和财务部门分开，加强数据安全性。有的单位长期采用分级核算的办法进行内部管理，若要采用集中管理模式，应采取循序渐进的方式。

(2)业务规模和性质。单位业务规模的大小影响着机构设置，数据处理量大的单位比处理量小的单位更适合采取集中管理方式。业务性质也影响着机构设置,以批发为主的企业和以零售为主的企业在机构设置、权限管理上有不同的要求。

(3)现有技术条件和人员状况。机构设置还要考虑单位现有技术条件和人员的操作与维护能力,如果财务部门人员短缺,无法承担系统维护工作,而其他部门有相应的技术力量,就应该和其他部门结合进行集中管理。

2. 会计电算化工作的岗位设置。财政部发布的《会计电算化工作规范》对会计电算化工作岗位划分如下:电算主管、软件操作、审核记账、电算维护、电算审查、数据分析。各单位可以根据自身特点进行岗位设置,如将会计电算化岗位设置为:系统管理员、数据操作录入员、数据审核员、数据管理员、系统维护员和其他人员。

确定岗位之后,需要确定会计电算化岗位职责。岗位职责是对各岗位工作职能和权限所做的规定。一般包括两部分内容:一是所有岗位都应该遵守的规定,如未经授权,不得私自进入系统操作或者越权操作等;二是每个岗位特有的规定。通常对上述各岗位职责规定如下:

(1)系统管理员的岗位职责。

①负责根据财务软件的特点和本单位的财务管理要求,建立本单位财务管理体系。

②负责电算化系统的日常管理工作,监督并保证系统有效、安全、正常地运行,在系统发生故障时,应及时监督与组织有关人员恢复系统的正常。

③协调系统各类人员之间的工作关系。

④负责系统的各有关资源(包括设备、软件、数据及文档资料等)调用、修改和更新的审批。

⑤负责系统操作运行的安全性、正确性、及时性的检查。

⑥负责计算机输出的账表、凭证数据正确性和及时性的检查和审批。

⑦负责做好系统运行情况的总结,提出更新或修改软件的需求报告。

⑧负责规定系统的各使用人员的权限等级。

⑨负责系统内各类人员的工作质量考评,以及提出任免意见。

(2)数据操作录入员的岗位职责。

①检查会计原始数据的审批手续,严格按照原始数据录入,录完后进行自检核对。

②严格按照系统操作说明进行操作,负责系统日常维护操作。

③每次数据录入结束后,应及时做好数据存档工作。

④可以进行数据查询工作,但不得进行数据复核操作。

⑤注意安全保密,各自的操作口令不得随意泄露,备份的数据要妥善保管。

⑥当天的日记账数据要做到当天登录,登录后及时打印出当天的凭证。

⑦操作过程中发现问题,应记录故障情况并及时向系统管理员报告,并做好故障记录及上机记录等。

(3)数据审核员的岗位职责。

①负责输入数据凭证的审核工作,包括各类代码的合法性、摘要的规范性和数据的正确性。

②负责输出数据正确性的审核工作。

③对不符实、不合账、不完整、不规范的凭证退还各有关人员更正、补齐后再进行审核。

④对于不符合要求的凭证和输出不正确的账表数据,不予签章确认。

⑤数据审核员不得进行已录入数据的修改操作,待数据操作录入员修正录入数据后再进

行复核签字操作。

(4)数据管理员的岗位职责。

①负责系统的各种开发文档、数据软盘、系统软盘及各类账表凭证、资料的备份和存档保密工作。

②做好各类数据、资料、账表、凭证的安全保密及保管工作,不得擅自借出。

(5)系统维护员的岗位职责。

①定期检查软、硬件设备的运行情况。

②负责系统运行软件、硬件的故障清除工作。

③负责系统的安装和调试工作。

④按规定的程序实施软件的完善性、适应性和正确性的维护。

⑤系统维护人员除实施数据维护外,一般情况不允许打开数据库进行操作,更不准修改数据库结构,改动数据来源走向。

(6)其他财务人员的岗位职责。

①出纳人员负责有关现金、银行存款收支工作。

②凭证处理员负责外来原始凭证的审核工作,本单位原始凭证的汇集审核工作,记账凭证的填制、审核工作等。

2.1.2 制定会计电算化实施计划

企业制定会计电算化工作实施计划可分为以下几个步骤:

1. 确定本单位会计电算化的目标。企业应结合自身条件,根据业务发展需要,制定出切实有效的会计电算化目标。不同的单位有不同的电算化需求,有些单位试图实施全方位的会计电算化,而有些单位则是希望在某些关键环节或某级次上实施电算化,需求状况的不同带来投资量、技术装备水平、软件先进程度、管理控制等方面的差异,也决定了会计电算化目标的制定。

2.拟定会计电算化草案。拟定草案之前,企业应对本单位现有的会计体系进行全面考察。考察的内容大致涵盖以下几个方面:

(1)单位基本状况,如组织机构、管理机制、人员构成等;

(2)单位业务情况,如业务种类、业务内容、相关单位等;

(3)现行会计部门的情况,如人员知识结构、与其他部门的业务关系等;

(4)企业现有技术条件、经济条件及其他;

(5)企业需要怎样的会计系统与业务发展相匹配。

除此之外,更重要的是分析本企业对会计电算化的特殊需求。在何种深度和广度上开展会计电算化,决定了应配备何种硬件设备、选择何种会计软件、现有人员能否适应会计体系的改变、为实行会计电算化而制定的内部控制制度是否安全可靠等等,它们构成电算化会计信息系统草案的主要内容。

3. 进行可行性论证。可行性分析的结果是对是否建立新的电算化会计信息系统做出判断,形成可行性研究报告。

可行性研究包括技术可行性和经济可行性。技术可行性是指单位所拥有的设备条件、技术力量能否保证会计电算化工作的正常开展;经济可行性是指单位能否承受所需投入的人力、物力、财力上的压力，经济可行性实际上就是成本/效益分析。

4. 制定电算化会计信息系统的实施计划。可行性分析通过后，需对前期制定的草案加以充实，制定会计电算化信息系统的实施计划。从目前我国会计电算化工作现状来看，会计电算化工作的主要内容仍然是把手工核算业务处理转化成计算机处理。因此，企业电算化会计信息系统实施计划一般包括以下内容：

(1)系统目标。系统的目标对会计电算化工作提出要求，规定会计电算化工作应完成的任务。

(2)系统的总体结构。总体结构主要指出电算化会计信息系统由哪些子系统构成，这些子系统之间的联系以及系统界面等。

(3)系统的硬件配置要求。在计划中还要根据企业计算机应用总体计划的要求，对电算化会计信息系统的计算机硬件设备配置提出原则性和一些具体的要求，尤其是对机器档次和型号要做出一定的规定和要求，同时对计算机的工作方式，究竟是采用单机系统、多用户系统，还是网络系统，做出初步规定。此外，对编程语言也要做出一些原则性的规定，以便指导系统开发工作。

(4)会计电算化工作目标实现的阶段和步骤。在目标确定以后，要确定分几步完成目标任务以及每阶段的任务及时间要求等。

(5)会计电算化工作管理体制及组织机构。在计划中，要明确会计电算化工作的管理体制，如与企业领导、总会计师、财务部门的关系，与企业其他部门，尤其是与计算机中心等相关单位的关系和职责。此外，对如何设置会计电算化组织机构等，也要做出相应的要求和规定。

(6)专业人员的培训与配置计划。应根据企业各种专业人员的现状和对会计电算化工作的要求，制定出专业人员的配置及培训计划，以保证计划目标的完成。

(7)资金预算及来源安排。开展会计电算化工作，需要投入一定资金，包括硬件购置费、软件(开发)购置费、消耗材料费用、培训费用等。计划在对所需资金做出预算的同时，还应安排其来源。

2.1.3 建立会计电算化管理制度

1. 会计电算化内部管理制度建立的原则。实行电算化以后，会计工作的工具、会计信息的表现形式、会计档案的存储介质、会计工作的程序都将发生巨大的变化。针对这些特点，会计管理工作中的有关内部管理制度也必须做出相应的调整，以便适应电算化的需要。

建立电算化内部管理制度，既要遵守手工方式下建立内部管理制度的原则，也要充分考虑计算机信息系统管理的特点；既要有利于保证计算机进行会计核算数据的真实性、正确性和完整性，保证会计工作秩序的正常进行，维护单位财产和货币资金的安全与完整，也要有利于保证工作中的计算机硬件设备、计算机软件和计算机中会计数据的安全可靠。

2. 建立会计电算化内部管理制度应注意的问题。

(1)单位领导应高度重视。实行会计电算化以后，会计工作岗位和会计人员必须进行相应的调整，电算化系统也涉及到其他相关部门，因此，单位领导应协调好各部门，共同建立、完善并执行会计电算化内部管理制度。

(2)财务部门负责具体工作。内部管理制度的建立由财务部门在岗位确定的基础上具体负责实施。

(3)以国家法律和规章制度为依据。建立会计电算化内部管理制度时，应首先遵守《会计法》、《企业会计准则》、《企业财务通则》、《会计基础工作规范》、《会计电算化工作规范》、《会计档案管理办法》等法规制度的相关要求。

(4)以本单位当前实际情况为基础，考虑今后业务发展的要求。内部管理制度应满足当前实际需要，同时考虑到今后业务发展的规划。

(5)注重制度条款的合理性，管理制度应简便易行，可操作性强。内部管理制度的每一项条款应合理、清晰、全面、具体、通俗易懂，便于会计人员操作执行，并可以作为业务考核的相关标准。

(6)兼顾会计电算化系统和其他业务系统的协调。在已经建立管理信息系统的单位，应该注意内部管理制度和其他业务系统的协调一致，不得相互矛盾或冲突，便于实现资源共享。

(7)制度建立以后，应加强对所有会计人员的培训学习，并坚持自觉执行。制度的执行是关键，应通过培训和学习，使所有相关人员熟悉制度内容，并自觉地在实际工作中加以遵守。

小资料

1996年，财政部颁布《会计电算化工作规范》，对会计电算化做出全面规定，主要包括以下部分：第一章 总则；第二章 配备电子计算机和会计软件；第三章 替代手工记账；第四章 建立会计电算化内部管理制度；第五章 附则。

3. 会计电算化内部管理制度的内容。按照《会计电算化工作规范》，开展会计电算化的单位，应根据工作需要制定下列会计电算化内部管理制度：

(1)会计电算化岗位责任制度；

(2)会计电算化操作管理制度；

(3)计算机硬件、软件和数据管理制度；

(4)电算化会计档案管理制度。

2.2 电算化会计软件

电算化会计软件是指一系列指挥计算机执行会计工作的程序以及存储数据或信息的文档资料，它是会计电算化信息系统的重要组成部分。

2.2.1 电算化会计软件的取得方式

目前，电算化会计软件取得的方式主要有自行开发、委托开发、购买商品化会计软件几种。此外，还有联合开发或购买与二次开发相结合等方式。这几种软件取得方式的特点如表2-1所示。

表2-1 几种应用软件取得方式的特点比较

评价指标 \ 取得方式	自行开发	委托开发	购买商品化软件
时间	长	长	短
投入	少	最大	大
稳定性	一般	好	最好
适用性	最好	好	一般
通用性	不好	一般	最好
维护方式	自主维护	可选	可选

目前,我国的商品化会计软件市场日益完善,软件的功能也日趋完善。一般情况下,如果单位对会计核算没有特殊要求,可以尽量采用商品化软件,如账务处理系统、报表系统等。如果商品化软件功能不能满足需要,可以采用购买以后二次开发或者委托开发的方式,如进销存、成本等业务系统。自行开发电算化系统不仅需要考虑开发技术力量,还要考虑实施以后的维护和升级问题,由于人员变动等各种因素,往往不能及时进行,所以这种方式尽量不要采用。

2.2.2 商品化会计软件的选择

购买商品化会计软件是会计电算化的发展趋势之一。一般地,不仅会计业务较少、处理简单的单位应使用商品化软件, 就是会计业务处理较复杂的大中型企业, 也可以购买商品化软件,而对于本单位特殊的需求,再进行二次开发,丰富商品化软件的功能。这样既省时,又省费用,是实现会计电算化的有效途径。

目前市场上的商品化会计软件既有国内软件厂商的产品,又有国外软件厂商的产品,版本众多,在性能、价格、适应性上各具特点,有着比较大的差异。选择会计软件时,应考虑以下因素:

1. 会计软件的功能。

(1)主要功能:完成会计业务的一般工作,正确处理会计业务,进行会计凭证填制,登记会计账簿,输出财会信息等工作。一般商品化软件,主要处理功能都比较齐全,不管是账务子系统还是其他子系统,都不可缺少地拥有输入功能、处理功能和输出功能,但格式和处理方法各有不同。

(2)辅助功能:这是为主要功能服务的,以方便主处理功能的圆满完成。没有这些功能,主要处理功能也照样能完成, 但这些辅助功能使系统应用起来更加方便。辅助功能包括提示功能、帮助功能、引导操作功能、全屏编辑功能、辅助计算器等一切有利于用户使用软件系统的所有功能。

(3)服务功能:这是有别于其他系统的特殊功能之一,它能保证会计信息系统的正常运行。包括重建索引文件以恢复被破坏的数据秩序,复制会计数据档案以防其丢失,恢复会计信息系统及其遗失或已被破坏的数据,清理存储空间等功能。

(4)控制功能:完成内部控制在会计信息系统中的任务,制约会计信息系统按规范的、正确的会计工作流程进行处理,并防止非法的和错误的输入、输出以及操作处理。系统控制功能包括输入数据的正确性控制(包括性质、长度、范围等),输出内容使用的控制,处理顺序和方式的正确性控制,使用权限的控制等。虽然控制功能不像其他功能可以直接从界面上看出,但它们确实存在于整个系统中,而且是必不可少的。控制功能越丰富,系统安全性越高,系统正常运行就越有保证。

各会计软件的主要功能基本上是一致的,这是因为开发设计这些软件时所遵循的《会计核算软件基本功能规范》,对会计核算软件必须具备的功能和完成这些功能的基本步骤等内容进行了统一的规定和要求。因此,选择会计软件时主要考虑的是其他几方面功能的差异。

2. 本单位财会业务的特点。

(1)行业特点:每个行业的会计工作都有其特殊性,财政部在制定会计制度时,也是分行业分别制定的,从而决定了各单位购买财会软件时,必须考虑各行业的特点。比如工业企业与商品流通企业的会计工作,在具体核算上,其内容和标准就不尽相同。通用商品化软件的某些功能是可以在某几个行业甚至各行业中通用的，但通用性越强，对各行业、各单位具体情况的个性满足程度就越差。

(2)企业规模：企业规模的大小决定了会计业务需要处理的数据量的多少，会计核算精确度的高低，以及是否分级核算，这些将决定购买软件的性质和功能。如企业日(或月)处理凭证的总数，企业会计科目的分级与长度，会计数据的最大值与最小值，每月所要保存的会计数据量，以及企业的规模及会计工作的分工等。

3. 软件的技术性能。包括使用的数据库系统安全可靠性和易使用性，后者指软件系统易学易用易懂的性能。可以考察如下几方面：

(1)界面的友好性。会计软件的界面是否简洁明了，提示是否清楚丰富，所用语言是否符合财会人员的习惯，输入、输出的格式是否规范，这些构成了界面友好性的主要内容。

(2)易适应性。指软件能很好地适应企业财务处理的具体情况，并在企业财务工作内容发生变化时，也能方便地适应这些变化的程度。比如科目的变化，报表格式及内容的变化，各种比率的变化，以及核算内容的变化等。此外，可维护性、可审计性、可移植性等亦需加以考虑。

另外，软件运行平台、软件运行环境，如网络环境、数据库环境也是选择商品化软件的重要因素。

4. 售后服务。购买商品化会计软件，售后服务至关重要。一般软件商都为用户提供售后服务。

一般情况下，知名软件商的产品通用性较好，售后服务好，维护能力强，但价格较高，并且许多项目是有偿维护。

5. 费用。商品化会计软件的购置费用一般包括：软件价格；实施费用(包括培训和安装费用)；售后服务费用；其他配套费用，如专为商品化会计软件配置的系统软件及防病毒软件的购置费用；扩充和升级费用，例如网络版软件增加工作站的费用、软件版本升级费用等。

考虑费用问题时，不能仅以总费用高低来进行选择，应与软件的质量和满足需要的程度综合考虑，以求选择既能满足会计处理的要求，性能价格比又是最优的软件。

目前，市场上商品化会计软件品种很多，主要品牌有用友、金蝶、安易、金算盘、小蜜蜂等。

2.3 电算化会计信息系统的内部控制

电算化会计信息系统的内部控制是指保证电算化会计信息系统安全、正常、有效运行的一系列制度和措施。

在传统的手工会计信息系统中，也需要进行内部控制，但是，那些内部控制制度是结合手工会计处理的程序和特点而制定的。在电算化条件下，会计数据处理的手段方式、过程以及数据存储方式等都发生了变化，原有的内部控制已经不能适应电算化信息系统的需要。

电算化会计信息系统的内部控制按照控制对象可以分为两大类，即一般控制和应用控制。

2.3.1 一般控制

一般控制是面向整个电算化会计信息系统的控制，包括电算化会计信息系统的开发、组织、文档、工作环境、维护等方面的控制。一般控制为电算化会计信息系统的正常运转提供了基本保障。一般控制主要包括以下内容：

1. 组织控制。企业实现了会计电算化后，应对原有的组织机构进行适当的调整，以适应计算机会计系统的要求。企业可以按会计数据的不同形态，划分为数据收集输入组、数据处理组和会计信息分析组等组室；也可以按会计岗位和工作职责划分为计算机会计主管、软件操作、审核记账、电算维护、电算审查、数据分析等岗位。组织机构的设置必须适合企业的实际规模，符合企业总体经营目标，并且按照精简、合理的原则对组织机构的设置进行成本效益分析。

2. 职责划分。内部控制的关键之点就在于不相容职务的分离，计算机会计系统与手工会计系统一样，对每一项可能引起舞弊或欺诈的经济业务，都不能由一个人或一个部门经手到底，必须分别由几个人或几个部门承担。在计算机会计系统中，不相容的职务主要有系统开发、发展的职务与系统操作的职务；数据维护管理职务与电算审核职务；数据录入职务与审核记账职务；系统操作的职务与系统档案管理职务等。企业为防止舞弊或欺诈，应建立一整套符合职责划分原则的内部控制制度，同时，还应当建立起职务轮换制度。

3. 上机管理。企业用于会计系统的计算机应尽可能是专用的，企业应对计算机的使用建立一整套管理制度，以保证每个员工和每台计算机都只做其应该做的事情。一般来讲，企业对用于会计系统的计算机的上机管理措施应包括轮流值班制度、上机记录制度、完善的操作手册、上机时间安排、设置密码、权限控制等。此外，会计软件也应该有完备的操作日志文件。

4. 档案管理。计算机会计系统有关的资料应及时存档，企业应建立起完善的档案制度，加强档案管理。一个合理完善的档案管理制度一般有合格的档案管理人员、完善的资料借用和归还手续、完善的标签和索引方法、安全可靠的档案保管设备等。除此之外，还应定期对所有档案进行备份，并保管好这些备份。为防止档案被破坏，企业应制定出一旦档案被破坏的事件发生时的应急措施和恢复手段。企业使用的会计软件也应具有强制备份的功能和一旦系统崩溃能及时恢复到最近状态的功能。

5. 设备管理。对于用于计算机会计系统的各种硬件设备，应当建立一套完备的管理制度以保证设备的完好，保证设备能够正常运行。硬件设备的管理包括对设备所处的环境进行的温度、湿度、防火、防雷击、防静电等的控制，也包括对人文环境的控制，如防止无关人员进入计算机工作区域、防止设备被盗、防止设备用于其他方面等。

2.3.2 应用控制

系统应用控制是指对电算化会计信息系统具体的数据处理过程进行的控制。即用来预防、检测和更正错误，以及防止不法行为的内部控制措施。应用控制是对电算化会计信息系统数据处理各个具体过程的控制。由于不同的数据处理有不同的处理方式和不同的处理环境，因而需要不同的控制措施。从数据处理的一般过程来看，应用控制应包括以下几方面内容：

1. 数据输入控制。由于计算机处理数据的能力很强，处理速度非常快，如果输入的数据不准确，处理结果就会出现差错。在数据输入时如果存在哪怕是很小的错误数据，一旦输入计算机就可能导致错误的扩大化，影响整个计算机会计系统的正常运行。因此，企业应该建立起一整套内部控制制度以便对输入的数据进行严格的控制，保证数据输入的准确性。数据输入控制首先要求输入的数据应经过必要的授权，并经有关的内部控制部门检查；其次，应采用各种技术手段对输入数据的准确性进行校验，如总数控制校验、平衡校验、数据类型校验、重复输入校验等。

2. 数据处理控制。是指对计算机会计系统进行数据处理的有效性和可靠性进行的控制。数据处理控制分为有效性控制和文件控制。有效性控制包括数字的核对、对字段、记录的长度检查、代码和数值有效范围的检查、记录总数的检查等。文件检查包括检查文件长度、检查文件的标识、检查文件是否被感染病毒等。

3. 数据输出控制。数据输出控制是企业为了保证输出信息的准确、可靠而采取的各种控制措施。数据输出控制，一要验证输出结果是否正确和是否处于最新状态，以便用户随时得到最新准确的会计信息；二要确保输出结果能够发送到合法的输出对象，文件传输安全正确。一般应检查输出数据是否与输入数据相一致，输出数据是否完整，输出数据是否能满足使用部门的需要，数据的发送对象、份数应有明确的规定，要建立标准化的报告编号、收发、保管工作记录等。

4. 数据存储和检索控制。为了确保计算机会计系统产生的数据和信息被适当地储存，便于调用、更新和检索，企业应当对储存数据的各种磁盘或光盘做好必要的标号，文件的修改、更新等操作都应附有修改通知书、更新通知书等书面授权证明，对整个修改更新过程都应做好登记，计算机会计系统应具有必要的自动记录能力，以便业务人员或审计人员查询或跟踪检查。

2.4 电算化会计信息系统的管理与维护

2.4.1 人员管理

会计电算化人员配备除了原有会计专业技能要求外，还要考虑对会计电算化岗位的胜任能力。在人员管理方面着重考虑以下几个方面：

1. 在传统岗位上增加对电算化专业知识的要求。根据规定，凡实施会计电算化的单位，必须有两名以上人员取得会计电算化初级培训等级证书，有的地方性规定中要求的人数更多。

2. 独立设置电算化机构的维护人员。如果电算化机构独立设置或独立开发电算化系统，需要有相应的硬件技术维护人员和软件开发人员。

3. 在进行人员岗位安排时，必须遵守有关制度规定，例如系统维护员、数据管理员不能由同一人担任，数据审核员和数据录入员应该分设等。岗位分工确定以后，相关的权限控制要符合有关规定。

另外应对会计电算化信息系统中的人员进行管理，按照责、权、利相结合的原则，明确系统各类人员的职责、权限，建立起会计电算化岗位责任制。各岗位会计人员只有明确自己的岗位职责，才能尽职尽责，才能保证电算化会计系统安全、有效运行。健全的会计电算化岗位责任制，一方面可以加强内部牵制，保护资金财产安全完整；另一方面，可以提高会计电算化信息系统的工作效率，充分发挥电算化会计信息系统的作用。

2.4.2 运行管理

会计人员操作计算机进行会计核算工作时，如果操作不正确会造成系统内数据的破坏或丢失，影响系统的正常运行。因此，必须对系统的运行加强管理，保证系统正常运行，完成会计核算工作，保证会计信息的安全与完整。会计电算化运行管理制度的主要内容包括：

1. 明确规定上机操作人员对会计软件的操作工作内容和权限，对操作密码要严格管理，指定专人定期更换操作员的密码，杜绝未经授权人员操作会计软件。

2. 预防已输入计算机的原始凭证和记账凭证等会计数据未经审核而登记机内账簿，保证会计数据正确合法。

3. 操作人员离开机房前，应执行相应命令退出会计软件，否则密码的防线就会失去作用，会给无关人员操作软件留下机会。

4. 根据本单位实际情况，由专人保存必要的上机操作记录、记录操作人、操作时间、操作内容、故障情况等内容。

5. 必要的防范计算机病毒的措施和制度。例如，不能使用来历不明的软盘和进行各种非法拷贝工作，以防止计算机病毒的入侵。

2.4.3 系统维护

系统维护管理包括硬件维护和软件维护两部分。

1. 硬件维护。一般情况下，硬件维护主要由销售厂家负责，企业只负责一些简单的日常维护工作。因此，企业可以不配备专职的硬件维护人员，由软件维护人员或其他人员兼任即可。硬件维护的主要内容是在系统运行过程中出现硬件故障时，及时进行故障分析，做好检查记录；在设备需要更新、扩充和修复时由系统管理员和维护员共同研究决定，并由维护员实施安装和调试。硬件维护应注意以下两点：

(1)机房内硬件必须指定专人负责。

(2)机房内硬件由系统维护员定期全面检查，并做好检查记录，发现问题的硬件应及时修理或更换。

2. 软件维护。软件维护主要包括正确性维护、适当性维护和完善性维护三种。正确性维护是指诊断和改正错误的过程；适当性维护是企业的会计工作发生变化时，对软件进行的修改活动；完善性维护是指为了满足企业新的需求对软件进行的修改活动。

对于使用商品化软件的企业，软件维护工作由销售厂家负责，使用单位只负责操作维护，可以不配备专职维护员，而由指定的系统操作员兼任；对于自行开发软件的企业，应配备专职系统维护员，负责系统的硬件设备和软件的维护工作，发现故障及时排除，以确保系统的正常运行。软件维护应注意以下几点：

(1)软件维护由专人负责，非指定软件维护人员不得从事软件维护工作。

(2)重大软件维护项目应事先报请会计主管和系统管理员批准，经同意后才能进行维护。

(3)做好详细维护记录。

(4)系统参数，如系统运行环境、会计科目级次、编码结构、使用权限等不得随意变动，若确需变动，应事先报请会计主管和系统管理员批准。

2.4.4 档案管理

电算化会计信息系统中的会计档案包括以书面形式存放的会计凭证、会计账簿和会计报表、存储在磁性介质上的会计数据以及系统开发运行过程中编制的各种文档、结构图、流程图和原程序等。良好的会计电算化档案管理是系统连续、稳定运行的保证,是电算化会计信息系统维护的保证,是系统数据信息安全的重要保证,也是会计信息得以充分利用、更好地为管理服务的保证。会计电算化档案管理制度主要包括以下几点:

1. 及时收集各种会计档案、并做好收集记录。

2. 严格执行会计档案的调阅规定, 调阅会计档案必须经过会计主管和系统管理员批准。调阅人不得擅自复制会计档案。

3. 妥善管理磁性介质上的会计数据,注意防热、防磁、防霉、防潮。

4. 会计档案销毁按国家有关制度进行。

5. 会计数据应做双备份并分别存放在两个不同的建筑物内。

第3章

账务处理系统

小李真的被公司录用了，公司按照他的建议购买了会计软件。小李决定在一周内熟练掌握总账系统的操作，因为他知道账务处理系统是最常用的……

本章提要

- 账务处理系统概述
- 用友 ERP-U8 概述
- 系统管理
- 系统初始化
- 日常业务处理
- 期末处理

本章将结合有关会计资料，以用友软件的最流行版本ERP-U8.5为例介绍账务处理系统的应用操作。用友ERP-U8.5的账务处理系统称为总账系统，适用于各类企事业单位，主要提供凭证处理、账簿处理、出纳管理和期末转账等基本核算功能，并提供个人、部门、客户、供应商、项目核算和备查簿等辅助管理功能。

3.1 账务处理系统概述

3.1.1 账务处理系统的地位

在手工会计中，账务处理是指对会计数据的记录、归类、汇总等过程，包括原始凭证的整理与汇总、记账凭证的填制与汇总、各种账簿的登记及会计报表的编制四个阶段。在电算化会计系统中，账务处理的内容就是指从填制凭证开始到输出各种账簿的过程，就是根据各种原始凭证向电算化系统录入记账凭证，并对其进行审核，根据这些数据生成日记账、明细账、科目汇总表、总分类账等，根据需要查询或输出各种凭证账簿，以及银行对账等出纳业务的处理等。因此，也把账务处理系统称为总账系统。

在手工处理下，并不特别强调账务处理的概念。实现会计电算化后，通常把会计核算系统划分为账务处理、工资核算、往来账款核算、固定资产核算、材料核算、成本核算、销售及利润核算和报表处理等若干个模块，它们共同完成会计核算中数据处理过程的全部工作。一个完整的会计信息系统包括账务处理子系统、报表处理子系统、工资核算子系统、固定资产核算子系统、材料核算子系统、产成品销售核算子系统、成本核算子系统、往来核算子系统等。

企事业单位开展会计电算化工作一般都是从账务处理系统开始，逐步实现工资、固定资产核算等其他业务核算的电算化。账务处理子系统能够接收其他核算子系统传递来的处理结果，并向其他核算子系统和报表子系统提供基础数据信息。其他子系统所采用的会计科目、凭证格式等都要通过账务处理系统进行设置，离开账务处理系统，其他业务核算系统难以发挥作用。

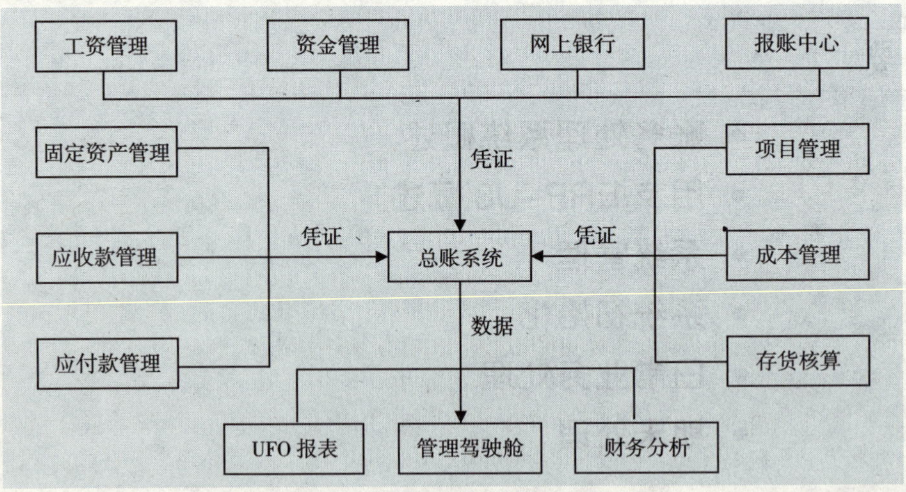

图3-1 用友总账系统与其他系统的关系

因此，账务处理系统（总账系统）是电算化会计系统的一个基本的子系统，它概括地反映企业供、产、销等全部经济业务的综合信息，在整个系统中处于中枢地位，与其他系统为并行关系，既可独立运行，也可同其他系统协同运转。用友ERP–U8.5的总账系统与其他系统之间的数据传递关系如图3–1所示。

从图3–1中可以看出，总账系统接收工资管理、固定资产管理、应收应付款管理、资金管理、网上银行、报账中心、成本管理、项目管理、存货核算等系统生成的凭证。总账系统向UFO报表系统、管理驾驶舱、财务分析系统等提供根据财务数据生成的财务报表及其他财务分析表。

3.1.2 账务处理系统的功能结构

电算化账务处理系统由若干功能模块构成。尽管目前市场上的各种通用会计软件的账务处理系统的功能模块有一定差异，但其基本功能大致相同，账务处理子系统提供的功能通常包括初始化设置、凭证处理、账簿处理、出纳管理、凭证与账簿信息的输出和系统管理等，只是不同的账务处理系统对各个模块的组合方式不同。

根据大多数会计软件中账务处理子系统所提供的各项功能和数据流程，总结出账务处理子系统的功能结构如图3–2所示。

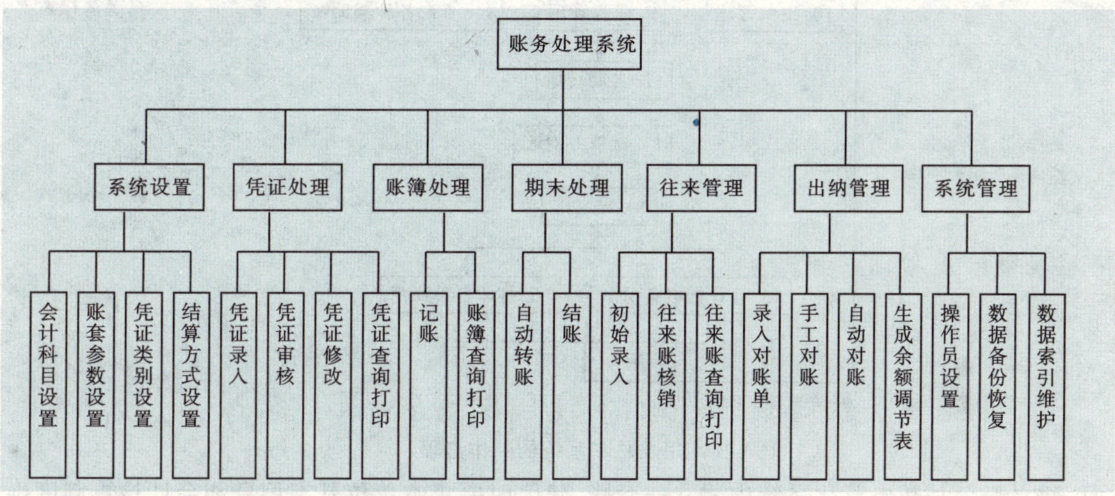

图3–2 通用账务处理系统功能结构图

3.1.3 账务处理系统的操作流程

账务处理系统的使用分为三个阶段：初始化阶段、日常账务处理阶段和期末处理阶段。下面以ERP–U8.5总账系统为例说明账务处理系统基本操作流程，如图3–3所示。

1. 系统初始化。初始化阶段主要是做好开展会计电算化的各项前期准备工作，包括上机操作前的准备工作和机上操作两部分。上机前的准备工作包括：结合实际建立本单位会计电算化管理制度；进行人员配置，做好岗位分工和人员培训；规范有关单据、凭证、账表，整理手工账簿资料；选购相应会计软件和硬件设备。上机后的准备工作就是将手工账务处理系统的数据全部转移到计算机中去，即把手工账本上的核算单位、科目、科目余额等数据输入计算机的过程。

狭义的系统初始化是指上机后的准备工作，包括建立账套、进行操作员管理和初始设置几

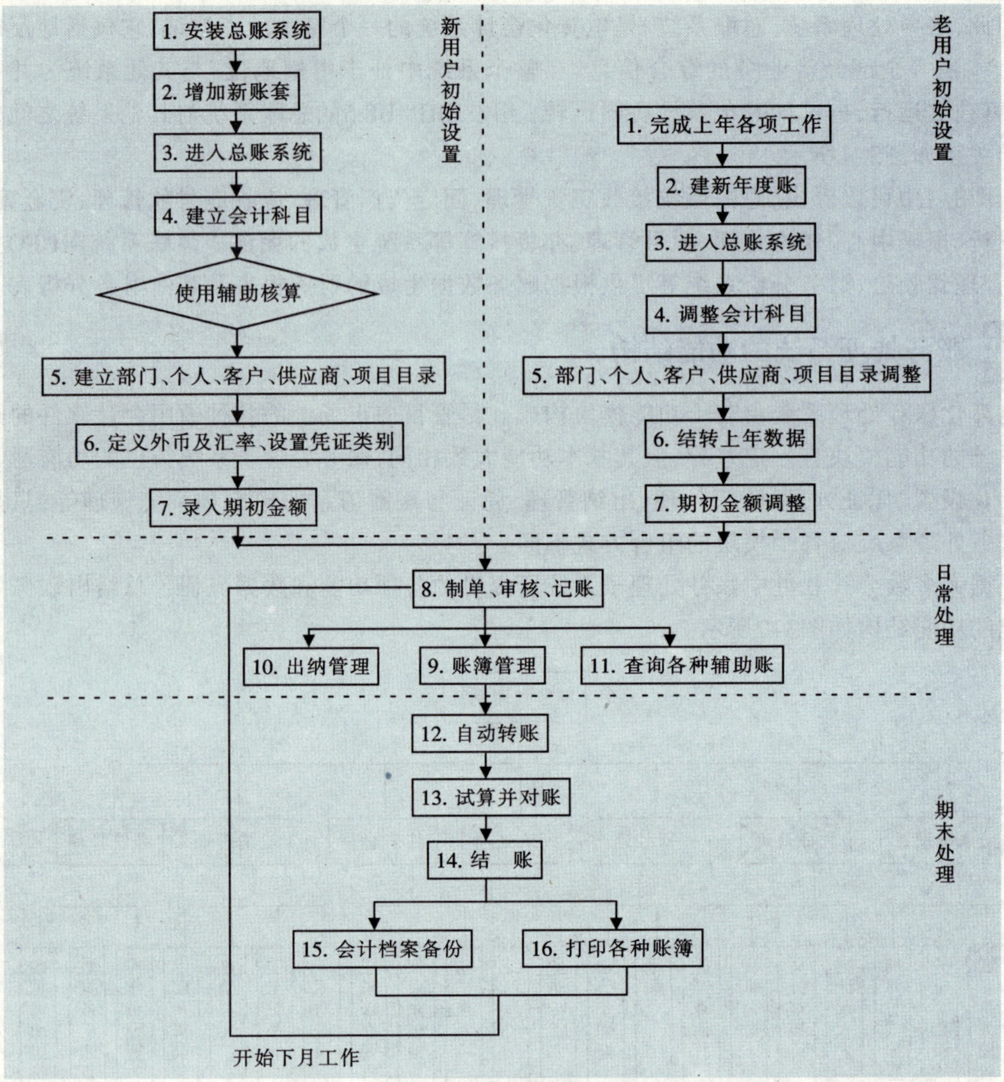

图3-3 用友总账系统的工作流程

方面。建立账套是在电算化系统中建立一套账，建账时要将本单位基本信息和会计核算制度确定下来，如企业名称、所属行业、采用的记账本位币、会计科目级数和长度、会计期间划分等等。操作员管理主要包括增减操作员、修改操作员权限、设置口令等内容，在系统初始化阶段建立账套后应立即进行操作员管理。由于启用账套以后还可能进行操作员管理，因此许多会计软件将增减操作员、修改操作员权限等操作员管理的内容往往安排在系统管理菜单中。初始设置的主要内容是设置会计科目和录入期初数据，账套启用后，会计科目尚可根据需要作适当调整，但是期初数据录入计算机这项工作只能在初始化阶段完成，记账以后就无法对期初数据进行修改了。

首次使用总账系统与次年使用总账系统，初始设置操作流程不同。第一次使用总账系统，首先应安装总账系统，增加新账套。从第4步建立会计科目开始到第7步输入期初余额是对账套进行的初始设置，应该根据企业的特点进行相应的设置。当会计科目、各辅助项目录、期初余额及凭证类别等均输入完毕，就可以使用计算机填制凭证、记账了。老用户使用以前账套数据时，在系统管理中建立新的年度账。从第4步到第7步是对账套基本信息进行相应的调整和设置。当会计科目、各辅助项目录、期初余额及凭证类别等均调整和设置完毕，就可以使用计算机处理新年度的账了。

2. 日常账务处理。是指每月都要循环进行的各项日常性的会计处理工作，包括凭证录入、审核、记账、查询等，还可能包括往来账管理、出纳管理等其他工作。流程图中第8步到第11步是每月进行的日常业务。

3. 期末处理。期末处理包括试算平衡、自动转账、月末结账、对账、生成月末工作报告以及对会计档案进行备份等。流程图中第12步到第16步是月末需进行的工作。

3.2 用友ERP-U8概述

用友ERP-U8是用友公司历经14年开发和服务历程，在总结三十余万家客户应用经验的基础上开发和完善起来的，面向中国市场的企业资源计划系统和全面管理解决方案。系统以企业业务流程为导向、应用价值为主体，将企业基础资源、需求链、供应链三个管理与竞争核心构筑成三角形业务应用体系，再以业务应用为基础，构筑战略决策应用模式，形成金字塔式总体应用价值模型。

用友ERP-U8工商企业版适用于各类企业，特别是信息化尚未完全深入和亟须提高的企业。系统从提高企业管理水平、优化企业运作的角度出发，实现企业的采购、库存、销售业务管理和全面会计核算、财务管理的一体化，提供事前计划、事中控制、事后分析手段，控制经营风险。各系统既相对独立，分别具有完善和细致的功能，最大限度地满足用户全面深入的管理需要；又能融会贯通，有机地结合为一体化应用，满足用户经营管理的整体需要。

3.2.1 用友ERP-U8系统的构成

用友ERP-U8总体架构如图3-4所示。

根据业务范围和应用对象的不同，用友ERP-U8系统划分为财务管理、供应链、生产制造、人力资源、决策支持、集团财务、企业门户、行业插件等系列产品，由四十多个系统构成，各系统之间信息高度共享。

1. 财务会计。财务会计部分主要包括总账管理、应收款管理、应付款管理、工资管理、固定资产管理、报账中心、财务票据套打、网上银行、UFO报表、财务分析等模块。这些模块从不同的角度实现了从预算到核算、到报表分析的财务管理的全过程。其中，总账管理是财务系统中最核心的模块，企业所有的核算最终在总账中体现；应收款管理、应付款管理主要用于核算和管理企业销售和采购业务所引起的资金的流入、流出；工资管理完成对企业工资费用的计算与管理；固定资产提供对设备的管理和折旧费用的核算；报账中心是解决单位发生的日常报账业务的管理系统；财务票据套打解决单位财务部门、银行部门以及票据交换中心对现有各种票据进行套打、批量套打和打印管理的功能需求；网上银行解决了企业足不出户，实现网上支付业务的需求；UFO报表生成企业所需的各种管理分析表；财务分析提供预算的管理分析、现金的预

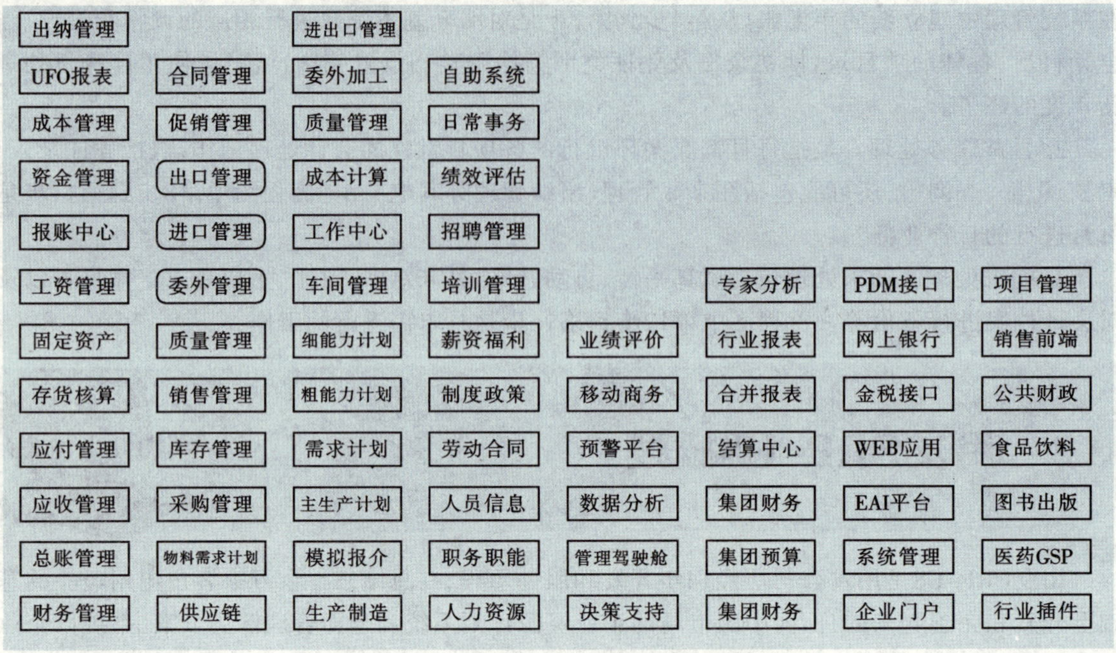

图3-4　用友ERP-U8总体架构

测及分析等功能，现金流量表则帮助企业进行现金流入流出的管理与分析。通过应用财务会计系列的产品，可以充分满足企事业单位对资金流的管理和统计分析。

2. 管理会计。管理会计部分主要包括项目管理、成本管理、专家财务分析等模块，通过项目成本管理，实现各类工业企业对成本的全面掌控和核算；运用专家财务分析系统帮助企业对各种报表及时进行分析，及时掌握本单位的财务状况（盈利能力、资产管理效率、偿债能力和投资回报能力等）、销售及利润分布状况、各项费用的明细状况等，为企业的管理决策提供依据，指明方向。

3. 供应链管理。供应链管理部分主要包括物料需求计划、采购管理、销售管理、库存管理、存货核算等模块，主要功能是增加预测的准确性，减少库存，提高发货供货能力；加速工作流程周期，提高生产效率，降低供应链成本；减少总体采购成本，缩短生产周期，加快市场反应速度。同时，在这些模块中提供了对采购、销售等业务环节的控制以及对库存资金占用的控制，完成对存货出入库的核算，使企业的管理模式更符合实际情况，制定出最佳的企业运营方案，实现管理的高效率、实时性、安全性、科学性、现代化、职能化。

4. 集团财务管理。集团财务管理部分主要包括资金管理、行业报表、合并报表等模块及分行业的解决方案。资金管理实现对企业内外部资金的计息与管理；行业报表和合并报表等则为行业和集团型的用户进行统一管理提供了工具。

5. WEB应用。WEB应用部分实现了企业互联网模式的经营运作，主要包括WEB财务、WEB资金管理、WEB购销存。通过WEB应用系统，实现了集团财务业务信息的及时性、可靠性和准确性，并加强了远程仓库、销售部门或采购部门的管理。

6. 商务智能。通过管理驾驶仓，帮助企业领导实现了移动办公的需求，企业领导可以随时、随地、随身实现对企业的实时监控。

7. 行业解决方案系列。参照各个行业的最佳业务实践，总结30万家用户的成功经验，提炼共性需求，开发个性插件，用友ERP-U8平台可以为以下行业提供个性化解决方案：

*工业标准供应链一体化解决方案；

*图书出版行业解决方案；

*医药经营企业解决方案(GSP)；

*批发、零售、连锁业解决方案；

*工程建筑施工业解决方案；

*化工行业一体化解决方案；

*集团资金管理解决方案；

*旅游业管理解决方案；

*食品饮料业应用方案；

*公共财政解决方案；

…………

3.2.2 用友ERP-U8系统的安装

1. 用友ERP-U8的运行环境。用户的硬件及网络环境直接影响ERP-U8应用系统的运行效率与稳定性，建议用户在准备运行环境的过程中应遵循以下标准进行建设，如表3-1所示。

表3-1 用友ERP-U8应用系统的运行环境

硬件环境		
	最低配置	推荐配置
客户端	内存256MB以上、CPU500MHz以上、磁盘空间2GB以上	内存512MB以上、CPU 1GHz以上、磁盘空间4GB以上
数据服务器	内存1GB以上、CPU频率1GHz以上、磁盘空间10GB以上	内存1GB以上、CPU 1GHz以上多CPU、磁盘空间20GB以上
发布服务器	内存1GB以上、CPU 1 GHz以上、磁盘空间10GB以上	内存1GB以上、CPU1GHz以上多XPU、磁盘空间10GB以上
网络带宽	广域网	局域网
	56KBPS以上	10MBPS以上
软件环境		
操作系统	Win98、Win NT4.0、Win 2000、Win XP(简体中/英文版)，建议使用Win 2000、Win XP。	
数据库	MS SPL 2000，MSDE 2000	
网络协议	TCP/IP、Named PiPe	

1. 安装方法。用友ERP-U8应用系统不分单机|网络版本，视具体的应用模式而定。如果是单机应用模式，那么只要把用友ERP-U8管理软件光盘放入光驱内，运行其上的Setup.EXE后即可使用，不需要额外的配置；如果是C/S网络应用模式，需要用同一张光盘在服务器和客户端分别安装(服务器安装基本运行环境)，然后在客户端进行配置即可。在系统运行过程中，可根据实际需要随意切换应用模式(单机《==》网络)；在网络应用模式下，可根据实际需要随意切换远程服务器，即通过改变服务器名称来访问不同服务器上的业务数据。

用友ERP-U8应用系统采用三层架构体系，即逻辑上分为数据库服务器、应用服务器和客户端。物理上，既可以将数据库服务器、应用服务器和客户端安装在一台计算机上（即单机应用模式），也可以将数据库服务器和应用服务器安装在一台计算机上，而将客户端安装在另一台计算机上（网络应用模式，但只有一台服务器），当然，还可以将数据库服务器、应用服务器和客户端分别安装在不同的三台计算机上（网络应用模式，有两台服务器）。

2. 安装步骤。

（1）安装加密盒。如果是网络应用模式，首先把加密盒插在服务器的并口上。如果是单机应用模式，则把加密盒插本地并口上。

（2）将用友ERP-U8管理软件光盘放入服务器的共享光盘中，打开Window NT的资源管理器，打开光盘目录，双击Setup.exe文件，显示ERP-U8管理软件安装欢迎界面如图3-5所示。

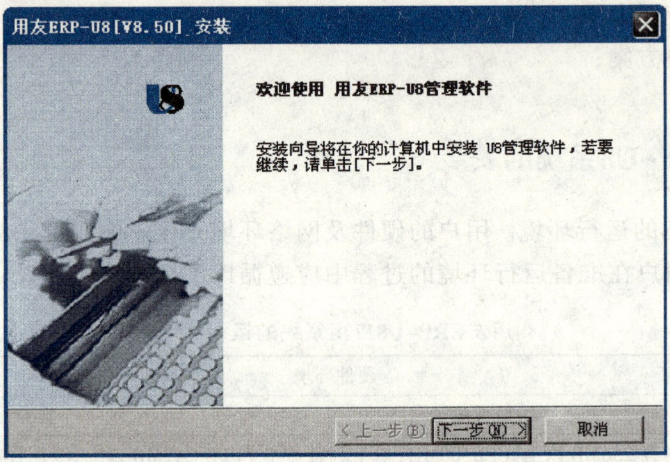

图3-5 ERP-U8管理软件安装—欢迎界面

（3）单击【下一步】，进入“安装授权许可证协议”界面。

（4）单击【是】，接受协议内容进入“客户信息确认”界面，如图3-6所示。

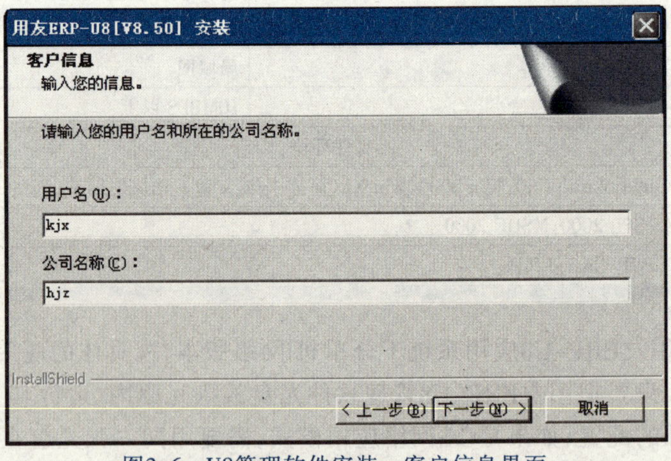

图3-6 U8管理软件安装—客户信息界面

（5）输入用户名和公司名称，用户名默认为本机的机器名，单击【下一步】进入“选择目的地位置”界面。

（6）选择安装程序安装文件的文件夹，可以单击【浏览】，修改安装路径和文件夹；单击【下一步】,进入“选择安装类型”界面,如图3-7所示。

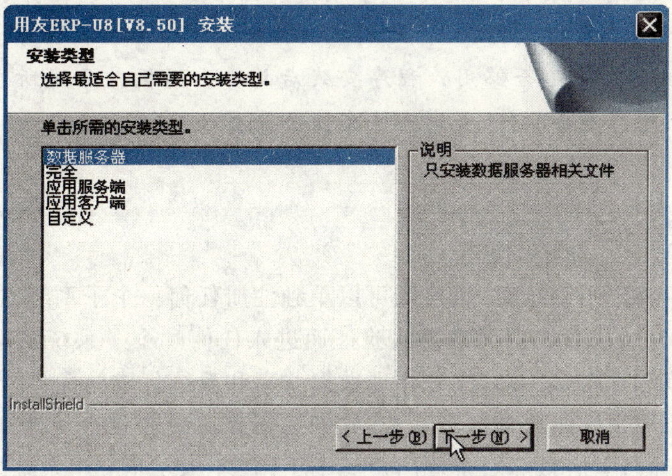

图3-7 U8管理软件安装——选择安装类型界面

(7)系统提供了五种安装类型,含义如下:

①数据服务器:只安装数据服务器相关文件。系统自动将系统服务功能安装在此机器上。

②完全:安装服务器和客户端所有文件。

③应用服务端:只安装应用服务端相关文件。

④应用客户端:只安装应用客户端相关文件。

⑤自定义:如果上述安装都不能满足用户要求时,用户可自定义选择安装产品。

(8)重新启动计算机。无论选择哪一种安装类型,安装完成后,系统都会提示已安装成功。是否需要立即启动计算机,建议您选择“是,立即重新启动计算机”。

重新启动计算机进入Window操作平台,系统提示输入U8数据库服务器和数据库管理员密码,如图3-8界面输入数据库服务器名称和用户密码。如果安装成功,在右下角任务栏显示表示SQL Sever服务管理器安装成功,显示表示U8服务管理器安装成功。

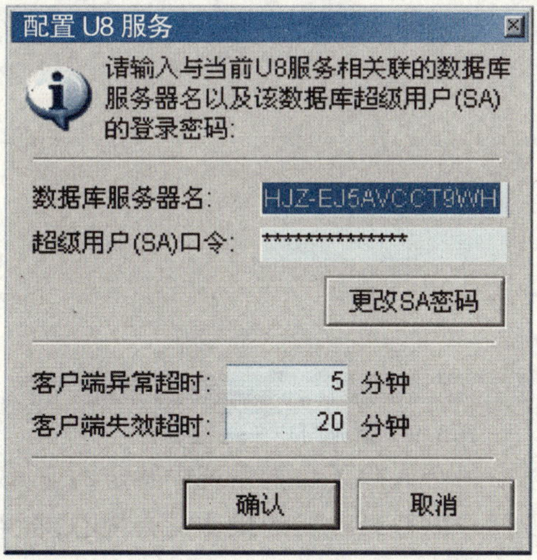

图3-8 数据库服务器名称和用户密码输入界面

提示 为保证系统安装成功，需注意以下事项：(1)机器名不能带“–”字符，不能是中文字符；(2)安装U8之前最好将机器格式化，工作站或单机运行环境除办公软件外，最好不要装其他应用软件；(3) 检查硬盘空间是否够用，程序安装后总要占用操作系统所在盘符200MB空间；(4)安装前建议关闭所有杀毒软件，否则有些文件无法写入。

3.2.3 企业门户

进入用友ERP–U8应用系统时，用户既可以单独注册任何一个子系统，也可以通过“企业门户”注册进入企业门户，从而取得无需再次验证而进入任何一个子系统的“通行证”，这样既可以避免重复登录，节省时间，又可以充分体现数据共享和系统集成的优势。

用友ERP–U8应用系统包含众多子系统，它们之间存在很多共性，如都需要进行登录注册、都需要设置系统基础档案信息等。企业门户集中了用友ERP–U8应用系统的所有功能，为各个子系统提供了一个公共的交流平台。通过企业门户，系统使用者能够方便地进入任何一个有权限的模块，定义自己的业务工作，并设计自己的工作流程。

单击“开始”|“程序”|“用友ERP–U8”|“企业门户”，有权限的操作员经过注册，进入企业门户界面如图3–9所示。企业门户界面包括三个页签：

1. 控制台。用友ERP–U8应用系统分为基础设置、财务会计、管理会计、供应链、生产制造、人力资源、集团应用、WEB应用、商业智能和企业应用集成十大产品组，每个产品组中又包含若干模块。用户在“企业门户”|“控制台”页签左侧单击选择某一模块，再双击对应的功能图标即可进入这一模块进行相应操作。

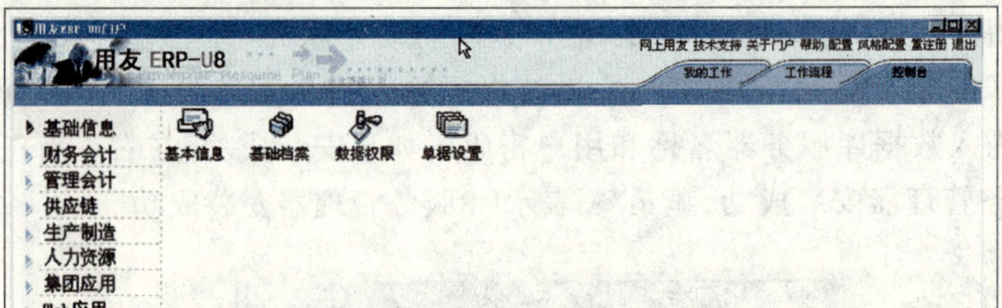

图3–9 企业门户——控制台

2. 我的工作。日常工作中，每个人除了负责系统中特定的业务工作之外，还有一些繁杂的日常事务。“我的工作”是企业门户以登录注册的操作员为中心，将用户负责的业务工作连同日常办公需要的功能有机集成的产物，充分体现了“以用户为中心”的设计思想。

在企业门户界面右上方单击“我的工作”页签，屏幕显示如图3-10所示。

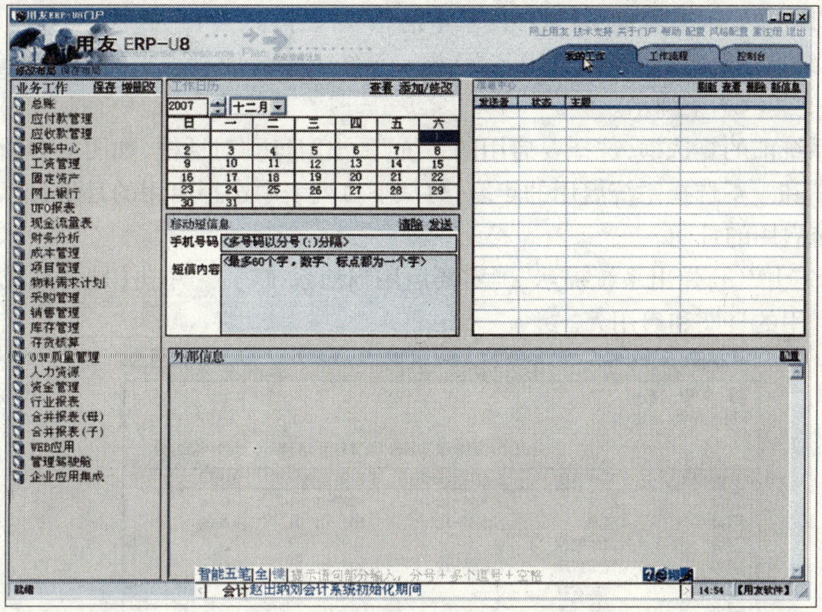

图3-10　企业门户——我的工作

“我的工作”包括业务工作、工作日历、信息中心、移动短消息、外部信息五个部分。“业务工作”列表中集中显示了用户有权限操作的各个功能模块，为快速开始业务工作提供了方便。此外，用户还可以定义自己的功能组及功能菜单。通过“工作日历”，用户可以建立个人备忘录，用以提醒某一天要完成的工作和其他重要的事件。通过“信息中心”功能，用户可以向系统中的其他操作员发送非业务信息。利用系统提供的“移动短信用卡息”功能，用户可以以短消息的形式通知您的工作伙伴最新的工作情况和任务。通过“外部信息”功能，可以及时获取外部Internet信息或企业内部网络信息。

3. 工作流程。用户可以通过“工作流程”功能设计个性化的工作流程图。在企业门户中，单击“工作流程”页签，进入工作界面，单击工具栏上的【编辑】按钮，弹出“配置工作流程”窗口，选中需要增加的工作节点并拖动至工作区的空白处。重复这一步骤，直至所有需要配置的节点都在工作区中显示。按住键盘上的【Ctrl】键，用鼠标单击工作流程图中的首节点，然后拖动鼠标到下一节点。释放鼠标后，在两节点间就会出现一连线，表示节点间的顺序关系。重复这一步骤，直至完成工作流程图的设计。

3.2.4 系统启用

系统启用是指设定在用友ERP-U8应用系统中各个子系统开始使用的日期。只有启用后的子系统才能进行登录。系统启用有两种方法：一是在系统管理中创建账套时启用系统，当用户创建一个新的账套完成后，系统弹出提示信息，可以选择立即进行系统启用设置；二是在企业门户中启用系统。

如果在建立账套时未设置系统启用，可以在企业门户中进行设置。操作步骤如下：

1. 单击“开始”|“程序”|“用友EERP-U8”|“企业门户”，以系统管理员或账套主管身份注册，进入企业门户。

2. 选择“控制台”页签，单击左侧列表中的“基础信息”项，右侧显示基础信息设置所包含的四项内容，双击其中的“基本信息”项，打开“基本信息”对话框。

3. 双击“系统启用”，打开“系统启用”对话框。系统启用界面所列出的子系统全部是已安装的子系统，未安装的不予列示。

4. 单击子系统前的复选框，选择要启用的系统，弹出“日历”对话框，如图3-11所示。

5. 单击“←”和“→”选择系统启用的年度，再从下拉列表中选择启用的月份，最后从日历表中单击选择系统启用的日期。

6. 单击【确定】按钮，弹出系统提示“确实要启用当前系统吗？”单击【是】，完成系统启用，系统自动记录启用的日期和启用人。

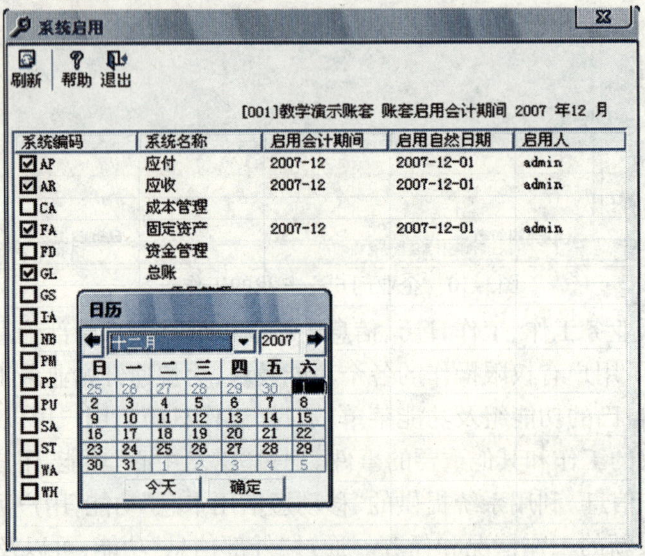

图3-11 系统启用

提示 由于用友ERP-U8系统包含众多的子系统，在子系统启用期间不一致的情况下，要注意其先后顺序。先启用财务会计，再启用WEB财务；先启用供应链，再启用WEB购销存；先启用集团应用，再启用WEB资金管理。各系统的启用会计期间必须大于或等于账套的启用期间。采购的启用月必须大于、等于应付的未结账月，销售的启用月必须大于或等于应付的未结账月。采购管理、库存管理或存货核算、销售管理模块其中有一个模块后启，其启用期间必须大于或等于其他模块最大的未结账月。

3.3 系统管理

3.3.1 系统管理概述

用友ERP-U8应用系统由多个子系统组成，各个子系统服务于同一主体的不同层面。子系统本身既具有相对独立的功能，彼此之间又具有紧密的联系，它们共用一个企业数据库，拥有公共的基础信息、相同的账套和年度账，为实现企业财务、业务的一体化管理提供了基础条件。

在一体化管理应用模式下，用友ERP–U8应用系统为各个子系统提供了一个公共平台，用于对整个系统的公共任务进行统一管理，如基础信息的设置，企业账套的建立、修改、删除和备份，操作员的建立、角色的划分和权限的分配等，其他任何产品的独立运行都必须以此为基础。系统管理模块的设立就是基于这一种考虑。

系统管理模块的主要功能是对用友ERP–U8应用系统的各个产品进行统一的操作管理和数据维护，具体包括以下几个方面：

1. 账套管理。在用友ERP–U8应用系统中，可以为多个企业（或企业内多个独立核算的部门）分别立账，且各账套数据之间相互独立，互不影响，使资源得以最大程度的利用。系统最多允许建立999个账套。账套管理包括账套的建立、修改、引入、输出等。

在用友ERP–U8应用系统中，每个账套里都存放有企业不同年度的数据，称为年度账。系统提供年度账管理功能，包括年度账的建立、引入、输出和结转上年数据，清空年度数据等。

2. 操作员及权限管理。为了保证系统及数据的安全与保密，系统管理提供了操作员及操作权限的集中管理功能。通过对系统操作分工和权限的管理，一方面可以避免与业务无关的人员进入系统，另一方面可以对系统所包含的各个子产品的操作进行协调，以保证各负其责，流程顺畅。操作权限的集中管理包括定义角色、设定系统用户和设置功能权限。

3. 系统安全管理。对企业来说，系统运行安全、数据存储安全是必须的。为此，用友ERP–U8应用系统设立了强有力的安全保障机制。

系统安全管理可以监控并记录整个系统的运行过程，设置数据自动备份、清除系统运行过程中的异常任务等。

3.3.2 账套管理

在使用系统之前，首先要建立本单位的账套。账套管理包括账套的建立、修改、引入和输出。其中，系统管理员有权进行账套的建立、引入和输出操作；而账套信息的修改则由账套主管负责。

1. 系统注册。要建立本单位的账套，首先要注册进入系统管理。系统允许以两种身份注册进入，一是以系统管理员的身份，二是以账套主管的身份。以系统管理员身份注册进入，可以进行账套的建立、引入和输出，设置用户、角色和权限，设置备份计划，监控系统运行过程，清除异常任务等。以账套主管的身份进入系统，可以进行账套的修改，创建、清空、引入，输出年度账，完成各子系统的年末结转，以及该账套操作员权限的设置。

如果是初次使用本系统，第一次进入必须以系统管理员的身份注册系统管理，主要操作步骤如下：

（1）单击“开始”|“程序”|“用友ERP–U8”|“系统服务”|“系统管理”，进入“用友ERP–U8【系统管理】”窗口。

（2）单击“系统”|“注册”，打开“注册【系统管理】”对话框，如图3–12所示。

（3）选择服务器。单击“服务器”文本框，文本框右端出现>按钮，单击它，打开“网络计算机浏览”对话框。如果在客户端登录，则选择服务端的服务器名称；如果本身就在服务端或是单机用户，则选择本地服务器。

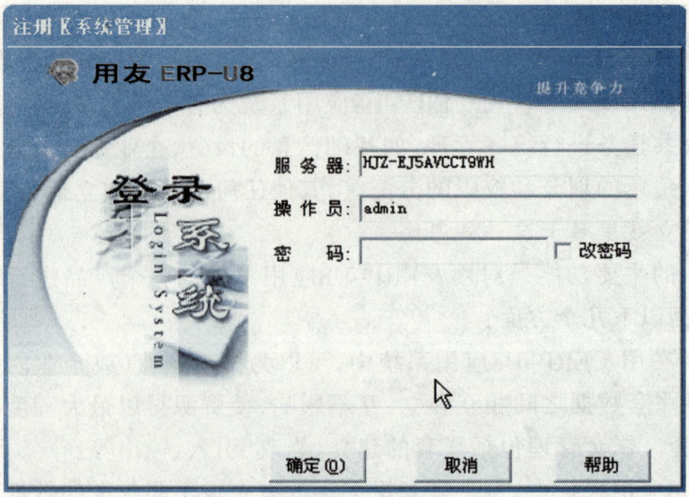

图3-12　以系统管理员的身份注册系统管理

(4)输入操作员及密码。单击"操作员"文本框,输入用友ERP-U8默认的系统管理员"admin"(系统管理员是用友ERP-U8应用系统中权限最高的操作员, 他对系统数据安全和运行安全负责,因此,企业安装用友ERP-U8应用系统后,应该及时更改系统管理员的密码,以保障系统的安全性);单击"密码"文本框,用友ERP-U8默认系统管理员的密码为空。

设置(更改)系统管理员密码的方法是:在系统管理员"注册【系统管理】"对话框中,输入操作员密码后,单击"改密码"复选框,单击【确定】按钮,打开"设置操作员口令"对话框,在"新口令"文本框中输入欲设置的系统管理员密码,在"确认新口令"文本框中再次输入相同的密码,单击【确定】按钮进入"用友ERP-U8【系统管理】"窗口。

(5)单击【确定】按钮,即以系统管理员的身份进入"用友ERP-U8"窗口。如果以账套主管的身份注册系统, 屏幕显示的系统管理登录界面与以系统管理员身份注册系统管理的登录界面不同,如图3-13所示,包括服务器、操作员、密码、账套、会计年度、操作日期六项。(1)~(4)步

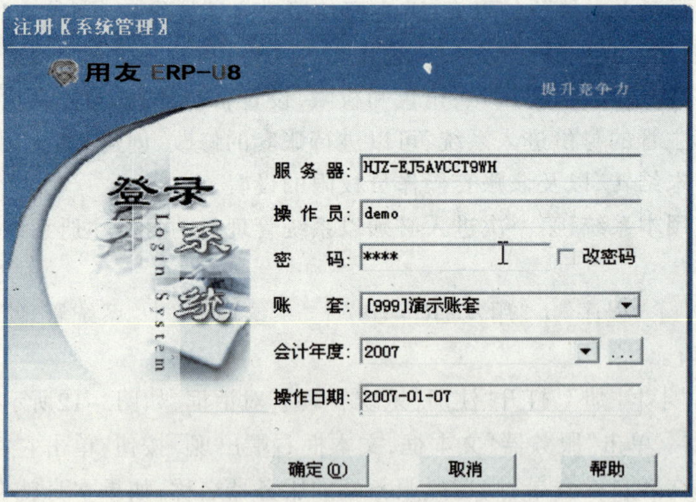

图3-13　以账套主管的身份注册进入系统管理

与以系统管理员身份注册系统管理相同。

(6)选择账套。输入操作员之后,系统会在"账套"下拉列表中根据当前操作员的权限显示该操作员可以登录的账套号。只能从下拉列表中选择某账套。

(7)选择会计年度。单击"会计年度"下拉列表框,从中选择要进行业务处理的会计年度。

单击"…"按钮,可参照会计日历,查看所选定账套指定会计年度与自然时间之间的关系。

(8)输入操作日期。在"操作日期"文本框内键入操作时间。输入格式为"yyyy-mm-dd"。也可单击">"按钮选择输入操作日期。

(9)单击【确定】按钮,即以账套主管的身份进入"用友ERP-U8"窗口。

2. 建立账套。建立账套就是在系统中建立企业的基本信息、核算方法、编码规则等,也称为建账,在此基础上才能启用用友ERP U8应用系统的各个子功能,进行日常业务处理。

[例3-1] 北京宏盛股份公司简称宏盛公司,为工业企业,采用新会计制度,2007年12月启用用友ERP-U8系统。企业的记账本位币为人民币(RMB),按行业性质预置科目,有外币核算,需要对存货、客户、供应商进行分类。

以系统管理员的身份注册进入系统管理。在系统管理界面单击"账套"|"建立",进入创建账套界面,跟随建账向导,就可以创建账套了。

(1)输入账套信息。用于记录新建账套的基本信息,如图3-14所示。

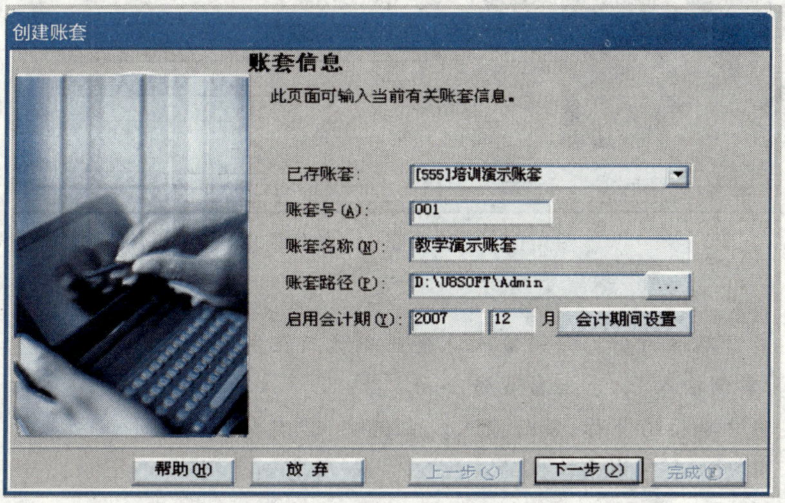

图3-14 创建账套——账套信息

栏目说明

已存账套:系统将已经存在的账套以下拉列表框的形式在此栏目中显示,用户只能参照,而不能输入或修改。

账套号:用来输入新建账套的编号,账套号为3位。系统提供默认的账套号,用户可以修改,账套号的取值范围为001-999,用户输入的账号不能与系统内已有的账套号相重。本例输入"001"。

账套名称:用来输入新建账套的名称,用户必须输入,且不能超过40个字符。本例输入

"宏盛公司"。

账套路径：用来输入新建所要被保存的路径，本例采用系统默认的路径为"C:\U8SOFT\Admin"。

启用会计期：用户必须输入新建账套将被启用的时间。系统缺省为计算机的系统日期，可用鼠标单击"会计期间设置"按钮，设置账套的启用年度和月度。在"会计日历——建账"界面还可输入每月结账日期。本例采用系统默认的日期。

输入完成后，单击【下一步】按钮，进行"单位信息"设置。

(2)输入单位信息。用于记录本单位的基本信息，包括单位名称、单位简称、单位地址、法人代表、邮政编码、电话、传真、电子邮件、税号、备注等，如图3-15所示。

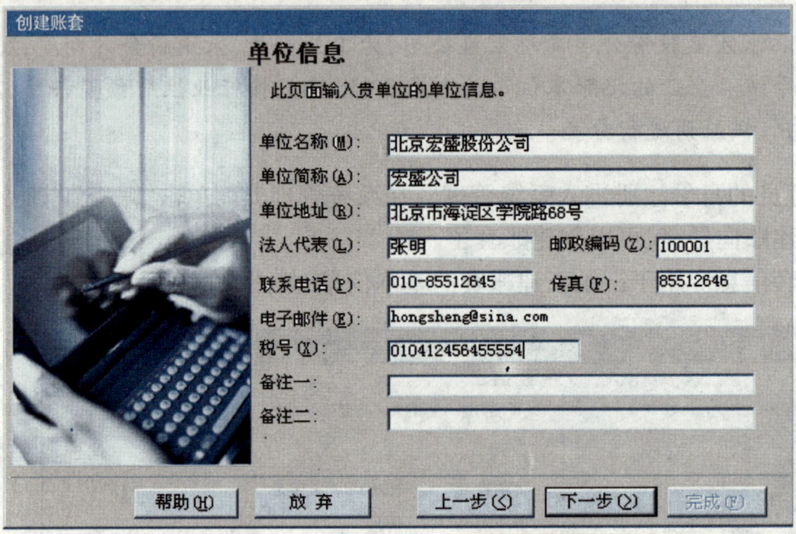

图3-15 创建账套——单位信息

栏目说明

单位名称：用户单位的全称必须输入。企业全称只在发票打印时使用，其余情况全部使用企业的简称。本例输入"北京宏盛股份公司"。

单位简称：用户单位的简称，最好输入。本例输入"宏盛公司"。

备注：输入用户认为有关该单位的其他信息，如所有制类型。

其他栏目都属于任选项。

输入完成后，单击【下一步】按钮，进行"核算信息"设置。

(3)输入核算信息。用于记录本单位的基本信息，包括本位币代码、本位币名称、账套主管、行业性质、企业类型、是否按行业预置科目等，如图 3-16 所示。

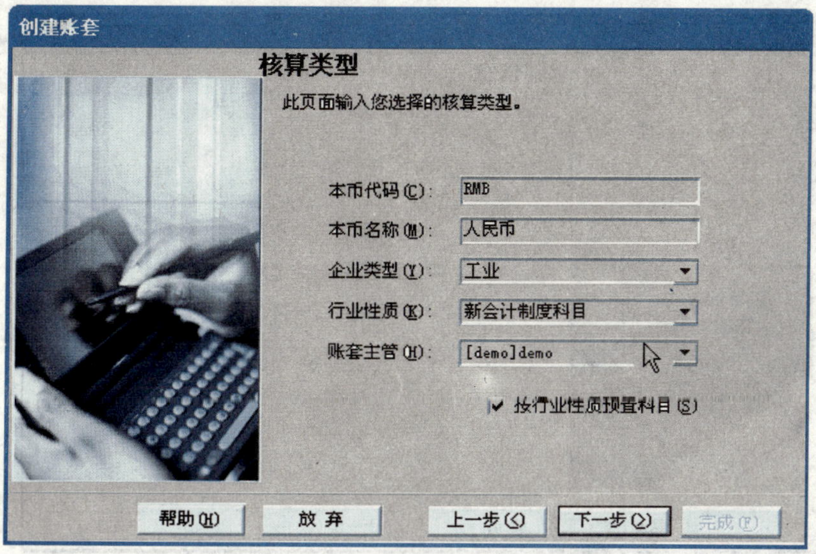

图3-16 创建账套——核算信息

栏目说明

本币代码：用来输入新建账套所用的本位币的代码，本例默认为“人民币”的代码“RMB”。

本币名称：用来输入新建账套所用的本位币的名称，本例默认为“人民币”。

企业类型：用户必须从下拉框中选择输入。系统提供了工业、商业两种类型。本例选择“工业”。

行业性质：用户必须从下拉框中选择输入本单位所属的行业性质，这为下一步“是否按行业预置科目”确定了科目范围，并且系统会根据企业所选行业预制一些行业的特定方法和报表。本例选择“新会计制度科目”。

账套主管：用来输入新建账套账套主管的姓名，用户必须从下拉框中选择输入。本例选择“[demo]demo”。对于账套主管的设置和定义将在“操作员及权限管理”中详述。

是否按行业预置科目：选中该项目前的选择框，则在总账系统预置所属行业的标准科目；如果不选，则由用户自己增加所有级次的会计科目。本例选中“按行业预置科目”。

输入完成后，单击【下一步】按钮，进行“基础信息”设置。

(4)输入基础信息。选择企业是否有外币核算业务，并确定是否对存货、客户和供应商进行分类管理，如图 3-17 所示。

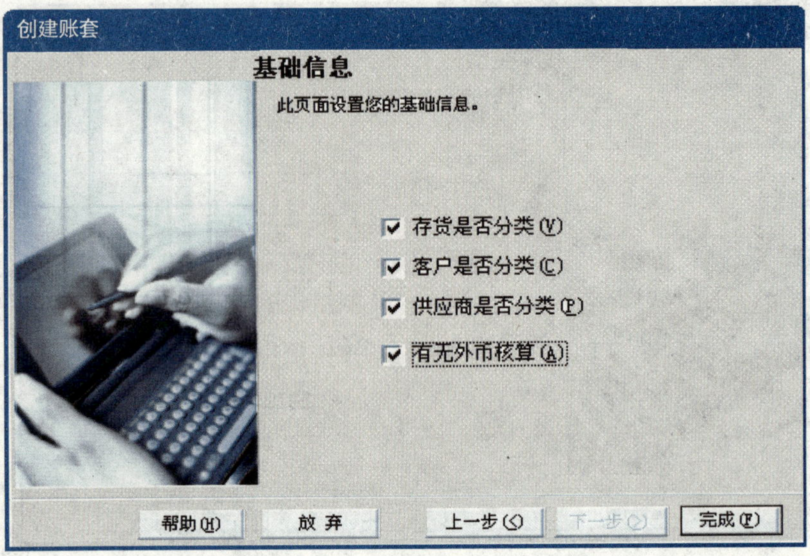

图3-17　创建账套——基础信息

栏目说明

存货是否分类:如果单位的存货较多且类别繁多,可以选择对存货进行分类管理;如果单位的存货较少且类别单一,可以不进行存货分类。

客户是否分类:如果单位的客户较多,可以选择对客户进行分类管理,否则可以不分类。

供应商是否分类:如果单位的供应商较多,可以选择对供应商进行分类管理,否则可以不分类。

是否有外币核算:如果单位有外币业务,例如用外币进行交易或用外币发放工资等,需要选择此选项。

本例中以上项目皆为选中,单击【完成】按钮,系统提示"可以创建账套了么?",单击【是】,完成上述信息设置,等候几分钟,系统自动打开"分类编码方案"对话框。

(5)设置分类编码方案。为了便于用户进行分级核算、统计和管理,本系统可以对基础数据的编码进行分级设置,可分级设置的内容包括:科目编码级次、客户权限组级次、客户分类编码级次、部门编码级次、地区分类编码级次、存货权限组级次、存货分类编码级次、化位编码级次、收发类别编码级次、结算方式编码级次、供应商权限组给次、供应商分类编码级次,如图3-18所示。

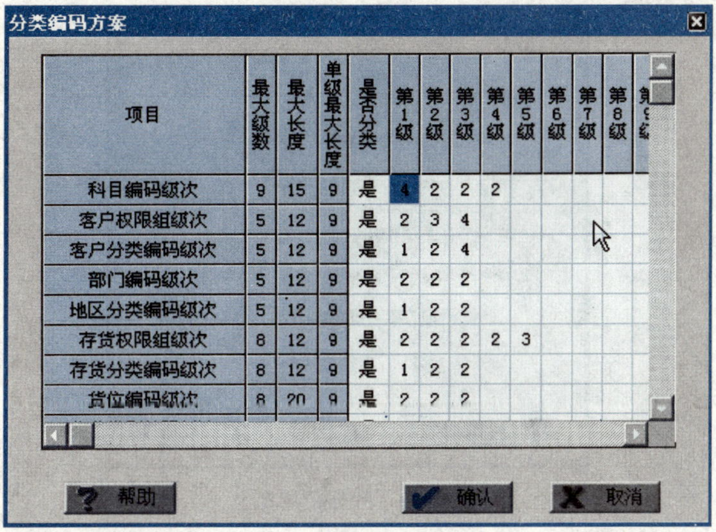

图3-18 分类编码方案设置

栏目说明

编码级次和各级编码长度的设置将决定用户单位如何编制基础数据的编号，进而构成用户分级核算、统计和管理的基础。各项编码级次的设置应遵从系统定义的规则，设置方法基本相同，只需要单击要修改的编码方案中的级次单元格，背景显示为蓝色，就可以按数字键修改系统默认的位数。

需要注意的是：设置的编码方案级次不能超过最大级数；同时系统限制最大长度，只能在最大长度范围内增加级数，改变级长；若需要删除级长，必须从最末一级开始删除；当您在建立账套时设置存货（客户、供应商）不需分类，则在此不能进行存货分类（客户分类、供应商分类）的编码方案设置；该编码方案的设置在此可以按系统默认，待建账完毕后，在“企业门户|基础信息|基本信息”中根据企业实际情况进行修改。

本例设置的分类方案是：科目编码级次“4222”，客户和供应商权限组级次“234”，客户分类编码级次“124”，部门编码级次“222”，地区分类编码级次“122”，存货权限组级次“22223”，存货分类编码级次“122”，货位编码级次“222”，收发类别编码级次“12”，结算方式编码级次“12”，供应商分类编码级次“11”。

设置完成后，单击【确认】按钮，进行“数据精度定义”。

（6）数据精度定义。由于各用户企业对数量、单价的核算精度要求不一致，为了适应各用户企业的不同需求，系统提供了自定义数据精度的功能。在系统管理部分需要设置的数据精度主要有：存货数量小数位、存货单价小数位、开票单价小数位、件数小数位、换算率小数位和税率小数位。各栏位只能输入0~6之间的整数，系统默认值为2，如图3-19所示。

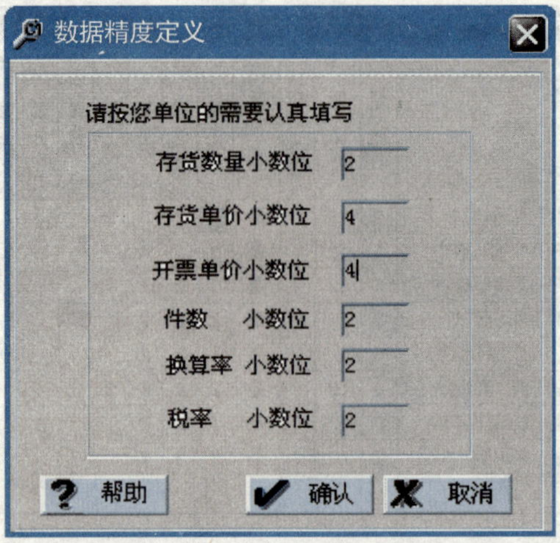

图3-19 数据精度定义

栏目说明

存货数量小数位:确定用户在进行存货数量核算时所要求的小数位数。只能输入0~6之间的整数,系统统默认值为2。

存货单价小数位:确定用户在进行存货单价核算时所要求的小数位数。只能输入0~6之间的整数,系统默认值为2。

开票单价小数位:确定用户在开票时所要求的单价的小数位数。只能输入0~6之间的整数,系统默认值为2。

件数小数位数:一种存货可以有多个计量单位,如衬衣以件为单位计价,但以箱为单位发货,我们把件称为主计量单位,把箱称为辅计量单位。在很多单据上,都反映“主计量”、“数量”、“单位”、“件数”几个量,分别代表主计量单位、主计量单位的数量、辅计量单位、辅计量单位的数量。这里可以根据企业的实际情况,输入在进行开票时所要求的件数小数位数。只能输入0~6之间的整数,系统默认值为2。

换算率小数位数:换算率指辅计量单位和主计量单位之间的换算比。如一箱衬衣=30件,则30就是辅计量单位箱和主计量单位件之间的换算比。用户可根据企业的实际情况,输入在进行单位换算时所要求的换算率的小数位数。只能输入0~6之间的整数,系统默认值为2。

税率小数位数:指增值税税率。只能输入0~6之间的整数,系统默认值为2。

本例全部采用系统默认值。设置完成后,单击【确认】按钮,弹出“是否进行系统启用设置”提示,如图3-20所示。单击【否】,结束建账,返回系统管理界面。

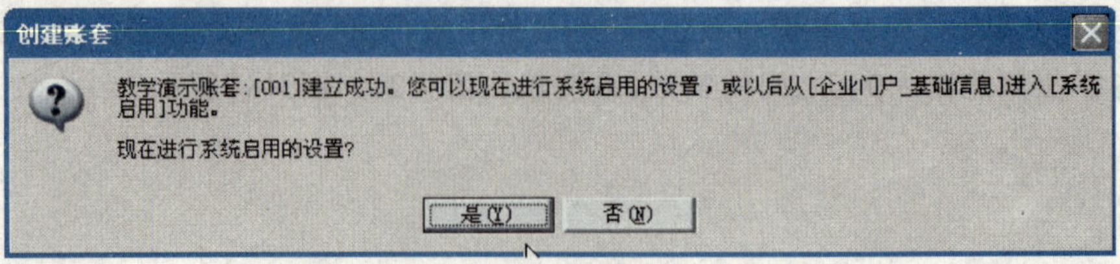

图3-20 创建账套成功

3.3.3 操作员及权限管理

1. 角色管理。角色是指在企业管理中拥有某一类职能的组织，这个角色组织可以是实际的部门，可以是由拥有同一类职能的人构成的虚拟组织，如会计和出纳就是会计工作中最常见的两个角色。角色管理包括角色的增加、删除、修改等维护工作。

操作步骤

(1)以系统管理员的身份注册进入系统管理，单击“权限”|“角色”，进入“角色管理”窗口。

(2)单击【增加】按钮，打开“增加角色”对话框，输入角色编号和角色名称。角色编号可以录入12位字符；角色名称可以是40位字符。在备注中可以加入对此角色的注释，可以录入119位字符。在所属用户名称中可以选中归属该角的用户。单击【增加】按钮，保存新增设置。

(3)如果要修改角色信息，单击【修改】按钮，进入角色编辑界面，对当前所选角色记录进行编辑，除角色编号不能进行修改之外，其他信息均可以修改。

(4)如果要删除角色信息，单击【删除】按钮，系统弹出提示信息要求确认，用户确认后即可删除。如果该角色有所属用户，则不允许删除。必须先进行【修改】，将所属用户置于非选中状态，然后才能进行角色的删除。

提示 用户和角色的设置可以不分先后顺序，但对于自动传递权限来说，应该首先设定角色，然后分配权限，最后进行用户的设置。这样设置用户的时候，选择其归属哪一个角色，则其自动具有该角色的权限，包括功能权限和数据权限。一个角色可以拥有多个用户，一个用户也可以分属于多个不同的角色。

2. 用户管理。用户是指有权限登录系统，对应用系统进行操作的人员，即通常意义上的“操作员”。每次注册登录应用系统，都要进行用户身份的合法性检查。只有设置了具体的用户之后，才能进行相关的操作。

用户管理主要完成用户的增加、删除、修改等维护工作。

[例3-2] 在系统中增加下列操作员:001张总监,002李会计,003赵出纳,004刘会计。他们的角色分别为财务总监、账套主管、出纳和总账会计。

操作步骤

(1)以系统管理员的身份注册进入系统管理，单击“权限”|“用户”，进入“用户管理”窗口。

(2)单击【增加】按钮，打开“增加用户”对话框。输入用户编号、姓名、口令、所属部门、E-mail、手机号等内容，并在所属角色中选中该新增用户归属的角色，如图3-21所示。单击【增加】按钮，保存新增设置。

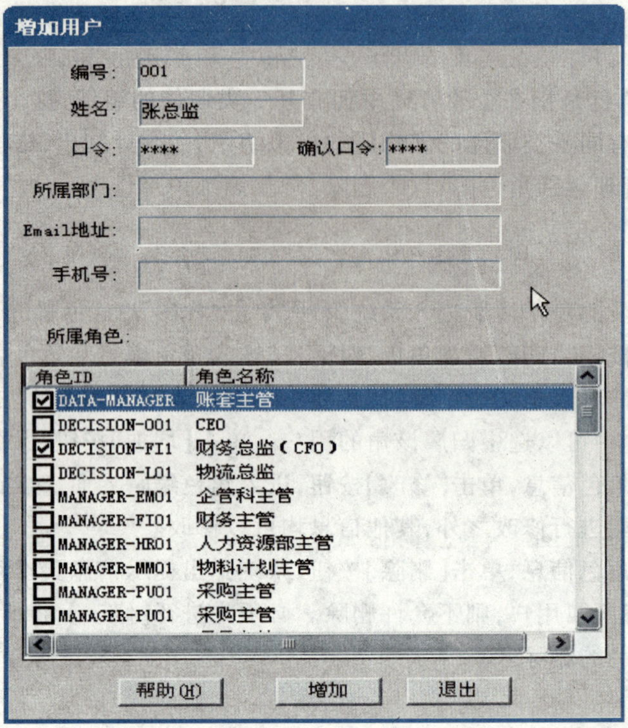

图3-21　增加用户

栏目说明

编号：必须输入，且最长不能超过10位，不能输入数字之外的非法字符，不能与系统内已存在的用户编号重复。本例用户编号为“001”。

姓名：必须输入，且最大不能超过10位，不能输入数字、字母、汉字之外的非法字符。本例用户姓名为“张总监”。

口令：可以为空，最长不能超过20位，为保密起见，口令输入时以“*”显示。

确认口令：不能输入非法字符。必须与前面输入的口令完全一致，否则不允许进行下一项内容的输入，也不允许保存该用户信息。

所属部门：可以为空，最大不能超过20位，不能输入非法字符。

所属角色：选择用户所属的角色，则用户自动拥有该角色的所有权限。

提示 为保证系统安全，明确责任，口令的输入和确认必须由操作员本人完成。在增加了用户之后，如果在用户列表中看不到该用户，可以单击【刷新】按钮进行页面的更新；若角色已经设置过，系统则会将所有的角色名称自动显示在角色设置中的所属角色名称的列表中，用户自动拥有所属角色所拥有的所有权限，同时可以额外增加角色中没有包含的权限；若修改了用户的所属角色，则该用户对应的权限也跟着角色的改变而相应地改变。

3. 权限管理。为了保证系统运行安全、有序，适应企业精细管理的要求，权限管理必须向更细、更深的方向发展。用友ERP–U8应用系统提供了权限的集中管理功能。除了提供用户对各模块操作权限的管理之外，还相应地提供了金额的权限管理和对于数据的字段级与记录级的控制不同的组合方式，使得权限控制更灵活、更有效。

功能权限的分配在系统管理中的"权限分配"设置，数据级权限和金额级权限在"企业门户"|"基础信息"|"数据权限"|中进行设置，而且必须在系统管理的功能权限分配之后才能进行。

[例3–3] 按规定为操作员进行权限分配：001张总监具有系统所有模块的全部权限。002李会计为账套主管，具有系统所有模块的全部权限。003赵出纳具有出纳签字权，现金、银行存款日记账和资金日报表的查询及打印权，支票登记权以及银行对账操作权限。004刘会计具有总账系统的填制凭证、自动转账定义、自动转账生成、凭证查询、明细账查询操作权限。

操作步骤

(1)以系统管理员的身份注册进入系统管理，单击"权限"|"权限"，打开"操作员权限"对话框。选中"002李会计"。

(2)设置账套主管。从左侧的操作员列表中选择操作员，从"账套"下拉列表中选择账套，单击选中"账套主管"复选框，系统弹出提示信息，如图3–22所示。单击【是】，则该操作员设为账套主管，具有所有子系统的操作权限。

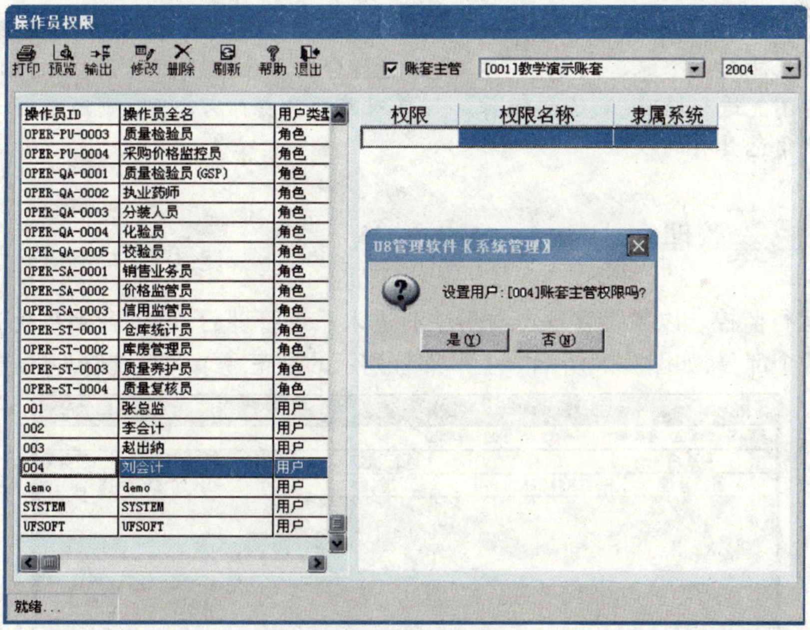

图3–22 设置账套主管

如图3–23所示，系统提供了22个子系统的功能权限的分配，可以单击子系统前的小图标，展开各个子系统的详细功能，然后单击相应功能的复选框，将该权限分配给当前用户。如果选中子系统前的复选框，则子系统的下级功能自动全部选中，单击【确认】按钮，完成设置。

提示 只有以系统管理员(Admin)的身份注册才能设置账套主管。如果以账套主管的身份注

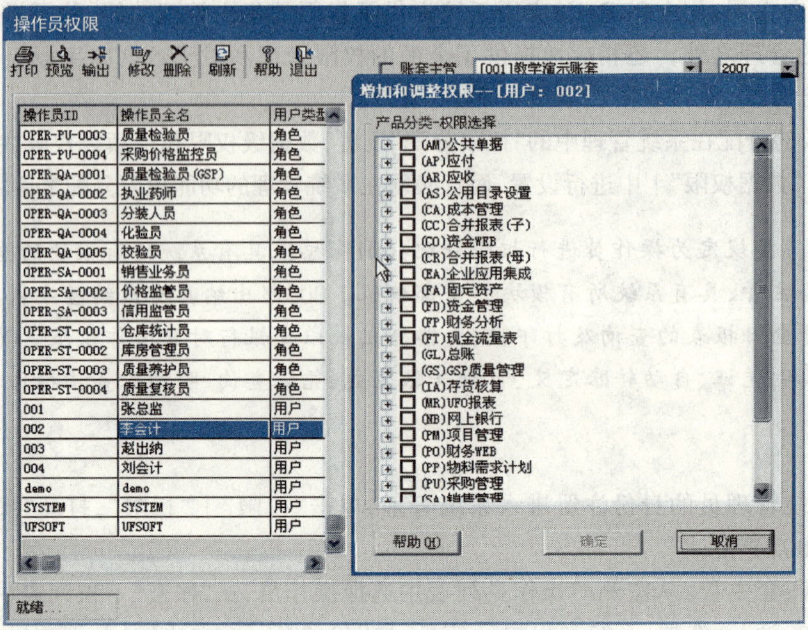

图3-23 增加和调整操作员权限

册，只能分配所辖账套子系统的操作权限。一个账套可以有多个账套主管。如果在角色管理或用户管理中已将"用户"归属于"账套主管"角色，则该操作员即已定义为系统内所有账套的账套主管。

系统一次只能对一个账套的某一个年度账进行分配。已经使用的用户权限以及正在使用的用户权限均不能进行修改、删除的操作。如果对某角色分配了权限，则所有属于此角色的用户自动拥有此角色具有的权限。

3.3.4 系统安全管理

1. 系统运行监控。以系统管理员身份注册进入系统管理后，可以看到系统管理的功能列表分为上下两个部分，如图3-24所示。上一部分列示的是正登录到系统管理的子系统，下一部

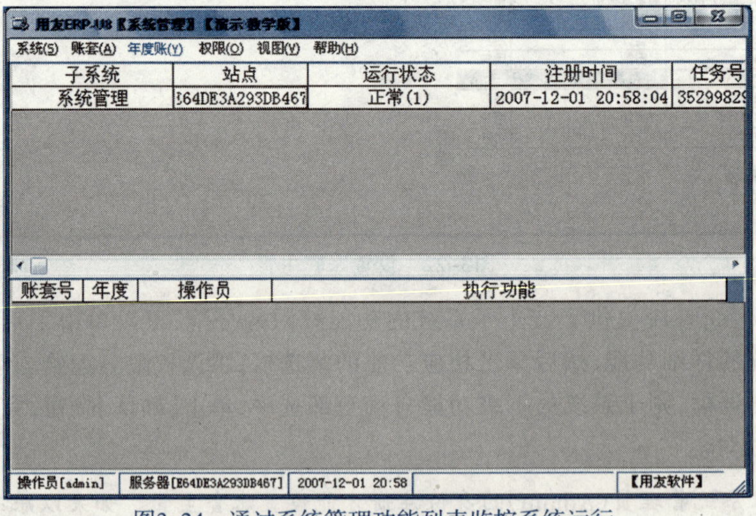

图3-24 通过系统管理功能列表监控系统运行

分列示的是登录的操作员在子系统中正在执行的功能。这两部分的内容都是动态的，它们根据系统的执行情况而自动变化。

2. 设置自动备份计划。在用友ERP-U8应用系统中提供了设置自动备份计划的功能，其作用是自动定时对设置的账套进行输出（备份）。利用该功能，可以实现定时、自动输出多个账套的目的，减轻了系统管理员的工作量，保障了系统数据安全。

3. 升级数据。任何一个应用系统的功能拓展和完善都是无止境的。随着信息技术的不断发展，应用系统的开发不断融入新的技术和更为先进的管理思想，这样就存在对老系统数据的更新问题。为保证客户数据的一致性和可追溯性，用友ERP-U8应用系统在系统管理中提供了升级工具，可以使用此功能一次将数据升级到新产品。

在升级之前，一定将原有数据进行备份，并在用友ERP-U8中建立基本设置参数和以前版本一致的账套。建议此项工作由用友公司的技术人员完成。

4. 注销当前操作员。如果需要以一个新的操作员身份注册进入，以启用系统其他功能，就需要当前的操作员从系统管理中注销；或者您需要暂离开，而不希望他们对系统管理进行操作的话，您也应该注销当前操作员。

单击“系统”|“注销”，就可以将旧的注册注销掉，然后单击“系统”|“注册”重新进入。

5. 清除系统运行异常。在系统运行过程中，由于死机、网络阻断等，都有可能造成系统异常。针对系统异常，系统管理中提供了“清除单据锁定”和“清除异常任务”两项功能。

在使用过程中，由于不可预见的原因造成单据锁定时，有关单据的操作不能正常进行，此时单击“视图”|“清除单据锁定”，即可恢复正常功能的使用。

6. 上机日志。为了保证系统的安全运行，系统随时对各个产品或模块的每个操作员的上下机时间、操作的具体功能等情况都进行登记，形成上机日志，以便使用的操作都有所记录，有迹可寻。用户可以对上机日志的内容进行删除。

3.4 系统初始化

总账系统初始化设置是应用总账系统的基础工作，包括会计科目、外币设置、期初余额、凭证类别、结算方式、分类定义、编码档案、自定义项等内容。

进行初始化设置首先要启动总账系统，如图3-25所示，在桌面单击“开始”|“程序”|“用友ERP-U8”|“财务会计”|“总账”，打开“注册总账”对话框，如图3-26所示。选择操作员“002”，输入密码，选择账套“001”，输入操作日期“2007-12-01”，选择会计年度“2007”，单击【确定】按钮，就进入了总账系统，如图3-27所示。

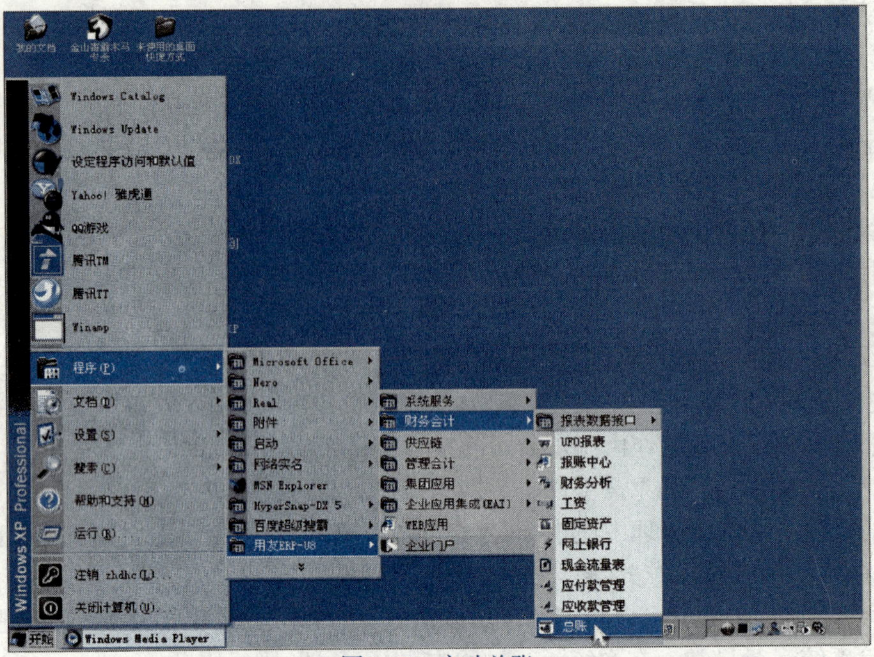

图3-25 启动总账

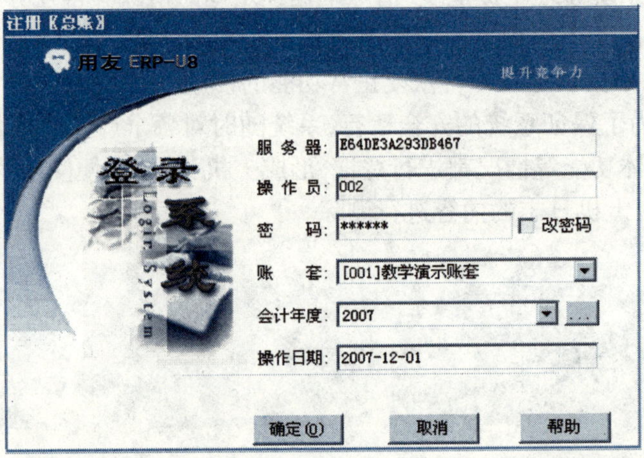

图3-26 注册总账

3.4.1 系统参数设置

在首次启动总账系统时，需要确定反映总账系统核算要求的各种参数，使得总账系统适用于本单位的具体核算要求。总账系统的业务参数将决定总账系统的输入控制、处理方式、数据流向、输出格式等，设定后一般不能随意更改。

单击总账系统界面左侧菜单“设置”|“选项”，可进行参数的调整，如图3-27所示。选项功能包括“凭证”、“账簿”、“会计日历”、“其他”四个页签。

图3-27 总账——选项设置

1. 凭证参数设置。

[例3-4] 将001账套凭证参数设置如下：制单要求支票控制、资金及往来科目赤字控制、允许修改他人填制的凭证、超出预算允许保存；凭证编码方式采用系统编号；外币核算采用固定汇率；凭证要求打印凭证页脚姓名、可查询他人凭证、现金流量科目必录现金流量项目、批量审核凭证进行合法性校验，实行预算控制，凭证按科目、摘要相同方式合并。

操作步骤

(1)在总账系统中，单击“设置”|“选项”，打开“选项”对话框，显示有关凭证的参数信息，如图3-28所示。

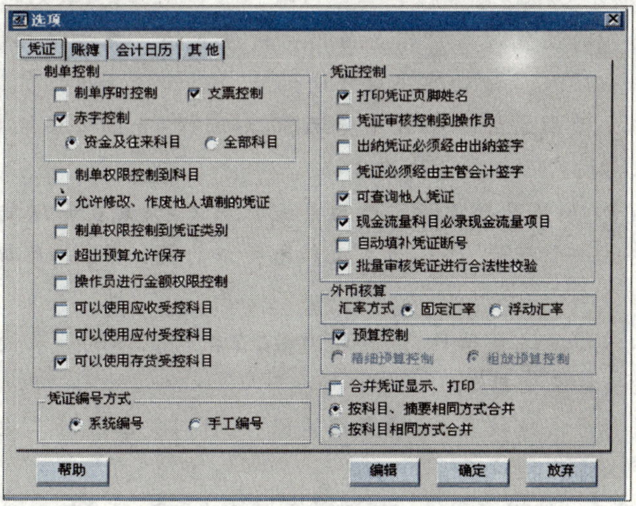

图3-28 选项——凭证参数设置

(2)单击【编辑】按钮,进行凭证参数设置。

栏目说明

①制单控制:用来设置填制凭证时,系统应对哪些操作进行控制。如选择"制单序时控制",则凭证编号必须按日期顺序排列。如选择"支票控制",在制单时使用银行科目编制凭证时,系统针对票据管理的结算方式进行登记,如果输入支票号的支票登记簿中已存在,系统提供登记支票报销的功能;否则,系统提供登记支票登记簿的功能。若选择"赤字控制",则在制单时,当"资金及往来科目"或"全部科目"的最新余额出现负数时,系统将予以提示。

制单权限控制到科目:首先要在"企业门户|基础信息|数据权限设置"中设置科目权限,再选择此项,权限设置有效。选择此项,则在制单时,操作员只能使用具有相应制单权限的科目制单。

允许修改、作废他人填制的凭证:若选择了此项,在制单时可修改或作废别人填制的凭证,否则不能修改。

制单权限控制到凭证类别:首先要在"企业门户|基础信息|数据权限设置"中设置凭证类别权限,再选择此项,权限设置有效。选择此项,则在制单时,只显示此操作员有权限的凭证类别。同时,在凭证类别参照中,按人员的权限过滤出有权限的凭证类别。

操作员进行金额权限控制:首先要在"企业门户|基础信息|金额权限分配"中设置金额权限,再选择此项,可以对不同级别的人员进行金额大小的控制,如财务主管可以对1万元以上的经济业务制单,一般财务人员只能对1万元以下的经济业务制单。

超出预算允许保存:选择"预算控制"选项后此项才起作用,从财务分析系统获取预算数,如果制单输入分录时超过预算也可以保存超预算分录,否则不予保存。

②凭证编号方式:如选择"系统编号",则在填制凭证时,按照凭证类别按月自动编制凭证编号;如选择"手工编号",则在制单时,系统允许手工输入凭证编号。

③凭证控制:如选择"打印凭证页脚姓名",在打印凭证时,自动打印制单人、出纳、审核、记账人的姓名。

权限设置:如只允许某操作员审核其本部门操作员填制的凭证,则应选择"凭证审核控制到操作员",该项功能的设置应与前期企业门户中设置的数据权限相配合;若要求现金、银行科目凭证必须由出纳人员核对签字后才能记账,则选择"出纳凭证必须经由出纳签字";如要求所有凭证必须由主管签字后才能记账,则选择"凭证必须经主管签字";如允许操作员查询他人凭证,则选择"可查询他人凭证"。

自动填补凭证断号:如果选择凭证编号为系统自动编号,则在新增凭证时,系统按凭证类别自动查询本月的第一个断号,默认为本次新增凭证的凭证号,若无断号,则是新号与原编号规则一致。

现金流量科目必录现金流量项目:选择此项后,在输入凭证时如果使用现金流量科目,则必须输入现金流量项目及金额。

批量审核凭证进行合法性校验:批量审核凭证时,针对凭证进行二次审核,合法性校验与保存凭证时的合法性校验相同。

④外币核算:如果企业有外币业务,则应选择相应的汇率方式。如选择固定汇率,在制

单时，一个月只按一个固定的汇率折算本位币金额；如选择浮动汇率，在制单时，按当日汇率折算本位币金额。

⑤预算控制：如选择该项，则制单时，当某一科目下的实际发生数导致多个科目及辅助项的发生数及余额总数超过预算数与报警数的差额，系统报警。

⑥合并凭证显示、打印：选择此项，则在填制凭证、查询凭证、出纳签字和凭证审核时，以系统选项中的设置显示；在科目明细账显示或打印时，凭证按照“按科目、摘要相同方式合并”或“按科目相同方式合并”合并显示，并在明细账显示界面提供是否“合并显示”的选项。

2. 账簿参数设置。

［例3-5］ 对001账套账簿参数取软件系统的默认值，查看具体设置情况。设置调整。

操作步骤

单击“账簿”页签，打开“账簿”对话框，如图3-29所示，查看有关账簿方面的参数设置。本例采用系统默认值，不进行修改。

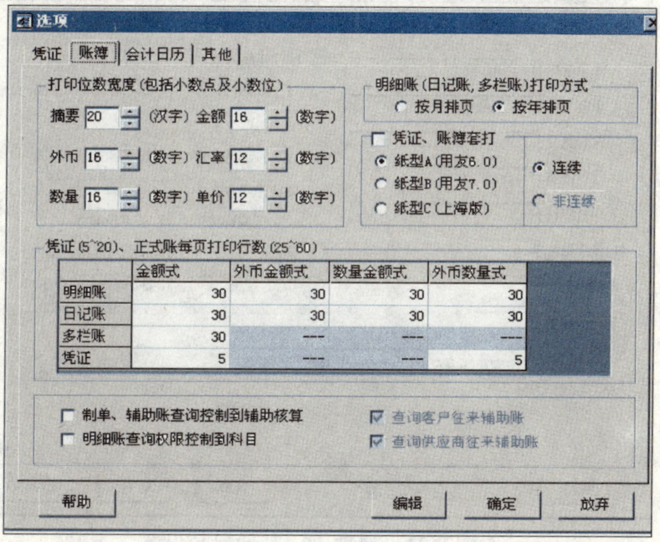

图3-29 选项——账簿参数设置

3. 会计日历设置。单击“会计日历”页签，打开“会计日历”对话框，可查看001账套启用会计年度和启用日期，以及各会计期间的起始日期与结束日期，如图3-30所示。

提示 此处仅能查看会计日历的信息，如需修改，请到系统管理中进行；总账系统的启用日期不能在系统的启用日期之前；已输入汇率后，不能修改总账启用日期；总账中已输入期初余额(包括辅助期初)则不能修改总账启用日期；总账中已制单的月份不能修改总账的启用日期，其他系统中已制单的月份不能修改总账的启用日期；第二年进入系统，不能修改总账的启用日期。

4. 其他参数设置。单击“其他”页签，打开“其他”对话框，可进行有关其他选项方面的参数设置，如图3-31所示。本例采用系统默认值，可不进行修改。

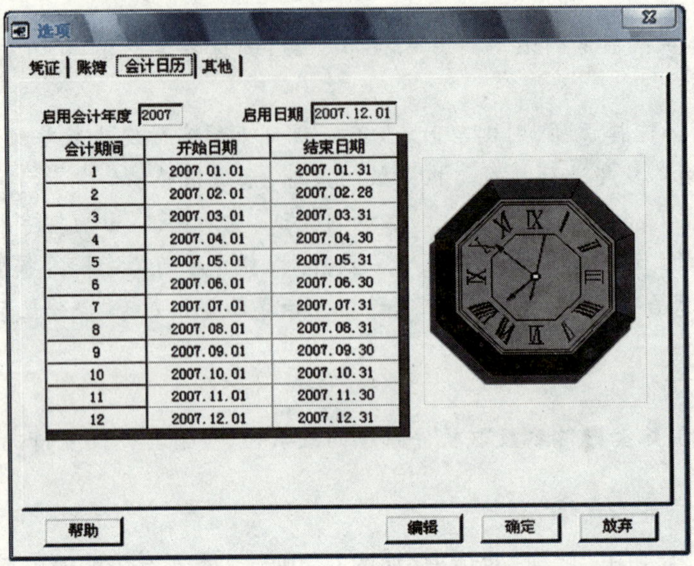

图3-30 选项——会计日历设置

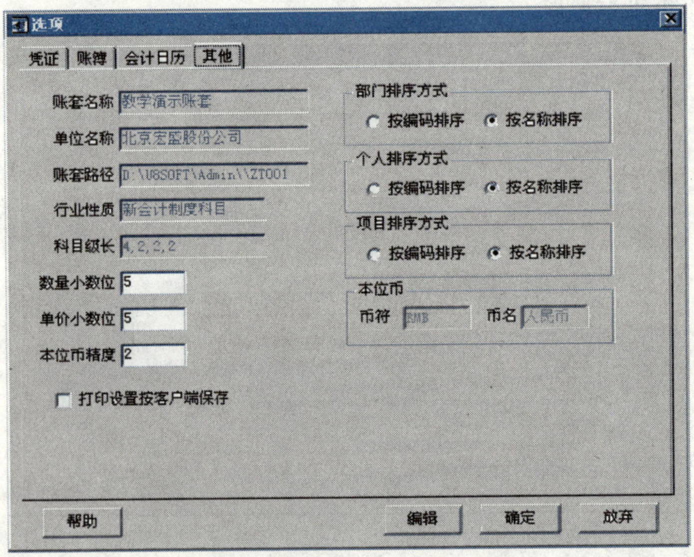

图3-31 选项——其他参数设置

栏目说明

数量小数位：在制单与查账时，按此处定义的小数位输出小数，不足位数将用“0”补齐。例如定义为5位，而数量为10.25米，则系统将按10.25000显示输出。系统允许设置的数量小数位范围为2~6位。

单价小数位：在制单与查账时，按此处定义的小数位输出小数，不足位数将用“0”补齐。例如定义为5位，而单价为3元，则系统将按3.00000显示输出。系统允许设置的单价小数位范围为2~8位。

本位币精度：若数据精确到整数（无小数位），则在制单中由汇率、外币计算本位币时，系统自动四舍五入为整数。

部门排序方式：在查询部门账或参照部门目录时，是按部门编码排序还是按部门名称排序，可根据需要在这里设置。

个人排序方式：在查找项目账或参照个人目录时，是按个人编码排序还是按个人名称排序，可根据需要在这里设置。

项目排序方式：在查询项目账或参照项目目录时，是按项目编码排序还是按项目名称排序，可根据需要在这里设置。

设置完所有总账系统参数之后，单击【确定】按钮，保存设置结果。

3.4.2 会计科目设置

本功能完成对会计科目的设立和管理，用户可以根据业务的需要方便地增加、插入、修改、查询、打印会计科目。

1. 增加会计科目。如果用户需建立的会计科目体系与所选行业标准会计科目基本一致，则可以在建立账套时选择预置标准会计科目，这样在会计科目初始设置时，只需对不同的会计科目进行修改、对缺少的会计科目进行增加处理即可。如果用户需建立的会计科目体系与所选行业标准会计科目相差较多，则可在系统初始设置时选择不预留行业会计科目，这样可以根据自己的需要自行设置全部会计科目。

在建立会计科目时，输入的基本内容包括：会计科目编码、科目名称、科目类型、辅助账标识等项目。

（1）会计科目编码：一级科目编码按财政部规定；明细科目编码按照参数设置中对科目编码级次和级长的规定进行设置。通常的方法是同级科目按顺序排列，以序号作为本级科目编码，加上上级科目编码，组成本级科目全编码。

（2）会计科目名称：会计科目名称是指会计科目的汉字名称。科目汉字名称是证、账、表上显示和打印的标志，是企业与外部交流信息所使用的标志。输入科目名称时尽量避免重名，以免影响科目运用的准确性。

（3）科目类型：按会计科目性质对会计科目进行划分，按照会计制度规定，科目类型分为五大类，即资产、负债、所有者权益、成本、损益。

（4）账页格式：规定每个科目的会计账页格式，账页格式一般有金额式、外币金额式、数量金额式、数量外币式等种类。

（5）辅助账类：在建立会计科目时，对有辅助核算要求的科目，需要设置相应的辅助核算标识，以便在输入凭证时，系统根据辅助核算标识，输入相应的附加业务信息。辅助核算可以为管理者提供更准确、全面的会计信息。辅助账主要包括数量核算、外币核算、个人往来核算、客户与供应商往来核算、部门核算和项目核算等。

［例3-6］ 增加会计科目“100201—工商银行存款”，并设置为日记账、银行账科目。

操作步骤

①单击“设置”|“会计科目”，进入“会计科目”窗口，如图3-32所示。

②在“会计科目”窗口中，执行“编辑”|“增加”命令，或单击工具栏上的【增加】按钮，或按【F5】键，打开“会计科目——新增”对话框，如图3-33所示。

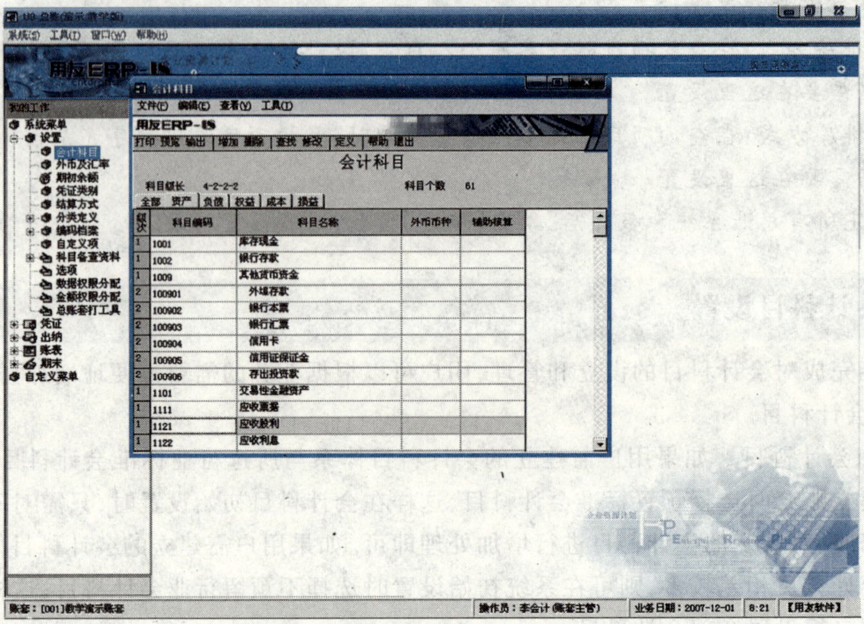

图3-32 设置——会计科目

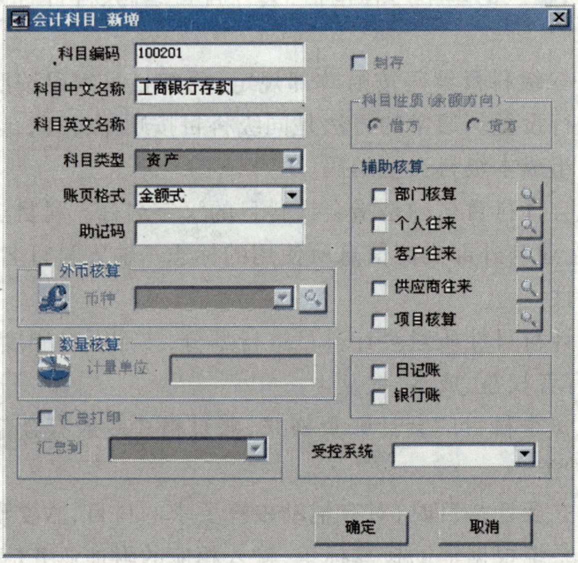

图3-33 新增会计科目

③在科目编码栏内输入“100201”，在科目名称栏内输入“工商银行存款”，在“日记账”和“银行账”前的复选框内打“√”，单击【确定】按钮保存。

提示 增加会计科目时，要遵循先建上级再建下级的原则，会计科目编码的长度及每级位数要符合编码规则，编码不能重复。设置一级会计科目必须符合国家会计制度的规定，而明细科目则可根据各单位实际情况自行设定。既要设置总账科目，又要设置明细科目，不能只有下级科目而没有上级科目。会计科目要保持相对稳定，会计年中不能删除。设置会计科目要考虑到与子系统的衔接。

2. 修改会计科目。如果需要对原有会计科目的某些项目进行修改，如科目名称、账页格式、辅助核算、汇总打印、封存标识等，可以通过“修改”功能来完成。

［例3-7］ 将“10020—工商银行存款”科目修改成“100201—建设银行存款”。

操作步骤

(1)单击“设置”|“会计科目”，进入“会计科目”窗口，选择要修改的科目，单击“查看”|“修改”，或单击工具栏上的【修改】按钮，或双击该科目，打开“会计科目—修改”对话框，如图3-34所示。

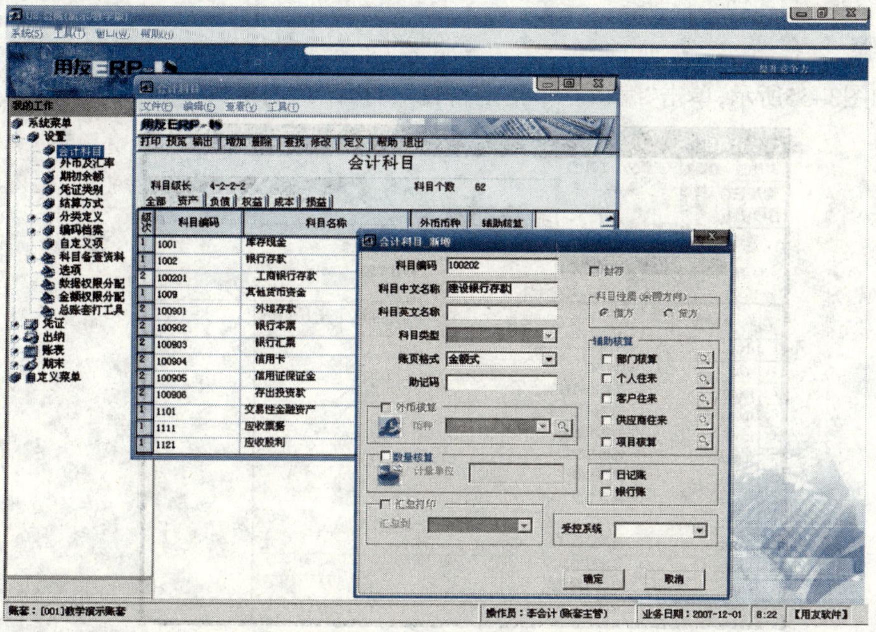

图3-34 修改会计科目—1

(2)单击【修改】按钮，进入修改状态。

(3)将科目名称改为“建设银行存款”，然后单击【确定】按钮保存。

提示 没有会计科目设置权用户只能在此浏览科目的具体定义，而不能进行修改。修改科目应遵循“自下而上”的原则，即先删除下一级科目，然后修改本级科目。已经输入余额的科目，不能直接修改，只有先删除本级及其下级科目的期初余额后，才能修改该科目。

3. 删除会计科目。对于目前暂时不需用或者不适用的会计科目，可以将其删除。

［例3-8］ 将会计科目“100201—建设银行存款”删除。

操作步骤

单击“设置”|“会计科目”，进入“会计科目”窗口，选择要删除的“100201—建设银行存款”科目，单击“编辑”|“删除”，或单击工具栏上的【删除】按钮，打开“删除记录”对话框，单击【确定】按钮，即可将该科目删除。

如果科目已输入期初余额或已制单，则不能删除。另外，被指定为现金银行科目的会计科目不能删除，如想删除，必须先取消指定。

4. 指定现金、银行及现金流量会计科目。指定会计科目是确定出纳的专管科目。被指定为现金、银行总账科目的，在出纳功能中可以查询现金、银行日记账，进行银行对账，以及在制单中进行支票控制和资金赤字控制，从而实现现金、银行存款管理的保密性。

一般情况下，现金科目要设为日记账；银行存款科目设为银行账和日记账。

[例3-9] 将“1002—银行存款”指定为银行总账科目。

操作步骤

(1)如图3-35所示，单击“编辑”|“指定科目”，打开“指定科目”对话框。

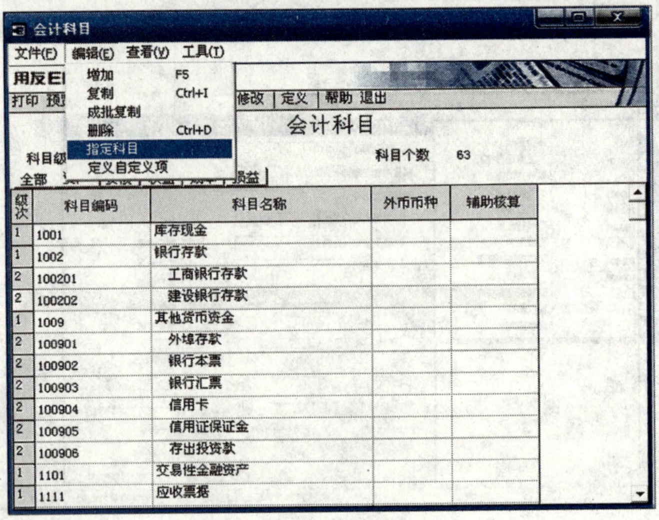

图3-35 指定科目—1

(2)单击选中【银行总账科目】按钮，如图3-36所示。

(3)在待选科目框中选择“1002—银行存款”科目。

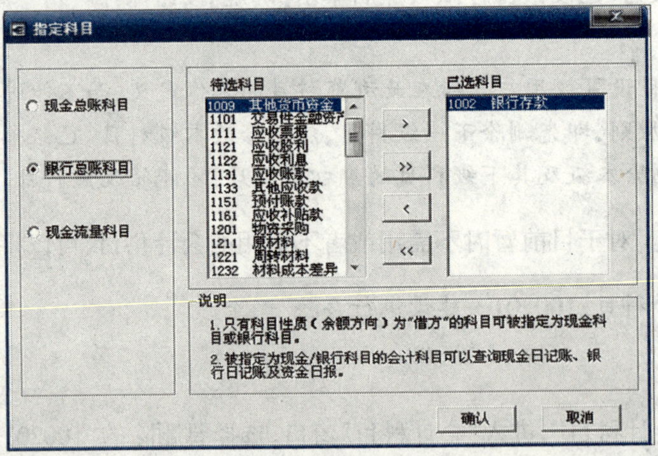

图3-36 指定科目—2

(4)单击【>】按钮或双击该科目，将“1002—银行款”科目添加到已选科目框中。

(5)单击【确认】按钮，保存设置。

提示 已被制过单或已输入期初余额的科目不能修改或删除。只有先删除使用该科目的凭证，并将该科目及其下级科目余额清零，才能修改或删除该科目。

3.4.3 操作权限设置

用友ERP—U8应用系统采用了集中权限管理方式，分为“在系统管理中设置功能权限”和“在总账系统中进行数据权限分配”两部分。

在总账管理中，加强了对操作员的权限控制功能。在原有制单权限、科目权限、审核权限的基础上，增加了部门等辅助核算的制单、查询权限；并增加凭证类别制单、查询权限。填制凭证时，增加了是否可查询他人凭证控制，如不可查询他人凭证，则在填制凭证时，应过滤其他人填制的凭证。

1. 设置功能操作权限。在使用总账系统前，要先在系统管理中设置相应的操作员，并赋予其总账系统全部功能或部分功能的操作权限，详见“系统管理”部分。

2. 分配数据操作权限。只有新建账套时选择“是否需要数据权限控制”的选项，并且必须在系统管理中定义角色或用户，并分配完功能级权限后，才能在这里进行“数据权限分配”。

数据操作权限包括记录权限分配和字段权限分配。记录权限分配是指对具体业务对象进行权限分配。使用前，须在“数据权限控制设置”中选择控制至少一个记录级业务对象。字段权限分配是对单据中包含的字段进行权限分配。

3.4.4 凭证类别设置

根据企业管理和核算要求，将会计凭证进行分类编制，系统提供了设置凭证类别的功能，以便于管理、记账和汇总。但是，无论如何分类，都不会影响记账结果。

1. 选择凭证类别的分类方式。第一次使用总账系统，首先应正确选择凭证类别的分类方式。用户可以按照本单位的需要对凭证进行分类。以下是几种常用分类方式：

(1)记账凭证；

(2)收款、付款、转账凭证；

(3)现金、银行、转账凭证；

(4)现金收款、现金付款、银行收款、银行付款、转账凭证；

(5)自定义凭证类别。

2. 确定限制条件。选择某一分类方式后，可以设置该种凭证的限制条件，以便提高凭证信息的准确性。凭证类别的限制条件是指限制凭证类别的使用范围。

[例3–10] 企业凭证分“收、付、转”三类，根据表3–2进行凭证类型设置。

表3–2

类别字	类别名称	限制类型和限制科目
现收	现金收款凭证	借方必有 1001，贷方必无 1002
现付	现金付款凭证	贷方必有 1001
银收	银行收款凭证	借方必有 1002，贷方必无 1001
银付	银行付款凭证	贷方必有 1002
转	转账凭证	凭证必无 1001，1002

操作步骤

(1)单击“设置”|“凭证类别”,打开“凭证类别预置”对话框,如图3-37所示。

(2)选择“收款凭证、付款凭证、转账凭证”选项。

(3)单击【确定】按钮,打开“凭证类别”对话框,输入限制类型和限制科目。

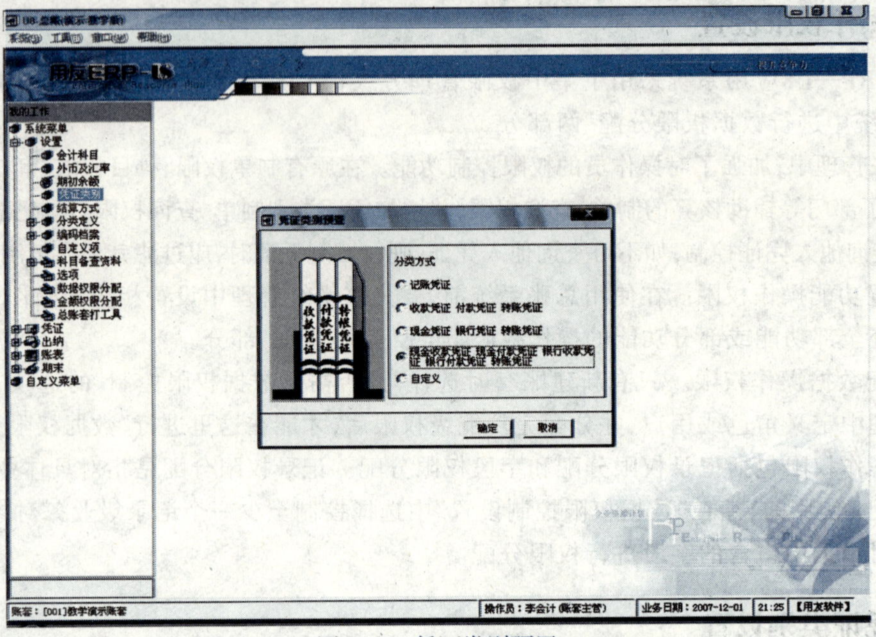

图3-37 凭证类别预置

系统有七种限制类型供选择:

借方必有:制单时,此类凭证借方至少有一个限制科目有发生额。

贷方必有:制单时,此类凭证贷方至少有一个限制科目有发生额。

凭证必有:制单时,此类凭证无论借方还是贷方至少有一个限制科目有发生额。

凭证必无:制单时,此类凭证无论借方还是贷方不可有一个限制科目有发生额。

无限制:制单时,此类凭证可使用所有合法的科目限制科目由用户输入,可以是任意级次的科目,科目之间用逗号分割,数量不限,也可参照输入,但不能重复输入。

借方必无:即金额发生在借方的科目集必须不包含借方必无科目。可在凭证保存时检查。

贷方必无:即金额发生在贷方的科目集必须不包含贷方必无科目。可在凭证保存时检查。

设定以上限制后,某些类别的凭证在制单时对科目有一定限制,在保存录入凭证时系统会自动进行检查。

3.4.5 结算方式设置

结算方式设置的主要内容包括结算方式编码、结算方式名称、票据管理标志等。

结算方式编码用以标识某结算方式。用户必须按照结算方式编码级次的先后顺序进行输入,输入值必须惟一。

结算方式名称是指其汉字名称,用于显示输出。用户根据企业的实际情况,必须输入所用结算方式的名称,输入值必须惟一。

票据管理标志是为出纳对银行结算票据的管理而设的功能，类似于手工系统中的支票登记簿的管理方式。用户可根据实际情况，选择该结算方式下的票据是否要进行票据管理。

［例3-11］ 根据表3-3所给的资料定义结算方式。

表3-3

结算方式名称	结算方式编码	是否票据管理
现金	1	否
支票	2	是
现金支票	201	是

操作步骤

(1)单击“设置”|“结算方式”命令，进入“结算方式”窗口，如图3-38所示。

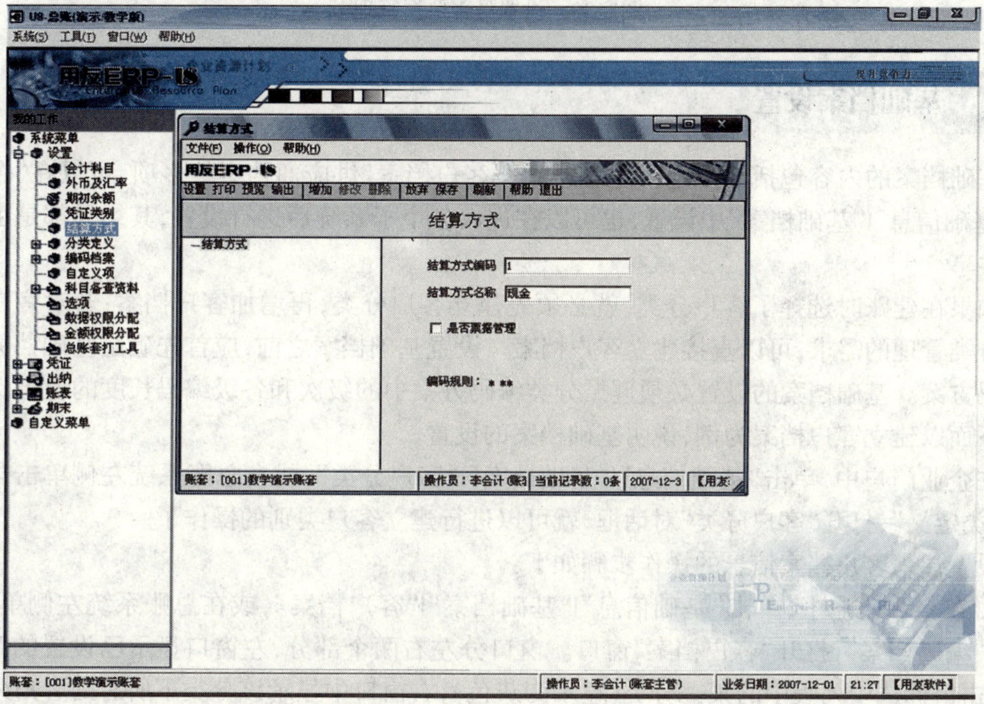

图3-38 增加结算方式

(2)单击工具栏上的【增加】按钮。

(3)输入结算方式编码:1。

(4)输入结算方式名称:现金。

(5)单击工具栏上的【保存】按钮，保存设置。

(6)重复(3)、(4)步骤，增加支票结算方式，选择“是否票据管理”，如图3-39所示。

(7)单击工具栏上的【保存】按钮，单击【退出】按钮。

提示 结算方式最多可以分为两级。如果要修改或删除某种结算方式，单击工具栏上的【修改】或【删除】按钮即可，结算方式一旦被引用，便不能进行修改和删除的操作。

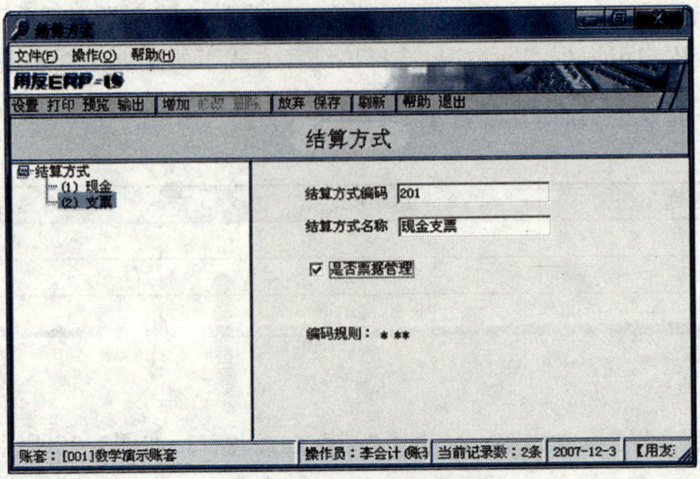

图3-39 设置是否票据管理

3.4.6 基础档案设置

基础档案的内容包括部门档案、职员档案、客户档案、供应商档案等多项，可以在“企业门户”|“基础信息”|“基础档案”中设置，也可以在进入各个子系统后进行设置，其结果都是由各个模块共享。

如果在建账时选择了客户分类，就必须先建立客户分类，再增加客户档案；若对客户没有进行分类管理的需求，可以直接建立客户档案。设置基础档案之前，应首先确定基础档案的分类编码方案。基础档案的设置必须遵循分类编码方案中的级次和各级编码长度的设定。

下面以建立客户档案为例，说明基础档案的设置。

在企业门户中，单击“基础信息”|“基础档案”|“客户分类”，或在总账系统左侧单击“设置”|“分类定义”，打开“客户分类”对话框，就可以进行建立客户类别的操作了。

设置往来客户档案信息的操作步骤如下：

1. 在企业门户中，单击“基础信息”|“基础档案”|“客户档案”，或在总账系统左侧单击“设置”|“编码档案”，打开“客户档案”窗口。窗口分左右两个部分，左窗口显示已设置的客户分类，单击鼠标选中列表中的某一分类(显示为灰色)，右窗口中显示该分类下所有的客户列表。

2. 新增客户档案。单击【增加】按钮，打开“增加客户档案”窗口，如图3-40所示。

3. “增加客户档案”窗口包括“基本”、“联系”、“信用”、“其他”四个页签，逐项输入客户档案信息，单击【保存】按钮后退出。图中用红色“*”号标记的字段为必输项，其他为任选项。

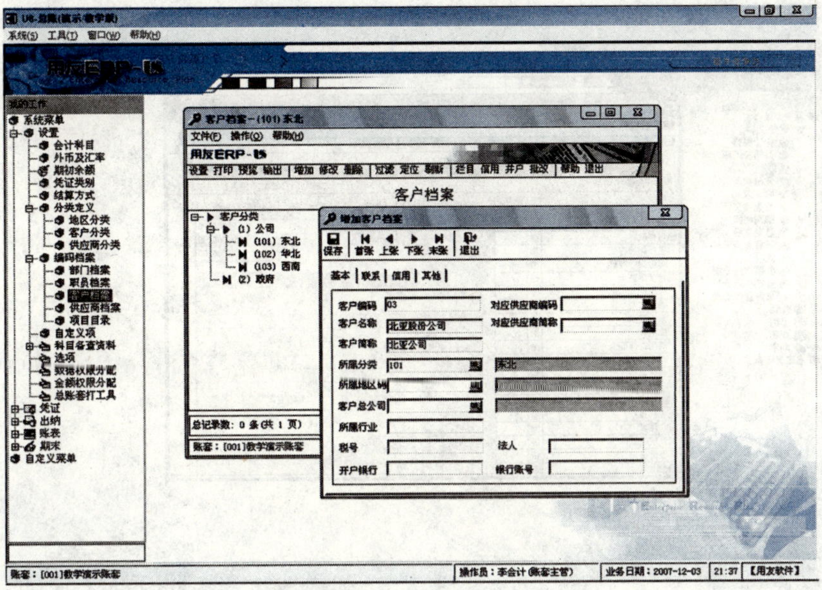

图3-40 增加客户档案

3.4.7 期初余额录入

当第一次使用总账系统时，首先应将原系统各账户的年初余额或启用月份的月初余额，以及年初到该月的累计发生额计算清楚，然后输入到总账系统中。

“期初余额”功能包括：年初输入科目期初余额或调整余额；核对期初余额，并进行试算平衡。

1. 输入期初余额。输入余额时必须注意调整有关科目余额的方向，如果借贷标志不能变，余额可用“-”符号表示。用户只需输入最低级科目的余额，非末级科目的余额系统自动计算。如果在年中某月开始建账，需要输入启用月份的月初余额，以及年初到该月的借贷方累计发生额，系统自动计算年初余额。在输入期初余额时，如果某科目涉及辅助核算，则必须输入辅助账的期初数据。

[例3-12] 根据表3-4所给的资料输入期初余额。

表3-4

科目编码	科目名称	余额方向	期初余额
1001	库存现金	借	3000.00
1002	银行存款	借	1220000.00
100201	工商银行存款	借	1220000.00
1131	应收账款	借	1500.00
1133	其他应收款	借	2000.00
1211	原材料	借	100000.00
1241	库存商品	借	200000.00
3101	实收资本	贷	1526500.00

操作步骤

(1)单击“设置”|“期初余额”，进入“期初余额输入”窗口，如图3-41所示。

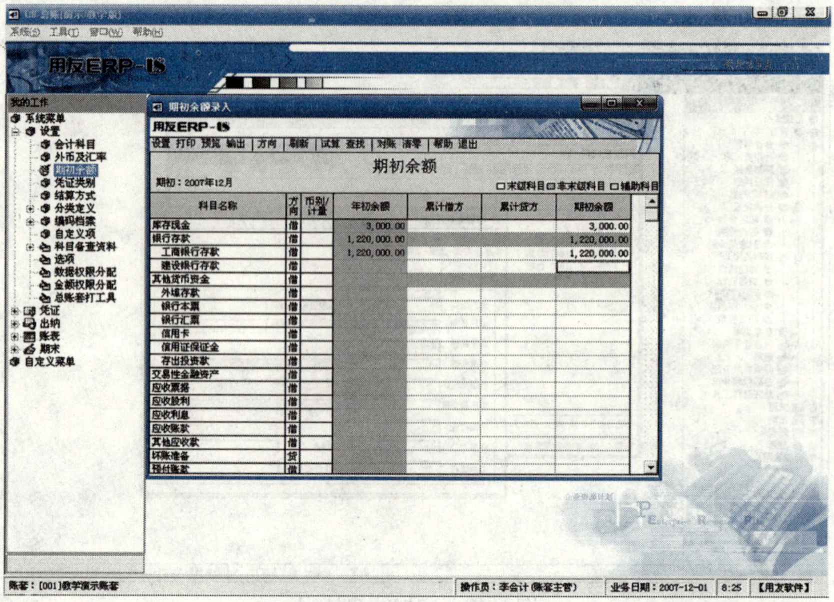

图3-41 期初余额输入

(2)将光标定位在"100201工商银行存款账户"科目上,依次输入累计借方、累计贷方和期初余额,按回车键,系统将自动计算出期初余额和"1002银行存款"科目累计借方、累计贷方和期初余额。

提示 输入余额和方向时,不能对科目进行增、删、改的操作。如要增、删、改科目,必须在设置会计科目功能中进行。凭证记账后,期初余额变为浏览只读状态,不能再修改。

[例3-13] 根据表3-5所给的资料输入"1131应收账款"科目辅助账期初余额。

表3-5

日期	凭证号数	部门名称	客户名称	摘要	方向	期初余额
2007.11.25	30008		华能公司	应收款	借	1500.00

操作步骤

(1)在"期初余额输入"窗口中,双击"1131应收账款"科目的"期初余额"栏,进入"客户往来期初"窗口,如图3-42所示。

(2)单击工具栏上的【增加】按钮,根据给出的资料依次输入有关信息。

(3)输入完毕,单击工具栏上的【退出】按钮,返回到"期初余额输入"窗口。

一般情况下,软件默认资产类科目的科目性质为借方,负债及所有者权益类科目的科目性质为贷方。但是有一部分调整科目,如"坏账准备"、"累计折旧"等科目的余额方向与同类科目性质相反。在建立会计科目时,如果没有对这些科目的余额方向进行调整,可以单击工具栏上的【方向】按钮,调整余额方向。

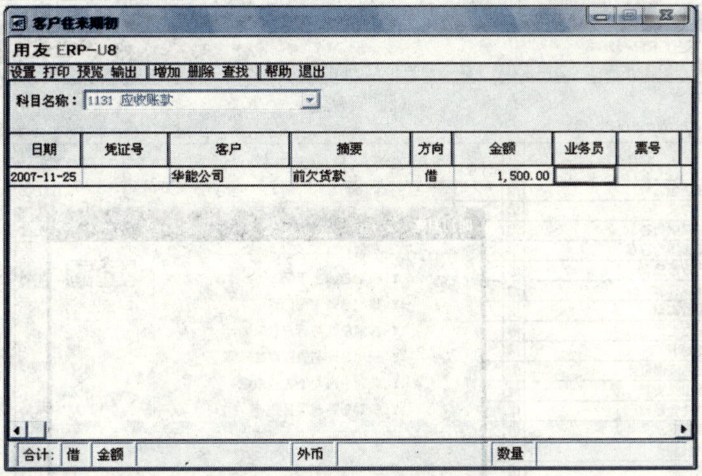

图3-42 录入客户往来期初

2. 试算平衡。期初余额输入后，必须进行上下级科目间余额的试算平衡和一级科目余额试算平衡，以保证初始数据的正确性，检验过程直接由计算机自动进行。

系统的"试算"功能可显示期初试算平衡表，显示试算结果是否平衡，如果不平，需重新调整。

[**例3-14**] 根据已输入的期初余额进行试算平衡。

操作步骤

(1)所有余额输入完毕后，单击【试算】按钮，屏幕显示期初试算平衡表，如图3-43所示。

(2)单击【确认】按钮，返回期初余额窗口。

(3)在期初余额窗口单击【对账】按钮，屏幕显示如图3-44所示。

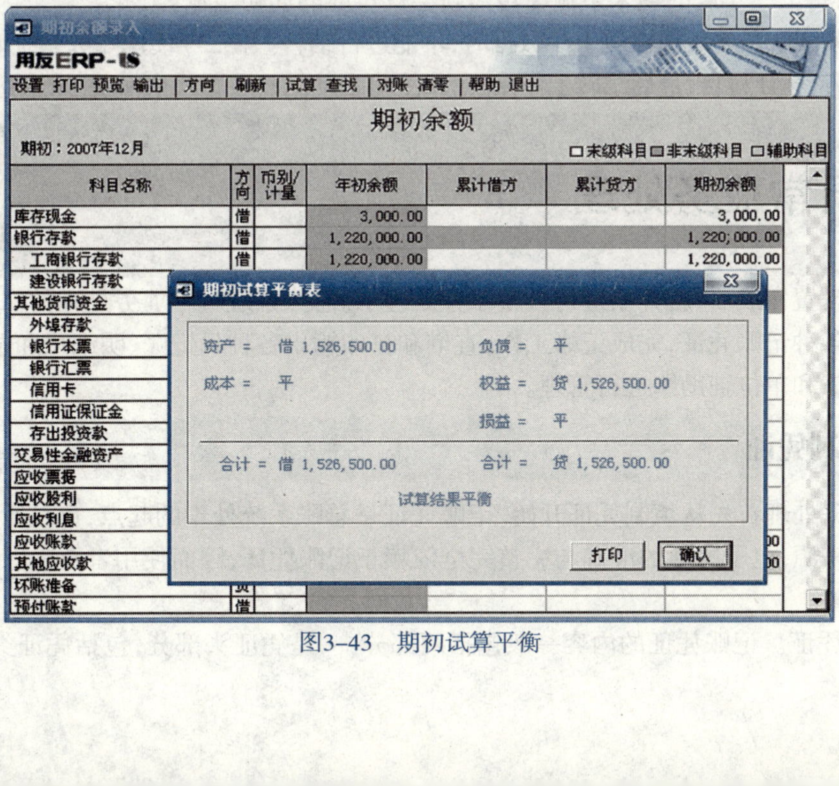

图3-43 期初试算平衡

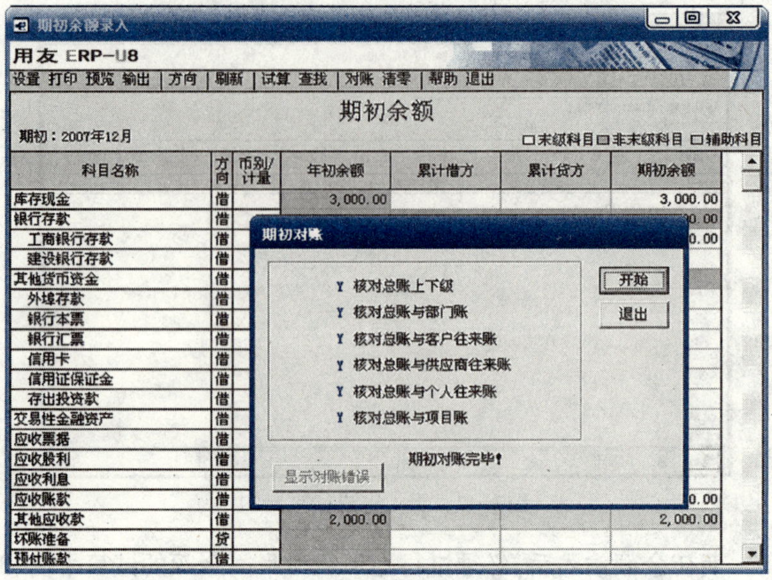

图3-44 期初对账

(4)单击【开始】按钮，对当前期初余额进行对账。

(5)对账后如果有错误，可单击【显示对账错误】按钮，系统会将对账过程中发现的问题显示出来。

提示 期初余额试算不平衡，不能记账，但可以填制凭证。已经记过账，则不能再录入或修改期初余额，不能执行“结转上年余额”的功能。

3. 年初结转。年初结转是在上一会计年度结束，新的会计年度开始时，为保持会计数据处理的连续性，将上一年度的期末余额结转为新会计年度的期初余额。

第一次使用账务系统或没有上年数据时，不能进行结转。第二年使用账务系统时，首先建立账簿，然后调整会计科目，最后结转上年余额，系统将自动结转各账户余额、往来未达账等。

3.5 日常业务处理

初始化设置完成后，就开始进行日常账务处理了。总账系统日常业务处理的任务包括通过输入和处理各种记账凭证，完成记账工作，查询和打印输出各种日记账、明细账和总分类账，同时对个人往来和单位辅助账进行管理。

3.5.1 填制凭证

日常业务处理首先从填制凭证开始。记账凭证是总账系统处理的起点，也是所有查询数据的最主要的来源，电子账簿的准确与完整完全依赖于记账凭证，因而使用者要确保记账凭证输入的准确完整。

1. 增加凭证。记账凭证的内容一般包括两部分：一是凭证头部分，包括凭证类别、凭证编号、凭证日期和附件张数等;二是凭证正文部分,包括摘要、会计分录和金额等。如果输入会计科目有辅助核算要求,则应输入辅助核算内容。用户应该根据具体经济业务内容,采用不同方式填制完成。

[**例3-15**] 宏盛公司2007年12月5日,开出号码为1234的现金支票从银行提取现金30000元,备发工资,根据这笔业务填制记账凭证。应编制会计分录如下:

借:库存现金(1001) 30000

　　贷:银行存款——工商银行存款(100201) 30000

操作步骤

(1)单击总账系统左侧菜单"凭证"|"填制凭证"进入填制凭证窗口,如图3-45所示。单击工具栏上的【增加】按钮增加一张新凭证。

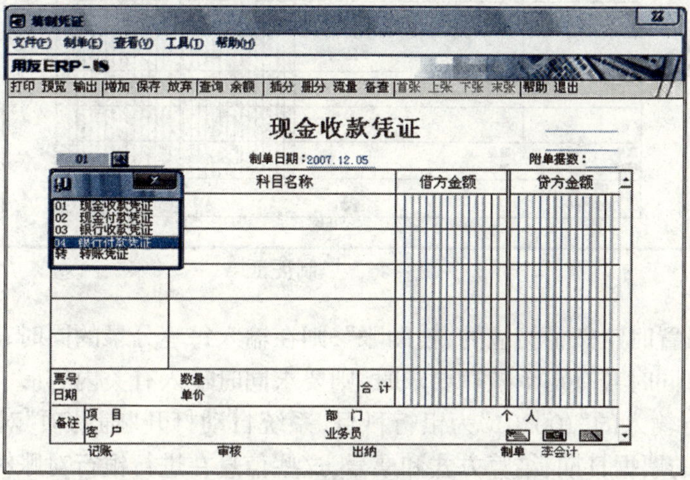

图3-45 填制凭证窗口

(2)输入凭证类别。初始化时已定义的凭证类别代码或名称,用户只需从下拉列表框中选择,本例选择"04银行付款凭证"。

(3)输入凭证编号。一般采用系统自动编号,由计算机按凭证类别对每月凭证自动进行顺序编号。编号由凭证类别编号和凭证顺序编号组成,如:"04字0001"表示本月第1号银行付款凭证。

(4)输入凭证日期。凭证日期包括年月日,由于日期的正确性将影响经济业务在明细账和日记账中的顺序,所以日期应随凭证号递增而递增。凭证日期应大于等于启用日期,不能超过业务日期。本例输入"2007.12.05"。

(5)输入附件张数。附件张数指本张凭证所附原始单据张数。本例输入"1"。

(6)输入摘要。摘要是对本凭证所反映的经济业务内容的说明,凭证每行必须有摘要内容。本例输入"提取现金备发工资"。

(7)输入会计科目。输入科目时,一般输入科目编码,计算机将根据科目编码自动切换为对应的会计科目名称。会计科目可以输入科目助记码或单击参照按钮选择输入。输入的科目编码必须在建立科目时已经定义,且是最底层的科目编码。本例输入"1001"。

(8)确定方向输入金额。每一科目的发生额均应有它的方向,即借方或贷方。金额不能为

“零”,红字以“-”号表示。本例在借方输入金额“30000.00”。

(9)当前新增分录完成后,按回车键,系统将摘要自动复制到下一分录行,继续输入下一行。输入结果如图3-46所示。

(10)系统自动计算借方科目和贷方科目的金额合计数,会计科目借贷双方金额必须平衡。凭证下方的制单人签字由系统根据登录总账系统时输入的操作员姓名自动输入。

输入完成后如果借贷方均无辅助账科目,单击工具栏上的【保存】按钮。

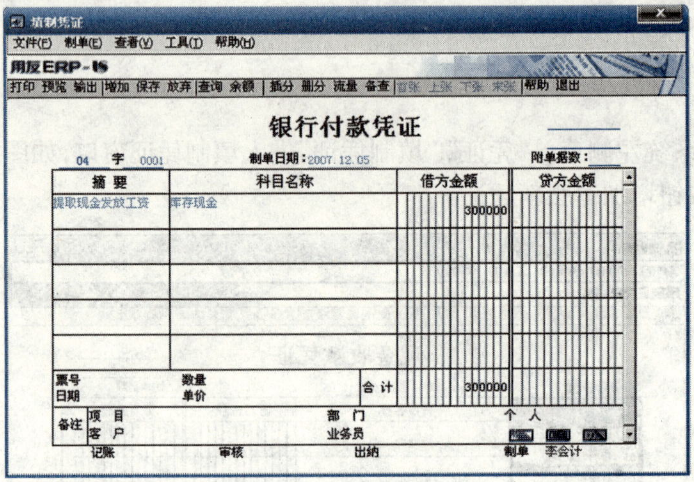

图3-46 填制凭证

如果在科目设置时定义了相应的“辅助账”,则在输入每笔分录的同时,输入辅助核算的内容。如果一个科目同时兼有几个核算要求时,则要求同时输入有关内容。

如上例第二行输入的“100201”为银行科目,系统自动打开“辅助项”对话框,如图3-47所示,要求输入对应的票据日期、结算方式和票号,这些信息在进行银行对账时使用。这些信息可回车通过,但如果在初始设置中选择了支票控制,该结算方式设有支票管理,则银行账辅助信息不能为空,而且该支票的标号应在支票登记簿中有记录。

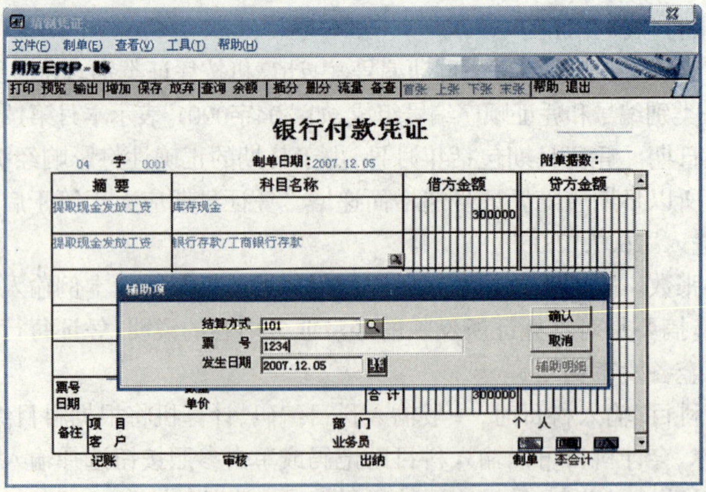

图3-47 输入银行科目辅助项

［例3–16］ 2007年12月15日，办公室陈少红报销差旅费1500元，交回现金500元，根据这笔业务填制记账凭证。应编制会计分录如下：

借：管理费用(5502) 1500

贷：其他应收款(1138) 1500

借：库存现金(1001) 500

贷：其他应收款(1138) 500

操作步骤

(1)参照［例3–15］输入凭证类别、凭证编号、凭证日期、附件张数、摘要、会计分录和金额等。

(2)当输入分录的贷方科目“1221”时，由于该科日为个人往来核算科目，需要在“辅助项”对话框中输入辅助信息，如图3–48所示。在“辅助项”对话框中，依次输入部门、个人、票号和发生日期，单击【确认】按钮返回。

(3)其他与［例3–15］相同。

在输入个人信息时，若不输入部门名称，只输入个人名称时，系统将根据所输入的个人名称自动输入其所属的部门。

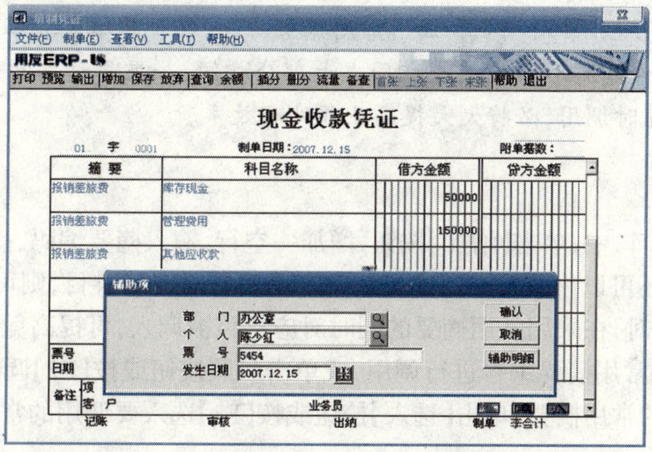

图3–48 输入有个人往来核算要求的凭证

［例3–17］ 2007年12月30日，结转本月已售产品10000套的销售成本，单价10元，填制记账凭证。这笔业务应编制会计分录如下：

借：主营业务成本(5401) 100000

贷：库存商品(1243) 100000

操作步骤

(1)参照［例3–15］输入凭证类别、凭证编号、凭证日期、附件张数、摘要、会计分录和金额等。

(2)当输入分录的贷方科目“1243”时，由于该科目为数量金额核算科目，需要在“辅助项”对话框中输入相关的辅助信息，如图3–49所示。输入数量“10000”，输入单价“10.00”，单击【确认】按钮返回。

(3)系统自动计算填列金额100000.00。其他与［例3–15］相同。

系统根据“数量×单价”自动计算出金额，并将金额先放在借方，如果方向不符，可将光标移动到贷方后，按空格键即可调整金额方向。若不输入辅助信息，可继续操作，但可能导致数量辅助账的对账不平。

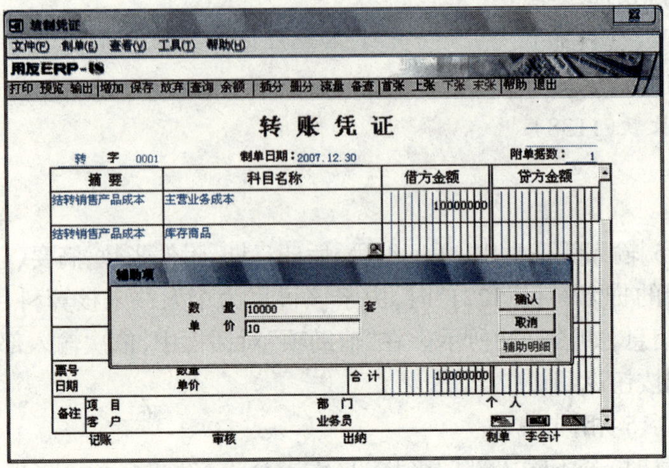

图3-49 输入有数量账核算要求的凭证

提示 系统提供了增加常用摘要和调用常用摘要功能。在日常填制凭证的过程中，因为业务的重复性发生，经常会有许多摘要完全相同或大部分相同，如果将这些常用摘要存储起来，在填制会计凭证时可随时调用，必将大大提高业务处理效率。

操作步骤

在“常用摘要”窗口中，单击【增加】按钮，增加一空行，输入摘要编码、摘要内容、相关科目，这些内容在调用后还可以修改补充。如果某条常用摘要对应某科目，则可在“相关科目”处输入，那么在填制凭证时，在采用常用摘要的同时对应科目被调入，可提高凭证输入效率。在制单输入摘要时，可输入常用摘要编号进行调用，或单击参照按钮或按【F2】调出常用摘要选择窗，将光标移到要调用的常用摘要，单击【选入】按钮或按【F3】选入要调用的常用摘要。

提示 系统提供了生成常用凭证和调用常用凭证功能。在日常填制凭证的过程中，经常会有许多凭证完全相同或部分相同，如果将这些常用的凭证存储起来，在填制会计凭证时可随时调用，必将大大提高业务处理的效率。

操作步骤

（1）增加常用凭证。单击总账系统左侧菜单“凭证”|“常用凭证”进入常用凭证窗口，如图3-50所示。单击【增加】按钮，新增一张常用凭证，输入编码、说明、凭证类别、附单据数。单击工具栏上的【详细】按钮，然后单击工具栏上的【增加】按钮，输入详细信息，如图3-51所示。单击【退出】保存并返回。

（2）调用常用凭证。在制单时，单击“制单”|“调用常用凭证”，屏幕显示调用常用凭证窗口，如图3-52所示。输入常用凭证的编号，或单击参照按钮或按【F2】选择要调用的常用凭证，单击【选入】按钮或按【F3】键，即可调出该常用凭证。若调入的常用凭证与待编制的凭证不符时，可将其修改成所需的凭证。

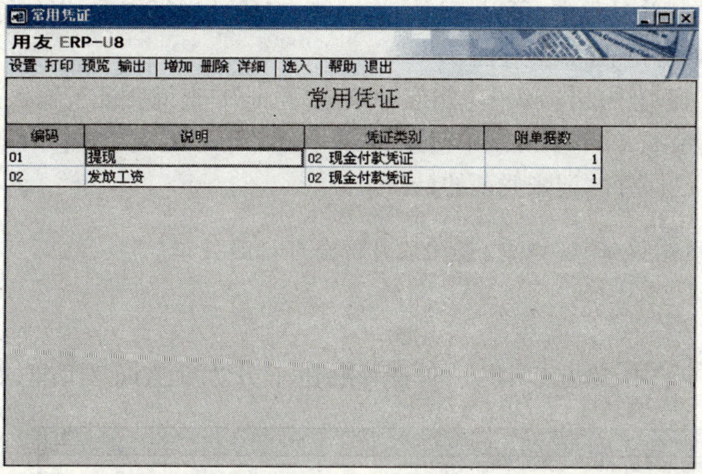

图3-50 常用凭证

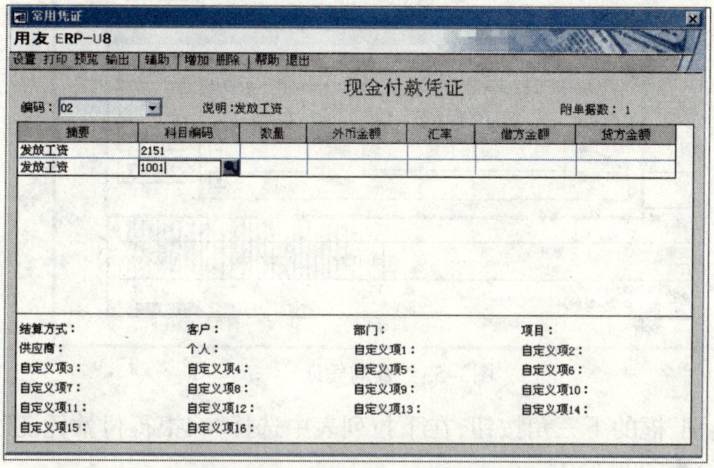

图3-51 常用凭证——详细信息

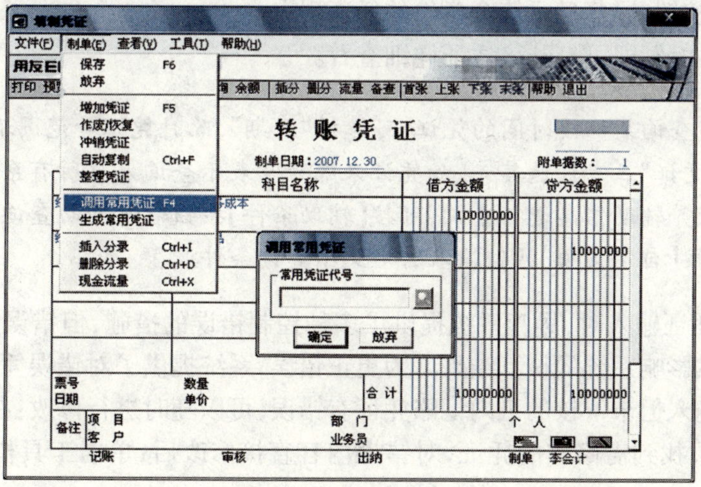

图3-52 调用常用凭证

2. 查询凭证。在制单过程中，可以通过查询功能，对凭证进行查看，以便随时了解经济业务发生的情况，保证填制凭证的正确性。

通过“填制凭证”窗口中的【查询】功能或者单击“凭证”|“查询凭证”，输入查询条件后，可查看到当前科目最新余额、外部系统制单信息、联查明细账等。通过单击【余额】可查到当前光标所在科目包含所有已保存的记账凭证的最新余额。

［例3–18］ 在“填制凭证”窗口中，查询12月份全部记账凭证。

操作步骤

(1)在“填制凭证”窗口中，单击工具栏上的【查询】按钮，打开“凭证查询”对话框，如图3–53所示。

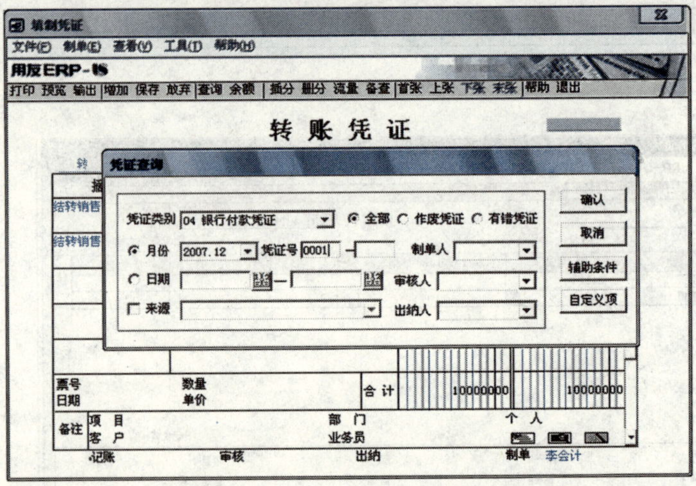

图3–53 查询凭证

(2)单击“凭证类别”框的下三角按钮，在下拉列表中选择“04银行付款凭证”选项。

(3)选择查询月份为“2007.12”。

(4)在“凭证号”文本框中输入“0001”，其他栏目可为空。

(5)单击【确认】按钮，屏幕显示符合条件的凭证列表。

(6)双击选中的凭证，即可打开该凭证详细查看。

提示 如果要专门查询某一段时间的凭证，可选择“日期”，此时凭证号范围不可选。“全部”、“作废凭证”或“有错凭证”三者任选其一。如凭证来源为空表示查询来自所有系统的凭证。如选择按科目、摘要、金额等辅助信息进行查询，可按【辅助条件】按钮输入辅助查询条件。如要按科目自定义项查询，可按【自定义项】按钮输入自定义项查询条件。

3. 修改凭证。凭证输入时，尽管系统提供了多种控制错误的措施，但错误凭证是难免的，记账凭证的错误必然影响系统的核算结果。为更正错误，系统提供了对错误凭证修改的功能。

如果发现已经输入但未审核的机内记账凭证有错误，可以随时进行修改：在“填制凭证”窗口，单击【查询】按钮，找到需修改的凭证，对错误内容直接修改后，单击工具栏上的【保存】按钮，就完成了修改。

提示 凭证编号不能修改。若采用制单序时控制，则在修改制单日期时，不能在上一张凭证的制单日期之前。外部系统传过来的凭证不能在总账系统中进行修改，只能在生成该凭证的系统中进行修改。已通过审核但还未记账的凭证不能直接修改，可以先通过凭证审核功能取消审核后，再通过凭证的编辑功能进行直接修改。若已记账的凭证发现有错，不允许直接修改，可以采用“红字凭证冲销法”或者“补充凭证法”进行更正。

4. 冲销凭证。红字冲销法是会计中常用的一种错误更正方法，即根据错误凭证填制一张“红字”凭证全额冲销错误凭证的方法，如果需要再重新编制一张正确的“蓝字”凭证，则：

操作步骤

(1)单击“制单”|“冲销凭证”，打开“冲销凭证”对话框，如图3-54所示。

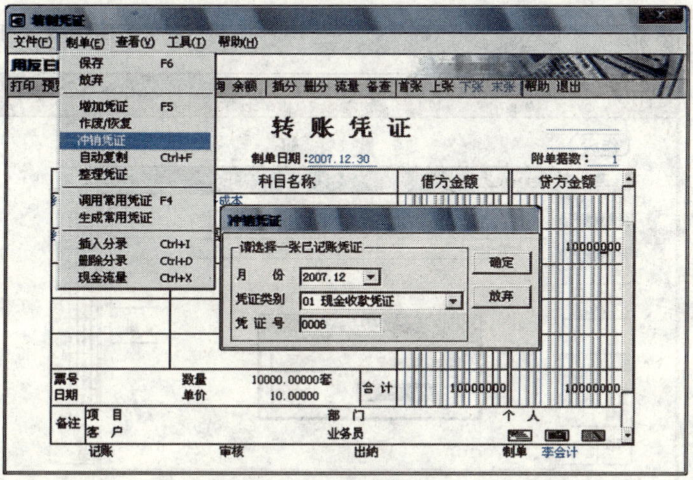

图3-54 冲销凭证

(2)在“冲销凭证”对话框中，依次输入月份、凭证类别和凭证号。

(3)单击【确定】按钮，系统自动生成一张红字冲销凭证。

通过红字冲销法增加的凭证，应视同正常凭证进行保存和管理。

5. 作废与删除凭证。如果遇到有非法的凭证需要作废时，可以使用“作废/恢复”功能，将这些凭证进行作废。作废凭证仍保留凭证内容及编号，只显示“作废”字样。作废凭证不能修改，不能审核。在记账时，已作废的凭证应参与记账，否则月末无法结账，但不对作废凭证作数据处理，相当于一张空凭证。账簿查询时，查不到作废凭证的数据。

若当前凭证已作废，可单击“制单”|“作废/恢复”，取消作废标志，并将当前凭证恢复为有效凭证，如图3-55所示。

如果不想保留作废凭证时，则可以通过“整理凭证”功能，将其彻底删除，并对未记账凭证重新编号，如图3-56所示。

提示 只能对未记账凭证作凭证整理。已记账凭证作凭证整理，应先恢复本月月初的记账前状态，再作凭证整理。

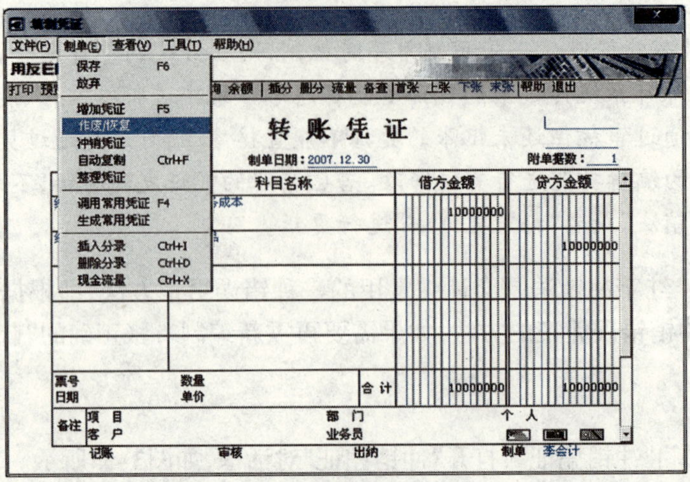

图3-55 作废/恢复凭证

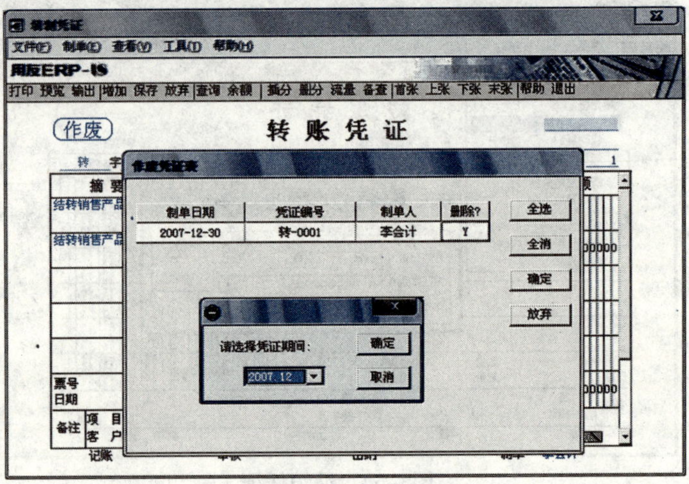

图3-56 整理凭证

6. 科目汇总。记账凭证全部输入完毕并进行审核签字后，可以进行汇总并同时生成一张“科目汇总表”。进行汇总的凭证可以是已记账的凭证，也可以是未记账凭证，因此，财务人员可以在凭证未记账前，随时查看企业当前的经营状况和其他财务信息。

如想查看当前未记账凭证科目汇总表，操作步骤如下：

(1)单击“凭证”|“科目汇总”，打开“科目汇总”对话框，如图3-57所示。

(2)选择月份：2007.12。

(3)选择凭证类别：04银行付款凭证。

(4)单击“未记账凭证”单选按钮。其他条件为空。

(5)单击【汇总】按钮，即可显示所有未记账银行付款凭证的汇总表。

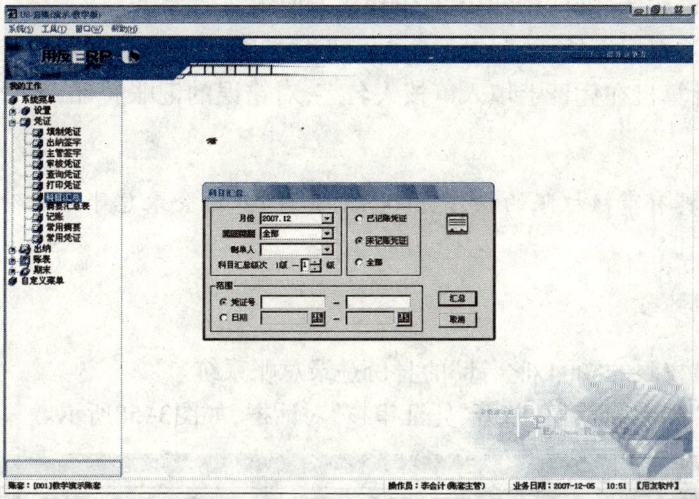

图3–57 科目汇总

3.5.2 审核凭证

审核是指由具有审核权限的操作员按照会计制度规定，对制单人填制的记账凭证进行合法性检查。主要审核记账凭证是否与原始凭证相符，会计分录是否正确等。审查认为错误或有异议的凭证，应交与填制人员修改后再次审核。只有经过审核的记账凭证才能作为正式凭证进行记账处理。

审核凭证包括出纳签字、主管签字和审核员审核凭证三个方面。

1. 出纳签字。会计凭证填制完成之后，如果该凭证是出纳凭证，且在系统"选项"中选择"出纳凭证必须经由出纳签字"，则应由出纳核对签字。

通过"出纳签字"功能可对制单员填制的带有现金或银行科目的凭证进行检查核对，主要核对出纳凭证的出纳科目的金额是否正确。

操作步骤

出纳员注册进入系统，单击左侧菜单中的"凭证"|"出纳签字"，选择需要出纳签字的凭证，单击工具栏上的【签字】按钮即可。签字后，凭证下方出纳处显示当前操作员姓名，表示这张凭证出纳已签字。若想对已签字的凭证取消签字，单击工具栏上的【取消】按钮即可。

提示 企业可根据实际需要"选项"设置中选择或取消"出纳凭证必须经由出纳签字"的设置。凭证一旦签字，就不能被修改、删除，只有取消签字后才可以修改或删除。取消签字只能由出纳员自己进行。可以进行成批出纳签字，也可以成批取消签字。如果在录入凭证时没有录入结算方式和票据号，出纳签字时可以补录"结算明细"。

2. 主管签字。为了加强对会计人员制单的管理，系统提供"主管签字"功能，会计人员填制的凭证必须经主管签字才能记账。

主管签字的操作步骤参见出纳签字。

3. 审核凭证。审核凭证可以采用屏幕审核或对照审核的方法。

屏幕审核是直接根据原始凭证，对屏幕上显示的记账凭证进行审核，对正确的记账凭证，执行审核命令，由计算机在凭证上填入审核人名字；对错误的记账凭证，不予审核或执行标错命令进行标错。

［例3–19］ 由具有审核权限的操作员（004刘会计）身份登录总账系统对已输入的凭证进行审核签字。

操作步骤

（1）以具有审核权限的“004刘会计”的身份登录总账系统。

（2）单击“凭证”|“审核凭证”，打开“凭证审核”对话框，如图3–58所示。

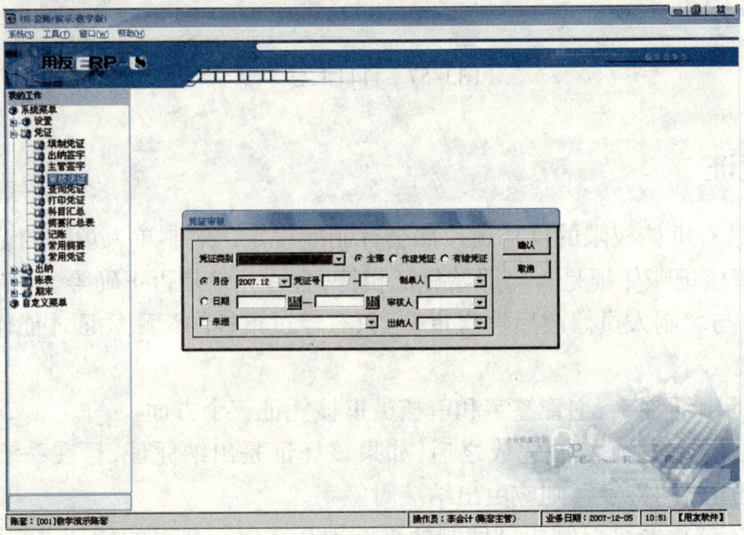

图3–58 凭证审核—1

（3）选择要审核的凭证范围，单击【确定】按钮，打开“凭证审核一览表”对话框，如图3–59所示。

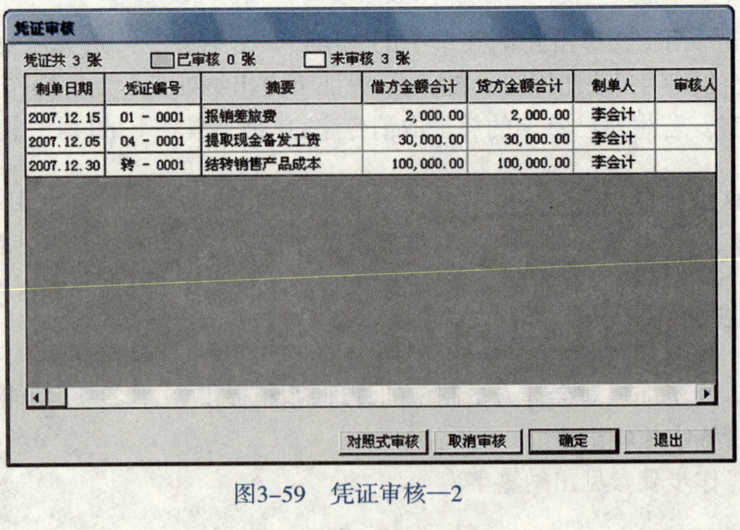

图3–59 凭证审核—2

（4）双击要审核的凭证或选中要审核的凭证后单击【确定】按钮，进入“审核凭证”窗口，如图3-60所示。

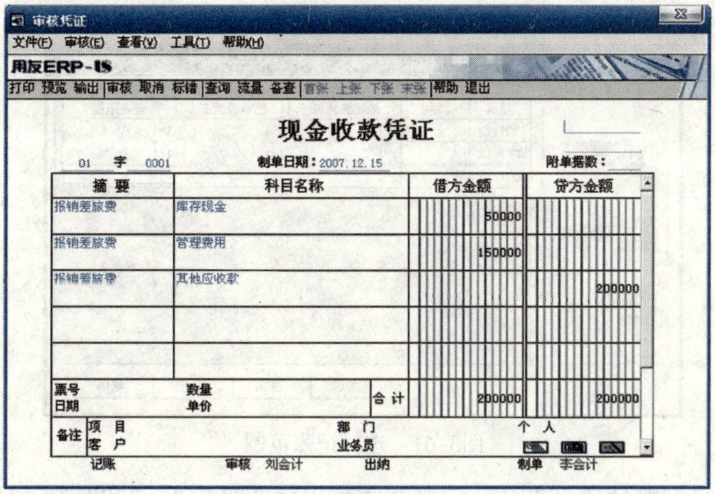

图3-60　凭证审核—3

（5）对当前显示的凭证进行检查后，单击工具栏中的【审核】按钮，系统自动在审核处签上刘会计的名字。

（6）单击工具栏中的【上张】【下张】可以查找下一张要审核的凭证。全部凭证审核完毕后，单击【退出】按钮退出。

若想对已审核的凭证取消审核，单击【取消】按钮即可取消审核。

提示　审核人和制单人不能是同一个人；取消审核签字只能由审核人自己进行；凭证一经审核，就不能被修改、删除，只有取消审核签字后才能进行修改或删除；如果在“选项”中选择了“凭证审核控制到操作员”，审核人除了要具有审核权外，还需要有对凭证制单人的审核权，这个权限在“基础设置”的“数据权限”中设置；作废凭证不能被审核，也不能被标错。

也可以采用对照审核的方式审核凭证，可通过对凭证的二次输入，达到系统自动审核凭证的目的，确保经济业务处理不会发生输入错误。

记账凭证经审核签字后，即可用来登记总账和明细账、日记账、部门账、往来账、项目账以及备查账等。

3.5.3 记　账

记账即登记账簿，它是以会计凭证为依据，将经济业务全面、系统、连续地记录到账簿中去，是会计核算的主要方法之一。在会计电算化情况下，记账是由有记账权限的操作员发出记账指令，由计算机按照预先设计的记账程序自动进行合法性检验、科目汇总、登记账簿等操作。

［例3-20］　将2007年12月份已审核的记账凭证，进行记账处理。

操作步骤

(1)在总账系统左侧菜单中单击“凭证”|“记账”，打开“记账—选择本次记账范围”对话框，如图3-61。

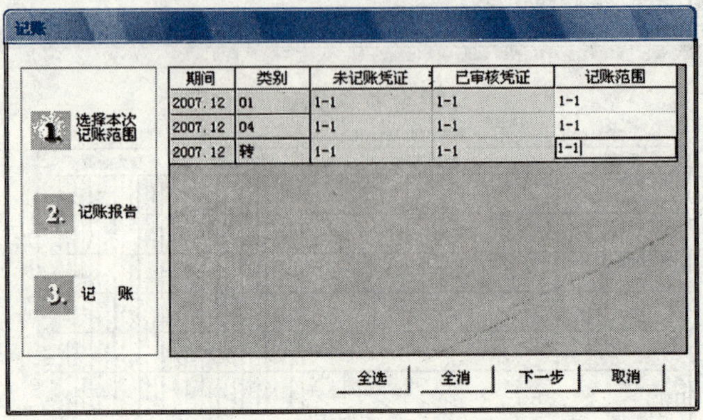

图3-61 选择记账范围

(2)输入要进行记账的凭证范围。记账范围可以输入数字“—”和“,”。如果不选，系统自动默认为所有凭证。

(3)单击【下一步】按钮，打开“记账—记账报告”对话框，如图3-62所示。如果需要打印记账报告，可单击【打印】按钮。

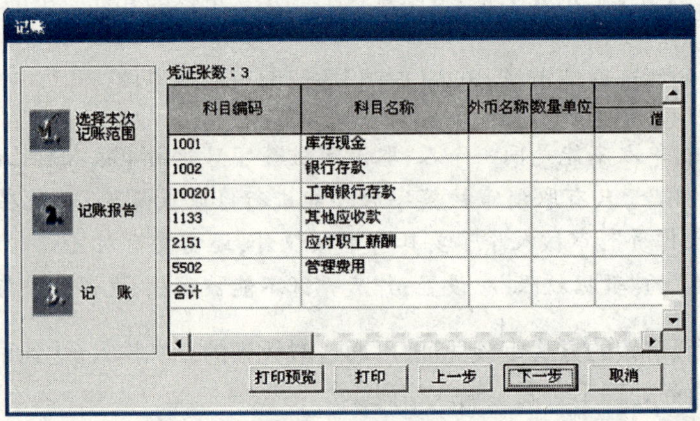

图3-62 记账报告

(4)单击【下一步】按钮，单击【记账】按钮，打开“期初试算平衡表”对话框，如图3-63所示。

(5)单击【确认】按钮，系统开始登记有关的总账和明细账、辅助账。

(6)登记完毕后，出现“记账完毕！”提示框。单击【确定】按钮，记账完毕，如图3-64所示。

在记账过程中，如果发现某一步设置错误，可单击【上一步】返回后进行修改。如果不想再继续记账，可单击【取消】，取消本次记账工作。

提示 第一次记账时，若期初余额试算不平衡，不能记账；未审核凭证不能记账，记账范围应小于等于已审核范围；如果有不平衡凭证时不能记账；作废凭证不需审核可直接记账；上月未记账的，本月不能记账；上月未结账时，本月不能记账；记账过程不得中断退出；记完账后不能整理凭证断号；记完账后的凭证只能在“查询凭证”界面查询，不能在“填制凭证”界面查询。

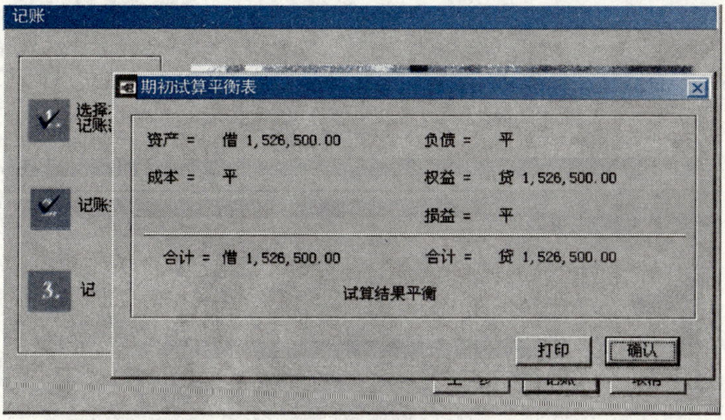

图3-63 记账

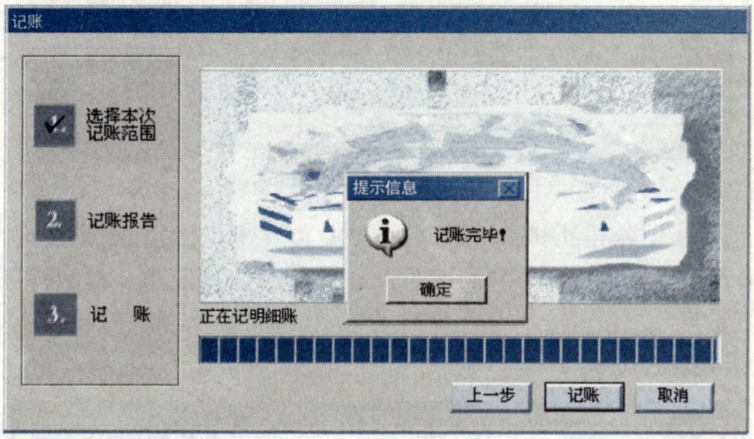

图3-64 记账完毕

由于某种原因，如由于记账过程中断电使登账发生中断，导致记账错误，或者记账后发现输入的记账凭证有错误，需进行修改，可调用“恢复记账前状态”功能，将数据恢复到记账前状态，待调整完毕后再重新记账。

3.5.4 出纳管理

现金、银行存款是企业最重要的资产，管好、用好这些货币资金是现代企业管理的一项重要内容。“出纳管理”功能是提供给出纳人员进行管理的一套工具，它包括现金和银行存款日记账的输出、支票登记簿的管理以及银行对账功能，并可对长期未达账提供审计报告。

1. 日记账。日记账包括现金日记账和银行存款日记账。日记账输出的主要格式包括：金额式日记账和外币日记账（即复币式日记账），通过该功能可输出某一天的现金、银行存款日记账，还可输出任意一个会计月份的现金、银行存款日记账。

现金科目必须在“会计科目”功能下的“指定科目”中预先指定，使用“现金日记账”、“银行日记账”功能，可查询现金日记账或银行存款日记账。

[例3-21] 查询2007年12月份的现金日记账。

操作步骤

(1)在总账系统左侧菜单中单击“出纳”|“现金日记账”，打开“现金日记账查询条件”对话框，如图3-65所示。

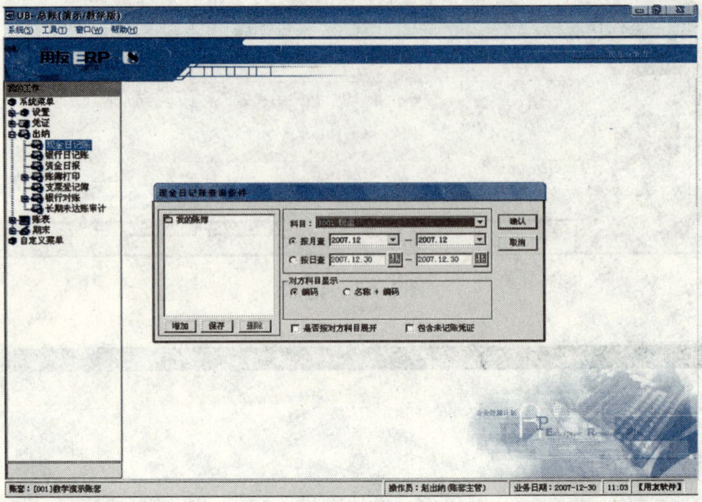

图3-65 现金日记账查询条件

(2)要查看“包含未记账凭证”的日记账，可选中“包含未记账凭证”选项。选择“按对方科目展开”和“名称+编码”，将显示按对方科目名称及编码的现金日记账。本例科目选择为“1001现金”，其余条件不变。

(3)单击【确认】按钮，进入“现金日记账”窗口，如图3-66所示。

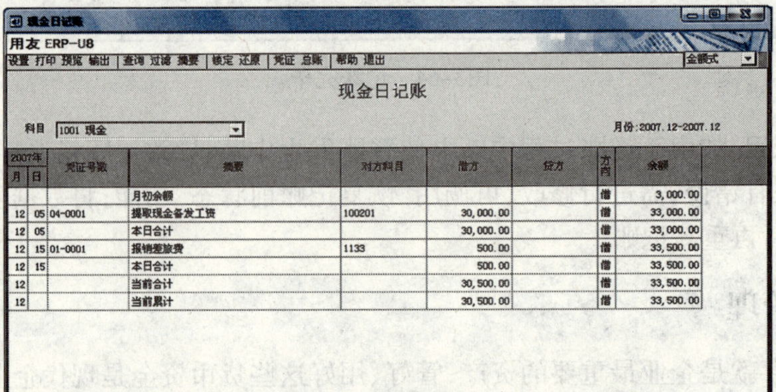

图3-66 现金日记账

(4)在“现金日记账”窗口右上角“账页格式”下拉列表框中，可选择需要查询的格式。

如果本月尚未结账，查看时显示“当前合计”、“当前累计”。如果本月结账，显示“本月合计”、“本年累计”。

2. 资金日报表。资金日报表是反映现金、银行存款每日发生额及余额情况的报表，在企业财务管理中占据重要位置。“资金日报”功能用于查询输出现金、银行存款科目某日的发生额及余额情况。

资金日报表查询中，提供今日共借、今日共贷、今日余额、借方笔数、贷方笔数、昨日余额的合计数，并按币种进行合计，每个币种一行，合计以末级科目的金额计算。

[例3-22] 查询2007年12月5日的资金日报表。

操作步骤

(1)在总账系统左侧菜单中单击“出纳”|“资金日报”，打开“资金日报表查询条件”窗口，如图3-67所示。

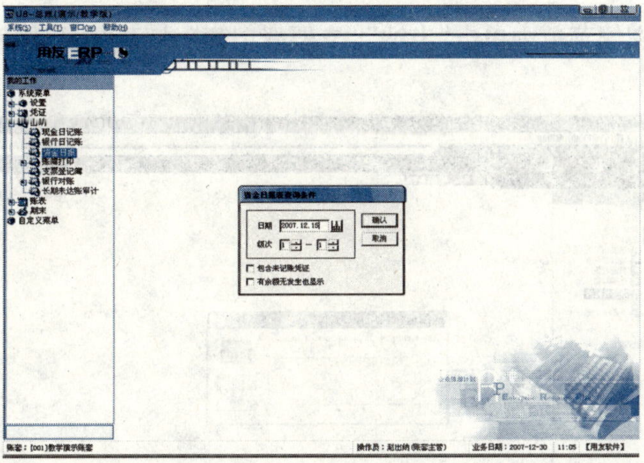

图3-67 资金日报表查询条件

(2)如果选择多级查询，可以在一张资金日报表达式看到所有资金发生的明细情况。由于企业内控制度规定或其他滞后原因，在查询时有些凭证尚未记账，如果您想查询资金发生的真实情况，可以选择“包含未记账凭证”。本例查询日期选择“2007.12.05”。

(3)单击【确定】按钮，进入“资金日报表”窗口，如图3-68所示。

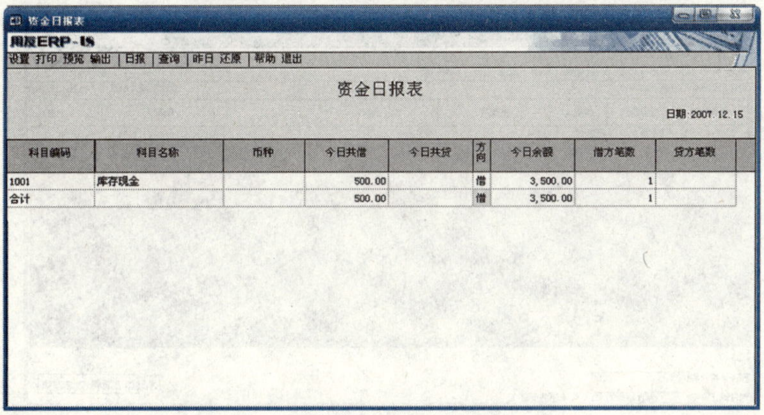

图3-68 资金日报表

(4)单击【日报】按钮，可显示、打印光标所在科目的日报单。单击【昨日】按钮，在表头增加“昨日余额”列，可查看各现金、银行科目的昨日余额。

3. 支票登记簿。与手工记账时一样，为了加强企业的银行支票管理，出纳人员通常需要建立“支票登记簿”，以便详细登记支票领用人、领用日期、支票用途、是否报销等情况。只有在初始设置的“选项”中选择了“支票控制”，在结算方式设置中设置了“票据结算”标志，并在“会计科目”中已指定银行科目，才能使用支票登记簿功能。

本系统对于不同的银行账户分别登记支票登记簿，所以需先选择要登记的银行账户，才能进入支票登记簿界面。

[例3-23] 将12月5日从银行提取现金时领用的现金支票进行登记。

操作步骤

(1)在总账系统左侧菜单中单击“出纳”|“支票登记簿”，打开“银行科目选择”对话框，如图3-69所示。

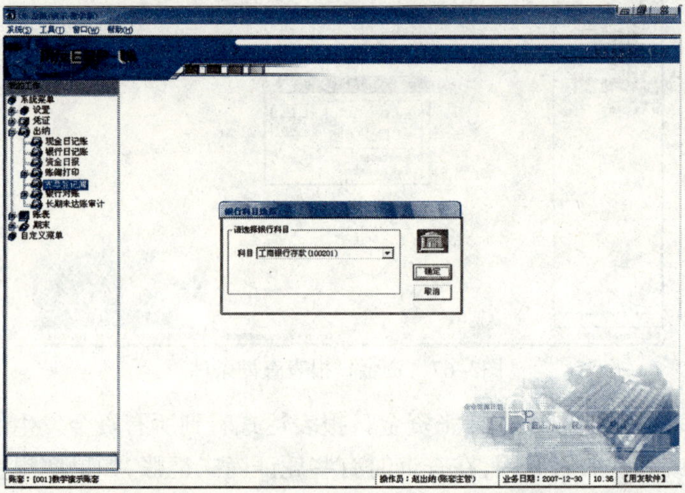

图3-69 支票登记簿——银行科目选择

(2)选择科目，单击【确定】按钮，进入“支票登记”窗口，如图3-70所示。

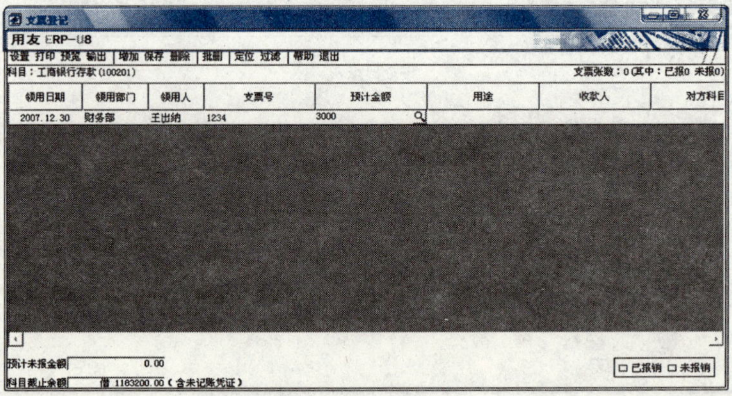

图3-70 支票登记

(3)单击工具栏上的【增加】按钮，新增一空行。

(4)登记领用日期、领用部门、支票号、用途等信息，新增记录为未报销记录。

(5)单击工具栏上的【保存】按钮，保存记录。

经办人将支票开出后持原始单据(发票)到财务部门报销，会计人员在输入记账凭证时，系统要求输入该支票的结算方式和支票号，输入完成后，系统自动在支票登记簿中将该号支票写上报销日期，该支票即为已报销。

4. 银行对账。企业的结算业务大部分要通过银行进行结算，但由于企业与银行的账务处理和入账时间不一致，往往会发生双方账面不一致的情况，即所谓"未达账项"。为了能够准确地掌握银行存款的实际余额，了解实际可以动用货币资金数额，防止记账发生差错，企业必须定期将银行存款日记账与银行出具的对账单进行核对，并编制银行存款余额调节表。

银行对账是货币资金管理的主要内容，是企业出纳人员的最基本工作之一。在计算机总账系统中，银行对账科目是指在会计科目界面编辑菜单下指定科目中指定为银行存款的科目。

(1)输入银行对账期初数据。为了保证银行对账的正确性，在使用"银行对账"功能进行对账之前，必须在开始对账的月初先将日记账、银行对账单未达账项输入系统中。使用账务处理系统处理日常业务后，系统将自动形成银行日记账的未达账项。

"银行对账期初"功能用于第一次使用银行对账模块前输入日记账及对账单未达项，在开始使用银行对账之后一般不再使用。

[例3-24] 宏盛公司银行账的启用日期为2007/12/01，"工商银行账户(100201)"科目，企业日记账余额为1220000.00元，银行对账单余额为1220000.00元，期初无未达账项。根据以上资料输入银行对账期初数据。

操作步骤

①在总账系统左侧菜单中单击"出纳"|"银行对账"|"银行对账期初输入"，打开"银行科目选择"对话框，如图3-71所示。

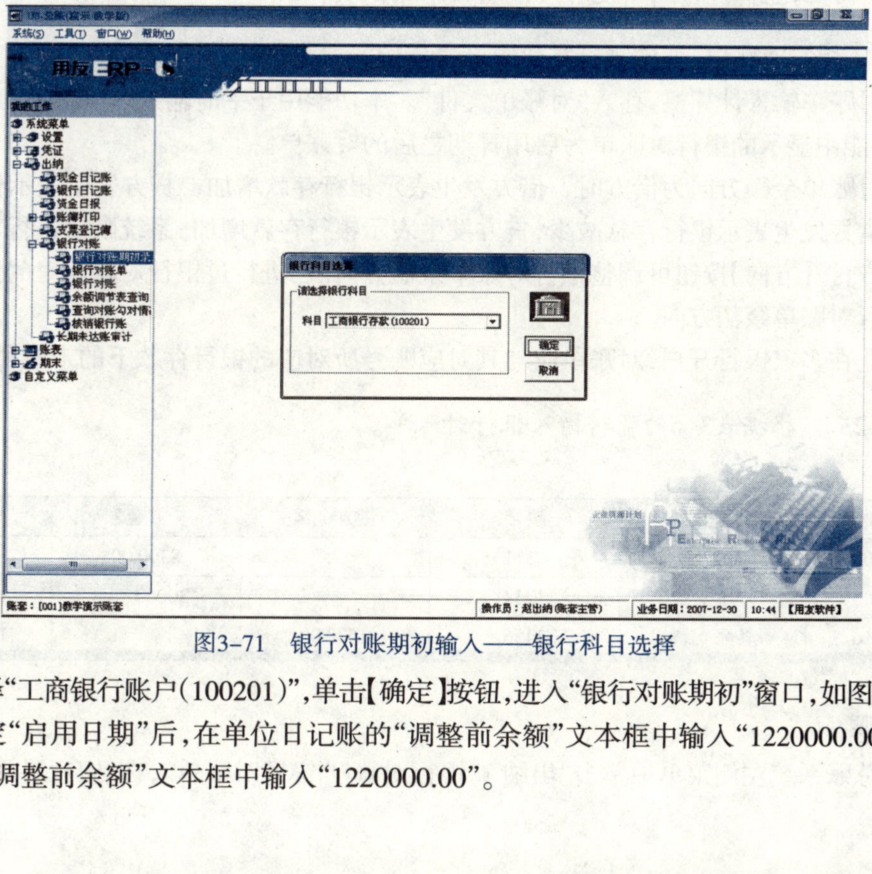

图3-71 银行对账期初输入——银行科目选择

②选择"工商银行账户(100201)"，单击【确定】按钮，进入"银行对账期初"窗口，如图3-72所示。

③确定"启用日期"后，在单位日记账的"调整前余额"文本框中输入"1220000.00"，在银行对账单的"调整前余额"文本框中输入"1220000.00"。

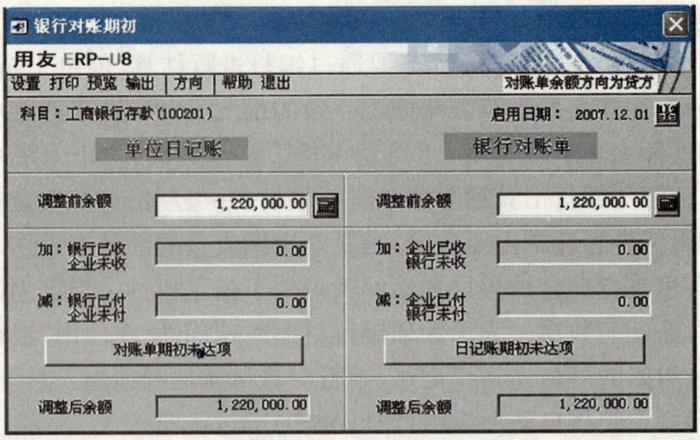

图3-72 银行对账期初

④按【方向】按钮，将银行对账单余额方向调整为贷方。输入完毕后，单击【退出】按钮。

如果存在期初未达账项，单击【对账单期初未达项】和【日记账期初未达项】按钮进行输入，系统将根据调整前余额及期初未达项自动计算出银行对账单与单位日记账的调整后余额。若输入正确，单位日记账与银行对账单的调整后余额应平衡。

提示 银行对账可以随时启用而不必与账务系统同时启用。输入的银行对账单、单位日记账的期初未达项的发生日期不能大于等于此银行科目的启用日期；在期初未达账项输入完毕后，请不要随意调整启用日期，尤其是向前调，这样容易造成启用日期后的期初数无法参与对账；若某银行科目已进行过对账，不能再修改期初未达账项。

(2)输入银行对账单。要实现计算机自动进行银行对账，在每月月末对账前，必须将银行开出的银行对账单输入计算机，存入“对账单文件”。本功能用于平时输入、查询和引入银行对账单，在此功能中显示的银行对账单为启用日期之后的对账单。

银行对账单余额方向为借方时，借方发生表示银行存款增加，贷方发生表示银行存款减少；反之，借方发生表示银行存款减少，贷方发生表示银行存款增加。系统默认银行对账单余额方向为借方，按【方向】按钮可调整银行对账单余额方向。已进行过银行对账勾对的银行科目不能调整银行对账单余额方向。

若企业在多家银行开户，对账单应与其对应账号所对应的银行存款下的末级科目一致。

[例3-25] 根据表3-6的资料输入银行对账单。

表3-6

日 期	结算方式	票号	借方金额	贷方金额	余 额
2007.12.05		111		8300.00	
2007.12.05	现金支票	1234		30000	1181700.00
2007.12.10	转账支票	3456	1500.00		1183200.00

操作步骤

①在总账系统左侧菜单中单击“出纳”|“银行对账”|“银行对账单”，在“银行科目选择”对话

框中，选择“工商银行账户(100201)”，单击【确定】按钮，进入“银行对账单”窗口，如图3-73所示。

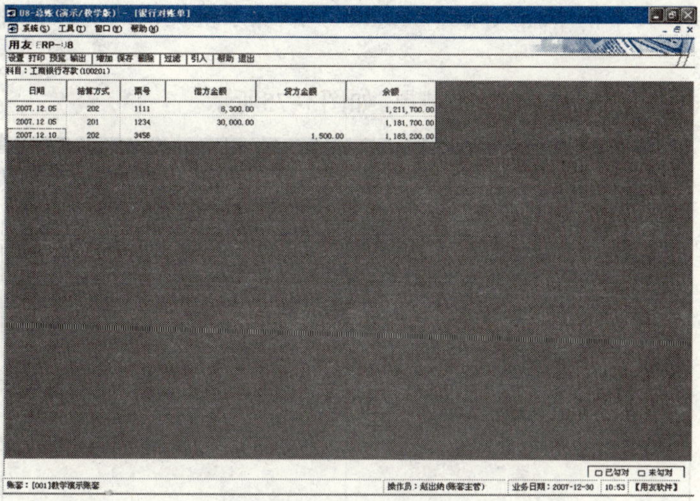

图3-73 银行对账单

②单击工具栏上的【增加】按钮，根据银行对账单资料，完成银行对账单的输入。

③单击工具栏上的【保存】按钮。

(3)自动对账。自动对账是计算机根据对账依据自动进行核对、勾销。对账的依据通常是“结算方式+结算号+方向+金额”或“方向+金额”。对于已核对的银行业务，系统将自动在银行存款日记账和银行对账单双方写上两清标志“O”，并视为已达账项，对于在两清栏未写上两清符号的记录，系统则视其为未达账项。

［**例3-26**］ 进行2007年12月份银行对账的自动对账处理。

操作步骤

①在总账系统左侧菜单中单击“出纳”|“银行对账”|“银行对账”，在“银行科目选择”对话框中，单击【确定】按钮，进入“银行对账”窗口，如图3-74所示。

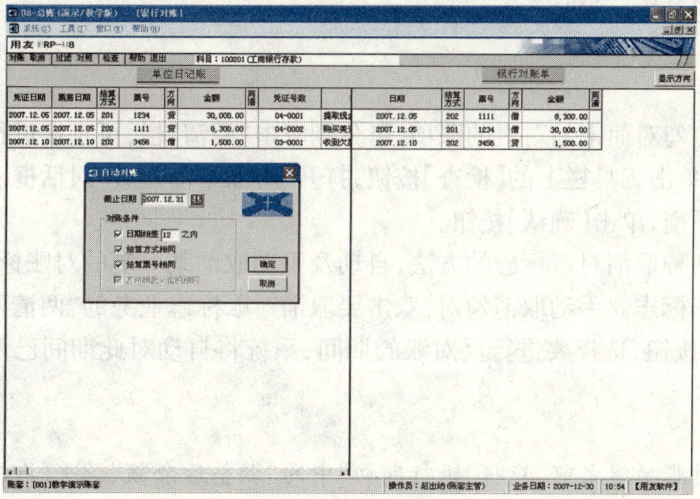

图3-74 银行对账

②单击工具栏上的【对账】按钮，打开“自动对账”对话框。

③在“截止日期”文本框中输入“2007.12.30”。默认系统提供的对账条件，并确定日期相差30天之内。

④单击【确定】按钮，显示自动对账结果，如图3–75所示。

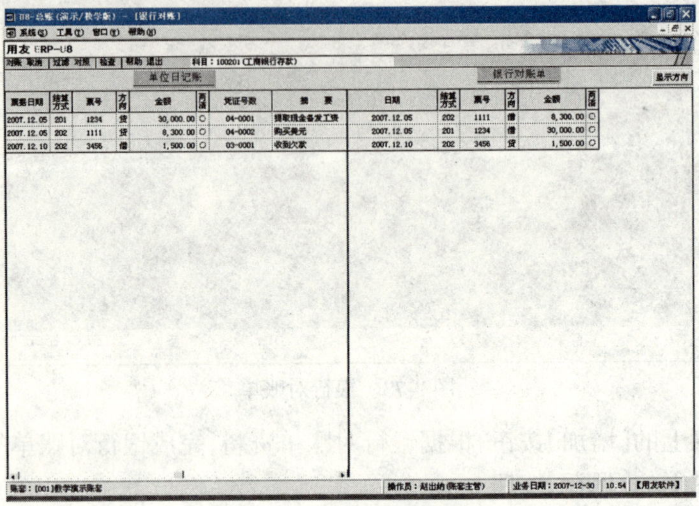

图3–75 银行对账结果

若在“银行对账期初”中定义“银行对账单余额方向”为借方，则对账条件为方向相同、金额相同的日记账与对账单进行勾对；若在“银行对账期初”中定义“银行对账单余额方向”为贷方，则对账条件为方向相反、金额相同的日记账与对账单进行勾对。

单击【显示方向】按钮，可上下显示单位日记账与银行对账单。

对账时，使用“过滤”功能可根据结算方式、票号等不同条件缩小对账范围，提高对账的准确率和效率。

(4)手工对账。手工对账是对自动对账的补充。自动对账后，可能存在一些特殊的已达账项尚未勾对出来而被视作未达账项。为了保证对账更彻底准确，可通过手工对账进行调整勾销。手工对账两清的记录标记为“Y”。

操作步骤

①对于一些应勾对而未勾对上的账项，可分别双击“两清”栏，可直接进行手工调。

②对账完毕，单击工具栏上的【检查】按钮，打开“对账平衡检查”对话框。

③检查结果平衡，单击【确认】按钮。

系统还提供两种取消对账标志的方法，自动及手动取消某一笔的对账标志、自动取消指定时间内的所有对账标志。手动取消勾对：双击要取消对账标志业务的“两清”区即可；自动取消勾对：单击【取消】按钮，选择要进行反对账的期间，系统将自动对此期间已两清的银行账取消两清标志。

提示 在执行对账功能之前，应将“银行期初”中的“调整后余额”调平（即单位日记账的调整后余额=银行对账单的调整后余额），否则，在对账后编制《银行存款余额调节表》时，会造成银行存款与单位银行账的账面余额不平。

(5)输出余额调节表。对账完成后，计算机自动整理汇总未达账和已达账，生成银行存款余额调节表。

[例3-27] 输出2007年12月份的余额调节表。

操作步骤

①执行“出纳”|“银行对账”|“余额调节表查询”命令，进入“银行款余额调节表”窗口，如图3-76所示。

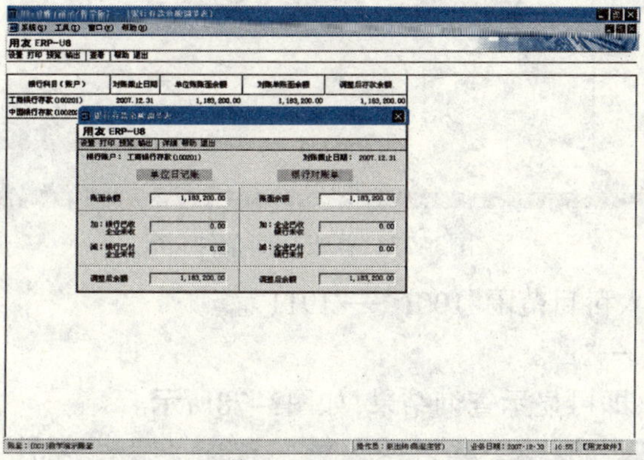

图3-76 银行存款余额调节表

②将光标定在“100201工商银行存款”科目行上，单击工具栏上的【查看】按钮或双击该行，即显示该银行账户的银行存款余额调节表。

③在“银行存款余额调节表”对话框中，单击【打印】按钮，可打印银行存款余额调节表。

3.5.5 账簿管理

企业发生的经济业务，经过制单、审核、记账等操作之后，就形成了正式的会计账簿，对发生的经济业务进行查询、统计分析等操作时，都可以通过“账簿管理”来完成。

查询账簿，是会计日常工作中另一个重要内容。除了前述现金和银行存款的查询输出外，账簿管理还包括基本会计核算账簿的查询输出，以及各种辅助核算账簿的查询输出。

账簿查询提供了记账凭证的模拟记账功能，使企业能随时了解各科目的最新余额和明细情况，对部门、项目信息反映及时，费用控制更加可靠。

不论是查询还是打印，都必须指定查询或打印的条件，系统才能将数据显示在屏幕上或输出到打印机，方便地实现总账、明细账、凭证之间的联查。

1. 总账。通过总账查询功能，不但可以查询各总账科目的年初余额、各月发生额合计和月末余额，而且还可查询所有二至五级明细科目的年初余额、各月发生额合计和月末余额。

[例3-28] 查询2007年12月份的三栏式总账。

操作步骤

(1)在总账系统左侧菜单中单击“账表”|“科目账”|“总账”，打开“总账查询条件”对话

框，如图3-77所示。

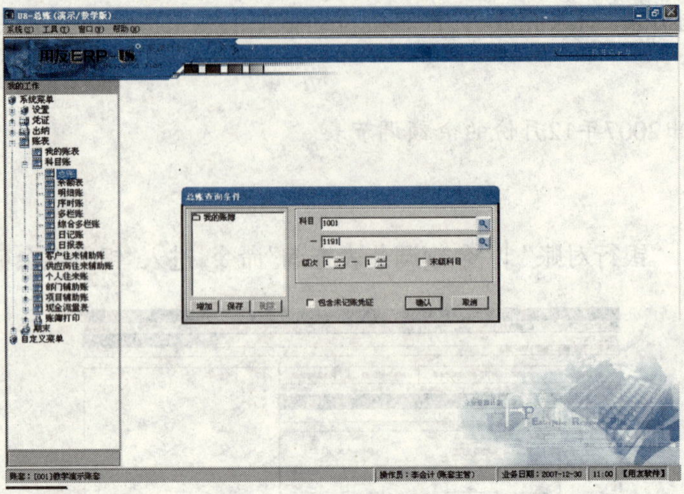

图3-77 总账查询条件

(2)“科目”栏选择输入科目范围“1001”—“1911”。

(3)“级次”栏输入“1”—“1”。

(4)单击【确认】按钮，即可显示查询结果，如图3-78所示。

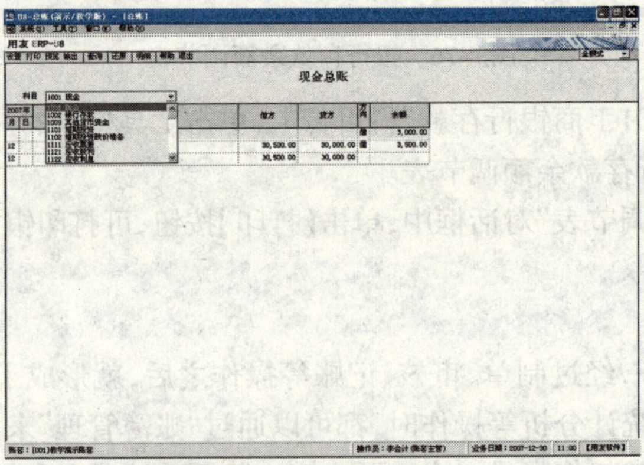

图3-78 查询总账

在总账查询窗口可单击【明细】按钮查看明细账。

2. 余额表。发生额及余额表用于查询统计各级科目的本月发生额、累计发生额和余额等，可输出某月或某几个月的所有总账科目或明细科目的期初余额、本期发生额、累计发生额、期末余额。

余额表查询操作步骤参照总账查询。可输出总账科目、明细科目的某一时期内的本期发生额、累计发生额和余额。可输出某科目范围的某一时期内的本期发生额、累计发生额和余额。可按某个余额范围内输出科目的余额情况，查询到包含未记账凭证在内的最新发生额及余额。

3. 明细账。本功能用于平时查询各账户的明细发生情况及按任意条件组合查询的明细账。在查询过程中可以包含未记账凭证。本功能提供了三种明细账的查询格式：普通明细账、按科目排序明细账、月份综合明细账。

普通明细账是按科目查询，按发生日期排序的明细账。

按科目排序明细账是按非末级科目查询,按其所发生的末级科目排序的明细账。

月份综合明细账是按非末级科目查询，包含非末级科目总账数据及末级科目明细数据的综合明细账。

明细账查询操作步骤参照总账查询。

4. 多栏账。在总账系统中,普通多栏账由系统将要分析科目的下级科目自动生成“多栏账”。一般地,负债、收入类科目分析其下级科目的贷方发生额,资产、费用类科目分析其下级科目借方发生额,并允许随时调整。

多栏账的栏目内容可自定义,可以对科目的分析方向、分析内容、输出内容进行定义,同时可定义多栏账格式,便于满足核算管理需要。

自定义多栏账可根据实际管理需要,将不同的科目及不同级次的科目形成新的多栏账,以满足多科目的综合管理。

[例3-29] 定义并查询2007年12月份的“应交增值税”多栏账。

操作步骤

(1)在总账系统左侧菜单中单击“账表”|“科目账”|“多栏账”,进入“多栏账”窗口,如图3-79所示。

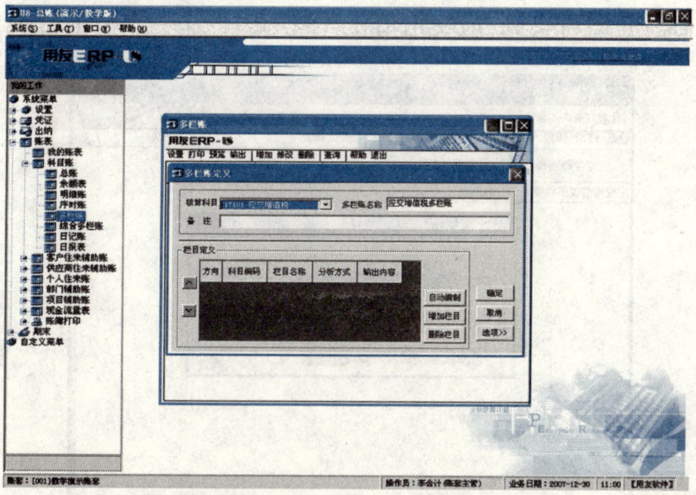

图3-79 多栏账定义

(2)单击工具栏上的【增加】按钮,打开“多栏账定义”对话框。

(3)在“核算科目”下拉列表中选择“应交增值税”科目。

(4)在“栏目定义”选项区域,单击【自动编制】按钮,将根据所选核算科目的下级科目自动编制多栏账分析栏目。

(5)单击【选项】按钮,打开“格式预览”框,如图3-80所示。

(6)“分析方式”、“输出内容”选择“金额”方式,则系统只输出其分析方向上的发生额;选择“余额”方式,系统对其分析方向上的发生额按正数输出,其相反发生额按负数输出。如果选择了“分析栏目后置”,则所有栏目的分析方向必须相同。本例选择“分析方式”、“输出内容”均选择“金额”。选择“分析栏目前置”,除“21710101”分析方向为借方,其他科目均为贷方。

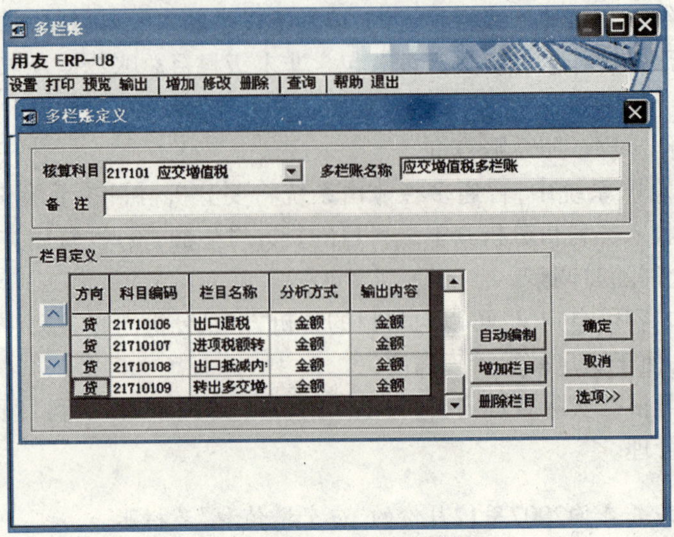

图3-80 多栏账格式预览

(7)单击【确定】按钮，定义完毕，返回到“多栏账”窗口。

(8)单击工具栏上的【查询】按钮，在“多栏账查询”对话框中，输入多栏账查询条件，如图3-81所示。

(9)单击【确认】按钮，即可查到“应交增值税”多栏账。

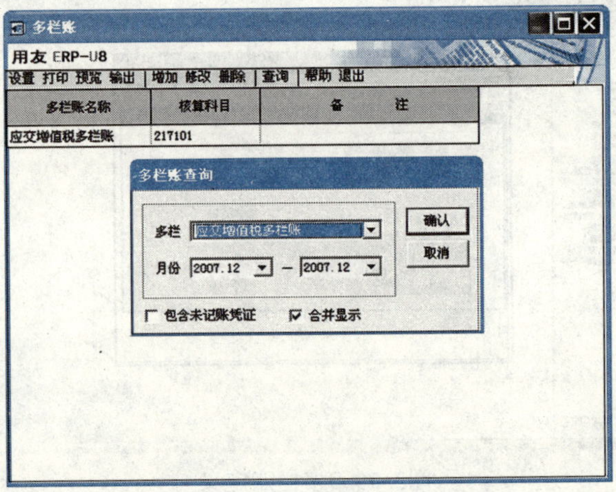

图3-81 多栏账查询

3.6 期末处理

期末处理主要是月末处理，是指在将本月所发生的经济业务全部登记入账后所要做的工作，主要包括计提、分摊、结转、对账和结账。在手工会计工作中，每到会计期末，会计人员的工作非常繁忙。而在计算机处理下，由于各会计期间的许多期末业务具有较强的规律性，由计算机来处理这些有规律的业务，不但节省会计人员的工作量，也可以加强财务核算的规范性。

3.6.1 转账定义

转账分为外部转账和内部转账。外部转账是指将其他专项核算子系统生成的凭证转入总账系统中；内部转账是指在总账系统内部把某个或某几个会计科目中的余额或本期发生额结转到一个或多个会计科目中。

使用总账系统之初，应先通过“转账定义”设置自动转账分录，以后各月只需调用“转账生成”功能，即可快速生成自动转账凭证。如果某转账凭证的转账公式有变化时，先在“转账定义”中修改转账凭证内容，然后再生成自动转账凭证。

设置自动转账分录就是将凭证的摘要、会计科目、借贷方向以及金额计算方法存入计算机中的过程。包括增加、删除、修改分录或对自动转账分录进行查询打印。

“转账定义”功能提供6种转账功能的定义：自动转账定义、对应转账设置、销售成本结转设置、售价（计划价）销售成本结转、汇兑损益结转设置、期间损益结转设置。

1. 自定义转账设置。由于各个企业情况不同，各种计算方法也不尽相同，特别是对各类成本费用分摊结转方式的差异，必然会造成各个企业这类转账的不同。为适应各个企业不同转账的需要，用户可以自行定义自动转账凭证。

[例3-30] 设置计提短期借款利息的自动转账分录（利率15%）。

借：财务费用（5503）　　　　取对方科目计算结果

　　贷：应付利息（2231）　　2001科目的贷方期末余额×15%/12

操作步骤

（1）在总账系统左侧菜单中单击“期末”｜“转账定义”｜“自定义转账”，进入“自定义转账设置”窗口，单击工具栏上的【增加】按钮，打开“转账目录”对话框，如图3-82所示。

（2）输入转账序号、转账说明和凭证类别。转账序号是该张转账凭证的代号，不是凭证号。转账凭证的凭证号在每月转账时自动产生。一张转账凭证对应一个转账编号，转账编号可任意定义，但只能输入数字1~9，字母a~z，A~Z，不能重号。本例输入转账序号“0001”，转账说明“计提短期借款利息”，凭证类别选择“转”。

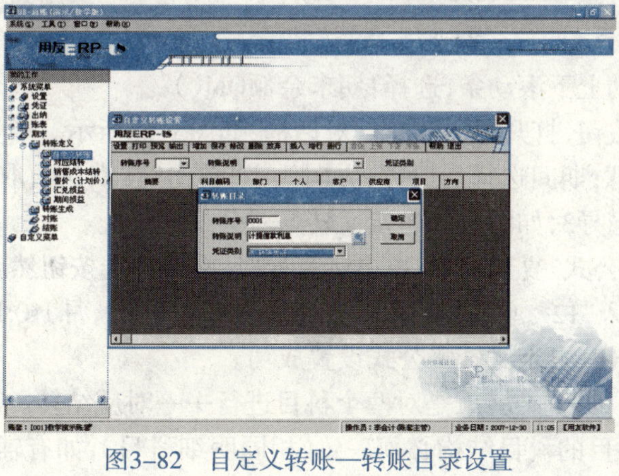

图3-82　自定义转账—转账目录设置

(3)单击【确定】按钮,进入“自定义转账设置”窗口,如图3-83所示。

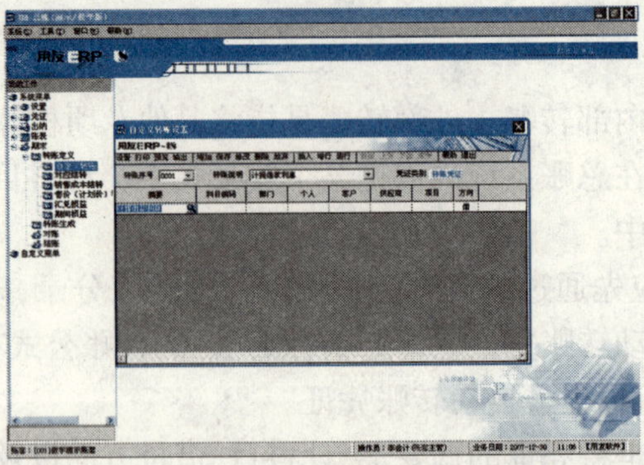

图3-83 自定义转账—定义转账分录信息

(4)单击【增加】按钮,开始设置转账分录信息。科目编码输入“5503”,在“方向”下拉列表框中选择“借”。

(5)移动下方滚动条至“金额公式”栏,输入公式。金额公式是指令后让系统自动生成转账凭证时,发生额的数据来源取数公式。输入金额公式有两种方法:一是直接选择计算公式;二是引导方式输入公式。如果对公式的表达比较熟悉,可直接输入公式;如果对公式的表达不太熟悉,可采用向导方式输入金额公式。

采用向导方式输入金额公式操作步骤如下:

①双击“金额公式”文本框,打开“公式向导”对话框,如图3-84所示。

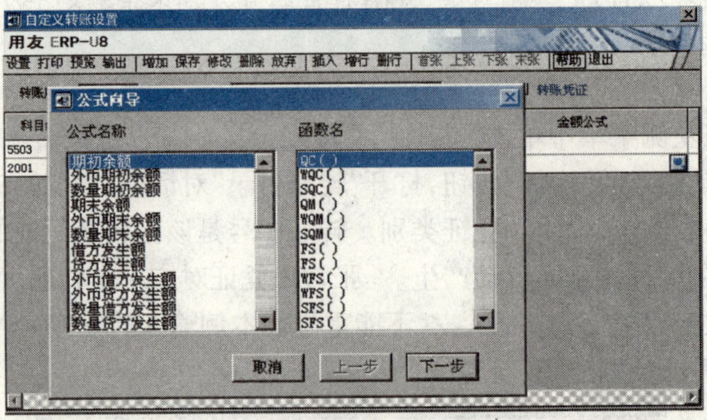

图3-84 自定义转账—公式向导1

②在左侧窗口拖动上下滚动条,选择“期末余额QM()”。

③单击【下一步】按钮,打开“公式向导”对话框,如图3-85所示。

④科目输入“2001”;期间选择为“月”;方向为空;单击“按默认值取数”单选按钮;单击【下一步】按钮,进入公式向导3,如图3-86自定义转账—公式向导3。

⑤选中“继续输入公式”复选框后;单击运算号“*(乘)”单选按钮然后常数录入“0.15”;单击运算符“/(余)”然后录入“12”,单击【完成】,得到公式:QM(2001,月)*0.15/12,如图3-87所示。

(6)单击【保存】按钮,自定义转账公式设置成功。

2. 对应转账设置。对应结转就是对两个科目进行一一对应结转。对应结转的科目可为非末级科目,但其下级科目的科目结构必须一致(相同明细科目),如有辅助核算,则两个科目的

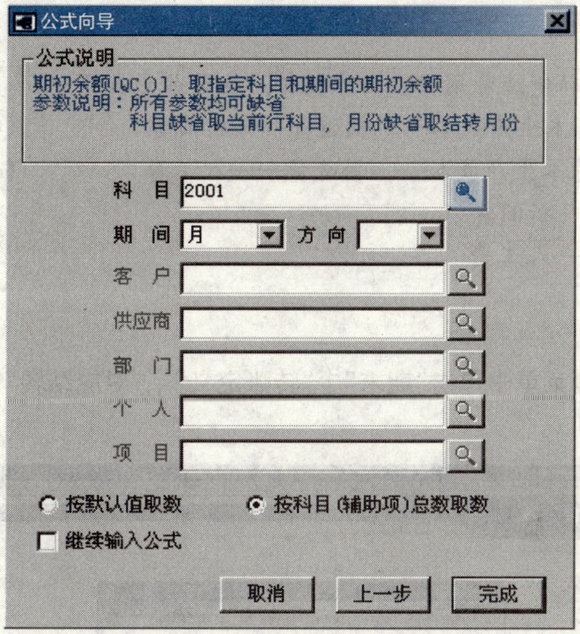

图3-85 自定义转账—公式向导2

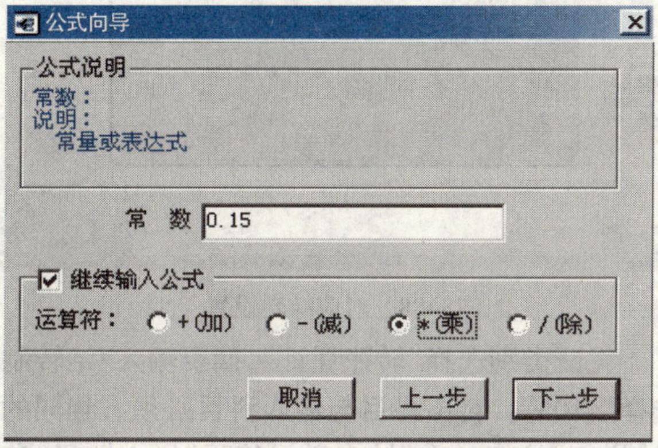

图3-86 自定义转账—公式向导3

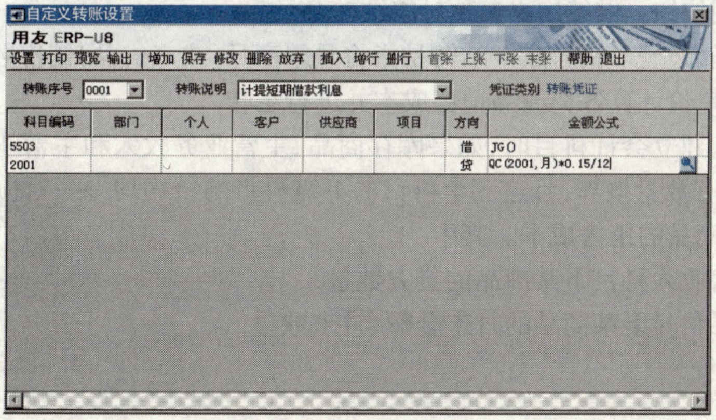

图3-87 自定义转账—定义转账分录金额公式

辅助账类也必须一一对应。

[例3-31] 设置结转制造费用对应转账凭证。会计分录如下：

借：生产成本——基本生产成本——制造费——折旧费 (4101010101)

生产成本——基本生产成本——制造费——人工费 (4101010102)

贷：制造费用——折旧费 (410501)

制造费用——人工费 (410502)

操作步骤

(1)在总账系统左侧菜单中单击“期末”|“转账定义”|“对应结转”，进入“对应结转设置”窗口，如图3-88所示。

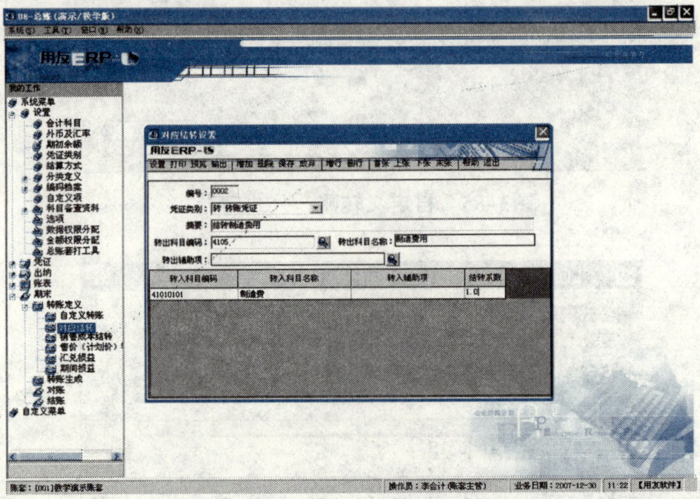

图3-88 对应结转设置

(2)编号输入“0002”。凭证类别选择“转账凭证”，摘要输入“结转制造费用”。

(3)转出科目编码选择“4105”。转出科目与输入科目必须有相同的科目结构。

(4)单击工具栏上的【增行】按钮。在“转入科目编码”栏中选择“41010101”。结转系数为“1.00”。

(5)单击【保存】按钮。继续定义其他对应结转分录。

3. 销售成本结转设置。销售成本结转是指将月末商品(或产成品)销售数量乘以库存商品(或产成品)的平均单价计算各类商品销售成本并进行结转。

在总账系统中，建立会计科目时，如果库存商品、主营业务收入和主营业务成本等科目下的所有明细科目都有数量核算，且这三个科目的下级科目的结构均一一对应，输入完成后，系统自动计算出所有商品的销售成本。其中：

数量=商品销售收入科目下某商品的贷方数量

单价=库存商品科目下某商品的月末金额÷月末数量

金额=数量×单价

提示 库存商品科目、销售收入科目、销售成本科目可以有部门、项目核算，但不能有往来核算；当库存商品科目的期末数量余额小于商品销售收入科目的贷方数量发生额，若不希望结转后造成库存商品科目余额为负数，可选择按库存商品科目的期末数量余额结转。

4. 期间损益结转设置。期间损益结转主要用于在一个会计期间终了将损益类科目的余额结转到本年利润科目中，从而及时反映企业利润的盈亏情况。主要是对于管理费用、销售费用、财务费用、销售收入、营业外收支等科目的结转。

［**例3–32**］ 设置期间损益转账分录。

操作步骤

(1)在总账系统左侧菜单中单击“期末”｜“转账定义”｜“期间损益”，打开“期间损益结转设置”对话框，如图3–89所示。

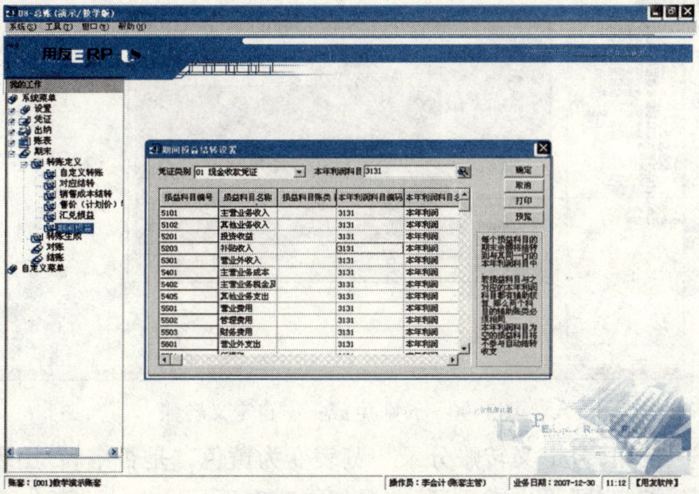

图3–89 期间损益结转设置

(2)凭证类别选择“转账凭证”。本年利润科目选择“3131”。

(3)单击【确定】按钮，设置完毕。

提示 每个损益类科目的期末余额将结转到与其同一行的本年利润科目中去；若损益科目与本年利润科目都有辅助核算，则辅助账类必须相同；本年利润科目必须为末级科目，且为本年利润入账科目的下级科目。

3.6.2 转账生成

在定义完转账分录后，每月月末只需执行本功能，即可由计算机自动生成转账凭证，在此生成的转账凭证，需经审核、记账后才真正完成结转工作。

由于转账是按照已记账的数据进行计算的，所以在进行月末转账工作之前，请先将所有未记账凭证记账，否则，生成的转账凭证数据可能有误。特别是对于一组相关转账分录，必须按顺序依次进行转账生成、审核、记账。

1. 自定义转账生成。自定义转账凭证是企业根据自身业务需要所采用的转账方式，因此，在生成凭证时必须注意业务发生的先后次序，否则计算金额时就会发生差错。

同一张转账凭证，年度内可根据需要多次生成，但每月一般只需结转一次。

[例3-33] 根据已设置自定义转账分录生成自动转账凭证。

操作步骤

(1)在总账系统左侧菜单中单击“期末”|“转账生成”，打开“转账生成”对话框，单击选中“自定义转账”，屏幕显示自定义转账表，如图3-90所示。

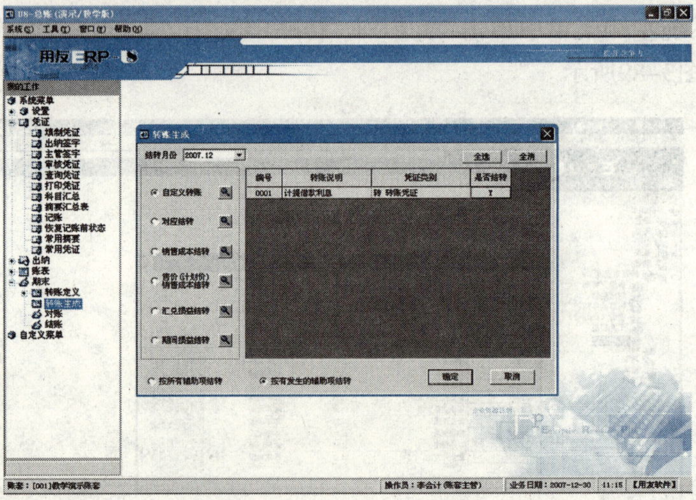

图3-90 转账生成——自定义转账

(2)单击【全选】按钮，自定义转账分录一览表变为黄色，“是否结转”出现“Y”。

(3)单击【确定】按钮，即可生成凭证，结果如图3-91所示。

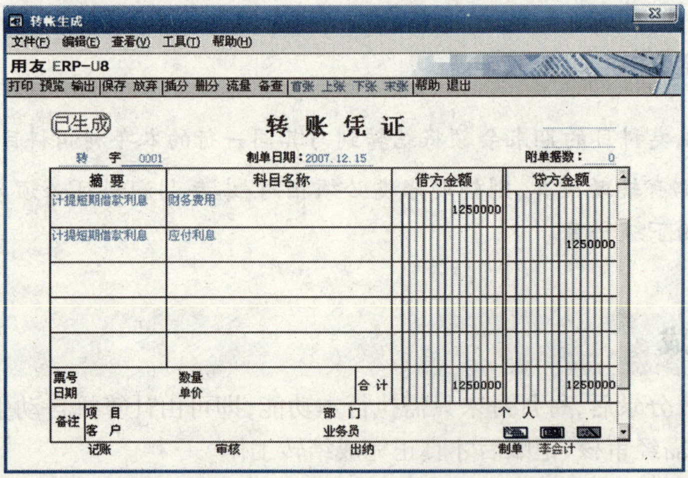

图3-91 自定义转账凭证

(4)单击工具栏上的【保存】按钮,系统自动将当前凭证追加到未记账凭证中。

2. 对应结转生成。生成对应结转凭证的操作与自定义转账生成的操作基本相同。结转时应视实际情况按照合理的先后次序逐一生成。

操作步骤

(1)在“转账生成”对话框,单击选中“对应结转”,屏幕显示对应结转凭证列表。

(2)单击【全选】,对应结转分录一览表变为黄色。“是否结转”出现“Y”。

(3)单击【确定】,即可生成凭证,结果如图3-92所示。

(4)单击工具栏上的【保存】按钮,系统自动将当前凭证追加到未记账凭证中。

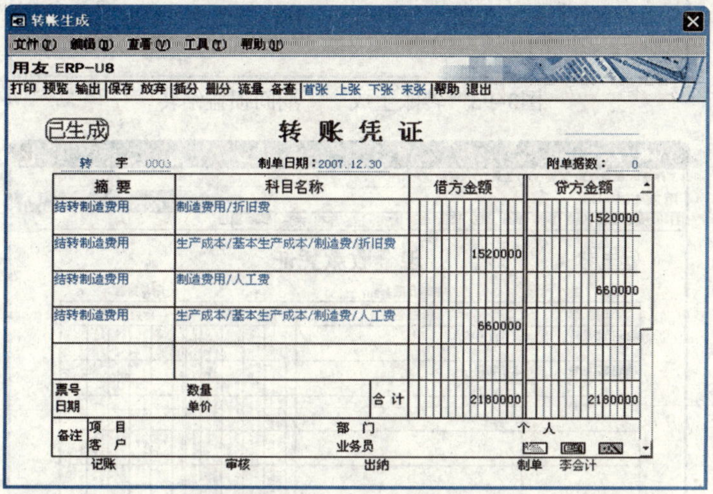

图3-92 转账生成——对应结转

3. 销售成本结转生成。生成销售成本结转凭证的操作与自定义转账生成的操作基本相同。

4. 期间损益结转生成。生成期间损益结转凭证的操作与自定义转账生成的操作基本相同。期间损益结转既可以按科目分别结转,也可以按损益类型结转,又可以按全部结转,结转方式应视实际情况而定。

生成期间损益结转凭证之前,必须将所有未记账凭证审核记账,否则,生成的凭证数据可能有误。

操作步骤

(1)在“转账生成”对话框中,单击选中“期间损益结转”,屏幕显示对应结转凭证列表,如图3-93所示。

(2)在“类型”下拉列表框中选择“收入”选项。单击【全选】按钮,期间损益转账分录一览表变为黄色,“是否结转”出现“Y”。

(3)单击【确定】按钮,即可生成凭证,结果如图3-94所示。

(4)单击工具栏上的【保存】按钮,系统自动将当前凭证追加到期末记账凭证中。

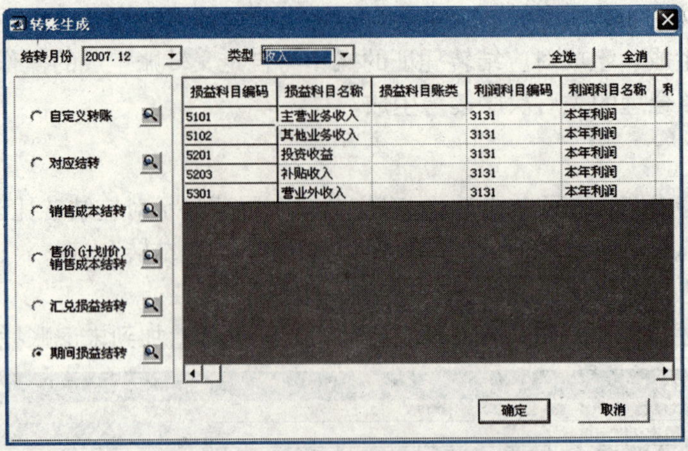

图3–93 转账生成——期间损益结转

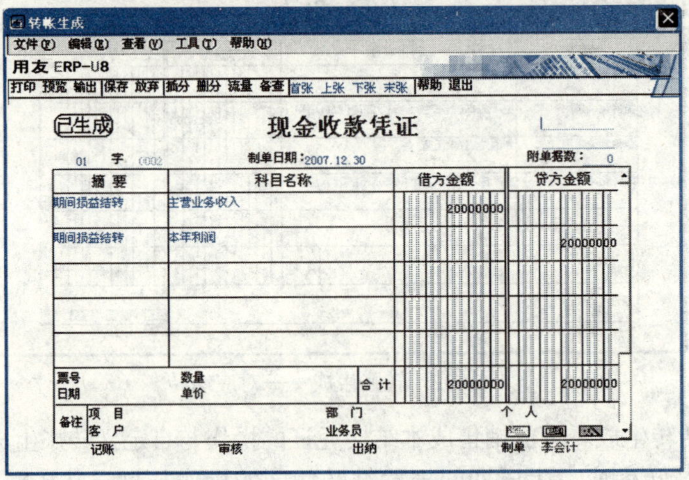

图3–94 期间损益结转凭证

3.6.3 对 账

在会计期末,除了对收入、费用类账户余额进行结转外,还要进行对账、结账,并在结账之前进行试算平衡。

对账是对账簿数据进行核对,以检查记账是否正确,以及账簿是否平衡。它主要是通过核对总账与明细账、总账与辅助账数据来完成账账核对。

试算平衡就是将系统中设置的所有科目的期末余额按会计平衡公式"借方余额=贷方余额"进行平衡检验,并输出科目余额表及是否平衡信息。

一般说来,实行计算机记账后,只要记账凭证输入正确,计算机自动记账后各种账簿都应是正确、平衡的,但由于非法操作或计算机病毒或其他原因有时可能会造成某些数据被破坏,因而引起账账不符,为了保证账证相符、账账相符,应经常使用本功能进行对账,至少每月一次,一般可在月末结账前进行。

[例3–34] 对2007年12月份的会计账簿进行对账。

操作步骤

(1)在总账系统左侧菜单中单击“期末”|“对账”,进入“对账”窗口,如图3-95所示。

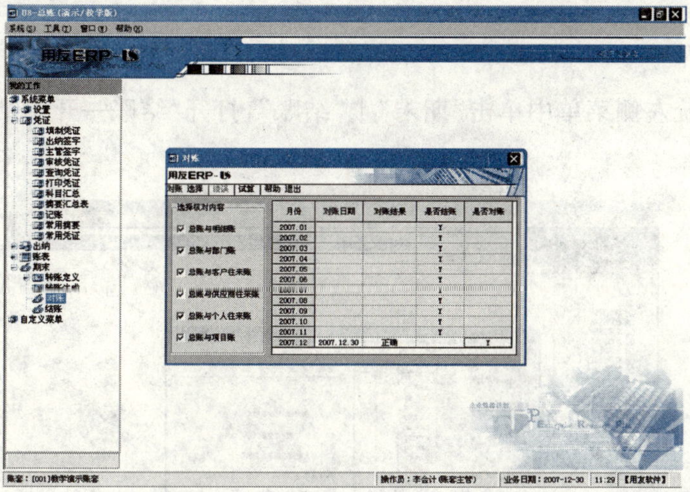

图3-95 对账

(2)将光标定在要进行对账的月份,如“2007.12”,单击【选择】按钮。

(3)单击【对账】按钮,开始自动对账,并显示对账结果。

(4)单击【试算】按钮,可以对各类科目余额进行试算平衡,如图3-96所示。

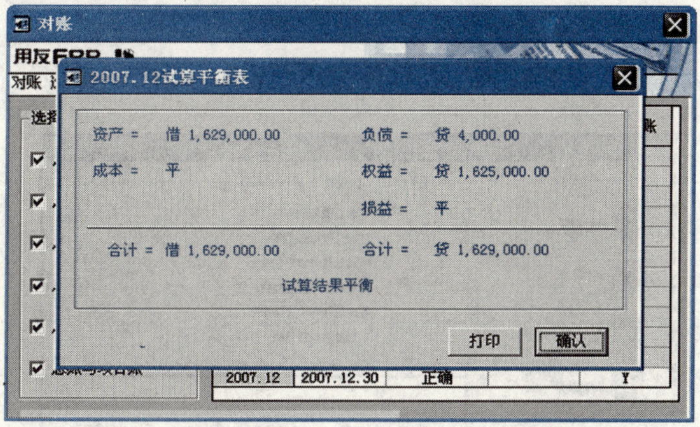

图3-96 试算平衡

(5)在“2007.12试算平衡表”对话框中,单击【确认】按钮,返回。

(6)单击【退出】按钮,完成对账工作。

3.6.4 结 账

每月月底都需要进行结账处理,结账实际上就是计算和结转各账簿的本期发生额和期末余额,并终止本期的账务处理工作。

在计算机方式下,结账工作与手工相比简单多了,结账是一种成批数据处理,主要是对当月日常处理的限制和对下月账簿的初始化。结账每月只进行一次,由计算机自动完成。

1. 结账操作。利用计算机进行会计处理也要有结账过程,以符合会计制度的要求。因此,系统提供了“结账”功能。

[**例3-35**] 对2007年12月份的会计账簿进行结账。

操作步骤

(1)在总账系统左侧菜单中单击“期末”|“结账”，打开“结账—开始结账”对话框，如图3-97所示。

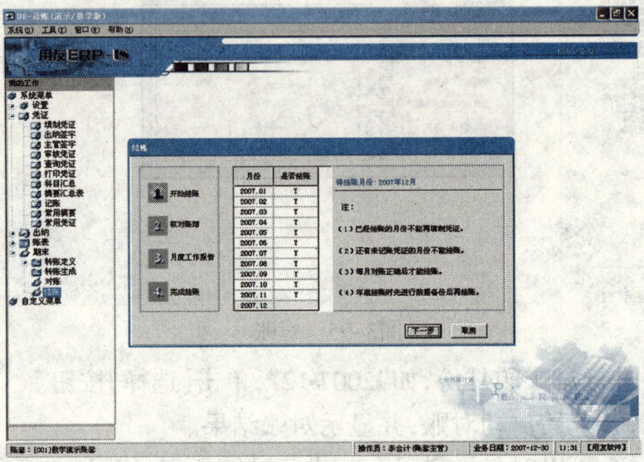

图3-97 结账—开始结账

(2)单击要结账的月份，如“2007.12”。

(3)单击【下一步】按钮，打开“结账—核对账簿”对话框，如图3-98所示。

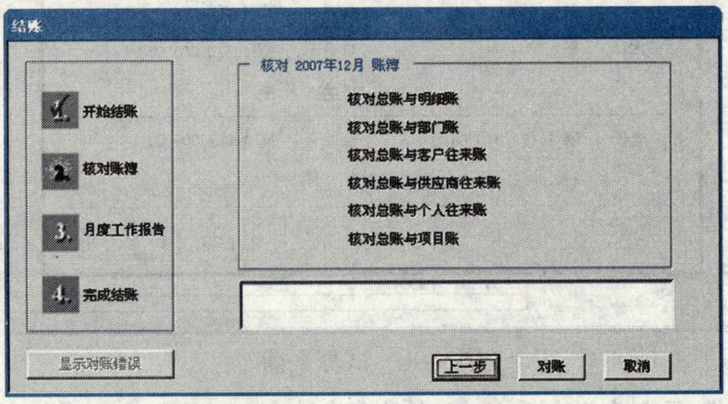

图3-98 结账—核对账簿

(4)单击【对账】按钮，系统对要结账的月份进行账账核对，如图3-99所示。

(5)单击【下一步】按钮，打开“结账—月度工作报告”对话框，如图3-100所示。若需打印，单击【打印月度工作报告】按钮即可。

(6)单击【下一步】按钮，打开“结账—完成结账”对话框，如图3-101所示。

(7)单击【结账】按钮，若符合结账要求，系统将进行结账，否则不予结账。

提示 结账前，要进行数据备份；进入结账向导四—完成结账时，如果提示“未通过检查不能结账”时，可单击【上一步】按钮，查看月度工作报告，仔细查找原因；已结账月份不能再填制凭

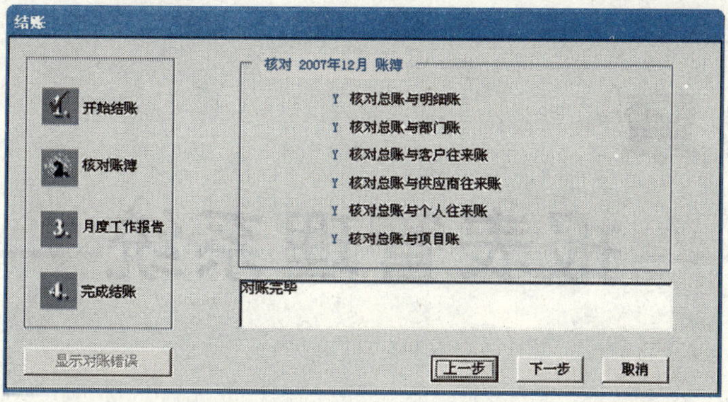

图3-99　结账—对账完毕

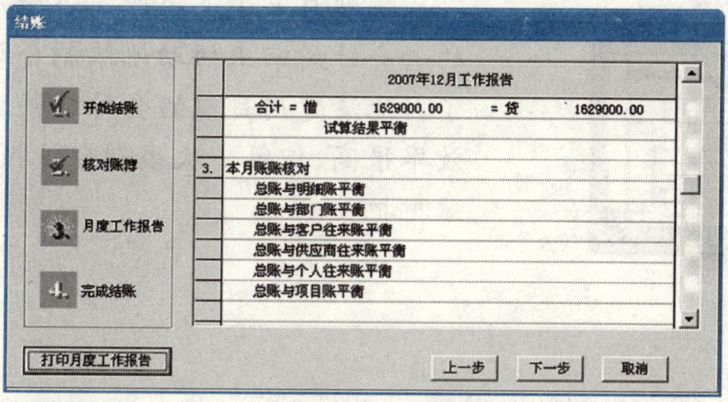

图3-100　结账—月度工作报告

图3-101　结账—完成结账

证；结账只能由有结账权的人进行。

结账后，如果出现由于非法操作或计算机病毒等原因造成数据被破坏的情况，可使用反结账功能，取消结账。在“结账—开始结账”对话框中，选择要反结账的月份，按【Ctrl+Shift+F6】键即可取消结账。反结账操作只能由账套主管执行。

第4章

报表管理系统

快到月末了，经理问小李是否需要把退休的老会计请回来协助他编制会计报表，小李笑了，他清楚用目前的会计软件编制报表的工作效率很高,但第一次编制会计报表,还是请老前辈把把关……

本章提要

- 报表管理系统概述
- 报表格式设计
- 报表公式设计
- 报表数据处理
- 图表分析

报表管理系统是电算化会计信息系统中的一个重要子系统。报表管理系统的产生改变了会计报表编制的程序、方法以及编制手段，使得企业的管理者、债权人、投资人、政府有关管理部门等能够及时、全面地了解企业的财务状况和经营成果。掌握报表管理系统的使用具有重要意义，本章将以用友UFO财经电子表为例，介绍报表管理系统的基本原理。

4.1 报表管理系统概述

4.1.1 报表管理系统的基本功能

报表管理系统包含了一系列的功能模块，分别完成报表结构、格式设计、报表编辑、报表运算、报表汇总、报表查询、打印输出等功能，会计人员可以根据本单位的实际调用这些功能模块，设计编辑符合单位实际需要的会计报表。报表管理系统的基本模块结构如图4-1所示。

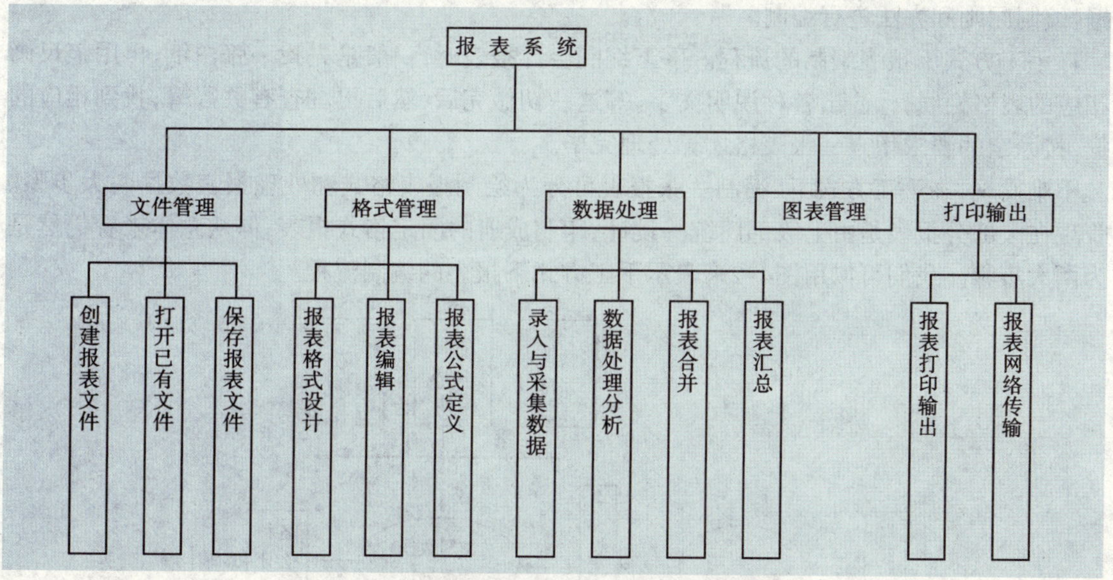

图4-1 报表管理系统的基本模块结构

1. 文件管理功能。包括创建新的报表文件，打开已有的文件（报表文件、数据库文件等），保存报表文件，备份报表文件等，并能进行不同文件格式的转换。

（1）新建报表文件。创建新报表文件的功能是根据用户的需要在报表系统中为用户建立一个报表文件，并以系统给定的文件名保存在磁盘上。此时，可以在报表文件中编辑报表格式、输入报表数据等工作。

（2）打开已有文件。打开已有文件的功能是根据用户的需要，从磁介质中选择用户确定的已经存在的报表文件，并将其显示在屏幕中。此时，用户可以在报表文件中修改报表格式，增加和删除报表及报表数据等工作。

（3）保存文件。保存文件的功能是将当前编辑的报表文件保存在磁盘中。

2. 格式管理功能。包括报表格式设计功能，如设置表尺寸、表标题、表头、表体、表尾、画网格线、设计字体和颜色等；报表编辑功能，如复制、清除、查找、行列操作等；报表公式定义功能，如计算公式定义、舍位平衡公式定义、审核公式定义等。此外，一般报表系统提供多种报表格式模板供用户选择，比如多个行业的标准会计报表模板，使财务人员可以轻轻松松制表。

3. 数据处理功能。包括数据采集功能，如从账务处理、工资核算等系统中提取数据；数据处理分析功能如排序、报表透视、舍位平衡处理、审核处理、汇总报表、合并报表等功能。

4. 图表管理功能。它可以利用已经生成的报表数据，按照使用者的需要绘制出各种图形，如直方图、圆饼图、折线图、面积图等，并可打印输出图形。

5. 打印输出、网络传输等功能。报表打印输出功能包括打印预览、报表打印设置和输出功能，可以输出一般表、格式表（空表）、指定区域等。

4.1.2 报表管理系统的操作流程

根据《企业财务会计报告条例》第十七条规定："企业编制财务会计报告，应当根据真实交易、事项以及完整、准确的账簿记录等资料，并按照国家统一的会计制度规定的编制基础、编制依据、编制原则和方法进行编制。"

1. 手工方式下报表编制的流程。手工编制会计报表时，一般是先找一张白纸，再用笔尺画出相应的表格栏线，标注出各种说明文字。等这一切做完后，然后再翻查有关账簿，找到相应的数据，按一定的要求填入一张表格才算处理完毕。

不难发现，在手工方式下，编制一张报表可分为绘制报表格式和处理报表数据两大步骤。尽管现在大部分报表是由上级部门统一设计、印制成册的固定格式报表，但从总体来看仍然是分为两大步骤。我们可以用图4-2来表示手工方式下报表的编制流程。

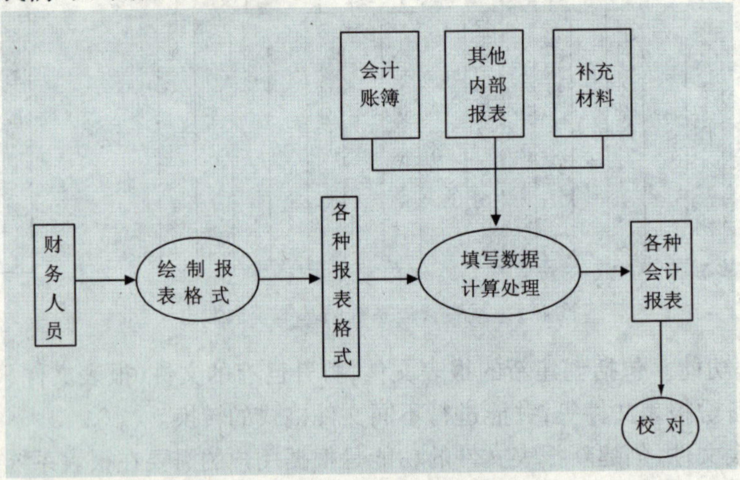

图4-2 手工方式下报表编制的流程

根据图4-2可将手工方式下报表编制的流程概述如下：

（1）财务人员根据所编制报表格式要求，手工绘制报表；

（2）根据有关总分类账户或明细分类账户的会计数据直接填入有关报表；根据有关总分类账户或明细分类账户的会计数据分析计算后填入有关报表；

（3）会计报表合计项目计算，生成各种报表；

(4)将其下属单位上报的会计报表进行汇总编制汇总(合并)会计报表,并进行严格校对。

2. 会计电算化方式下报表编制的流程。会计电算化方式下,报表的编制流程如图4-3所示。

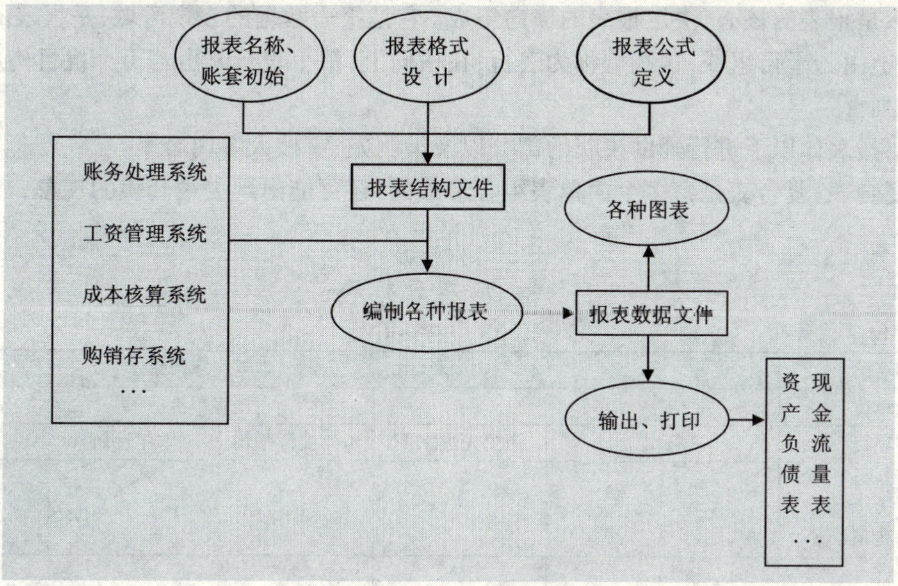

图4-3 会计电算化方式下报表编制的流程

根据图4-3可将会计电算化工作方式下报表管理系统数据处理的流程概述如下:

(1)将会计报表格式或结构的参数输入计算机形成报表格式文件或结构参数文件。

(2)将报表数据来源和运算关系输入计算机,并以文件的形式存储于计算机硬盘上。

(3)根据报表数据来源的有关规定,从账务处理系统取出账务数据填入报表的有关栏目内,同时根据需要,通过键盘输入有关数据,经表间运算后形成报表数据文件。

(4)根据报表数据文件,输出有关会计报表,如资产负债表、利润表、现金流量表等。

4.1.3 报表管理系统中常用的基本概念

在使用UFO电子表之前,应先了解UFO电子报表管理系统的一些基本概念。

1. 报表结构。就报表结构的复杂性而言,报表可以分为简单表和复合表两类。

(1)简单表。由若干行和列组成,如资产负债表、利润表等。简单表的格式一般由四个基本要素组成:标题、表头、表体、表尾(如表4-1所示)。

表4-1 货币资金表 ← 标题

编制单位:阳光公司 ××年××月××日 单位:元 ← 表头

项目	行次	期初数	期末数
库存现金	1		
银行存款	2		
合计	3		

表体

制表人: ← 表尾

标题:用来描述报表的名称。报表的标题可能不止一行,有时会有副标题、修饰线等内容。

表头:用来描述报表的编制单位名称、日期等辅助信息和报表栏目。特别是报表的表头栏目名称，是表头的最主要内容，它决定报表的纵向结构、报表的列数以及每一列的宽度。有的报表表头栏目比较简单，只有一层，而有的报表表头栏目却比较复杂，需分若干层次。

表体：是报表的核心，决定报表的横向组成。它是报表数据的表现区域，是报表的主体。表体在纵向上由若干行组成，这些行称为表行；在横向上，每个表行又由若干个栏目构成，这些栏目称为表列。

表尾：指表体以下进行辅助说明的部分以及编制人、审核人等内容。

（2）复合表。复合表是由多个简单表组合形成的，还可能出现表中套表的现象，其格式如表4–2所示。

表4–2　　成本分析表

编制单位：阳光公司　　××××年　　单位：元

产品名称				本年实际产量					
计量单位				销售单价					
成本项目	行次	历史先进水平		上年实际平均		本年计划		本年实际	
直接材料	1								
直接人工	2								
制造费用	3								
合计	4								
主要经济指标	计量单位	用量	金额	用量	金额	用量	金额	用量	金额
甲材料									
乙材料									
工时									

制表人：

与表4–1比较可以看出，复合表的结构比简单表要复杂得多。因此，复合表在处理上不如简单表那样方便。但是无论多么复杂，都可以看成是由各个简单表组成的，它也具有报表的基本特性，即基本固定的表格式和随会计期间不同而不同的表中的数据部分。

2. 格式状态和数据状态。UFO将含有数据的报表分为两大部分来处理，即报表格式设计工作与报表数据处理工作。报表格式设计工作和报表数据处理工作是在不同的状态下进行的。实现状态切换的是一个特别重要的按钮——格式/数据按钮，单击这个按钮可以在格式状态和数据状态之间切换。

（1）格式状态。在格式状态下设计报表的格式，如设计表尺寸、表标题、表头、表体、单元属性、单元风格、组合单元、关键字、可变区等。报表的三类公式：单元公式（计算公式）、审核公式、舍位平衡公式也在格式状态下定义。

在格式状态下所做的操作对本报表所有的表页都发生作用。在格式状态下不能进行数据的录入、计算等操作。在格式状态下只能看到报表格式，不能看到报表数据。

（2）数据状态。在数据状态下管理报表的数据。如输入数据，增加或删除表页、审核、舍位平衡、做图形、汇总、合并报表等。在数据状态下不能修改报表的格式。

在数据状态下能看到报表的全部内容，包括格式和数据。

3. 报表单元。

（1）单元。单元是组成报表的最小单位，单元名称由所在行、列标识。行号用数字1~9999表示，最大行数为9999行。列标用字母A—IU表示，最大列数为255列。

例如：E12表示第5列第12行的那个单元。

单元的完整描述为："报表名"→单元名称@表页号。

例如：在"利润表"第三张表页的C5单元表示为："利润表"→C5@3。表页号省略时，系统默认单元在指定报表的第一页上。如果单元在当前正在处理的报表上，报表名可以省略。

UFO电子表的单元主要有以下三种类型：

①数值单元是报表的数据，在数据状态下（格式/数据按钮显示为"数据"时）输入。数值单元必须是数字，可以直接输入或由单元中存放的单元公式运算生成。建立一个新表时，所有单元的类型均默认为数值型。

②字符单元是报表的数据，在数据状态下（格式/数据按钮显示为"数据"时）输入。字符单元的内容可以是汉字、字母、数字及各种键盘可输入的符号组成的一串字符。字符单元的内容可以直接输入也可由单元公式生成。

③表样单元是报表的格式，是在格式状态下（格式/数据按钮显示为"格式"时）输入的所有文字、符号或数字。一旦单元被定义为表样，那么在其中输入的内容对所有表页都有效。表样单元在格式状态下输入和修改，在数据状态下只能显示而无法修改。

（2）组合单元。组合单元由相邻的两个或更多的单元组成，这些单元必须是同一种单元类型，UFO在处理报表时将组合单元视为一个单元。组合单元可以组合同一行相邻的几个单元，可以组合同一列相邻的几个单元，也可以把一个多行多列的平面区域设为一个组合单元。组合单元的名称可以用被组合区域的名称或区域中的某一单元的名称来表示。

（3）区域。区域是指由若干个相连的报表单元组成的长方形矩阵。在UFO中，区域是二维的，最大的区域是一个二维表的所有单元（整个表页），最小的区域是一个单元。区域的表示方法是起点单元与终点单元相连。例如：从B4单元到F8单元组成的区域可以用"B4:F8"来表示。

区域的完整描述为："报表名"→区域名称@表页号。例如：在"利润表"第三张表页的C5:D10区域表示为："利润表"→C5:D10@3。表页号省略时，系统默认区域在指定报表的第一页上。如果区域在当前正在处理的报表上，报表名可以省略。

如果是某一行所有单元组成的区域，则应表达为"#行号"，如第三行组成的区域表达为"#3"。第一行和第五行组成的区域，可以表达为"#1:#5"。如果是某一列所有单元组成的区域，则可以用其所在列号表示。例如，D列组成的区域，可以表达为"D"。

4. 表页。一个相同格式的报表会产生不同的数据，在UFO报表管理系统中可以将格式相同而数据不同的报表，用表页的形式加以管理，把不同的数据存放在不同的表页里，并用一个文件名予以保存。一个UFO报表最多可容纳99999张表页，每一张表页是由许多单元组成的。一个报表中的所有表页具有相同的格式，但其中的数据不同。表页在报表中的序号在表页的下方以标签的形式出现，称为"页标"。页标用"第1页"至"第99999页"表示。例如，全年的资产负债表，因结构和取数方法相同，而各月的数据不同，因此可用不同的表页来表示各月。将报表文件名取名为"资产负债表"，用表页"第一页"、"第二页"、……、"第十二页"，分别表示"一月"、"二月"、……、"十二月"的资产负债表。

5. 二维表和三维表。确定某一数据位置的要素称为"维"。在一张有方格的纸上填写一个数，这个数的位置可通过行和列（二维）来描述。

如果我们将一张有方格的纸称为表，那么这个表就是二维表，通过行（横轴）和列（纵轴）可以找到这个二维表中的任何位置的数据。

如果将多个相同的二维表叠在一起，找到某一个数据的要素需增加一个，即表页号(Z轴)。这一叠表称为一个三维表。

如果将多个不同的三维表放在一起，要从这多个三维表中找到一个数据，又需增加一个要素，即表名。三维表中的表间操作即称为“四维运算”。

6. 关键字。关键字是据以区分不同报表的标志。在一个报表系统中，可能存在若干张表结构相同，而编制单位、编制时间不同的报表，这时需要有一种“标志”，才能在若干张报表中准确地找到想要找的报表，并进而对其进行相应的操作，这种标志就是关键字。

关键字的显示位置在格式状态下设置，关键字的值则在数据状态下录入。每个报表可以定义多个关键字。UFO共提供了以下六种关键字：单位名称、单位编号、年、季、月、日等，用户也可以自行定义关键字。

7. 固定表与可变表。

(1)固定表。是指不随经济业务或统计数量的变动而改变其固有格式的报表，如资产负债表、利润表等。

(2)可变表。是指根据业务统计与管理的需要可随时改变报表大小或格式的报表。如每个单位不同月份的工资表，其工资项目和职工人数是在不断变化的，那么工资表就是一张可变表。按变化的内容不同，可变表又可分为行可变表和列可变表，其变动的区域称为可变区。在一个报表中只能设置一个可变区，或是行可变区或是列可变区，行可变区是指可变区中的行数是可变的；列可变区是指可变区中的列数是可变的。

设置可变区后，屏幕只显示可变区的第一行或第一列，其他可变行列隐藏在表体内。在以后的数据操作中，可变行列数随着我们的需要而增减。

4.2 报表格式设计

报表的格式设计是数据录入、数据计算的基础。没有报表格式，报表数据毫无意义，只有将这些数据放入相应的报表中，才能用文字说明其意义所在。所以报表格式设计是整个报表系统的重要组成部分，是数据录入和处理的依据，也是使用者操作使用报表系统的基础。

在用友UFO报表系统中提供了两种报表格式设计方式，自定义报表和利用报表模板。报表格式设计流程(如图4-4所示)：

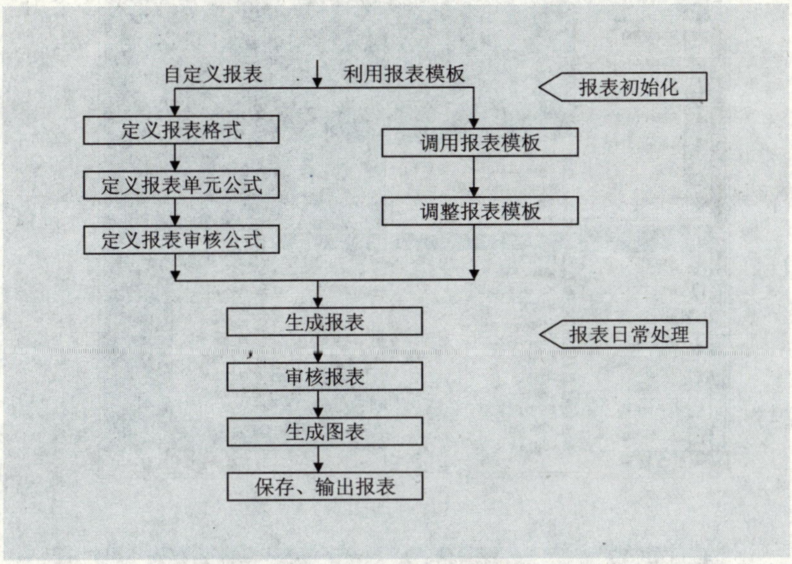

图4–4 报表格式设计流程图

4.2.1 自定义报表格式设计

报表的格式是在格式状态下设计的。下面通过实例说明自定义报表格式设计的操作步骤。

［**例4–1**］ 为宏盛公司设计2007年12月31日的货币资金表格式。该公司所建账套号为800，货币资金表的具体格式如表4–3所示：

表4–3 货币资金表

编制单位：宏盛公司 ××××年××月××日 单位：元

项 目	行 次	期 初 数	期 末 数
库存现金	1		
银行存款	2		
合 计	3		

制表人：

1. 建立新表。

操作步骤

（1）启动UFO。用鼠标单击桌面窗口左下角的“开始”菜单，选择“程序”|“用友ERP–U8”|“财务会计”|“UFO报表”，如图4–5所示。

（2）注册UFO报表。启动UFO后，系统出现注册【UFO报表】对话框，在该对话框中，依次输入操作员的姓名、密码，选择所操作的账套号和会计年度，输入完毕，单击【确认】按钮，如图4–6所示。

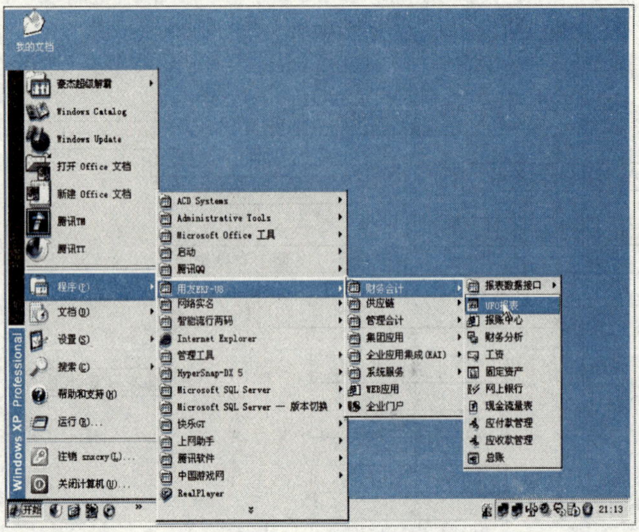

图4-5　启动UFO

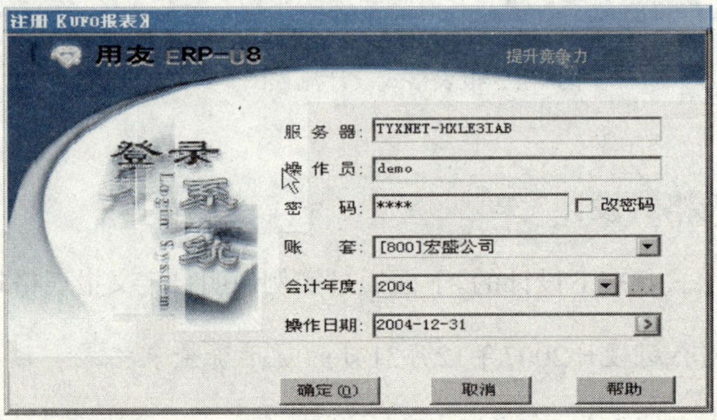

图4-6　注册UFO

(3)进入“UFO”主界面,如图4-7所示,在【文件】菜单中单击【新建】命令,或者单击新建图标,屏幕显示的是系统自动创建的一个名为“report1”的报表文件。

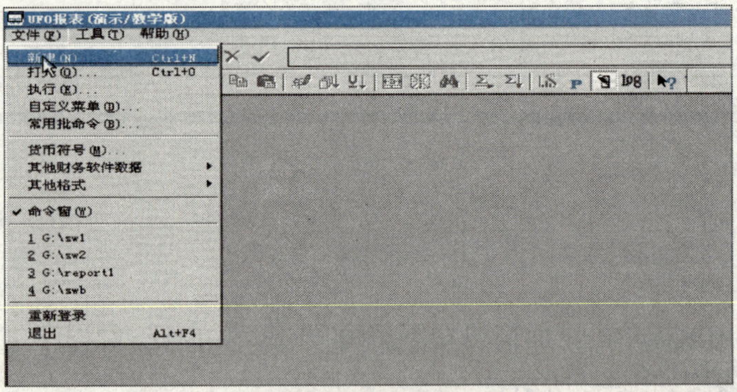

图4-7　UFO报表窗口

2. 确定表尺寸。即定义报表的大小。例4-1中的货币资金表共7行(其中标题、表头2行,表体4行,表尾1行)、4列。

操作步骤

（1）单击【格式】菜单下的【表尺寸】，系统弹出“表尺寸”对话框，如图4–8所示。

（2）在“表尺寸”对话框中，将行数改为7，列数改为4。

（3）单击【确认】按钮，屏幕只剩下7行4列，其余部分则变成灰色。

注意：如果此时发现报表设计有误，可以通过【编辑】菜单下的【插入】命令增加行数或列数，或通过【编辑】菜单下的【删除】命令减少行数或列数，如图4–8所示。

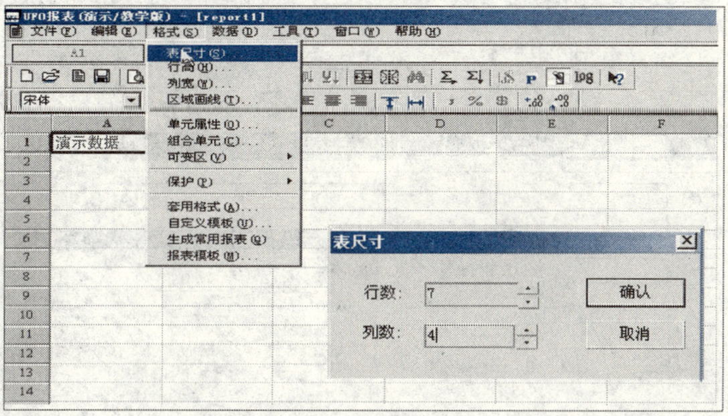

图4–8 确定表尺寸

3. 画表格线。就是将表体部分画上表格线。例4–1中的货币资金表第三行到第六行需要画线。

操作步骤

（1）选中A3单元到D6单元的区域。

（2）单击【格式】菜单下的【区域画线】，系统弹出“区域画线”对话框，如图4–9所示。

（3）在该对话框中，确定划线类型和样式，选取“网线”。

（4）单击【确认】按钮，如图4–9所示。

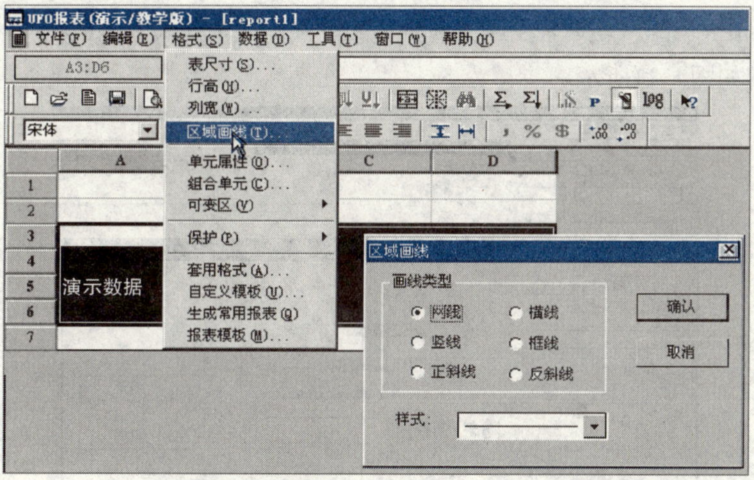

图4–9 画表格线

4. 定义组合单元。[例4-1]中的货币资金表第一行为标题，组合为一个单元便于操作。同理第二行可以组合为一个单元或几个单元。

操作步骤

(1)选中A1到D1单元。

(2)单击【格式】菜单下的【组合单元】，系统弹出“组合单元”对话框，如图4-10所示。

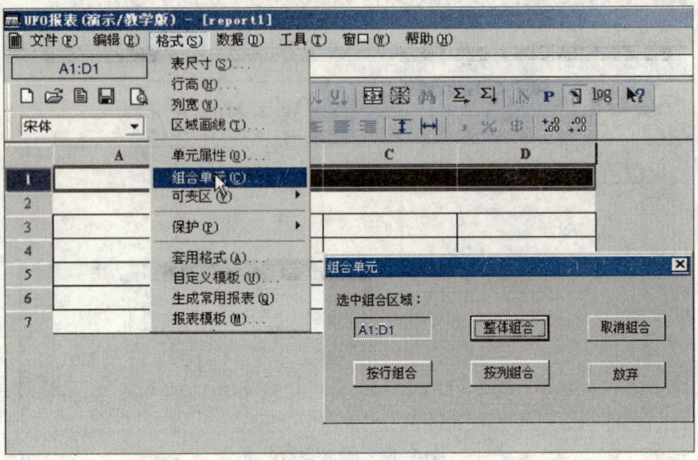

图4-10 组合单元

(3)在该对话框中单击【整体组合】或【按行组合】，将A1:D1区域变成一个“单元”。同样的操作将A2:D2单元组合。

5. 输入报表项目。

在A1单元格中输入“货币资金表”，然后单击工具栏上的“居中”按钮，“货币资金表”五个字居于报表正中位置。同时输入表头、表体部分的报表项目并确定其位置。

6. 定义关键字。

操作步骤

(1)选中A2单元，定义关键字，单击【数据】菜单下的【关键字】下的【设置】，系统弹出“设置关键字”对话框，如图4-11所示。

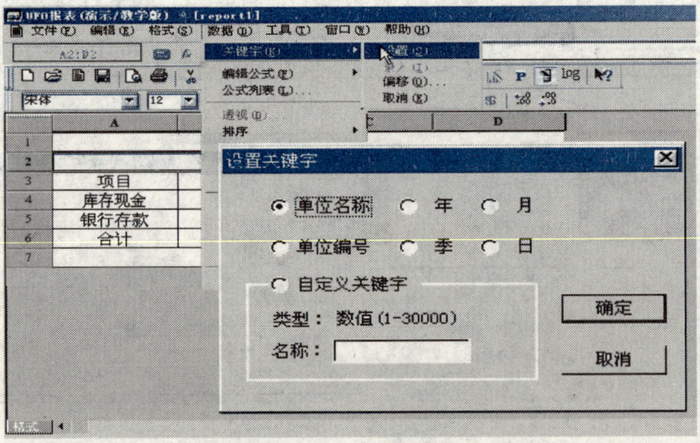

图4-11 定义关键字

(2)在该对话框中，选择“单位名称”。

(3)单击【确认】按钮。

(4)在A2单元出现红色的“单位名称：××××××××”。重复同样的操作，将“年”“月”“日”三个关键字加入。当关键字窗口“年”“月”“日”叠加在一起时，可单击【数据】菜单下的【关键字】下的【偏移】，来调整关键字位置，其操作如图4–12所示。

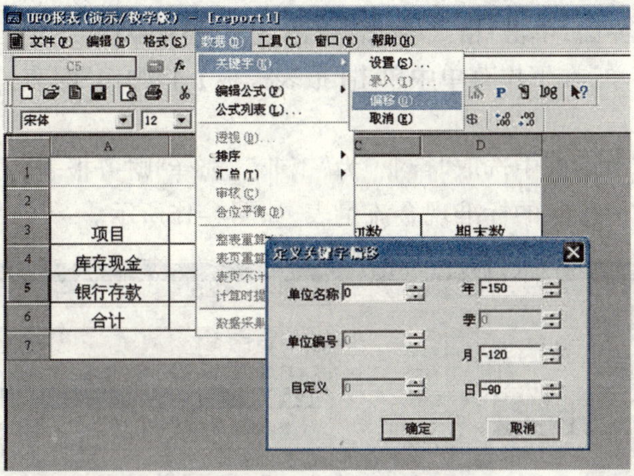

图4–12 调整关键字位置

7. 调整行高列宽。设置列宽应以能够放下本栏最宽的数据为原则，否则在生成报表时会产生数据溢出的问题。

首先调整A列的列宽，将鼠标放在A列与B列之间，当鼠标变为左右箭头时，向右拖动鼠标直至A列的文字全部可见为止。接着再调整行高，将光标停在第一行上，单击【格式】菜单下【行高】、【列宽】选项，输入相应的数值即可，系统默认的标准行高值为5毫米，标准列宽值为25毫米。

上述操作完成后，屏幕所显示的货币资金表格式如图4–13所示。单击工具栏上的【保存】按钮或单击【文件】菜单下的【保存】选项，即可保存该报表。再单击【文件】主菜单下的【退出】，即可退出系统。

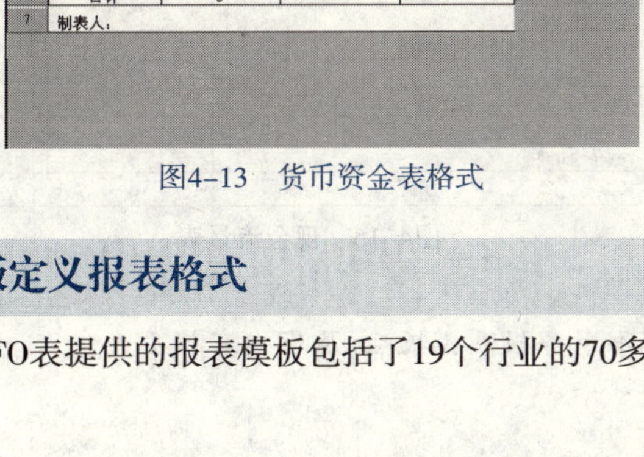

图4–13 货币资金表格式

4.2.2 使用报表模板定义报表格式

1. 套用报表模板。UFO表提供的报表模板包括了19个行业的70多张标准财务报表（包括现金流量表），用户可以根据所在行业挑选相应的报表模板，并对其进行适当的修改，使其符合单位的实际情况，从而提高制表的速度。用户也可以自定义报表模板。

[例4–2] 使用现金流量表模板编制现金流量表格式。

操作步骤

(1)在“UFO表”主界面，单击“格式/数据”按钮，进入格式状态。

(2)单击【格式】菜单，在下拉菜单中单击【报表模板】，将弹出“报表模板”对话框，如图4–14所示。

(3)在“报表模板”对话框中选取“行业”为“工业”，选择“财务报表名”为“现金流量表”。单击【确定】按钮，就生成一张空的标准现金流量表，如图4–15所示。

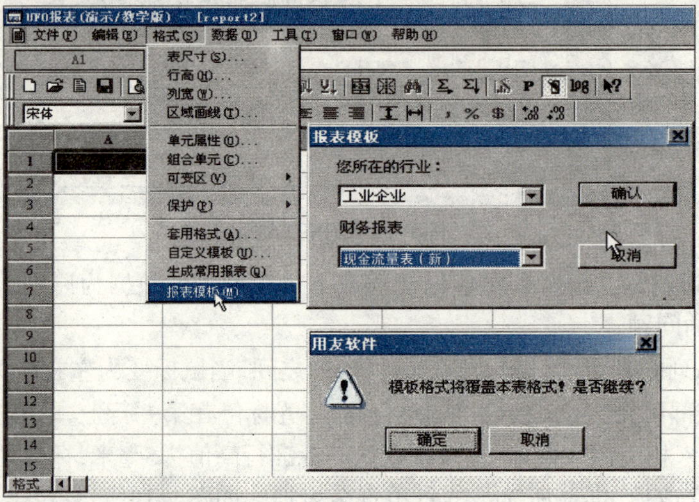

图4–14 “报表模板”对话框

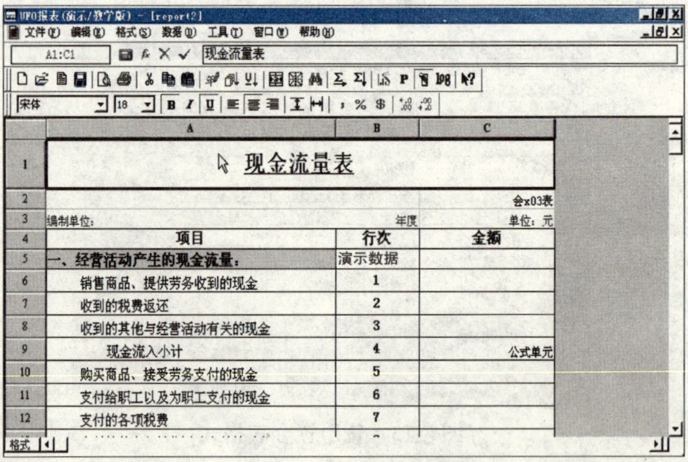

图4–15 现金流量表

提示 当前报表套用标准财务报表模板后，原有内容将丢失。

2. 自定义报表模板。用户可以根据本单位的实际需要定制系统报表模板，可以将已编制完成的报表格式、文字内容和取数公式，通过“自定义模板”功能，加入到系统提供的模板库内，也可以根据本行业的特征，增加本行业或删除其他行业及其内置的模板。

用户在使用“自定义模板”前，应事先定义好某报表的格式、文字和取数公式等内容。其操作方法包括定制行业和定制模板：

(1)定制行业。使用定制行业，可以将本单位名称或本单位所属的行业加入到模板的行业类型中，在套用模板时可以直接选择定制的行业或单位名称。其操作方法是：

在UFO表中做出本单位的模板后，单击【格式】菜单下的【自定义模板】，系统弹出“自定义模板”对话框，选择“增加”，弹出“定义模板”编辑框，在编辑框中录入模板所属的行业名称(也可以是单位名称)。录入正确后该行业被加入“自定义模板”对话框“行业名称”列表框中。

(2)定制模板。使用定制模板，可以将本单位自制的模板加入到定制行业或系统提供的行业模板下。其操作方法是：

选定某行业，单击“自定义模板”中的“下一步”，选择“增加”，弹出模板编辑框。在“模板名称”编辑框中录入模板的名称(如：利润分配表)，在“模板路径”录入模板保存的路径(如：C:\UFSOFT\MODEL\货币资金表.REP)，也可以单击“浏览”，找到模板保存的目录。确定后自定义的模板将加入到“自定义模板”对话框中的模板名称的列表框，在对话框下自动标记模板路径。

4.3 报表公式设计

在报表格式设计完毕后，需转换到数据处理状态填写报表数据，这样就得到了包含格式和数据的完整报表。在许多报表中，报表数据并不一定来自报表系统本身，而是来自账务处理、工资核算等报表系统之外的子系统，如资产负债表、利润表等数据都是从会计账簿中摘取的。如果我们采用手工录入数据的方法填制报表数据，会计报表就可能失去其数据的准确性、有效性和及时性。因此，将会计账簿中的有关数据直接通过公式提取到相关的会计报表中，将会给报表的编制带来极大的方便，既避免了数据的失真，又节约了时间，提高了效率。

报表公式就是表示报表编制方法和报表审核方法的一种数学表达式。报表公式设计，是用户根据报表与账簿、报表与凭证、报表与报表、报表与其他系统模块之间的关系，定义取数公式并存入计算机的过程。

报表公式只需在第一次使用报表系统、编制取数公式时定义一次，以后各月编制报表时，可以反复使用取数公式进行报表生成。

UFO报表管理系统的公式主要有三种，分别是单元公式、审核公式和舍位平衡公式。

4.3.1 单元公式

单元公式，也称计算公式，是指为报表数据单元进行赋值的公式。单元公式的作用是从账簿、凭证、本表或其他报表等处调用、运算所需要的数据，并填入相应的报表单元中。它既可以将数据单元赋值为数据，也可以赋值为字符。

常用的报表数据一般来源于总账系统或报表系统本身，因此单元公式也分为账务取数公式、报表取数公式和凭证取数公式。

1. 账务取数公式。账务取数公式,也称账务取数函数,是指到账簿中取数的计算公式。账务取数是报表数据的主要来源，账务取数公式架起了报表系统和总账等其他系统之间进行数据传递的桥梁。账务函数的使用可以实现账表一体化,利用账务函数定义单元公式,每期的会计报表无需过多操作,系统就会自动地将账务系统的会计数据传递到会计报表中。由于报表项目中的数据基本上来自账簿,因此该类计算公式的应用最为广泛。其基本格式如下：

函数名("科目编码",会计期间,"方向",账套号,会计年度,编码1,编码2)

参数说明：

(1)函数名。由于会计账簿能够提供期初数、本期发生额、期末余额、累计发生额等经济指标,因此到账簿上取数时,首先要明确取哪一类数据。账务取数函数中函数名的功能就是用来解决区分数据类别的。

UFO提供了45种账务函数,表4-4列示了几种常见的账务函数。

表4-4 常见的账务函数

金额式		数量式		外币式	
QC	期初数	SQC	期初数	WQC	期初数
QM	期末数	SQM	期末数	WQM	期末数
FS	发生额	SFS	发生额	WFS	发生额
LFS	累计发生额	SLFS	累计发生额	WLFS	累计发生额
TFS	条件发生额	STFS	条件发生额	WTFS	条件发生额
DFS	对方科目发生额	SDFS	对方科目发生额	WDFS	对方科目发生额
JE	净额	SJE	净额	WJE	净额

(2)科目编码也可以是科目名称,如果是科目名称,则不能是重名的,且必须用双引号将科目括起来。

(3)会计期间是指被取数据所在的时间。可以是"年"、"季"、"月"等变量,也可以是具体数字表示的年、季、月。

(4)方向是指数据所在的方向,即"借"或"贷"可以省略。如果所取数据为某一账户的发生额,则这里的方向不能省略。

(5)账套号是指被取数据所在的账套,省略不输时系统默认数据来源为第一套账001。

(6)会计年度是指被取数据所在的年份。设置时可以将其定义为"年",也可以用具体的年份表示。省略时表示数据取自系统默认的年份。

(7)编码1、编码2是指会计科目辅助核算的种类。如果科目有两种辅助核算,则这两个辅助项在公式中的排列位置必须正确，否则系统无法正确结转。五种辅助项在公式中的先后顺序为:部门、个人、客户、供应商、项目。如某科目无辅助核算则省略。

例如：取005账套"100201"科目的年初数，可表示为:QC("100201"，全年,"借",005,2007);取005账套"1002"科目的期末数,可表示为:QM("1002",月,005,2007);取005账套"1501"科目部门1的本月借方发生额,可表示为:FS("1501",12,"借",005,2007,"部门1")。

2. 报表取数公式,也称报表取数函数,是指反映数据来源于报表某一单元、某一行或某一列的函数。按照数据来源,它又可以分为取某一单元的函数、取某一行的函数、取某一列的函数、本表页内部统计函数、取本表它页的函数、到其他报表取数的函数。

(1)取某一单元的函数,是指数据来源于本表取某一单元的数值。这种函数没有特殊的函数名,只需要输入数据所在单元的名称即可。例如,C3单元的数值等于D7单元的值,则计算公式可以表达为:LET　C3=D7。

(2)取某一行的函数,是指反映报表中某一行的值等于本表中另一行的数据的函数。这种函数没有特殊的函数名,只需要输入数据所在行的名称即可。例如,某表中第10行的数据等于本表中第21行的值,则计算公式可以表达为:LET　#10=#21。

(3)取某一列的函数,是指反映报表中某一列的值等于本表中另一列数据的函数。这种函数没有特殊的函数名,只需要输入数据所在列的名称即可。例如,某表中第3列的数据等于本表中第5列的值,则计算公式可以表达为:LET　C=E。

(4)本表页内部统计函数,是指用于在本表页内的指定区域内做出诸如求和、求平均值、计数、求最大值、求最小值、求统计方差等统计结果的函数。主要实现表页中相关数据的计算、统计功能。应用时要按所求的统计量选择公式的函数名和统计区域。表4-5列示了常用的本表页取数函数。

表4-5　常用的本表页取数函数

函数名	函数	函数名	函数
求和	PTOTAL()	最大值	PMAX()
平均值	PAVG()	最小值	PMIN()
计数	PCOUNT()	方差	PVAR()
		偏方差	PSTD()

例如,PTOTAL(C4:H10)表示求区域C4~H10单元的合计数;PAVG(C4:H10)表示求区域C4~H10单元的平均值;PMAX(C4:H10)表示求区域C4~H10单元的最大值;PMIN(C4:H10)表示求区域C4~H10单元的最小值等。

(5)取本表它页的函数,是反映数据来源于本表其他月份的数据的函数。一张报表可由多个表页组成,并且表页之间具有极其密切的联系。如一个表页可能代表同一单位、但不同会计期间的同一报表。因此,一个表页中的数据可能取自上一会计期间表页的数据。例如,三月份利润表中的本年累计数应根据二月份利润表中的本年累计数与三月份利润表中的本月数合计填列,这时就可以用本表它页的函数设置计算公式。

本表它页取数函数的格式:SELECT()

例如,三月份利润表中D5单元"营业收入"的本年累计数应等于本月的"营业收入"(本表页的C5单元)加上月利润表中"营业收入"的本年累计数(即上月利润表中的D5单元),则计算公式可以表达为:

D5=C5+SELECT(D5,年@=年　and　月@=月+1)

(6)其他报表取数的函数。有些数据应取自于其他报表的某个单元或单元区域,则采用此函数。

其他报表取数函数的格式:

报表名【.rep】->单元(或单元区域)

例如,利润分配表中的D4单元"净利润的本年实际"的数据,来源于利润表的D20单元"净利润的本年累计数",则其取数公式可写成:D4=利润表.rep->D20。

3. 凭证取数公式,也称凭证取数函数,是指到记账凭证中获取数据的函数。在编制对内会计报表时,表内的有些数据无法从账簿中取得,只能从记账凭证中取数。例如,本年度管理费用中用货币资金支付的费用就需要从凭证中取得。凭证取数函数的基本格式为:

函数名(〈科目编码〉,〈对方科目编码〉,〈会计期间〉,〈方向〉,〈摘要〉,〈摘要匹配方式〉,〈账套号〉,〈会计年度〉,〈编码1〉,〈编码2〉)

其中,函数名有三种:

金额式:函数名为"对方科目发生"或"DFS";

数量式:函数名为"数量对方科目发生"或"SDFS";

外币式:函数名为"外币对方科目发生"或"WDFS"。

摘要匹配方式是指取数时,摘要内容的精确程度。模糊匹配用"=",精确匹配用"=="。模糊匹配是指经济业务中的摘要内容包含函数中的摘要内容。精确匹配是指经济业务中的摘要内容与函数中的摘要内容完全一致。

例如,函数DFS("550101","1001",月,"借","购买办公用品","=",005,2007),表示到005账套取"550101"科目2007年本月发生的业务中,摘要中包含有"购买办公用品"且其对方科目为"1001"的业务的借方发生额。

4. 计算公式的输入。在UFO中,计算公式的输入主要有三种方法,分别是直接输入法、函数向导输入法和命令输入法。

(1)直接输入法,是直接输入某单元的取数函数公式。在用户对各类函数较为熟悉,并对会计报表的编制原理和方法均较为熟练的情况下,可以直接输入各单元的取数函数公式,用此方法输入的速度较快。

[例4-3] 为宏盛公司的货币资金表分别定义C4、C5、C6、D4、D5、D6单元的账务取数公式。

操作步骤

①在货币资金表中将光标停在需要定义公式的C4单元,即"库存现金"的期初数。

②单击【数据】菜单下的【编辑公式】下的【单元公式】,系统弹出"定义公式"对话框,如图4-16所示。

③在该对话框中直接输入现金期初函数公式:C4=QC("1001",月,,,2007,)。

④单击【确认】按钮。

注意:此操作应在"格式"状态下进行。因此,在定义单元公式前,应先将报表切换到"格式"状态。

要进入公式编辑状态,有三种方法可以进入:一是单击要定义单元公式的单元格,然后按"="输入;二是单击某单元格后再单击工具栏上的"fx"图标输入;三是单击某单元格后再单击【数据】菜单下的【编辑公式】中的【单元公式】菜单项输入。

依次类推,分别为宏盛公司的货币资金表定义其他单元的计算公式如下(账套号和会计年度用系统默认的):

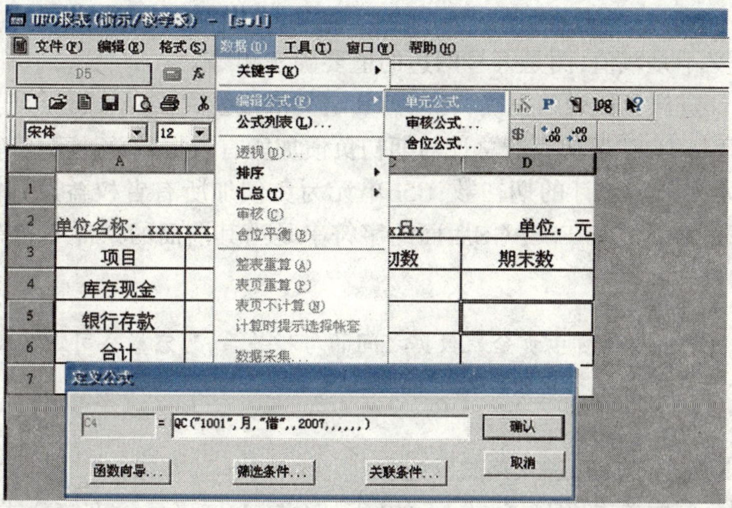

图4-16 直接输入公式

D4=QM(“1001”,月,,,2007,)

C5=QC(“1002”,月,,,2007,)

D5=QM(“1002”,月,,,2007,)

C6=C4+C5

D6=D4+D5

(2)函数向导输入法,是指运用“函数向导”定义包含账务函数的公式。由于取数函数的内容和格式较为复杂,用户不太好掌握,特别是对函数不太熟悉的新用户,直接输入公式可能比较困难。因此,设计了函数向导,这种方法不需要了解账务函数的格式,能引导用户正确而快速输入账务函数,操作简单、易学。

(3)命令输入法,是指通过输入命令来获取数据的方法。此操作应在“数据”状态下进行。因此,在定义公式前,应先将报表切换到“数据”状态,然后在【文件】菜单中的【命令窗】里输入,输入时,每一条公式的前面应加“LET”。

4.3.2 审核公式

在各类财会报表中,每个数据都有明确的经济含义,并且数据之间往往存在着某种对应关系,称为勾稽关系。比如,资产负债表的资产合计应等于负债与所有者权益之和,这种平衡关系就是勾稽关系。如果在资产负债表编制结束后,发现没有满足这种平衡的勾稽关系,则可以肯定该表在编制过程中出现了错误。所以,在实际工作中,为确保报表数据的准确性,经常要用报表之间或报表各项目之间的勾稽关系进行数据检查。我们称这种检查为数据的审核。

UFO报表系统特意提供了数据的审核公式。审核公式由验证关系公式和提示信息组成。定义报表审核公式,首先要分析报表中各单元之间的关系,来确定审核关系,然后根据确定的审核关系定义审核公式。其中,审核关系必须定义正确,否则审核公式会起到相反的效果。即由于审核关系不正确导致一张数据正确的报表被审核为错误,而编制报表者又无从修改。

以下是常用审核公式的格式:

〈算术或单元表达式〉〈逻辑运算符〉〈算术或单元表达式〉MESSAGE“提示信息”

逻辑运算符有：=、>、<、>=、<=、<>。

等号“=”的含义不是赋值，而是等号两边的值要确实相等。

例如，为了保证资产负债表的正确，可以为其定义审核公式：

C56=G56　MESSAGE“期初资产总计与期初负债加所有者权益总计不相等！”

其中，C56单元为资产总计的期初数；G56单元为负债加所有者权益总计的期初数；C56=G56是勾稽关系条件表达式；MESSAGE后面的字符串是当其前面的条件不相等时应在屏幕上出现的提示信息。

［例4–4］ 根据宏盛公司货币资金表数据之间的勾稽关系，为宏盛公司定义正确的审核公式。

操作步骤

(1)单击“格式/数据”按钮，进入格式状态。

(2)在【编辑】菜单中单击【编辑公式】下的【审核公式】，屏幕显示审核公式对话框，在该窗口的“编辑框”，输入审核公式，如图4–17所示。

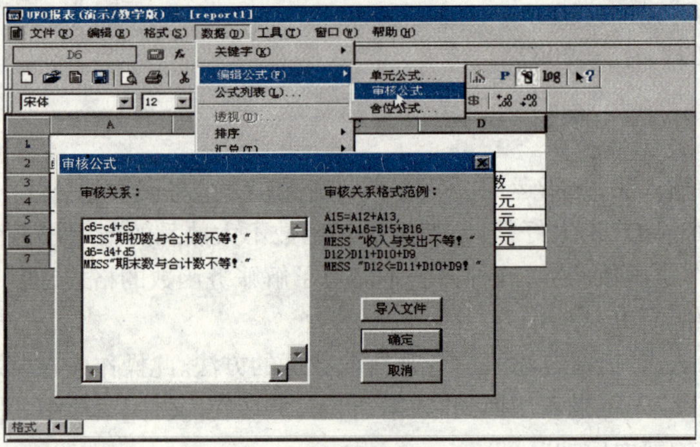

图4–17　编辑审核公式

4.3.3 舍位平衡公式

企业的会计报表通常是以人民币“元”为单位进行编制的，但以“元”为单位的报表，在上报时可能会转换为以“千元”或“万元”为单位的报表，报表数据在进行进位时，原来的数据平衡关系可能被破坏，因此需要进行调整，使之符合指定的平衡关系。

报表数据在进行进位时的操作叫做舍位，舍位后调整平衡关系的公式叫做舍位平衡公式。

例如，原始报表某三个数据平衡关系为：3425.45+9576.28=13001.73

若舍掉3位数以“千元”为单位，即除以1000后，数据平衡关系成为：3.43+9.58=13.00

这时原来的平衡关系被破坏，应调整为：3.43+9.57=13.00

定义舍位平衡公式需要指明要舍位的表名、舍位范围、舍位位数以及平衡公式。

［例4–5］ 为宏盛公司的货币资金表定义舍位平衡公式，要求：舍位报表名称为SW1，舍位位数为3位，即将金额单位“元”转换为“千元”。

操作步骤

1. 单击“格式/数据”按钮，进入格式状态。

2. 单击【编辑】菜单中的【编辑公式】，在下拉菜单中单击【舍位公式】，屏幕显示舍位平衡公式对话框，在各编辑框中输入如下各项内容（如图4-18所示）。

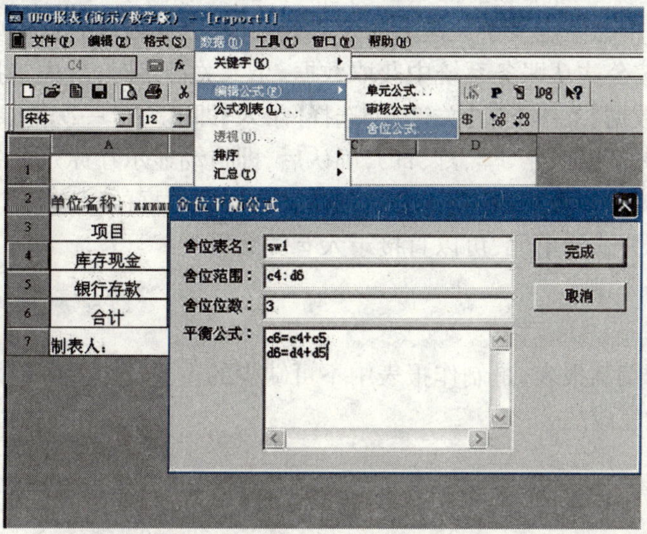

图4-18 编辑舍位平衡公式

（1）舍位表名。舍位表是指报表金额单位由“元”转换为以“千元”或“万元”后所形成单位的会计报表，该表的表名和当前的报表名不能相同，默认在当前目录下。

（2）舍位范围。舍位范围是指舍位数据的范围，操作时要把所有要舍位的数据包括在内。

（3）舍位位数。舍位位数是指进几位。舍位位数为1，则区域中的数据除以10；舍位位数为2，则区域中的数据除以100，以此类推。

（4）平衡公式。平衡公式是指舍位后，有关数据之间应保留的平衡关系。其书写要求有：①倒顺序写，首先写最终运算结果，然后一步一步向前推。②每个公式一行，各公式之间用逗号“，”隔开，最后一条公式不用写逗号。③公式中只能使用“+”“-”符号，不能使用其他运算符及函数。④等号左边只能为一个单元（不带页号和表名）。一个单元只允许在等号右边出现一次。

3. 舍位平衡公式编辑完毕，单击【确认】按钮保存所设置的公式。

4.4 报表数据处理

报表的数据包括报表单元的数值和字符，以及游离于单元之外的关键字。数值单元只能接收数字，而字符单元既能接收数字又能接收字符。数值单元和字符单元可以由公式生成也可以由键盘输入，关键字的值则必须由键盘录入。

报表数据处理主要包括生成报表数据、审核报表数据和舍位平衡操作等工作，数据处理工作必须在数据状态下进行。处理时计算机根据已定义的单元公式、审核公式和舍位平衡公式自动进行数据采集、审核及舍位等操作。由于报表数据处理一般是针对某一特定表页进行的，因此在数据处理时还涉及到表页的操作，如表页的增加或删除、数据透视、数据排序、数据汇总等操作。

4.4.1 录入关键字和基本数据

由于在格式设计中已经定义了关键字的位置，因此在数据处理时首先应录入关键字，以便计算机准确、快速地按公式从账务系统中获取数据。录入关键字时，应先将报表状态切换到“数据”状态，然后单击【数据】菜单下的【关键字】选择【录入】即可。可一次性录入所设置的全部关键字（如单位编号、单位名称、年、季、月、日），确认后，即自动显示在原定的各单元位置上。关键字中，“年”和“月”显得尤为重要，它直接关系到计算机所取数据的正确性。

对于未设置计算公式的单元，可以直接录入有关数据。

4.4.2 生成报表

生成报表又称为编制报表，是制作报表中不可缺少的重要环节。生成报表的过程是在人工控制下由计算机自动完成的。

［例4-6］ 对宏盛公司的货币资金表进行表页计算，生成2007年12月31日的报表数据。

操作步骤

进入“数据”状态，在【数据】菜单下选择【整表重算】功能，计算机将自动根据格式设计中确定的计算公式，把有关数据放入相应单元内。“整表重算”意味着所有表页将根据计算公式重新计算；如果选择【表页重算】功能，则仅将当前表页重新计算，其他表页不参与计算；当某表页设置了【表页不计算】功能后，则无论任何情况，表页中的单元取数公式都不再进行重新计算。设置表页不计算功能，可以改善系统的性能，加快软件运算速度。操作结果如图4-19所示。

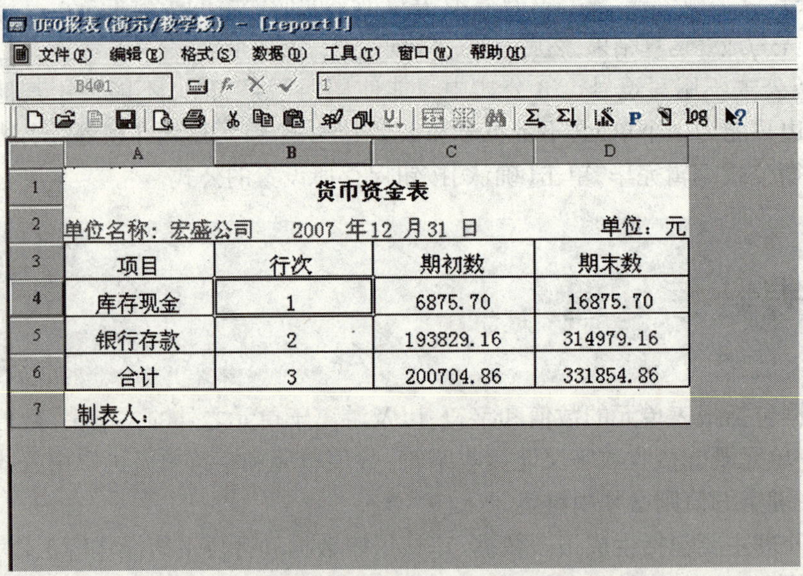

货币资金表

单位名称：宏盛公司　2007 年12 月31 日　单位：元

项目	行次	期初数	期末数
库存现金	1	6875.70	16875.70
银行存款	2	193829.16	314979.16
合计	3	200704.86	331854.86

制表人：

图4-19 生成货币资金表

可以在编制报表时反复使用已经设置的报表公式，在不同的会计期间可以生成不同结果的报表。同一报表结构在同一会计日期内多次进行报表生成得到的结果是相同的。如果在报表生成时系统提示公式有误，则必须修改报表格式或公式，修改完毕后，重新进行报表计算，才能得到按新结构生成的会计报表。

提示 大多数会计报表都与日期有密切联系。在定义报表结构时，可以无日期限制，但是在生成报表时必须确定其日期。例如，“资产负债表”和“利润表”等会计报表，一般必须在月末结账以后才能生成。若在月中进行报表生成，即使所有报表公式都正确，也会生成一张数据错误的报表。

4.4.3 报表审核

当报表数据输入完毕，可用审核公式对报表进行审核，以检查报表各项数据勾稽关系的正确性。报表审核应在“数据”状态下进行。

操作步骤

1. 进入“数据”状态，用鼠标单击【数据】菜单下的【审核】选项。系统将按照审核公式逐条审核表内的勾稽关系。当报表数据不符合勾稽关系时，屏幕上出现提示信息，记录提示信息后任意键继续审核其余的公式。

2. 按照提示信息修改报表数据并重新进行审核，直到不再出现任何提示信息，则表示该报表各项勾稽关系是正确的。

每当对报表数据进行修改后都应对其勾稽关系进行审核，以确保各项勾稽关系的正确性。

4.4.4 舍位平衡

当报表数据输入完毕，在数据处理状态下，可用舍位平衡公式对报表进行舍位操作。

［**例4-7**］ 对宏盛公司2007年12月31日的货币资金表进行舍位操作，生成舍位报表。

操作步骤

1. 进入报表“数据”处理状态，单击【数据】菜单下的【舍位平衡】，系统按照所定义的舍位关系对指定区域的数据进行舍位，并按照平衡公式对舍位后的数据进行平衡调整。

2. 单击【保存】，将舍位平衡后的数据存入指定的新表或他表中。

3. 打开舍位平衡公式指定的舍位表，就可以看到调整后的报表，如图4-20所示。

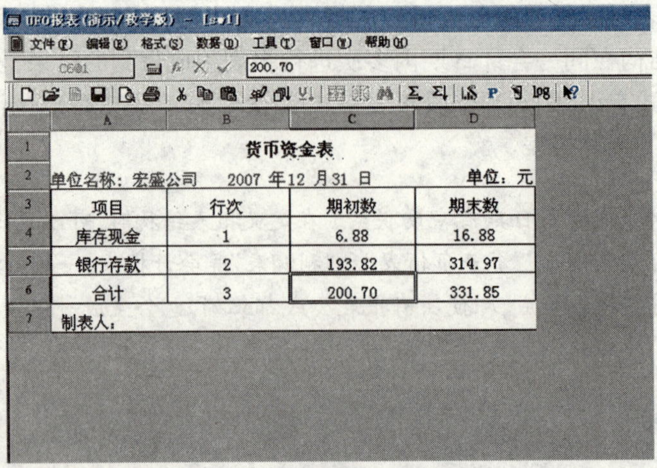

图4-20 舍位平衡后的货币资金表

4.4.5 表页管理

1. 插入表页和追加表页。向一个报表中增加表页有追加和插入两种方式，插入表页即在当前表页前面增加新的表页。追加表页即在最后一张表页增加新的表页。其操作方法是：

(1)单击“格式/数据”按钮，进入数据状态。

(2)单击要插入表页的表页页标，使它成为当前表页。

(3)单击【编辑】菜单中的【插入】，在下拉菜单中单击【表页】，将弹出“插入”对话框(追加表页则选择【追加】命令)。

(4)在“插入表页数量”编辑框中输入要插入的表页数，确认后在当前表页之前增加新表页。

2. 交换表页，是将指定的任何表页中的全部数据进行交换，其操作方法是：

(1)单击“格式/数据”按钮，进入数据状态。

(2)单击【编辑】菜单中的【交换】，在下拉菜单中单击【表页】，将弹出的“交换”对话框。

(3)在“源表页号”和“目标表页号”编辑框中输入要互相交换位置的表页页号。可以一次交换多个表页，多个表页号用“,”隔开。如要同时交换第3页和第5页，第9页和第13页，则在“源页号”编辑框中输入“3,9”；在“目标页号”编辑框中输入“5,13”。

3. 删除表页，是将所指定的整个表页删除，报表的表页数则相应减少。其操作方法是：

(1)单击“格式/数据”按钮，进入数据状态。

(2)单击【编辑】菜单中的【删除】，在下拉菜单中单击【表页】，弹出“删除表页”对话框。

(3)如果不指定表页号和删除条件，则确认后删除当前表页。

(4)如果要删除指定表页号的表页，则在“删除表页”编辑框中输入要删除的表页号。可以同时删除多张表页，多个表页号之间用逗号“,”隔开。如要删除第2页、第15页、第19页，则分别输入“2,15,19”。

(5)如果要删除符合删除条件的表页，在“删除条件”编辑框中输入删除条件，或者单击“条件”按钮在“定义条件”对话框中定义删除条件。

4. 表页排序与查找。

(1)表页排序。UFO提供表页排序功能，可以按照表页关键字的值或者按照报表中的任何一个单元的值重新排列表页。其操作方法是：

①单击“格式/数据”按钮，进入数据状态。

②单击【数据】菜单中的【排序】，在下拉菜单中单击【表页】，将弹出“排序”对话框。

③关键值指根据什么内容对表页进行排序。在“第一关键值”编辑框中，选择一个关键字或输入一个单元名称；选择“递增”或“递减”顺序。

④依次定义第二和第三关键值。当表页的第一关键值相等时，则按照第二关键值排列。当有多张表页用第一关键值和第二关键值还不能排列时，按照第三关键值排列。

用户使用表页排序功能后，就能够按照自己的需要对报表文件中众多表页进行排序，达到方便查询和管理的目的。

(2)表页查找。表页查找功能，是指报表系统可以按照用户给定的条件，在报表中找到符合条件的表页，并使它成为当前表页。

[例4-8] 查找2007年12月的表页，并查找A10单元的值大于1000的表页。

操作步骤

①单击“格式/数据”按钮，进入数据状态。

②单击【编辑】菜单中的【查找】，将弹出的“查找”对话框。

③在“查找内容”中单击“表页”。

④在“查找条件”框中定义查找条件。在此处输入“年=2007 AND 月=12”和“A10>1000”。

⑤单击“查找”按钮后，第一个符合条件的表页将成为当前表页。

⑥单击“下一个”按钮后，下一个符合条件的表页将成为当前表页。

⑦如果没有符合条件的表页，或查找到最后一个符合条件的表页时，状态栏中将显示“满足条件的记录未找到！”

5. 数据透视。在UFO中，大量的数据是以表页的形式分布的，正常情况下每次只能看到一张表页。但在实际工作中，经常需要对不同时期的有关财务指标数据进行对比分析，如果人工进行查找，则工作量可能相当大。在这种情况下可以利用报表系统提供的数据透视功能，把多张表页的多个区域的数据显示在一个平面上，即把立体形式展开成平面形式，这样直观形象便于对比分析。

操作步骤

(1)单击“格式/数据”按钮，进入数据状态。

(2)单击要透视的第一张表页的页标，选取要透视的数据区域，将对它和它之后的表页的数据进行透视。

(3)单击【数据】菜单中的【透视】，计算机将自动生成透视结果。

(4)单击【保存】按钮可以把数据透视结果保存为报表。

6. 数据汇总。报表汇总是每一位财会人员都熟悉的，也是非常复杂和繁琐的工作。利用UFO提供的汇总功能可以快速、简捷地完成报表汇总操作，可把多张格式相同的某一类报表数据，汇总保存在一个报表文件中，形成一个新的汇总表。可以汇总报表中所有的表页，也可只汇总符合指定条件的表页。

例如，在2007年全年各月共12张利润表表页中，汇总上半年的表页，在报表中的可变区，可以按数据位置汇总，也可重新排列顺序，按各项内容汇总。用户只要使用报表系统提供的“报表汇总”命令，输入报表汇总的条件，报表系统就会自动进行汇总，并生成汇总报表。

4.4.6 报表输出

当财会人员利用报表管理系统编制好会计报表后，这些报表就以文件的形式存放在磁介质中。为了使企业的管理者、投资者、债权人、政府有关管理部门（财政、税务、企业的上级主管部门等）能按需要查看会计报表，报表系统提供了报表输出功能。报表输出形式一般有屏幕查询、网络传送、打印输出和磁盘输出等。

1. 报表查询，是报表系统应用的一项重要工作。在报表系统中，可以对当前正在编制的报表进行查询，也可以对历史报表进行迅速有效的查询。单击【文件】菜单中的【打开】，双击要打开的报表文件名，就可以进行查询了。在进行报表查询时可以以整张表页的形式输出，也可以将多张表页的局部内容同时输出，即表页数据的透视。

2. 报表网络传输。网络传输方式是指通过计算机网络将各种报表从一个工作站传递到另一个或几个工作站的报表传输方式。使用计算机网络进行报表传输，用户可在各自的计算机上方便、快捷地查看相关报表，这样大大地提高了会计数据的时效性和准确性，又有很好的安全性，并且可以节省报表报送部门大量的人力、物力和财力。随着计算机网络的日益普及，网络传输方式的优势越发明显，正在逐步取代其他方式的传输。

3. 磁盘输出，是指将各种报表以文件的形式输出到磁盘上，报表使用者，特别是上级主管部门、总公司可以直接用磁盘中的报表进行报表汇总。

4. 打印输出，是指将编制出来的报表以纸介质的形式打印输出。打印输出是将报表进行保存、报送有关部门的不可或缺的一种报表输出方式。为了方便用户打印出满意的报表，系统一般都提供打印设置功能，该功能可以对报表使用的字型、字号作设置以调整报表的大小；可以对行距和列距作设置来调整报表的大小；还可以设置表的上、下边距，左、右边距等，以调整报表在打印纸上的位置。用户在打印报表之间应使用该功能对相应内容进行设置，以得到需要满足的报表。

4.5 图表分析

4.5.1 图表分析功能概述

为了更好地理解会计报表中的数据，直观地反映不同时期有关经济指标的增减变化，UFO报表管理系统还提供了绘制分析图的功能。图表分析功能是指计算机根据用户指定的表页数据绘制出分析图，将包含经济含义的数据以图形的方式直观地反映出来。UFO提供了直方图、圆饼图、折线图、面积图等4大类共10种格式的图表。为财会人员及企业管理人员进行数据分析提供了重要工具。

1. 图表与报表的关系。图表是利用报表文件中的数据生成的。图表与报表存在着紧密的联系。当报表中的源数据发生变化时，图表也随之变化。一个报表文件可以生成多个图表，最多可以保留12个图表。

2. 图表的存在方式。图表以图表窗口的形式存在。图表并不是独立的文件，它的存在依附于源数据所在的报表文件，只有打开报表文件后，才能打开有关的图表。报表文件被删除之后，由该报表文件中的数据生成的图表也同时删除。

4.5.2 图表的操作

当用户需要进行报表图形分析时，首先应打开相应的报表文件，再选择要做图形分析的区域，这样计算机就可以根据本区域内的数据绘制相应的分析图。

［例4–9］ 根据宏盛公司2007年12月31日货币资金表的数据制作分析图。

首先，追加图表显示区域。

操作步骤

（1）在格式状态下单击【编辑】菜单下【追加】【行】，系统弹出“追加行”对话框，如图4–21所示。

（2）在该对话框输入需追加的行数。本例输入“5”。

（3）单击【确认】按钮。

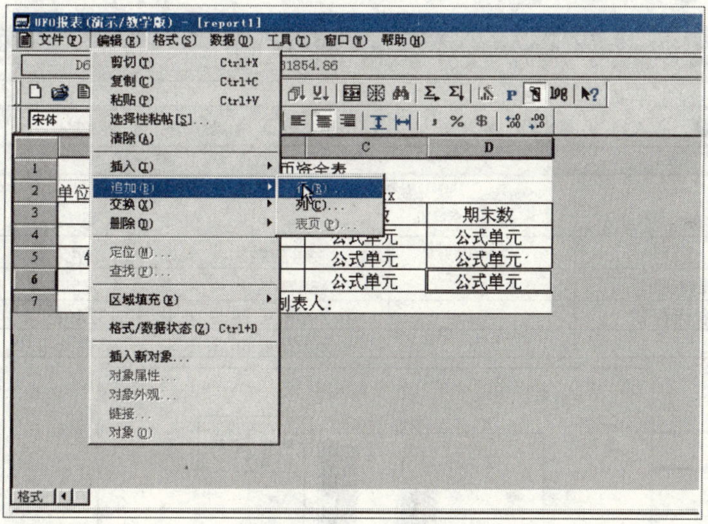

图4–21　图形分析—1

其次，插入图表对象。

操作步骤

（1）将报表切换到“数据”状态，拖动鼠标选中图表数据源A3:D6单元。

（2）单击【工具】菜单下的【插入图表对象】，弹出“区域作图”对话框，如图4–22所示。

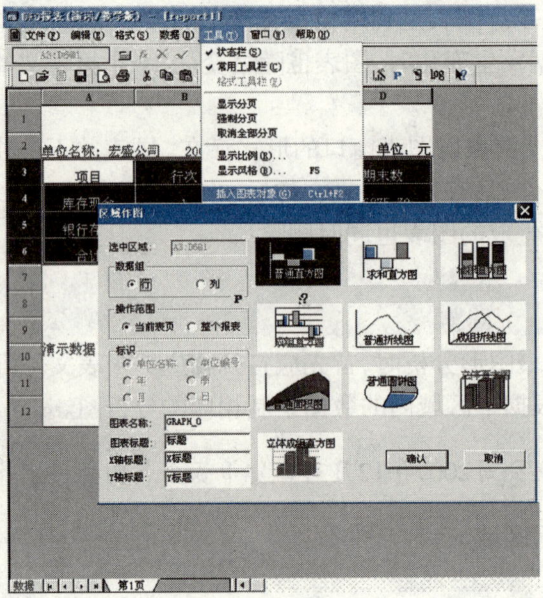

图4-22 图形分析—2

(3)选择成组直方图。

(4)选择数据组和操作范围。数据组缺省为“行”，操作范围缺省为“当前表页”。

(5)单击【确认】按钮，生成分析图如图4-23所示。分析图显示在屏幕上，可以打印输出。

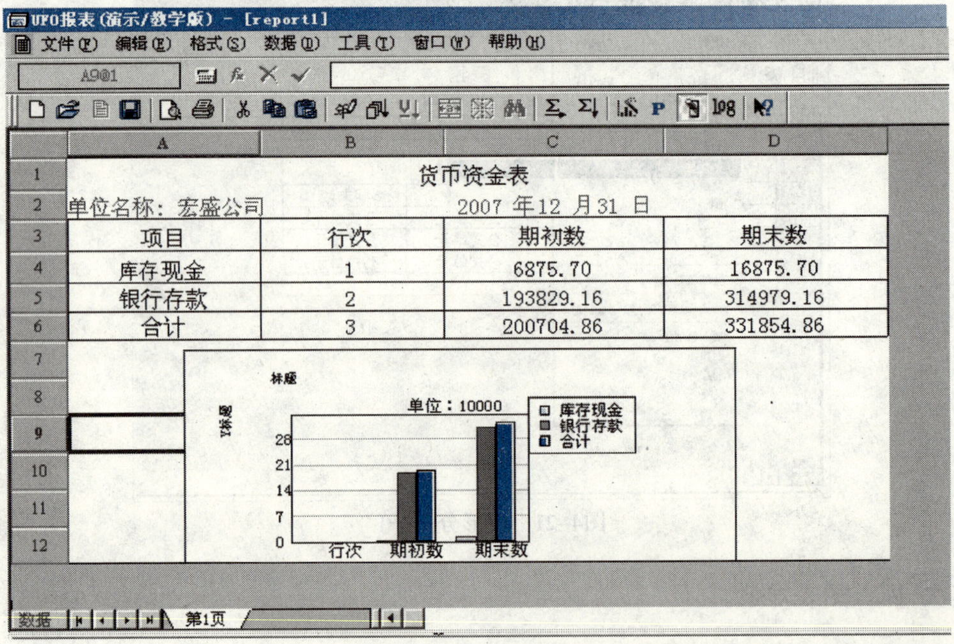

图4-23 图形分析—3

第5章 工资管理系统

公司近几个月业务量猛增，员工们都累坏了，这天小李告诉大家一个好消息，公司为每位员工加薪200元，而且这个月就能拿到，因为小李已经在工资系统中完成了加薪……

本章提要

- 工资管理系统概述
- 工资管理系统应用

工资核算是每个单位财会部门最基本的业务之一,是一项重要的经常性工作,它关系到每个职工的切身利益,对于调动每个职工的工作积极性、正确处理企业与职工之间的经济关系具有重要意义。在手工方式下,财会人员为了搞好工资核算,需要投入大量的精力和时间,但仍难避免错误的出现。实现工资核算的电算化后,无论从精度上、速度上,还是灵活性上,都是手工方式所不可比拟的,它大大减轻了财会人员的工作强度,提高了工作效率。因此,工资核算电算化具有非常重要的意义。

5.1 工资管理系统概述

工资是以货币形式支付给职工个人的劳动报酬,是企业对职工个人的一种负债,是企业使用职工的知识、技能、时间和精力而给予职工的一种补偿。

工资核算的主要任务是正确计算职工工资,对职工工资总额实行计划管理,按工资的用途、部门进行计提和分配,同时登录有关的总账和明细账。

工资核算的方法比较简单、固定,每个月进行工资计算的程序基本不变,工资核算的重复性和规律性为工资核算的电算化提供了可能性。

5.1.1 工资管理系统的基本功能

为了能够较好地应用工资管理系统,必须首先了解工资管理系统的功能结构。

根据工资业务处理的需要,工资管理系统一般具有以下几个功能模块,如图5-1所示。

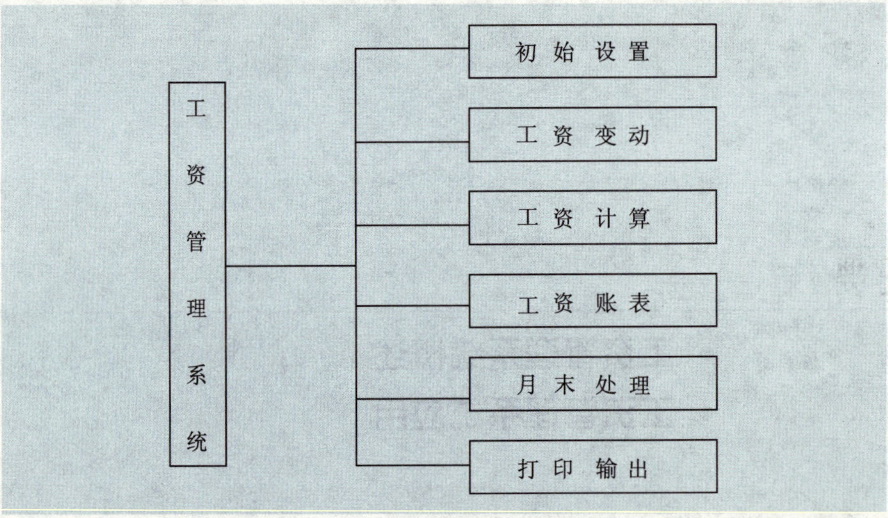

图5-1 工资管理系统功能模块

1. 初始设置模块。系统的初始设置主要是设置系统工作必不可少的各种编码信息和初始数据。在工资系统中,由于各单位的工资项目一般相差较大,因此,系统应具有设置适合具体单位需要的工资项目功能,以便生成工资数据库。包括人员类别设置、工资项目设置、录入人员档案、工资参数维护等项目。

2. 工资变动模块。主要是输入考勤、产量工时等每月变动的工资数据。另外，可能发生的人员变动和工资数据的变动也在此模块中处理。

3. 工资计算模块。主要指系统自动计算工资结算单，计算个人所得税扣缴申报表等功能。同时具有工资类别汇总功能，即可将不同的工资计算方式、不同的工资项目、不同的人员等工资数据汇总在一起，完成统一核算的功能。

4. 工资账表模块。主要进行各种工资账表的查询与分析。

5. 月末处理模块。主要包括工资分摊、计提、转账业务。包括工资分摊、应付福利费计提、工会经费计提、职工教育经费计提、自定义分摊和计提、工资转账凭证生成与查询等功能。

6. 打印输出模块。包括工资数据的查询、工资单、工资汇总表的打印，以及向账务系统、成本核算系统输送规定格式的数据和工资管理所需要的各种管理信息等。

5.1.2 工资管理系统的操作流程

1. 手工方式下工资核算业务操作流程。为了实现工资核算系统的电算化，必须首先了解手工方式下工资核算业务的操作流程，了解各类工资数据的组成及其流向。在此基础上进一步抽象出工资核算业务的流程图，为顺利实现工资系统的电算化打下基础。工资管理系统业务流程图如图5–2所示。

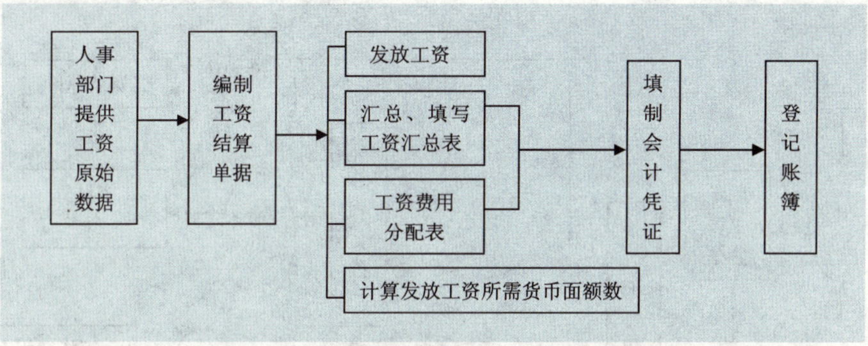

图5–2 手工方式下工资管理系统业务流程

手工方式下工资系统的业务流程表述如下：

(1)会计部门从劳动人事等部门取得工资核算的原始数据。如：考勤记录、产量记录、工资变动单等。以及各种委托代扣职工款项。如：房租费、水电费、职工住房公积金、养老保险金、失业保险金等。

(2)会计部门根据上述各部门输入的工资核算的原始数据进行计算，并编制工资结算单。

(3)会计部门根据车间、部门的工资结算单汇总编制工资结算汇总表和工资分配表。工资结算汇总表和工资分配表是按部门分类汇总的结果。

(4)会计部门根据工资分配表的内容编制账务处理所需的会计记账凭证。

(5)根据会计记账凭证登记有关账簿。

2. 电算化方式下工资核算业务操作流程。工资核算系统原始数据量大，涉及的部门较多，为提高原始数据输入的效率，可对输入的数据进行分类，一般按工资数据变动频率的不同，将其分为基本不变数据和变动数据两类。系统根据这两类数据流计算工资结算单，经进一步处理得到工资结算汇总表、工资转账凭证等。计算机处理方式下工资核算系统业务处理流程图如图

5-3所示。

电算化工作方式下工资管理系统的业务操作流程概述如下：

(1)系统初始化时，将有关工资原始数据按数据变动频率划分为基本不变数据和变动数据两部分。将基本不变数据部分输入系统，建立固定数据文件，每月如有数据变动，则根据人事劳资部门提供的人事变动和工资变动数据，对原有固定数据文件进行更新。

(2)每月输入本月变动数据。如：考勤记录、产量记录、奖金、工资变动单及扣款信息，形成变动工资数据。

(3) 以职工代码作为关键字，将固定工资数据和变动工资数据通过职工代码进行连接匹配，形成工资数据计算文件。

(4)根据工资计算文件中的项目计算职工工资并形成工资结算单。

(5)按职工类别和部门类别进行汇总，生成工资结算汇总表。

(6)根据工资计算文件，对工资费用进行分配，按规定比例计算本月应提取的职工福利费等，形成工资费用分配表和应付福利费计提分配表。

(7)根据各汇总报表编制工资记账凭证并向账务系统传递凭证。

(8)打印输出各种工资单、工资汇总表、工资及福利费分配表等。

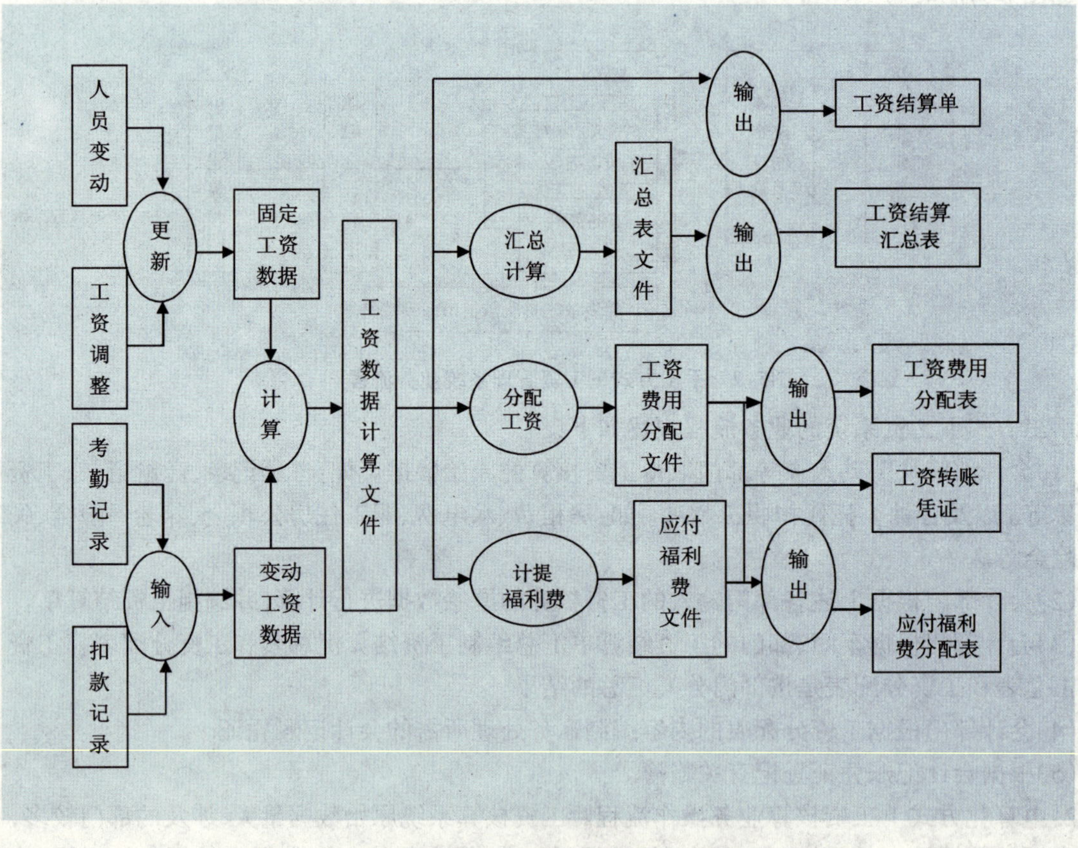

图5-3 电算化方式下工资管理系统业务流程

5.2 工资管理系统应用

5.2.1 工资管理系统初始化

通用工资管理系统是针对所有用户设计的，所以一般不固定工资管理的内容和方法，而是由用户根据实际情况，通过系统初始化设置自行设定工资核算模块的工作模式，把一个通用的工资管理系统转化为本单位专用工资管理系统。

工资管理系统的初始化设置可分为建立工资账套和基础设置两部分，主要包括设置部门、人员类别、设置工资项目、设置工资计算公式、设置个人所得税、设置银行代发工资等内容。

1. 建立工资账套。正确建立工资账套工作是整个工资管理系统运行的基础，建立一个完整的账套，是系统正常运行的根本保证。

工资账套是企业核算账套的一个组成部分，所以在建立工资账之前，必须首先在系统管理中建立本单位核算账套。本单位核算账套建立完成后，既可以账套主管身份注册进入企业门户，在企业门户中启用工资管理系统，也可以单击桌面窗口左下角的“开始”菜单，选择“程序”|“用友ERP-U8”|“财务会计”|“工资”，启动工资管理系统。

工资系统启用之后，具有相应权限的操作员就可以登录本系统了。如果是初次进入，系统将自动启动建账向导，如图5-4所示。用户可通过系统所提供的建账向导，逐步完成整个工资账套的建账工作。系统所提供的建账向导共分四步即：参数设置、扣税设置、扣零设置和人员编码。

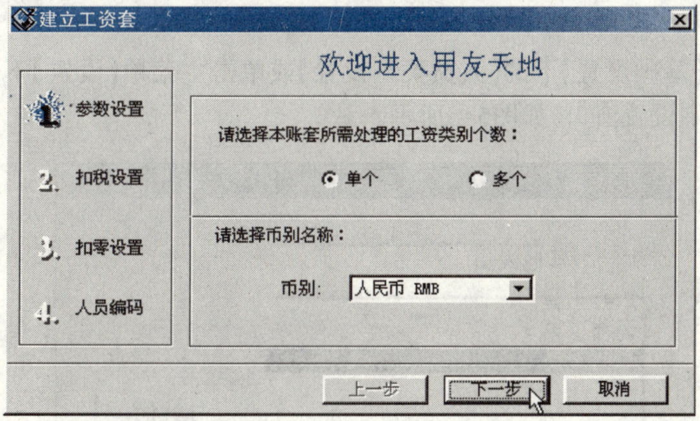

图5-4　建立工资套账

(1)参数设置。工资账套参数设置共有两项：

①选择工资类别。工资类别有“单个”和“多个”两个选项。当核算单位对所有人员工资实行统一管理，而且人员工资项目、工资计算公式全部相同时，选择“单个”工资类别；当核算单位每月多次发放工资，或者按不同的职工发放的工资项目不同，计算公式不同，但需进行统一工资管理时，应选择“多个”工资类别。

②选择核算币种。系统提供币别参照供用户选择。若选择账套本位币以外其他币别，则还

需在工资类别参数维护中设置汇率。

(2)扣税设置。如果核算单位需为职工从工资中代扣代缴个人所得税,则在系统设置中选择“是否为职工代扣个人所得税”选项。

(3)扣零设置。扣零设置是指采用现金方式发放工资的单位,为了简化发放工作而对工资中的尾数进行扣零处理。扣零就是将本月工资中的尾数扣下,累计取整,于下次工资发放时补上。扣零类型包括以下可选项:

①扣零至元。即工资发放时不发10元以下的元、角、分,包括5元、2元、1元。

②扣零至角。即工资发放时不发1元以下的角、分,包括5角、2角、1角。

③扣零至分。即工资发放时不发1角以下的分,包括5分、2分、1分。

单位可根据需要选择扣零类型。一旦选择了“扣零处理”,系统将自动在固定工资项目中增加“本月扣零”和“上月扣零”两个项目,在操作时不必在计算公式中设置有关扣零处理的计算公式。

(4)人员编码。工资核算中每个职工都是惟一的编码。单位可根据需要自由定义人员编码长度,但总长不能超过系统提供的最高位数,即10位字符。

2. 基础设置。当我们建立了新的工资账套后,需要对工资管理系统运行所需的基础信息进行设置,包括:部门设置、人员类别设置、人员附加信息设置、工资项目设置、银行名称设置等。

(1)部门设置。设置部门不仅可以按部门或班组汇总、统计、领款、分发职工工资,而且这些发放的工资又可以按部门记入账簿,最终达到分部门管理工资的目的。

(2)人员类别设置。设置人员的类别名称,目的是便于系统按人员类别进行工资汇总计算,以实现在同一个账套内,跨越各个部门按人员类别的不同进行综合汇总。

[例5-1] 增加“生产人员”、“管理人员”、“其他人员”三个人员类别。

操作步骤

①单击桌面【基础设置】下的【人员类别设置】或单击主菜单【设置】下的【人员类别设置】,系统弹出人员类别设置窗口,如图5-5所示。

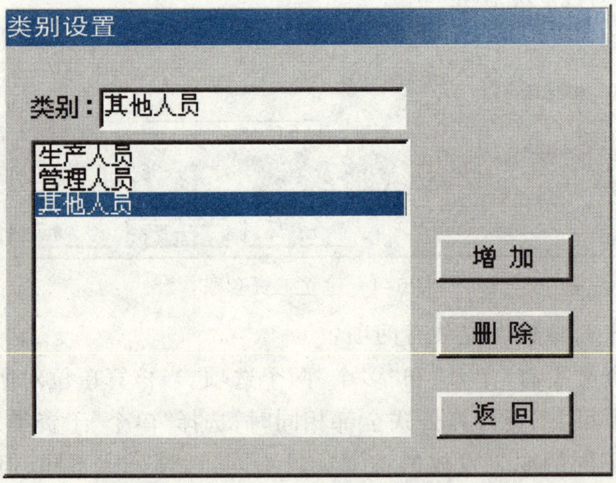

图5-5 人员类别设置

②单击【增加】按钮,输入人员类别:“生产人员”,回车后新增人员类别名称将在“人员类别

名称栏”内显示，同样方法输入“管理人员”和“其他人员”。

③将光标停在“无类别”项，单击【删除】按钮，删除“无类别”。

④单击【返回】按钮，返回系统主界面。

提示 可对人员类别栏框内的类别名称进行修改和删除，但已经使用的人员类别不允许删除，人员类别只剩一个时将不允许删除。

(3)人员附加信息设置。该项设置可增加人员附加信息，丰富人员档案的内容，便于对人员进行更加有效的管理。

[**例5-2**] 增加附加信息：性别、技术职称、学历、年龄。

操作步骤

①单击桌面【基础设置】下的【人员附加信息设置】或单击主菜单【设置】下的【人员附加信息设置】，进入人员附加信息设置界面，如图5-6所示。

②单击【增加】按钮，可直接在信息名称栏处输入人员附加信息名称，也可在窗口下方参照栏中选择系统提供的信息名称。信息名称长度不得超过5个汉字或10个字符。

③单击【返回】按钮，返回系统主界面。

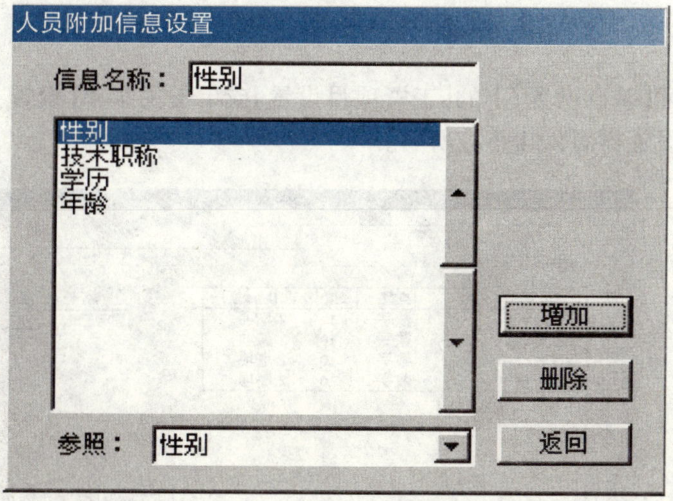

图5-6 人员附加信息设置

提示 单击【删除】按钮，可删除光标所在行人员附加信息名称，但在用的人员附加信息不允许删除。

(4)银行名称设置。即设置发放工资的银行，可按实际需要设置多个，例如，不同工作地点的职工，需由不同的银行代发工资等。该设置是针对所有工资类别的。

操作步骤

①单击桌面【基础设置】下的【银行名称设置】或单击主菜单【设置】下的【银行名称设置】，

进入设置银行名称界面。

②单击【增加】按钮，在银行名称栏处直接输入“工商银行”或从下面窗口选入，并可选择银行账号长度是否为定长及账号长度。系统默认选中银行账号定长，账号长度为“11”位。

③单击【返回】按钮，回到系统主界面。

提示 银行名称长度不得超过10个汉字或20位符。银行账号定长选中是指此银行要求所有人员的账号长度必须相同，系统只有在银行账号为定长时，才能对银行账号进行合法性检查。银行账号定长不选中，需指定最长账号的长度，否则系统默认为30位。

(5)人员档案设置。人员档案的设置用于登记工资发放人员的姓名、职工编号、所在部门、人员类别等信息，员工的增减变动都必须先在此功能中处理。

(6)工资项目设置。工资项目应包括手工核算时工资结算单上所列的各个项目，还应包括与计算这些项目有关的原始项目和中间过渡项目。这些工资项目中，有些是各单位都有，为必备项目；有些项目则不尽相同；有些项目的数据长期不变，属于固定项目；有的可能每月都有变动，属于变动项目。因此在软件中预先设置一些必备的工资项目，如应发工资、扣款合计、实发工资等，其他项目可根据需要自行增加和修改，以适应各单位的需要。

[**例5-3**] 增加“固定工资”和“奖金”工资项目。

操作步骤

①单击桌面【基础设置】下的【工资项目设置】或单击主菜单【设置】下的【工资项目设置】，进入工资项目设置界面，如图5-7所示。

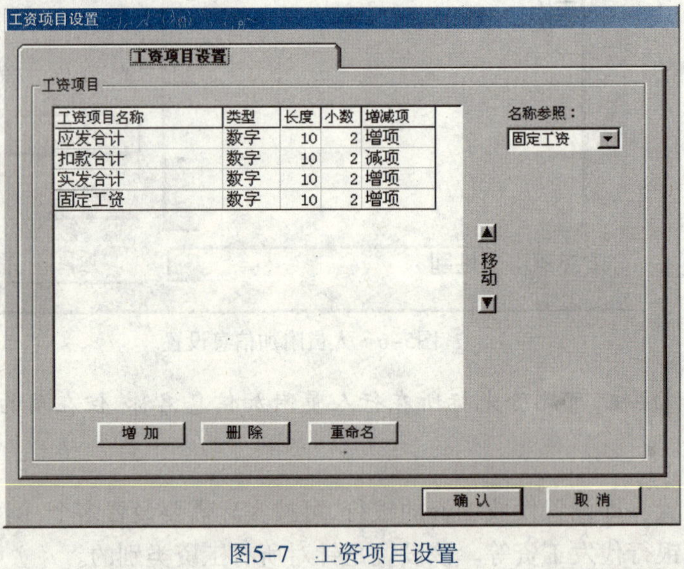

图5-7 工资项目设置

②单击【增加】，在工资项目窗口中直接输入或单击右上角名称参照栏选入“固定工资”，双击类型、长度、小数位数和增减项各栏目，系统会弹出下拉框或增减按钮，选择。本例“类型”为“数字”，“长度”为“10”，“小数位数”为“2”，“增减项”为“增项”。同样方法增加“奖金”项目。

③所有工资项目设置完毕，单击【确认】按钮，对系统提示确认后返回系统主界面。

若账套设置了“扣零处理”，则系统在工资项目中自动生成“本月扣零”和“上月扣零”两个指定名称的项目。若选择了自动扣税功能，则系统在工资项目中自动生成“代扣税”项目。单击界面上的向上、向下移动按钮，调整工资项目的排列顺序。

提示 工资项目名称必须惟一，一经使用，数据类型不允许修改。工资项目设置完成并输入数据后，如要修改、增加或删除这些工资项目，一般会使已输入的数据丢失后出错。因此，在设置工资项目时应适当考虑一段时期的发展需要，以便保证系统投入使用后保持较长时间的稳定。

(7)计算公式设置。计算公式的设置就是定义工资项目的计算公式。例如，考勤扣款=基本工资/22*缺勤天数。运用公式可直观表达工资项目的实际运算过程，灵活地进行工资计算处理。定义公式可通过选择工资项目、运算符、关系符、函数等组合完成。工资系统的计算公式有两类：一类是月工资折算成日工资，以便正确地计算职工病事假扣款；另一类是每一位职工应发工资、实发工资、住房公积金、个人所得税等的计算。为了实现系统自动计算工资数据，在系统中需要事先设置好各工资项目的运算公式。

[例5-4] 工资项目设置。

设置工资计算公式：

应发合计=固定工资+奖金，

实发合计=应发合计-扣款合计。

操作步骤

①进入工资项目设置界面，在“工资项目设置”页签单击【增加】，从名称参照下拉框选择输入“固定资产”和“奖金”。这里只能选择工资账套设置的工资项目，不可输入，将所有项目设置完毕，如图5-8所示。

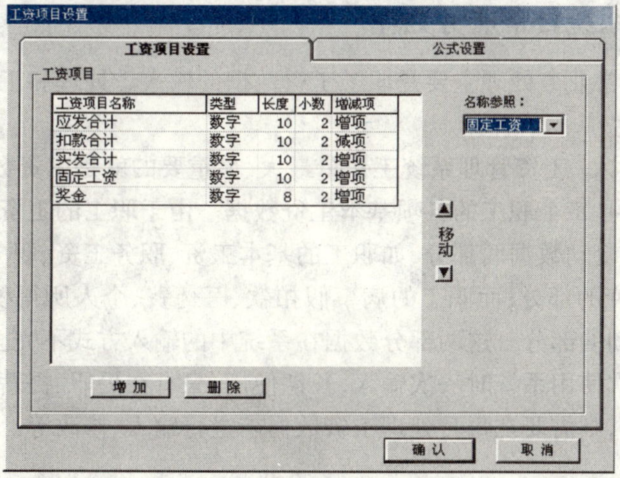

图5-8　工资项目设置

②在工资项目设置界面下，进入“公式设置”页签，单击左上方工资项目栏下的【增加】按

钮，然后单击工资项目参照框，选择工资项目。

③单击公式定义区，录入该工资项目的计算公式。录入公式时，可单击【函数公式向导输入…】按钮和窗口下方的“公式输入参照”栏各运算符按钮，并可从工资项目参照区选择输入。单击窗口左上方名称栏中的【删除】按钮，可删除定义的公式，如图5-9所示。

④单击【确认】，返回系统主界面。

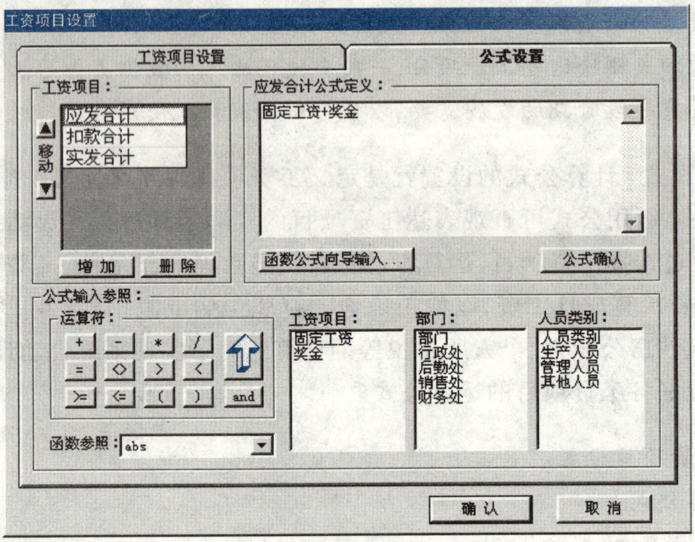

图5-9 工资项目公式设置

提示 相同的工资项目可以重复定义即多次计算，但以最后的运行结果为准。系统只支持系统所提供的函数。定义公式时要注意先后顺序，先得到的数应先设置公式。应发合计、扣款合计和实发合计公式应是公式定义框的最后三个公式，且实发合计的公式要在应发合计和扣款合计公式之后。

5.2.2 工资管理系统日常业务处理

工资管理系统日常业务处理主要是职工工资数据的输入、处理和工资表及工资汇总表等的打印输出。

1. 工资数据的输入。工资管理系统工作量最大、最重要的就是工资数据的输入。工资管理系统数据处理的基础是每个职工的各项基本工资数据。由于职工的工资数据按变动频率不同分为基本不变数据和变动数据两部分，如职工的基本工资、职务工资、职务津贴、各种固定补贴等，属于每月基本不变的部分；而职工的病事假扣款、医药费、个人所得税、水电费等各种代扣款项，则属于每月变动的部分。这两部分数据在系统中的输入方式不完全相同：对于每月基本不变的数据，应在初次使用系统时一次输入，长期使用，只有在提职、提薪、晋级时才进行修改；对于每月变动的数据，则需要在每月处理工资数据前进行输入、修改等。

操作步骤

(1)在桌面单击【工资变动】或在【业务处理】菜单下单击【工资变动】，进入工资变动界面，屏幕显示所有人员所有工资项目。

(2)直接录入工资数据。只需录入“固定工资”和“奖金”项目数据,其他数据项目由系统自动计算。

(3)录入完毕,单击工具栏【重新计算】按钮。为了快速准确地编辑某个人或某一批人的数据,工资管理系统提供了各种快速处理的功能,用户在进行相关操作时应尽量使用这些功能来加快工资数据的处理过程。工资管理系统提供的快速操作功能主要有:

①工资项目过滤。该功能可以指定需要输入的某些工资项目,使屏幕上只显示指定的工资项目以方便用户输入数据。比如:录水电费、病事假扣款等工资项目数据时,可使用该功能,选择这些项目进行录入。

②工资数据替换。该功能可以将符合条件的人员的某个工资项目的数据,统一替换成某个数据。例如,将职称为“中级”的人员的职务工资调为1300元。可使用该功能,系统将自动把符合条件的人员的基本工资改为1300元。

③人员定位。该功能可以根据职工所属部门、编码、姓名等快速查找指定记录以便进行数据输入和修改。

④工资数据筛选。如果需按某些条件筛选符合条件的人员进行录入,比如:要选择部门为“销售部”且人员类别为“经理”的人员进行数据录入,使用该功能,系统就可自动把符合条件的人员筛选出来。

2. 工资数据的处理。主要是对工资数据按账务处理的要求进行汇总以便生成工资转账数据,进行个人所得税的计算、银行代发业务处理、工资数据的输出等。

(1)工资计算与汇总。工资数据输入系统后,系统将自动根据用户设置的计算公式计算职工的应发工资、扣款合计、实发工资等各个工资项目的数据,并自动按照职工所属部门、类别等进行工资数据的汇总,生成工资结算单和工资汇总表。如果用户修改了某些数据,或重新设置了计算公式,或进行了数据替换等操作后,必须对个人工资数据重新计算汇总,以保证工资数据的正确。

提示 若进行数据替换的工资项目已设置了计算公式,则在重新计算时以计算公式为准。在修改了某些数据、重新设置了计算公式、进行了数据替换或在个人所得税中执行了自动扣税等操作,最好调用【重新计算】功能对个人工资数据重新计算,以保证数据正确。在退出“工资变动”界面时,如对数据做了变动处理,则系统会提示是否进行工资计算和汇总。

(2)个人所得税的计算与申报。个人所得税是根据《中华人民共和国个人所得税法》,对个人所得征收的一种税。目前我国规定个人所得税由职工所在单位代扣代缴。鉴于许多企事业单位计算职工工资薪金所得税工作量较大,工资管理系统提供个人所得税自动计算功能,用户只需根据当地纳税政策,适当调整所得税参数,系统将自动计算个人所得税;这样既减轻了管理人员的工作负担,又提高了工作效率。

操作步骤

①在工资系统主界面单击【个人所得税】或在【业务处理】菜单中单击【个人所得税】,进入个人所得税界面,如图5-10所示。

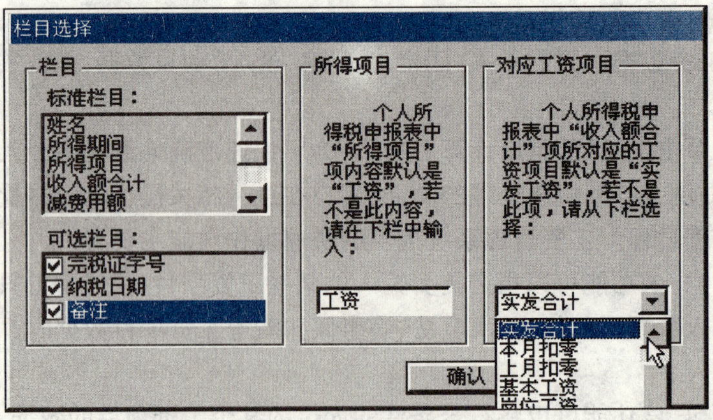

图5-10 个人所得税

②默认所得税项目为"工资",对应工资项目为"实发合计"。对收入项目与系统不一样的可单击下拉框选取,"完税证字号"、"纳税日期"、"备注"三项为申报表的可选择栏目,如要选取他们单击打上" √ "标志,确认后会显示在申报表中。

③单击【确认】后,系统将显示个人所得税扣缴申报表。如果单位的扣除费用及税率与国家规定不一致,可单击【税率表】按钮,进入"个人所得税申报表——税率表"窗口进行修改。确认后系统会自动重新计算,并将此设置保存到下次修改确认后。

提示 如果想快速查找某个人或某些人的申报表,可利用系统提供的【定位】和【数据过滤】功能。

(3)工资分钱清单。工资分钱清单是按单位计算的工资发放分钱票面额清单,以便在直接使用现金发放工资的企业提取适合分发工资的、不同面值的货币张数。会计人员根据此表从银行取款并发给各部门。执行此功能必须在个人数据输入调整完之后,如果个人数据在计算后又做了修改,须重新执行本功能,以保证数据正确。

(4)银行代发工资。目前许多单位发放工资时都采用职工凭工资信用卡去银行取款。这样做既减轻了财务部门发放工资工作的繁重,又有效地避免了财务去银行提取大笔款项所承担的风险,同时还提高了对员工个人工资的保密程度。银行代发工资业务,是指单位于月末定期向银行提供工资发放数据,它包括设置银行代发文件格式和银行代发磁盘输出格式。

①银行代发文件格式的设置,是指根据银行的要求,设置提供数据中所包含的工资项目以及工资项目的数据类型、长度和取值范围等。

②银行代发磁盘输出格式设置,是指根据银行的要求,设置向银行提供的数据格式。即数据以何种文件形式存放在磁盘中,且在文件中各数据项目是如何存放和区分的。

3. 工资数据的输出主要是工资结算单、工资条、工资汇总表、工资分钱清单等的查询和打印输出。由于越来越多的单位通过银行发放工资,而银行基本已使用计算机进行业务处理,因此,生成标准格式的工资数据磁盘也是工资数据输出的基本功能。

(1)查询输出。即屏幕输出,可按个人、部门或其他指定条件查询工资数据并显示。具体包括:工资报表的查询;工资表的查询,如工资发放签名条、工资卡、部门工资汇总表、人员类别汇总表、条件汇总表等；工资分析表的查询，如分部门各月工资构成分析表、工资项目分析表、员工工资汇总表、工资增长情况表、按月（部门）的分类统计表等；凭证查询，即各种工资转账凭证的查询。

（2）打印输出。即把个人的工资数据和各部门的汇总数据按照规定的表格形式打印出来。

（3）磁盘或网络输出。指通过磁盘或以互联网方式与银行进行数据传递。生成工资数据的磁盘文件不是简单的备份工资单的数据，这是因为银行所需的职工工资数据有规定的格式。因此，应按银行规定的文件格式在软件中进行设置，生成工资数据磁盘文件或通过网络传递给银行。

5.2.3 工资管理系统月末处理

工资月末处理是指对当月发生的工资费用进行工资总额的计算、分配及各种经费的计提，并制作自动转账凭证，传递给总账系统登记各种账簿，以及工资管理系统的月末结账工作。

1. 工资费用的分摊。当我们将工资发放磁盘报送银行后，当月的工资发放工作基本上就完成了。但工资费用是单位最主要费用之一，财会部门应根据工资费用分配表将工资费用根据用途进行计算、分配并进行各种经费的计提，编制工资转账记账凭证，供登账处理之用。

工资分摊主要包括设置工资总额和计提基数，工资的分配和各种费用的计提、设置自定义分摊与计提、工资转账凭证的生成与查询等。在系统主界面单击【工资分摊】或在【业务处理】菜单下单击【工资分摊】，即进入该功能界面进行操作。

（1）设置工资总额和计提基数。工资总额就是在一定时期内国家支付给职工的工资总数。企业在月内发生的全部工资，不论是否在当月领取，都应当按照工资的用途进行分摊和计提。由于不同的单位在进行分摊和计提时对工资总额的计算方法不同，因此，应事先设置工资总额和计提基数。

首次进入工资分摊功能，系统弹出工资分摊设置对话框，输入分摊计提月份，并单击【工资总额及计提基数】按钮，进入工资总额及计提基数设置界面。

（2）工资费用的分配和各种费用的计提。完成以上工资总额及计提的设置，即可进行工资费用的分配和各种费用的计提，如福利费、职工教育经费、工会经费等的计提。其操作一般为：先确定需分摊的部门，然后根据国家有关会计制度的要求，结合企业的实际情况，指定费用分配及计提后借贷方的入账科目。

操作步骤：进入工资分配一览表界面，系统显示已定义的工资总额及计提项目所有页签，在各页签中双击所属部门后的借方和贷方科目栏，选择输入相应的入账科目，单击【凭证】按钮，系统自动生成一张凭证，查看确实无误后，单击【保存】。

如果计提比例进行修改，可进入相应的页签单击右键对计提比例进行修改。

提示 科目编码可以输入数字或字符。若本套工资未与用友账务系统连接，则“制单”功能无效。

（3）自定义分摊、计提。如果企业设置了自定义的分摊、计提项目，则应根据自身需要设置计提基数、修改计提比例（系统默认初始计提比例为自定义计提基数的100%）。

（4）工资转账凭证的生成与查询。设置完科目后，即可进行制单，自动生成工资转账凭证并传递给总账系统。对于工资转账凭证，在本系统中可以进行查询、删除等操作，在总账系统中主要进行凭证的调阅、审核和记账等操作。

操作步骤 在工资分配一览表界面，单击左上角工具栏【制单】按钮，进入凭证处理窗口，将凭证字、凭证日期补充完整后，单击【保存】，凭证左上角显示已生成。可在本系统中进行查询，也可在总账系统中进行查询。

2. 月末结账。是将当月工资数据经过处理后结转至下月。每月工资数据处理完毕后均需进行月末结转。由于在工资项目中，有的项目是变动的，即每月的数据均不相同，因此在每月工资处理时，均需将其数据清空为零。然后输入当月的数据，此类工资项目称为清零项目。如职工的病事假扣款、奖金、工时、产量记录等。用户在进行工资系统月末处理时，可根据单位实际情况进行清零项目的设置。但是清零项目设置不要太过随意，否则会增加工作量。

操作步骤：在系统主界面单击【月末结账】或在【业务处理】菜单下单击【月末结账】，出现如图5-11所示对话框，单击【确认】。出现系统提示，选择“是”，系统提示“月末处理完毕”。

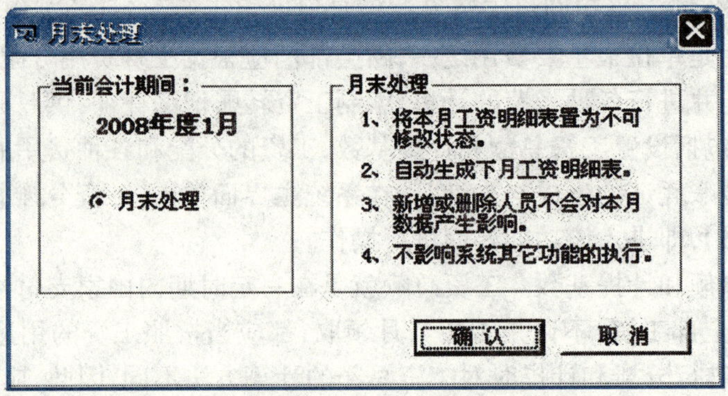

图5-11 月末结账

提示 进行月末处理后，当月数据将不再允许变动。因此，用户在进行月末处理前一定要作好数据的备份。月末处理只有在会计年度的1月至11月进行。月末结转只有在当月工资数据处理完毕后才可进行。若为处理多个工资类别，则应打开工资类别，分别进行月末结算。若本月工资数据未汇总，系统将不允许进行月末结转。若本月无工资数据，用户进行月末处理时，系统将给予操作提示。月末处理功能只有主管人员才能执行。

5.2.4 工资报表管理

工资管理系统提供了工资报表管理功能，工资报表管理中包括了工资表和工资分析表两个报表账夹，通过这两个账夹实现对工资数据的查询统计等管理操作。

账夹，顾名思义就是放置系统报表的夹子。它分为两种：系统账夹和新建账夹。

系统账夹是指整个系统已给定的账夹，如工资系统界面中的“工资表”。在系统账夹里存放的是基本报表，即系统自动生成的报表。可以对其进行编辑和修改，但不能再保存，只能另存在某个新建账夹下。

新建账夹是指用户自行新建的账夹，新建账夹里放置的是用户自定义的报表和系统账夹下的基本报表经过编辑和修改后另存的报表，用户可以对新建账夹里的报表进行编辑和修改，并可直接保存。

在新建账夹之间，我们可以将一份报表来回自由地拖放，实现报表的任意组合放置。但是，对系统账夹而言，则不能对其下属的基本报表进行任何的拖放操作。必要时，只能先将基本报表另存到某个新建账夹下，再在新建账夹之间进行任意的拖放操作。下面简要介绍一些常用的工资报表。

1. 工资表。是包括工资发放签名表、工资发放条、工资卡、部门工资汇总表、人员类别工资汇总表等由系统提供的原始工资表。主要用于本月工资发放和统计。工资表可以进行修改和重建。

工资发放签名表：即工资发放清单或工资发放签名表，一个职工一行。

工资发放条：为发放工资时交给职工的工资项目清单。

部门工资汇总表：指按单位（或各部门）汇总的工资数据。

人员类别工资汇总表：指按人员类别进行汇总的工资数据。

条件汇总表：指由用户指定条件生成的工资汇总表。

条件明细表：指由用户指定条件生成的工资发放表。

条件统计表：指由用户指定条件生成的工资统计表。

工资卡：即工资台账，按每人一张设立卡片，工资卡片反映每个员工各月的各项工资情况。

操作步骤 在工资管理主界面单击【工资报表管理】或在【统计分析】菜单下单击【账表管理】，如图5-12所示，双击【工资表】账夹。选择要查看的报表，在弹出的对话框中输入查询条件即可得到查询结果。

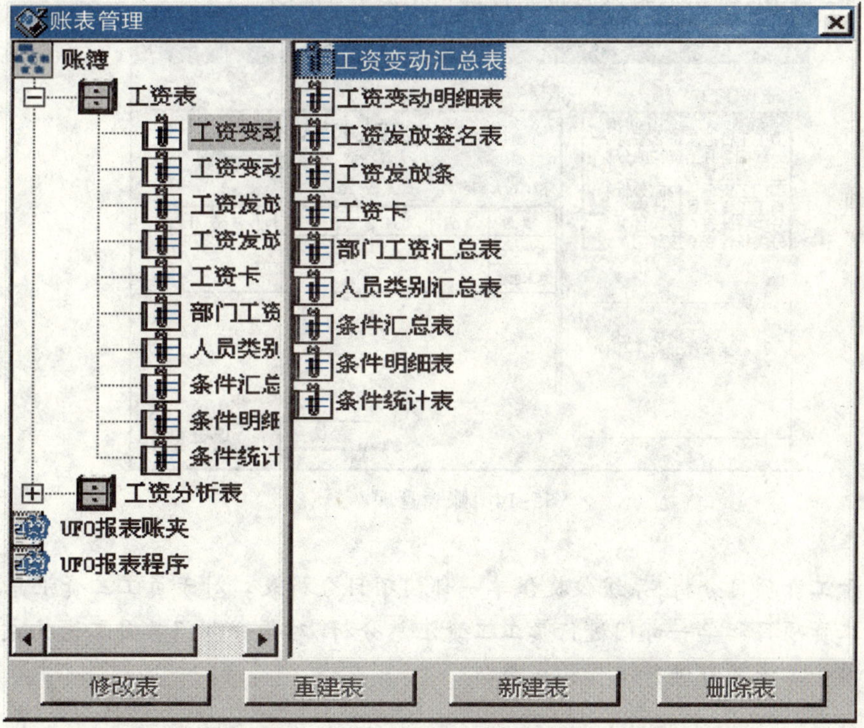

图5-12 账表管理

也可以直接在【统计分析】菜单下单击【工资表】，在如图5-13所示窗口中选择要查看的报表并输入查询条件得到查询结果。

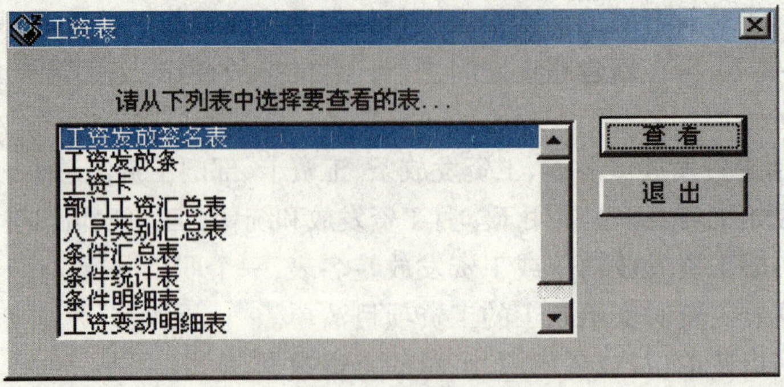

图5-13 工资表查询

2. 工资分析表。是以工资数据为基础，对部门、人员类别的工资数据进行比较、分析、产生的各种工资分析表，以供管理人员使用。

工资分析表包括：分部门各月工资构成分析表、分类统计表、分部门工资项目分析表、工资增长情况分析表、职工工资汇总表、职工工资项目分析表等。

操作步骤

在账表管理界面下选择分析表，也可在【统计分析】菜单下单击【工资分析表】，进入如图5-14所示界面。将光标停留在左侧分析表选择框中的某个分析表名，则系统将在右边框显示该种分析表的表样。单击【确认】，输入查询条件即可得到查询结果。

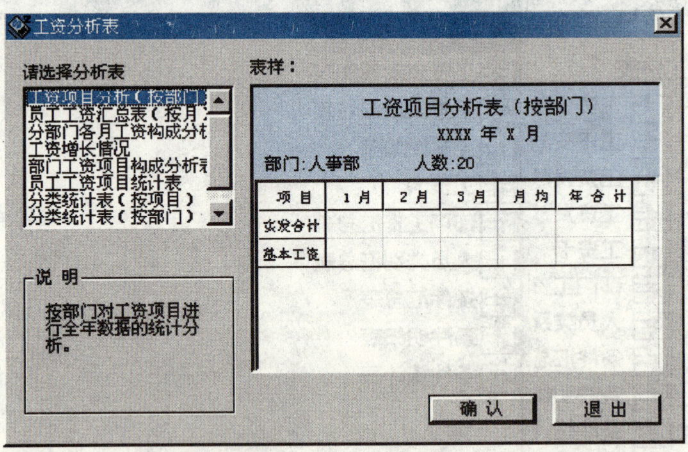

图5-14 账表管理

提示 对于工资项目分析，系统仅提供单一部门项目分析表。对于员工工资汇总表，系统仅提供对单一工资项目和单一部门进行员工工资汇总分析。对于分部门各月工资构成分析表，系统仅提供对单一工资项目进行工资构成分析。

第6章 固定资产管理系统

公司花费30多万元买了一台运输车，一切手续都办好了。小李想,固定资产系统启用后除了每月末计提折旧就不怎么使用，这回又该用一用了……

本章提要

- 固定资产管理系统概述
- 固定资产管理系统初始设置
- 固定资产管理系统日常业务处理
- 固定资产管理系统期末处理

6.1 固定资产管理系统概述

固定资产管理系统用于企事业单位进行固定资产核算和管理，主要面向中小型企业，帮助企业的财务部门进行固定资产总值、累计折旧数据的动态管理，为总账系统提供相关凭证，协助企业进行部分成本核算，同时还为设备管理部门提供固定资产的各项指标管理工作。本章将以用友ERP–U8应用系统为例，结合实际说明固定资产管理系统的使用。

6.1.1 固定资产管理系统的基本功能

固定资产管理系统的主要作用就是完成企业固定资产日常业务的核算和管理，生成固定资产卡片，按月反映固定资产的增加、减少、原值变化及其他变动，并输出相应的增减变动明细账，保证企业固定资产的安全完整并充分发挥其效能。同时，按月自动计提折旧，生成折旧分配凭证，保证再生产的资金来源。此外，还可输出一些与“设备管理”相关的报表和账簿，以分析固定资产的利用效果。固定资产系统的主要功能包括以下几个方面：

1. 固定资产系统初始设置。初始设置工作包括：系统初始化、部门设置、类别设置、使用状况定义、增减方式定义、折旧方法定义、卡片项目定义、卡片样式定义等，这些都是系统顺利运转的基础。

2. 固定资产卡片管理。固定资产管理在企业中主要包括两方面的内容：一是固定资产卡片台账管理，二是固定资产的会计处理。考虑到这两方面的使用习惯和管理的科学性，系统首先提供了卡片管理的功能。用友ERP–U8应用系统主要从卡片、变动单及资产评估三方面来实现卡片管理。“卡片”主要用于实现录入原始卡片、卡片修改、卡片删除、资产增加及资产减少等功能，不仅可以进行固定资产的文字资料管理，而且可以进行固定资产的图片管理；“变动单”主要用于固定资产变动的各项管理；此外，还单独列示“资产评估”，来完成评估数据和成果管理。

3. 固定资产折旧管理。自动计提折旧形成折旧清单和折旧分配表，并按分配表自动制作记账凭证，并传送到账务系统，同时在本系统中可修改、删除和查询此凭证。对折旧进行分配时，可以在单部门或多部门之间进行分配。

4. 固定资产月末对账、结账。月末，按照系统初始设置的账务系统接口，自动与账务系统进行对账，并根据对账结果和初始设置决定是否结账。

5. 固定资产账表查询。通过“我的账表”对系统所能提供的全部账表进行管理，资产管理部门可随时查询分析表、统计表、账簿和折旧表，从而提高资产管理效率。

另外，系统还能提供固定资产的多种自定义功能，可自定义折旧方法、汇总分配周期、卡片项目等；此外，为适应行政事业单位固定资产管理的需要，系统还可提供整套账不提折旧功能。

6.1.2 固定资产管理系统与其他子系统的主要关系

固定资产管理系统与其他子系统的主要关系，如图6–1所示。

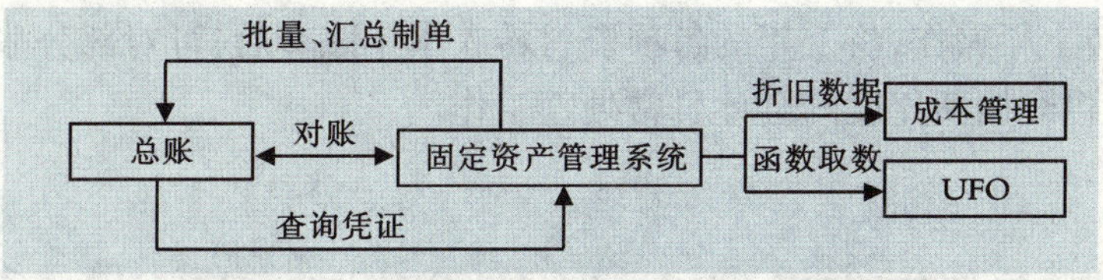

图6-1 固定资产管理系统与其他子系统的主要关系

由图6-1可以看出，固定资产管理系统中资产的增加、减少以及原值和累计折旧的调整、折旧计提都要将有关数据通过记账凭证的形式传输到总账系统，通过对账来保持固定资产账目与总账的平衡，并可以查询凭证。固定资产管理系统为成本管理系统提供折旧费用数据。UFO报表系统可以通过使用相应的函数从固定资产系统中提取分析数据。

6.1.3 固定资产管理系统的操作流程

不同性质的企业固定资产的会计处理方法不同。固定资产系统提供企业单位和行政事业单位两种应用方案。两种应用方案的差别在于行政事业单位整个账套不提折旧。

下面以企业单位应用方案为例，列出新用户启用固定资产管理系统的操作流程，如图6-2所示。

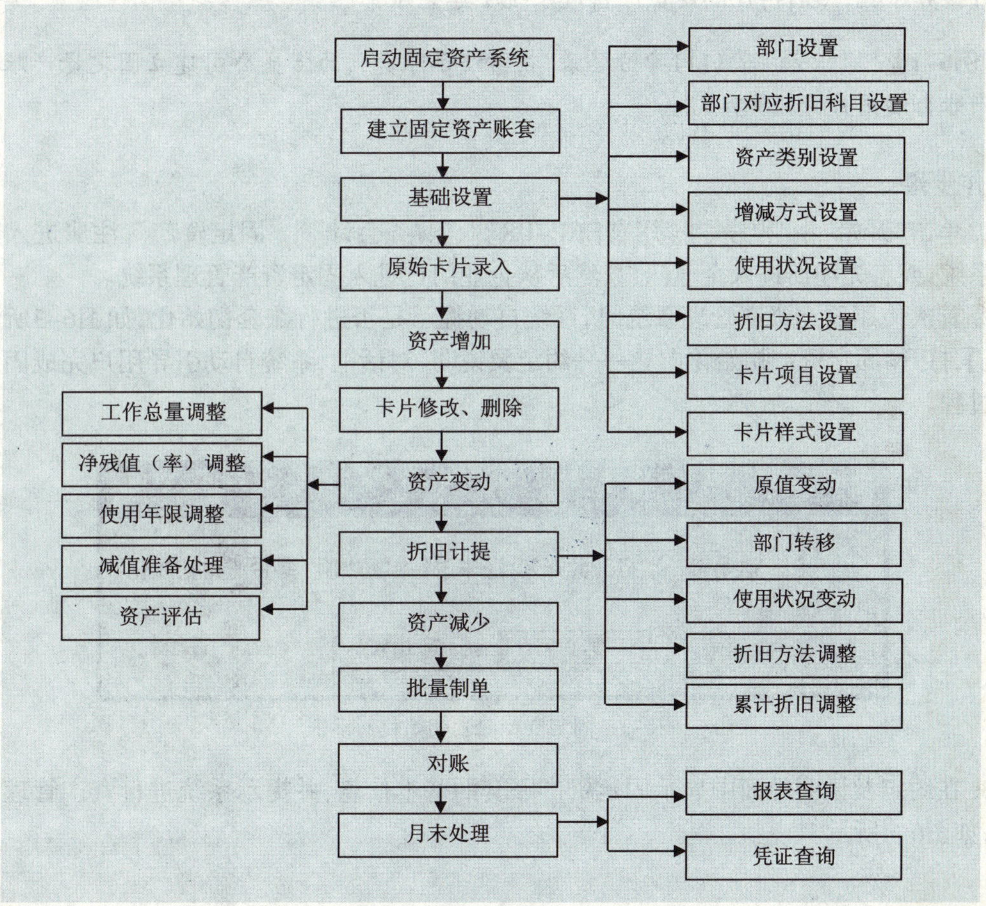

图6-2 固定资产系统操作流程

当本年度最后一个会计期间月末结账后，该年工作结束。以新年度会计期间进入，在系统管理模块中完成结转上年操作，将上年的各项资料转入本年账套后，可对部分账套参数或基础设置信息进行调整，再开始新年度的会计日常处理工作。

6.2 固定资产管理系统初始设置

固定资产管理系统初始设置是指根据单位的具体情况，建立一个适合本单位需要的固定资产账套的过程。它是使用固定资产系统管理资产的首要操作。

系统初始设置包括建立固定资产账套、基础设置和原始卡片录入三项内容。

6.2.1 建立固定资产账套

固定资产账套是在会计核算账套的基础上建立的。对于已有会计核算账套的，需要注册启动该账套，再在固定资产管理系统中建立账套；未建立会计核算账套的，要先在系统管理中建立会计核算账套，然后再在固定资产管理系统中建立账套。

[例6-1] 以账套主管1111身份登录“教学演示账套”，为宏盛公司建立固定资产账套。固定资产账套启用月份：2007-12。

操作步骤

1. 单击“开始”|“程序”|“用友ERP-U8”|“财务会计”|“固定资产”，注册进入固定资产子系统；或者先注册进入企业门户，然后从企业门户进入固定资产管理系统。

2. 首次使用固定资产管理系统时，系统自动提示是否进行账套初始化，如图6-3所示。单击【是】，打开“固定资产初始化向导——约定及说明”对话框，系统自动引导用户完成固定资产建账过程。

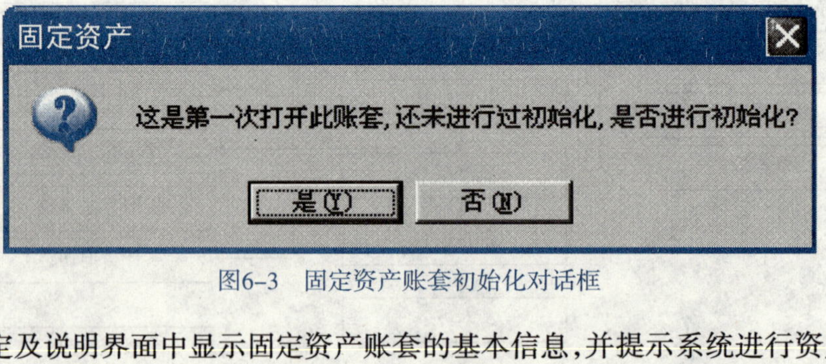

图6-3 固定资产账套初始化对话框

3. 在约定及说明界面中显示固定资产账套的基本信息，并提示系统进行资产管理的基本原则，如图6-4所示。

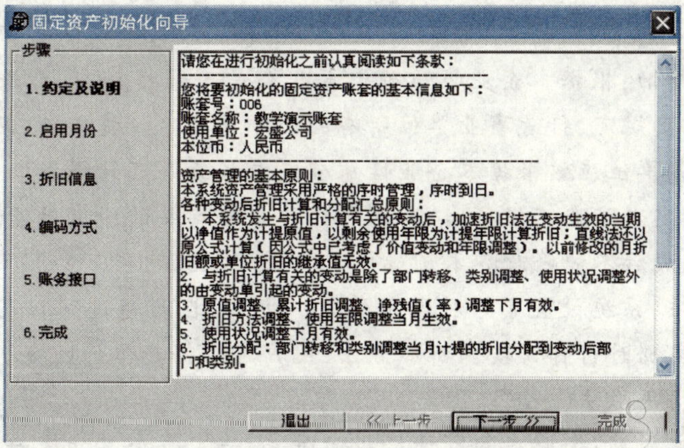

图6-4 固定资产初始化向导——约定及说明

4. 仔细阅读约定及说明后，单击【下一步】，打开“固定资产初始化向导——启用月份”对话框，如图6-5所示。

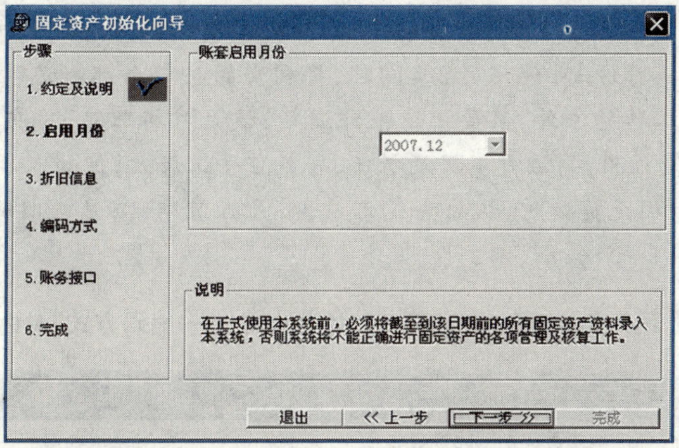

图6-5 固定资产初始化向导——启用月份

在此界面中可以查看本账套固定资产开始使用的年份和会计期间，启用日期只能查看不能修改。启用日期确定后，在该日期前的所有固定资产都将作为期初数据，从启用月份开始计提折旧。

5. 单击【下一步】，打开“固定资产初始化向导——折旧信息”对话框，如图6-6所示。

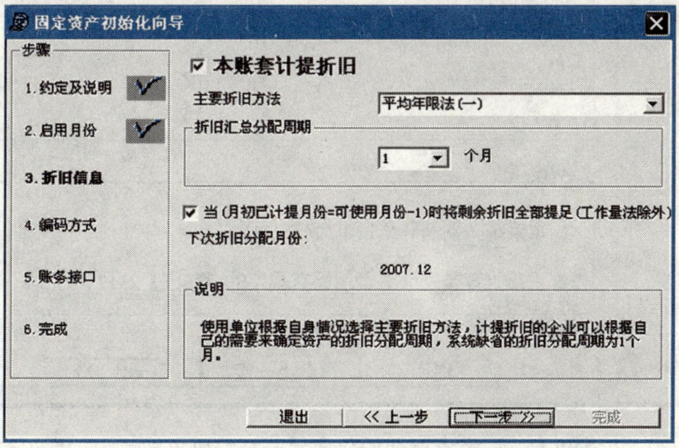

图6-6 固定资产初始化向导——折旧信息

栏目说明

(1)本账套计提折旧:根据本企业性质确定本账套是否计提折旧,即选定本单位折旧应用方案。按照有关制度规定,行政事业单位所有的固定资产不计提折旧,而企业单位的固定资产需要计提折旧,各单位应该根据本企业性质确定本账套是否计提折旧,即选定本单位折旧应用方案。如果确定本账套不提折旧,则账套内与折旧有关的所有功能均不能操作,该项设置在初始化设置完成后不能修改。本例选中"本账套计提折旧"。

(2)主要折旧方法:系统设置了六种常用的折旧方法,在此通过下拉菜单选择的主要折旧方法,在设置资产类别时将作为默认折旧方法,用户可根据具体的固定资产重新定义折旧方法。本例选择"平均年限法(一)"。

(3)折旧汇总分配周期:企业在实际计提折旧时,不一定每个月计提一次,可能因行业和自身情况,每季度、半年或一年计提一次,折旧费用的归集也按照这样的周期进行,如保险行业每三个月计提和汇总分配一次折旧。系统设定的处理方式是:每个月均计提折旧,但折旧的汇总分配原则按选择的周期进行,一旦选定,系统将自动在相应的月末生成折旧分配表,提示制作记账凭证。系统提供1、2、3、4、6、12几个分配周期。本例选择"1"个月。

(4)"当(月初已提月份=可使用月份-1)时,将剩余的折旧全部提足(工作量法除外)":如果选中该项,则除工作量法外,只要上述条件满足,该月月折旧额=净值-净残值,并且不能手工修改;如果不选该项,则该月不提足折旧,并且可手工修改,但如以后各月按照公式计算的月折旧率或折旧额是负数时,认为公式无效,令月折旧率=0,月折旧额=净值-净残值。本例选中该项。

6. 设置完毕,单击【下一步】,打开"固定资产初始化向导——编码方式"对话框,如图6-7所示。

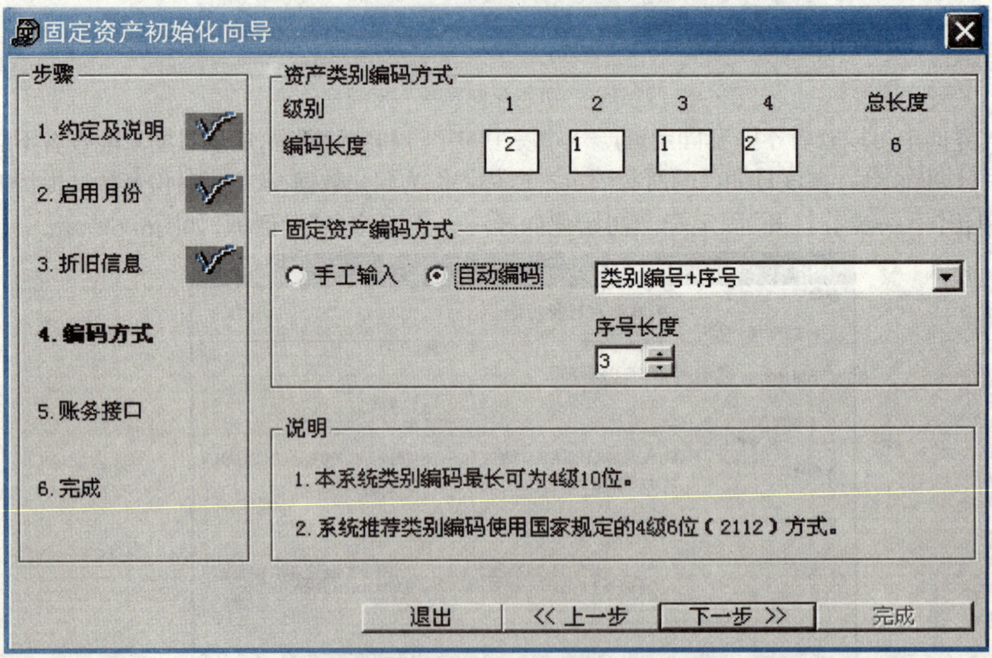

图6-7 固定资产初始化向导——编码方式

栏目说明

（1）资产类别编码方式：资产类别是单位根据管理和核算的需要给资产所作的分类，可参照国家标准分类，也可根据需要自己分类。资产类别编码是固定资产分类管理的基础和依据。本系统类别编码最多可设置4级10位，可以设定级数和每一级的编码长度。系统推荐采用国家规定的4级6位（2112）方式。

（2）固定资产编码方式：固定资产编码是资产的管理者给资产所编的编号，可以在输入卡片时手工输入，也可以选用自动编码的形式自动生成。系统提供了自动编码的几种形式："类别编号+序号"、"部门编号+序号"、"类别编号+部门编号+序号"、"部门编号+类别编号+序号"，自动编号中序号的长度可自由设定为1~5位。本例选择"自动编码"，编码方式为"类别编号+序号"，序号长度选择"3"。

提示 资产类别编码方式设定以后，一旦某一级设置了类别，则该级的长度不能修改，未使用过的各级的长度可修改。每一个账套的资产自动编码方式只能选择一种，一经设定，该自动编码方式不得修改。

7. 设置完成后，单击【下一步】，打开"固定资产初始设置——财务接口"对话框，如图6-8所示。

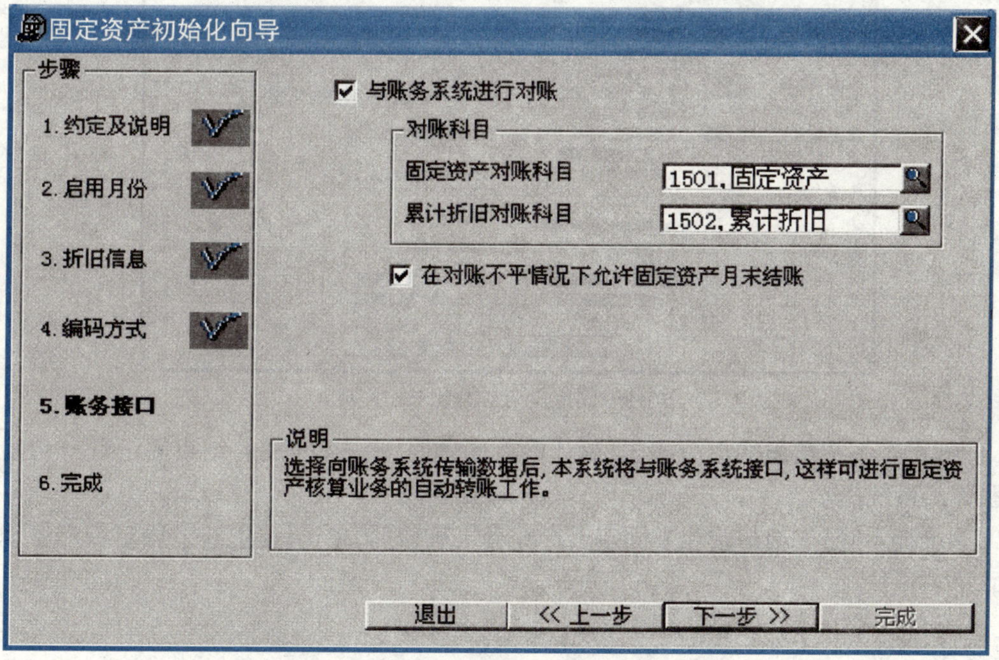

图6-8 固定资产初始化向导——账务接口

栏目说明

(1)与账务系统对账:在存在对应的账务系统的情况下才可操作。一般情况下,如果存在对应的账务系统,应该选择与账务系统对账,以便随时了解固定资产管理系统内所有资产的原值、累计折旧和总账系统中的固定资产科目和累计折旧科目的余额是否相等。本例选中"与账务系统对账"。

(2)固定资产对账科目和累计折旧对账科目:参照账务系统的科目选择。因固定资产系统提供要对账的数据是系统内资产的原值及累计折旧合计数,所以选择的对账科目应与账务系统内对应的一级科目一致。本例固定资产对账科目选择"1501,固定资产",累计折旧对账科目选择"1502,累计折旧"。

(3)对账不平允许月末结账:如果选择了此功能,本系统在月末结账前自动执行一次"对账"功能,给出对账结果,如果不平,说明两系统出现偏差,应予以调整。但是偏差并不一定是由错误引起的,有可能是操作的时间差异造成的,因此给出判断是否"对账不平允许月末结账";如果希望严格控制系统间的平衡,不能选取此项。本例选中该项。

8. 设置完成后,单击【下一步】,打开"固定资产初始化——完成"对话框,如图6-9所示。

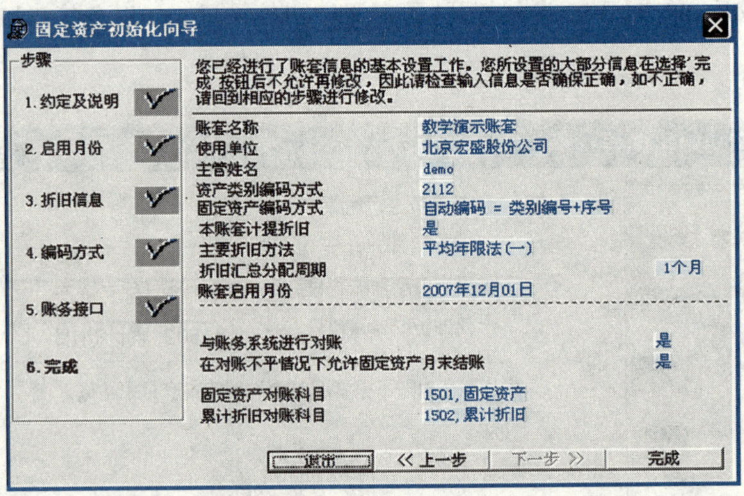

图6-9 固定资产初始化——完成

9. 仔细审查系统给出的汇总报告,确认没有问题时,单击【完成】,结束固定资产初始化建账过程,弹出系统提示。

10. 系统提示"已成功初始化本固定资产账套",确认后,单击【是】,进入固定资产管理系统主界面。

提示 建账完成后,当需要对账套中某些参数进行修改时,可在"设置"|"选项"中进行重新设置;当发现某些设置错误而又不允许修改(例如:本账套是否计提折旧),但又必须纠正,则只能通过"重新初始化"功能实现,但应注意重新初始化将清空对该子账套所做的一切工作。

6.2.2 基础设置

在电算化方式下，必须将手工记账时采用有关固定资产的基础信息在账套内进行设置，这些设置包括选项设置、部门档案、部门对应折旧科目、资产类别、增减方式、使用状况、折旧方法、卡片项目、卡片样式等等。这些基础设置是使用固定资产系统进行资产管理和核算的基础。

1. 选项设置。选项中包括在账套初始化中设置的参数和其他一些在账套运行中使用的参数或设置，在此只对初始化中没有设置的参数进行说明，账套初始化中有些参数可以在这里修改。

进入固定资产系统，单击“设置”|“选项”，打开“选项”对话框。如图6-10所示。

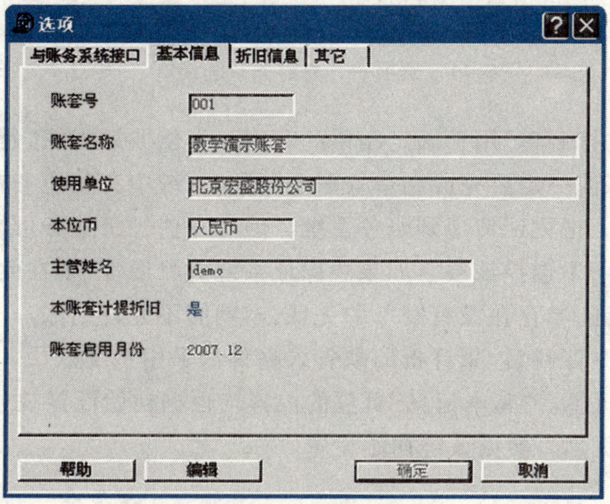

图6-10 账套选项修改

“选项”界面包括“与财务系统接口”、“基本信息”、“折旧信息”、“其他”四个页签，单击【编辑】按钮，就可以对可修改项进行修改。

(1)“与财务系统接口”页签。

[例6-2] 在“选项”中设置以下内容：月末结账前一定要完成制单登账业务。固定资产缺省对账科目：1501；累计折旧缺省对账科目：1502。

操作步骤

①单击“与财务系统接口”页签，如图6-11所示。选中“与账务系统进行对账”，默认固定资产对账科目“1501，固定资产”，默认累计折旧对账科目：“1502，累计折旧”。

②选中“在对账不平情况下允许固定资产月末结账”。

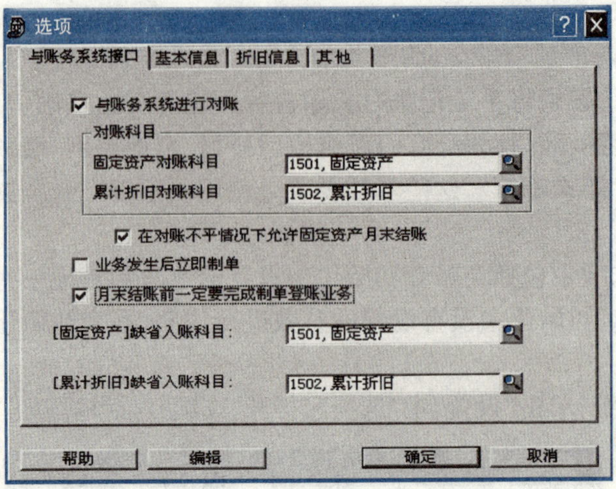

图6-11　选项——与财务系统接口

③“业务发生后立即制单”用于确定制单的时间。本例取缺省值“是”。

④选中“月末结账前一定要完成制单登账业务”。系统中有些业务在存在对应的账务账套的情况下应制作凭证，把凭证传递到账务系统，但有一些经济业务可能在其他系统已制作凭证,为避免重复制单,可不选择该项。如果想保证系统的严谨性,则在此判断框内打勾,表示一定要完成应制作的凭证,如存在没有制单的凭证,本期间不允许结账。

⑤固定资产缺省入账科目、累计折旧缺省入账科目采用系统默认。

(2)“基本信息”页签。“基本信息”页签的内容均根据初始设置缺省,不可修改。

(3)“折旧信息”页签。参见系统初始设置。

(4)“其他”页签。

[例6-3]　在“选项——其他”页签中设置以下内容:已发生资产减少卡片可删除时限:5年;每次登录系统时显示资产到期提示表。

操作步骤

①单击“其他”页签,其选项如图6-12所示。

②“已发生资产减少卡片可删除的时限”默认为“5”年。即只有5年后才能将相关资产的卡片和变动单删除(删除是指从系统的数据库中彻底删除)。使用者可根据需要修改这个时限,系统按修改后的时限判断已清理资产的卡片和变动单能否删除。

③如选择“自动连续增加卡片”,增加的卡片保存后系统自动增加一张新的空白卡片。

④如选中“卡片关联图片”,则系统允许在卡片管理界面中联查一定金额以上的固定资产的图片文件。

⑤选择“每次登录系统时显示资产到期提示表”,则根据该参数判断当用户每次登录固定资产子系统时自动显示当前期间使用年限已到期的固定资产信息,以及即将到期的资产信息,以丰富查询分析,提高产品的管理性能。

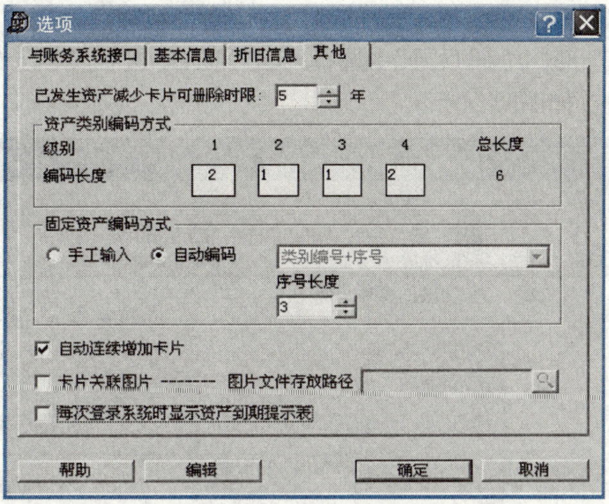

图6-12 选项——其他页签

2. 部门档案设置。在部门设置中，可以对企业的各职能部门进行分类和描述，以便确定资产的归属。在"企业门户"|"基础设置"中的部门设置是共享的，具体设置方法已在前面章节中介绍，此处不再详述。

3. 部门对应折旧科目设置。对应折旧科目是指折旧费用的入账科目。固定资产折旧数额必须计入成本或费用科目，不同部门使用的固定资产，其折旧费归集到不同的会计科目，部门对应折旧科目的设置就是给每个部门选择一个折旧科目，这样在录入卡片时，该科目自动添入卡片中，不必逐个输入。

［**例6-4**］ 根据表6-2进行部门对应折旧科目设置。

表6-2 部门对应折旧科目表

部门名称	折旧科目	部门名称	折旧科目
厂部	管理费用——折旧费	财务部	管理费用——折旧费
质检部	管理费用——折旧费	销售部	销售费用
供应部	管理费用——折旧费	生产车间	制造费用——折旧费

操作步骤

(1) 在固定资产管理系统中，单击"设置"|"部门对应折旧科目"，进入"部门对应折旧科目设置"窗口，如图6-13所示。

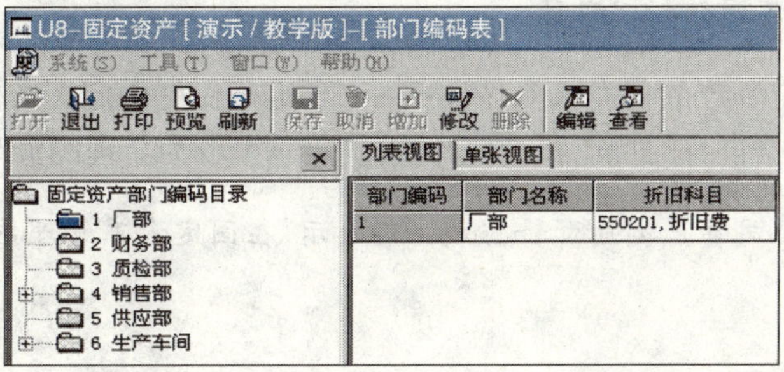

图6-13 部门对应折旧科目——列表视图

（2）在“列表视图”页签中显示所有已设置的部门对应折旧科目。

（3）在左侧的“固定资产部门编码目录”中选择“销售部”，单击工具栏上的【修改】按钮，系统自动打开“单张视图”页签，如图6-14所示。

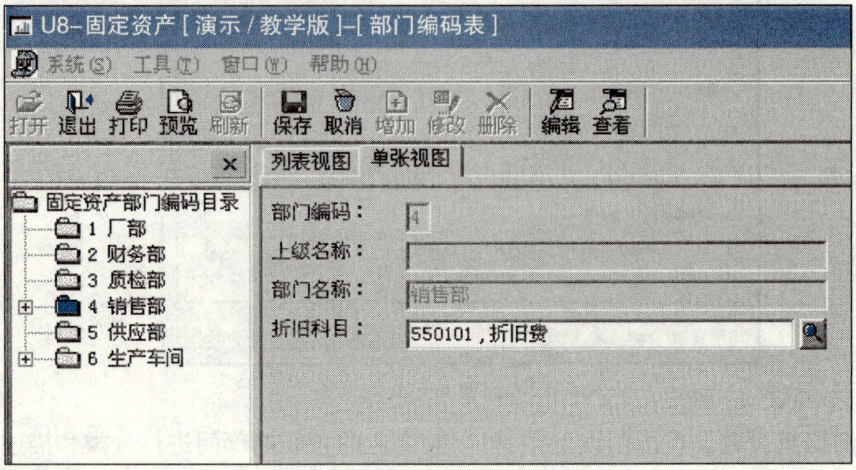

图6-14　部门对应折旧科目——单张视图

（4）单击“折旧科目”右侧的参照按钮，参照选择或输入科目编码“550101”，系统自动显示科目名称。

（5）单击【保存】，如果销售部门有下级部门，会弹出系统提示，如图6-15所示。

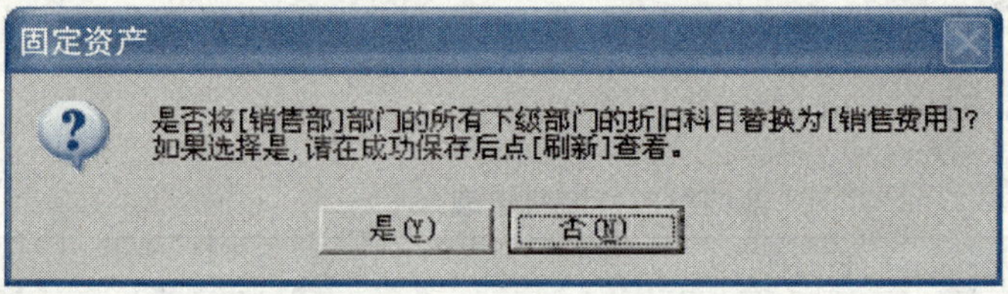

图6-15　部门对应折旧科目设置——系统提示

（6）单击【是】，系统返回列表视图。单击【刷新】，系统自动将“销售部”所有下级部门的折旧科目替换为“销售费用”。

提示 因为本系统在录入卡片时，只能选择明细级部门，所以设置折旧科目也只有给明细级部门设置才有意义。如果某一上级部门设置了对应的折旧科目，则下级部门可以自动继承，当然上下级部门也可以选择不同的折旧科目。

4. 资产类别设置。固定资产的种类繁多，规格不一，要准确做好固定资产核算，必须对固定资产进行分类。企业应根据自身的特点和管理要求，确定一个较为合理的资产分类方法。

［例6-5］ 根据宏盛公司资产类别资料，如表6-3所示，在固定资产管理系统中进行资产类别设置。

表6-3 资产类别设置

类别编码	类别	使用年限	净残值率	计提属性	折旧方法	片卡样式
01	土地	40		总不计提折旧	不提折旧	通用样式
02	房屋及建筑物			正常计提	平均年限法(一)	通用样式
0201	厂房	30	2%	正常计提	平均年限法(一)	通用样式
0202	建筑物	30	2%	正常计提	平均年限法(一)	通用样式
03	设备			正常计提	平均年限法(一)	通用样式
0301	机床	10	2%	正常计提	平均年限法(一)	通用样式
0302	车床	10	2%	正常计提	平均年限法(一)	通用样式

操作步骤

（1）单击“设置”|“资产类别”，进入“资产类别”窗口，如图6-16所示。系统提供资产类别的列表视图和单张视图两种显示方式。

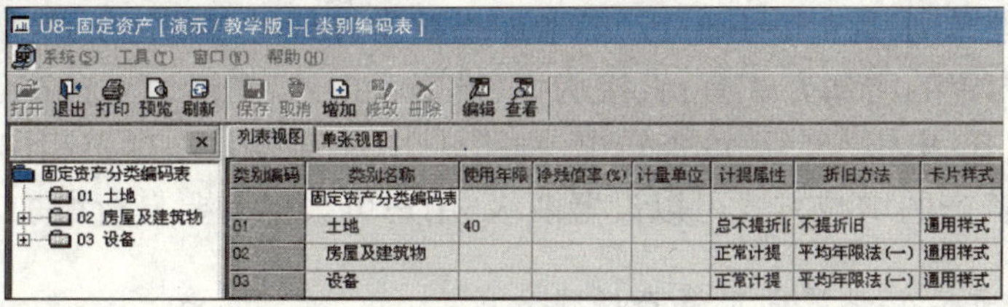

图6-16 资产类别设置——列表视图

（2）在“列表视图”页签中显示所有已定义好的资产类别。首次进入资产类别设置时资产类别目录是空的。在左侧的“固定资产分类编码表”中选择欲增加资产类别的上级科目，如设备，单击工具栏上的【增加】按钮，系统自动打开“单张视图”页签，如图6-17所示。

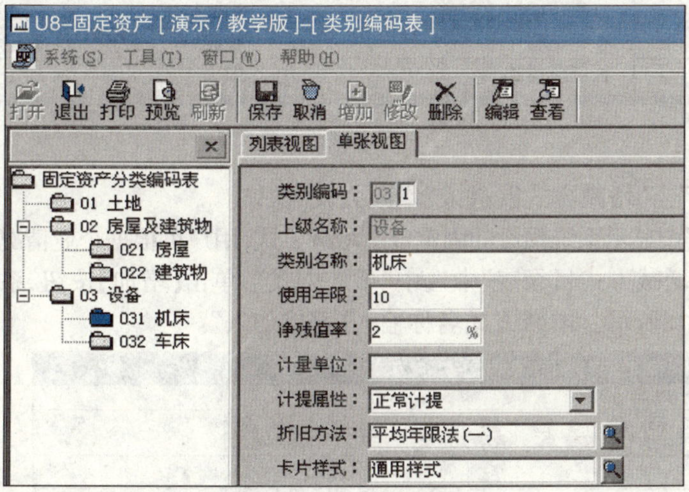

图6-17 资产类别设置——单张视图

（3）输入类别编码、类别名称、使用年限、净残值率、计量单位、计提属性、折旧方法、卡片样式等信息。固定资产类别编码由它的所有上级类别的编码和本级编码共同组成，选中上级资产类别，上级编码即自动带到本级，不允许修改；使用年限、净残值、计量单位；缺省继承其上级类别的设置，可以修改；计提属性是系统自动计提折旧时计提的基本原则，系统提供三个选项：总计提折旧（一般指房屋建筑物类），总不提折旧（一般指土地类），正常计提（一般指设备类），任何类别必须选择其中一种情况；折旧方法参照折旧方法集合（包括系统缺省的和自定义的）选择该类别常用的折旧方法；卡片样式从卡片样式目录中选择，缺省的"通用样式"可修改。

（4）单击【保存】，保存已设置的资产类别。

提示 在定义资产类别时，必须先上级后下级定义，资产类别编码不能重复，同一级上的类别名称不能相同，类别编码、名称、计提属性、卡片样式不能为空。非明细级类别编码不能修改和删除，明细级类别编码修改时只能修改本级的编码。使用过的类别的计提属性不能修改，系统已使用的类别不允许增加下级和删除。此外，如果想使用自己的卡片样式，必须先定义"卡片项目"和"卡片样式"。

5. 增减方式设置。增减方式包括增加方式和减少方式两方面。资产增加或减少方式用以确定资产计价和处理原则，此外，明确资产的增加或减少方式可对固定资产增减的汇总管理做到心中有数。系统内置的增加方式有：直接购买、投资者投入、捐赠、盘盈、在建工程转入、融资租入六种；减少方式有：出售、盘亏、投资转出、捐赠转出、报废、毁损、融资租出七种。用友ERP-U8应用系统中固定资产的增减方式可以设置两级，用户可根据需要自行增加。

［**例6-6**］ 根据表6-4，设置固定资产增减方式。

表6-4 固定资产增减方式

增加方式	对应入账科目	减少方式	对应入账科目
直接购入	银行存款	出售	固定资产清理
投资者投入	实收资本	盘亏	待处理固定资产损溢
捐赠	营业外收入	投资转出	固定资产清理
盘盈	以前年度损益调整	捐赠转出	固定资产清理
在建工程转入	在建工程	报废	固定资产清理
融资租入	长期应付款	毁损	固定资产清理

操作步骤

（1）单击"设置"｜"增减方式"，进入"增减方式"窗口。

（2）"列表视图"中显示系统预设的固定资产增减方式，用户可根据企业情况进行增加和删除。

（3）在左侧的"增减方式目录表"中选中"增加方式"，单击【增加】按钮，系统自动打开"单张视图"页签，如图6-18所示。增减方式名称输入"直接购入"。

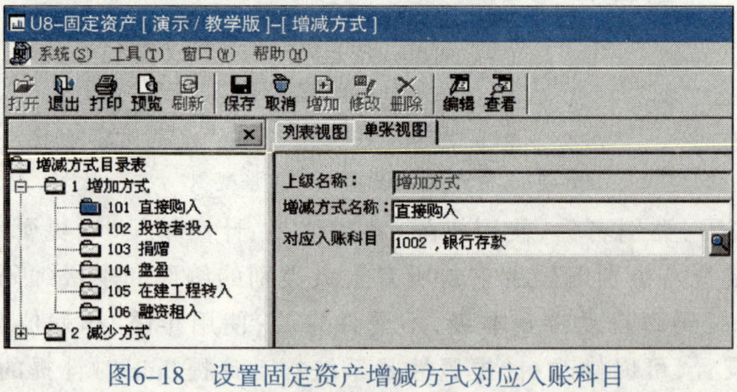

图6-18 设置固定资产增减方式对应入账科目

(4)“对应入账科目”参照选择或输入“1002,银行存款”,单击【保存】按钮。

(5)重复上述步骤,设置其他增减方式。如果要修改或删除增减方式,单击【修改】或【删除】按钮即可。

提示 由于固定资产系统提供的报表中有固定资产盘盈盘亏报告表,所以系统缺省的增减方式中“盘盈、盘亏、毁损”不能修改和删除;此外非明细级增减方式不能删除;已使用的增减方式不能删除。

6. 使用状况设置。用友ERP-U8固定资产子系统提供了基本的使用状况,分为两级,一级使用状况有使用中、未使用、不需用三种,不能增加、修改、删除。二级使用状况不可修改或删除,可以在此基础上增加新的二级使用状况。

操作步骤

(1)在固定资产子系统中,单击“设置”|“使用状况”,进入“使用状况”窗口,如图6-19所示。

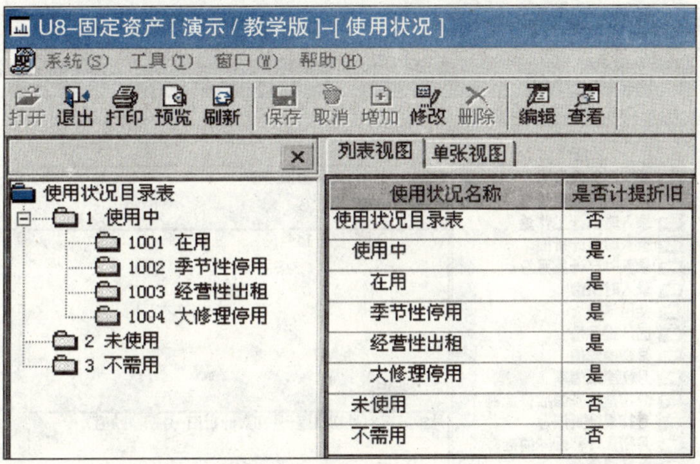

图6-19 使用状况

(2)新增一种使用状况。在“使用状况目录表”中选择使用状况,单击【增加】按钮,显示该类别“单张视图”;在编辑区输入上级名称、使用状况名称;根据使用状况和本单位实际情况判断该资产“是否计提折旧”;单击【保存】即可。

(3)修改/删除一种使用状况。从使用状况目录中选中要修改/删除的使用状况,单击【修改】/【删除】按钮即可。修改某一使用状况的“是否计提折旧”的判断后,对折旧计算的影响从当期开始,不调整以前的折旧计算。

7. 折旧方法设置。折旧方法设置是系统自动计算折旧的基础。系统提供了常用的六种折旧方法:不提折旧、平均年限法(一)和(二)、工作量法、年数总和法、双倍余额递减法,并列出了它们的折旧计算公式。这几种方法是系统缺省的折旧方法,只能选用,不能删除和修改。另外,系统提供了折旧方法的自定义功能,可以定义自己合适的折旧方法的名称和计算公式。

新增自定义折旧方法的操作步骤:

(1)单击“设置”|“折旧方式”,进入“折旧方法”窗口,窗口中显示系统自带的六种折旧方

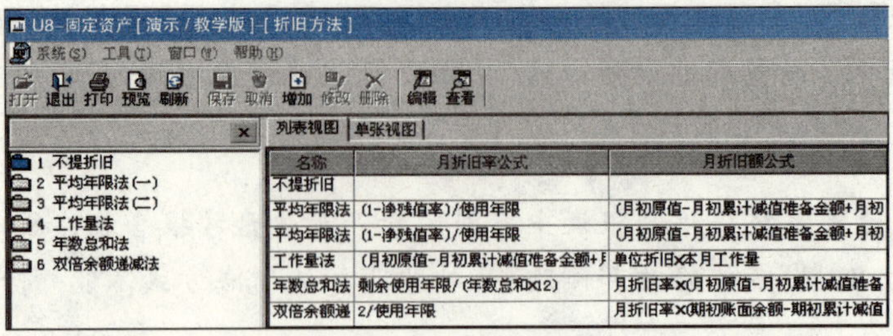

图6–20　折旧方法设置

法及计算公式，如图6–20所示。

(2)单击【增加】按钮，打开“折旧方法定义”对话框。

(3)在“名称”文本框中输入自定义折旧方法名称。

(4)利用系统提供的“折旧项目”列表和“数字符号编辑”工具栏，在“月折旧率”下的列表中输入计算人式“1/(使用年限–已计提月份)”；在“月折旧额”下的列表中输入计算公式“月折旧率×(月初原值–月初净残值)”，自定义公式中所包含的项目必须用系统给定的项目。如图6–21所示。

(5)单击【确定】，完成公式定义。

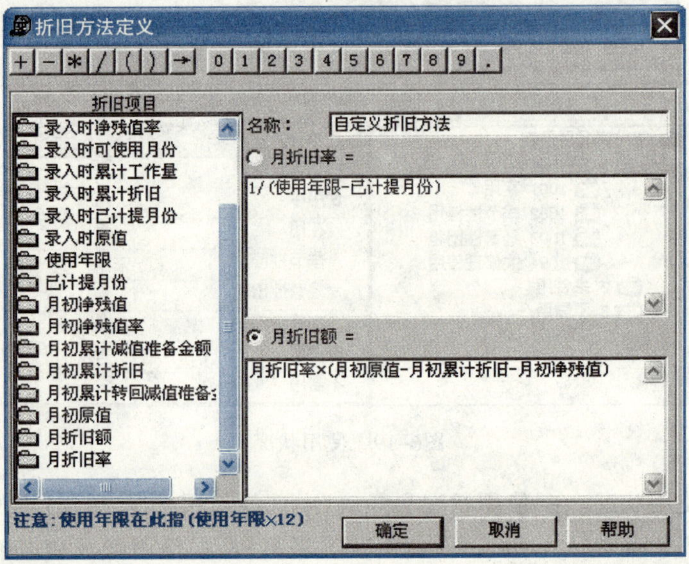

图6–21　折旧方法定义

8. 卡片项目设置。卡片项目是资产卡片上要显示的用来记录资产信息的栏目，如原值、资产名称、使用年限、折旧方法等都是卡片最基本的项目。用友ERP—U8应用系统的固定资产子系统提供了一些常用卡片必须的项目，称为系统项目；由于不同的行业或单位，固定资产卡片的项目不尽相同，可以通过卡片项目定义中的增加、修改、删除功能来定义所需要的项目，定义的项目称为自定义项目。

自定义卡片项目的操作步骤：

(1)在固定资产子系统下，单击“设置”｜“卡片项目”，打开“卡片项目定义”对话框，如图6–22所示。

(2)单击【增加】，在“名称”文本框中输入新增卡片项目的名称。

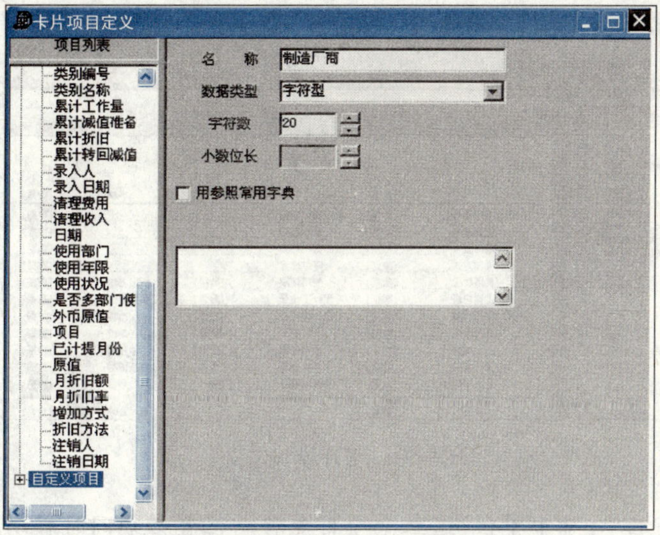

图6–22 卡片项目设置

(3)单击【保存】,系统提示“数据成功保存!”,确定返回。

(4)当卡片项目有误,或无需再使用时,可以修改或删除卡片项目。

提示 已定义的系统项目或自定义项目均不能修改数据类型。所有系统项目可以修改名称,卡片上相应项目名称随之改变,但该项目的含义不变。系统项目及已使用的自定义项目不能删除。

9. 卡片样式设置。卡片样式指卡片的整个外观,包括其格式(是否有表格线、对齐形式、字体大小、字型等)、所包含的项目和项目的位置。不同的企业或不同资产,由于管理的内容和侧重点可不同,固定资产卡片的样式不尽相同,系统提供卡片样式定义功能,增大灵活性。系统提供的卡片样式为通用样式。

因为卡片样式定义比较复杂,尤其是有很多系统项目样式上是不能缺少的,否则无法正确计算折旧,因此定义一个新的卡片样式一般是在通用卡片样式的基础上得到。

操作步骤

(1)在固定资产子系统中,单击“卡片”|“卡片样式”,进入“卡片样式管理”窗口,可以对卡片样式进行定义、修改、删除操作。

(2)单击工具栏上的【新增】按钮,弹出系统提示“是否以当前卡片样式为基础建立新样式”,确认后显示通用卡片样式,如图6–23所示,可以在此基础上进行修改,完成后保存为新的卡片样式。

(3)在卡片格式上方,显示卡片名称“通用样式1”,可修改。

(4)如果工具栏上没有显示“格式”栏,请将鼠标移至工具栏,单击右键在显示的右键菜单中选择【格式】菜单,显示格式工具栏。

(5)定义卡片样式。可将系统项目或自定义项目移入或移出,调整固定资产卡片内容;可对卡片项目的行高、列宽进行调整;可对卡片显示出的文字的字型、字体、格式、在单元格中的位置进行设置。

(6)单击【保存】按钮或单击右键菜单【保存】,即完成该样式的定义。

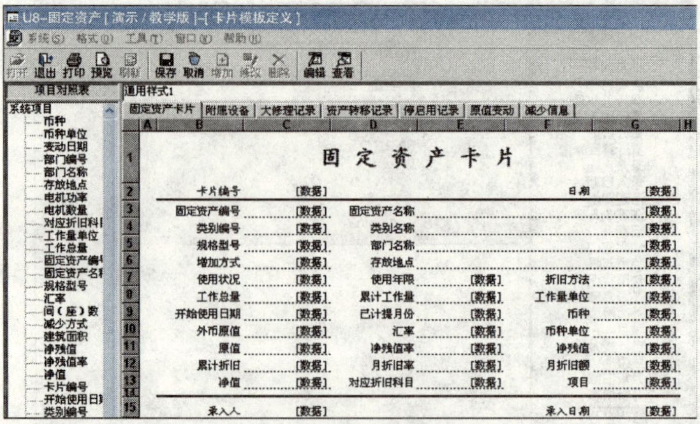

图6-23 卡片模板定义

提示 “外币原值、汇率、货币单位”这三个项目要移动位置必须同时移动。“工作总量、累计工作量、工作量单位”三个项目要移动位置也必须同时移动。

卡片样式上必须同时有或同时没有“项目”和“对应折旧科目”。如果修改一个使用过的样式，会影响已使用该样式录入的卡片。已使用（类别设置中已选用，或已使用该样式录入卡片）的样式不允许删除。

6.2.3 原始卡片录入

固定资产卡片是固定资产核算和管理的基础依据，为保持历史资料的连续性，在使用固定资产系统进行核算前，除了前面必要的基础工作外，必须将建账日期以前的数据录入到系统中，保持历史数据的连续性。

原始卡片的录入不限制必须在第一个期间结账前，任何时候都可以录入原始卡片。

［例6-7］ 根据表6-5宏盛公司固定资产原始资料录入原始卡片。

表6-5 固定资产卡片资料

卡片编号	00001	00002	00003
固定资产编号	021001	03100001	03200001
固定资产名称	办公楼	3号机床	车床
类别编号	021	031	032
类别名称	房屋	机床	车库
部门名称	车间/财务部/厂部	第一生产车间	第二生产车间
增加方式	直接购入	投资者投入	直接购入
使用状况	在用	在用	经营性出租
使用年限	40年	8年	10年
折旧方法	平均年限法(一)	平均年限法(一)	平均年限法(二)
开始使用日期	2005-11-01	2000-02-08	1999-09-07
币种	人民币	人民币	人民币
原值	2000000.00	8000.00	36000.00
净残值率	0.4%	6%	0%
累计折旧	98400.00	478.40	3600.00
净值	1901600.00	7521.60	28800.00

操作步骤

1. 在固定资产系统中,单击“卡片”|“录入原始卡片”,系统弹出“资产类别参照”对话框,选择录入卡片所属的资产类别,以便确定卡片的样式,如图6–24所示。

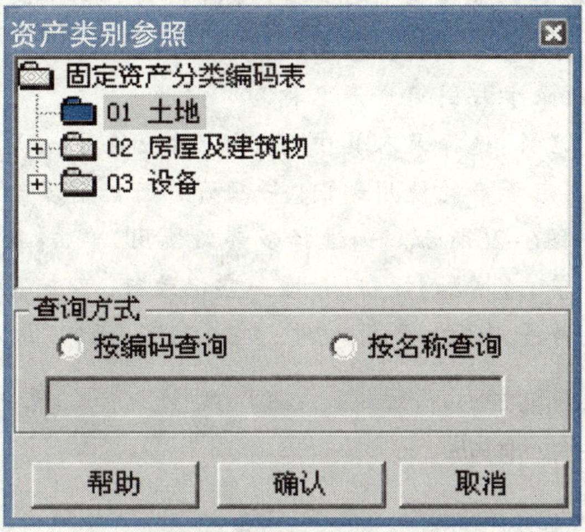

图6–24 选择固定资产类别

2. 单击【确定】,进入“录入原始卡片”窗口,如图6–25所示。

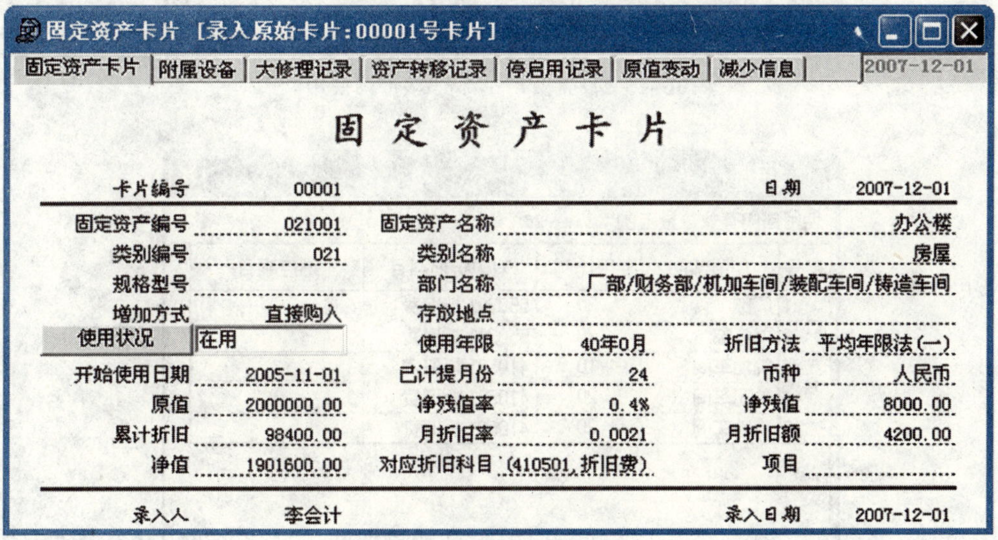

图6–25 固定资产卡片录入

提示 如果初始化或选项设置中的编码方式选择了自动编码,卡片中的固定资产编号会自动连续编号,否则,就需要用户手工录入,录入人自动显示为当前操作员,录入日期为当前登录日期。录入固定资产数据时,有些卡片项目需直接手工录入,有些则可单击参照按钮进行选择。在这一界面中,除主卡“固定资产卡片”外,还有若干的附属页签。附属页签上的信息只供参考,不参与计算,也不回溯。

3. 单击“固定资产卡片”页签，根据表6-5资料为宏盛公司录入固定资产卡片。

栏目说明

(1)卡片编号：系统根据编码方案自动给出，不能修改，若删除某张卡片，又不是最后一张，系统将保留该卡片编号，并且不能再使用。

(2)固定资产名称：所录卡片固定资产名称。

(3)类别编号与类别名称：选择录入其中的一项，对应的另一项自动显示。

(4)部门名称：选择固定资产的使用部门。一项资产可能有多个使用部门。单击【部门名称】，弹出系统对话框，如图6-26所示。如选择多部门使用，单击【确定】，进入“使用部门”选择界面，如图6-27所示。单击【增加】按钮，新增一空记录行，单击参照图标选择使用部门、对应折旧科目和对应项目，并手工录入使用比例，单击【确定】返回“录入原始卡片”界面。

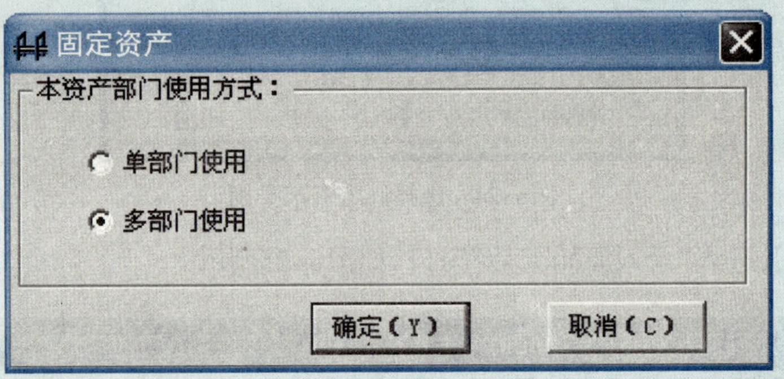

图6-26 设置资产单部门/多部门使用

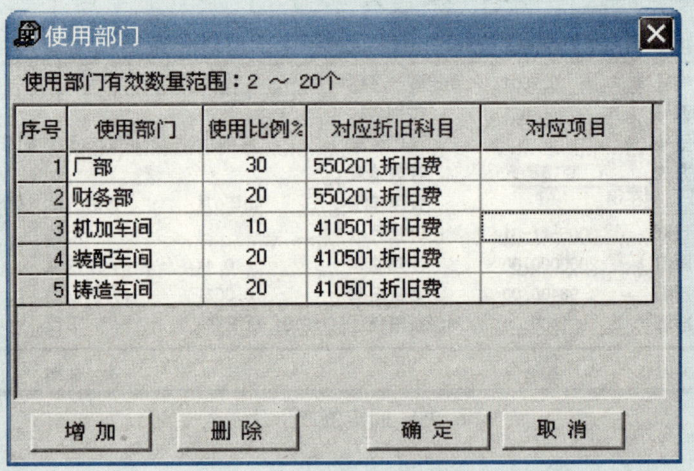

图6-27 资产多部门使用设置

提示 固定资产使用部门最多可以有20个。部门的使用比例之和必须为100%。

(5)使用年限、折旧方法：系统默认为该类资产在资产类别设置时输入的使用年限和折旧方法，可以修改。

(6)开始使用日期:指资产开始使用的日期,它直接影响到资产以哪种方式录入系统,也直接影响到录入系统当月是否计提折旧。

提示 当开始使用日期中的月份小于录入月份,则卡片为原始卡片,只能在“原始卡片录入”功能录入,录入当月如符合计提折旧条件则该月计提折旧;当开始使用日期中的月份等于录入月份,则卡片为新卡片,只能通过“资产增加”功能录入系统,录入当月不计提折旧。开始使用日期,必须采用YYYY-MM-DD形式录入。其中只有年和月对折旧计提有影响,日不会影响折旧的计提,但是也必须录入。

(7)已计提月份:已经计提折旧的月份数,由系统根据开始使用日期自动算出。该项要正确填写,以后每个计提折旧期间结账后,系统自动在该项加1。

(8)累计工作量:在工作量法下使用,是指资产累计已完成的工作量,每一期间结账后将该期间的工作量累加到期初数量上,录入时输入的数量是录入当期期初的值,不包括录入当月的工作量。

(9)原值:可以是原始价值、重置完全价值和评估价值。

(10)净残值率、净残值:自动带出所选定资产类别的净残值率,可以修改。净残值根据原值和净残值率自动计算。

(11)累计折旧:已计提的折旧额,不包括本期应计提的折旧。

(12)月折旧率、月折旧额、净值:根据原值和累计折旧自动计算。如果输入原值和净值,可自动计算累计折旧。

(13)对应折旧科目:系统根据所选择的使用部门默认当初设置的部门对应折旧科目。

(14)单位折旧:指每一单位工作量在一个期间应提的折旧额。只有当折旧方法为工作量法时卡片上才有该项。当资产为多部门使用时,原值、累计折旧等数据可以在多部门间按设置的比例分摊。单个资产对应多个使用部门时,卡片上的对应折旧科目处不许输入,只能按使用部门选择时的设置确定。

(15)项目:资产所服务或从属的项目,为企业按项目辅助核算归集费用或成本提供方便。

4. 如果固定资产有附属设备,单击附属设备页签。该页签用来管理资产的附属设备,附属设备的价值已包括在主卡的原值中。附属设备可以资产使用过程中随时和添加和减少,其价值不参与折旧的计算。

5. 减少信息页签。资产减少后,系统根据输入的清理信息自动生成该表格的内容,该表格中只有清理收入和费用可以手工输入,其他内容不能手工输入。

6. 大修理记录、资产转移记录、停启用记录、原值变动页签。均以列表的形式显示记录,第一次结账后或第一次做过相关的变动单后根据变动单自动填写,不得手工输入。

7. 录入完成后,单击【保存】,弹出系统提示“数据成功保存!”,并自动显示新卡片以供录入。

6.3 固定资产管理系统日常业务处理

固定资产的日常管理主要涉及企业日常的固定资产卡片管理，固定资产的增减管理以及固定资产的各种变动管理。

6.3.1 固定资产卡片管理

卡片管理是对固定资产系统中所有卡片进行综合管理，通过卡片管理可完成卡片查询、卡片修改、卡片删除、卡片打印等功能。

1. 查询卡片。在固定资产管理系统中，单击“卡片”｜“卡片管理”，打开“卡片管理”窗口，如图6-28所示。在卡片管理窗口中，系统提供了方便的查询功能。

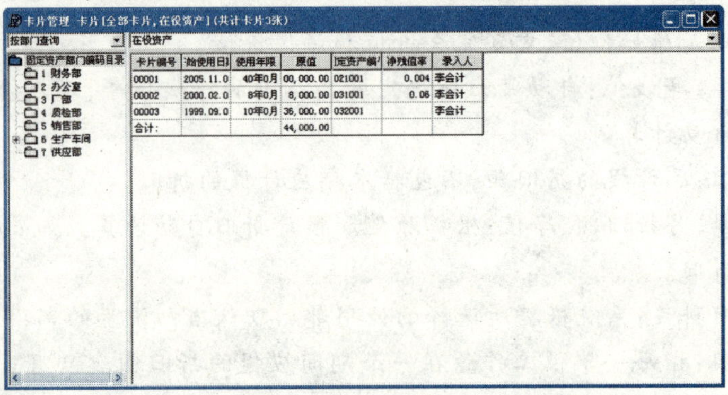

图6-28 卡片管理

(1)查看固定资产分类信息。在卡片管理界面上方，提供卡片分类查询条件选择。单击左侧“按部门查询”下拉列表，可选择“按部门查询”、“按类别查询”或“自定义查询”。

按部门查询是系统默认的查询方式。选择“按部门查询”，则“卡片管理”界面左侧显示企业所有的部门，单击选中某个部门，右侧显示属于该部门的固定资产列表。如在左侧目录中选择最上级“固定资产部门编码目录”，右侧显示系统内所有的资产。

如选择“按类别查询”，则左侧窗口中显示已设定的固定资产分类，单击选中某种分类，右侧显示属于该分类的固定资产列表。如在左侧目录中选择最上级“固定资产分类编码表”，右侧显示系统内所有的资产。

通过用户设置的自定义查询条件可以进行自定义查询。

(2)查看单张卡片信息。每一张卡片在固定资产列表中显示为一条记录行。在卡片管理列表中双击要查看的卡片记录行，即可打开“固定资产卡片”，显示该项固定资产的详细内容。通过快捷信息窗体(选择鼠标右键菜单中“显示快捷信息”，可显示固定资产卡片的主要信息，例如原值、使用年限等)可查看该资产的简要信息。

(3)查看固定资产变动清单。变动清单是按时间顺序记录的固定资产所有变动的列表。

操作步骤：在卡片列表中选中一张卡片，或在单卡片的查看状态下，将鼠标移至屏幕最左

边，单击，显示系统功能菜单目录。选择“卡片”|“变动清单”，屏幕显示的列表就是该项固定资产截止登录日的变动情况。

(4)查看已减少资产。根据会计档案管理规定，已减少的资产数据要保留一定时间以供查询。在固定资产账套选项中已定义了“已发生资产减少卡片可删除时限”，在此时限之前，系统提供对“已减少资产”的查询功能。

在卡片管理界面，单击窗口上方“在役资产”下拉列表，从中选择“已减少资产”，即显示已减少资产列表，双击任一行，可查看该资产的卡片。

(5)联查卡片图片。如果用户在选项设置中选择了“卡片联查图片”和图片存放的路径，那么在这里会显示图片按钮，单击图片按钮或选择右键菜单中的“显示图片预览”功能菜单，系统在选择的图片文件存放路径中，查找与光标当前行卡片编号相同的图片文件进行显示。图片文件的前缀名称必须与对应资产卡片的编号完全一致，其存放路径允许任意设置，但必须在选项中指定。

2. 修改卡片。当发现卡片有录入错误，或资产在使用过程中有必要修改卡片的一些内容时，可通过卡片修改功能实现，这种修改为无痕迹修改，即在变动清单和查看历史状态时不体现，无痕迹修改前的内容在任何查看状态都不能再看到。从卡片管理列表中双击选择要修改的卡片，单击【修改】按钮即可进行修改。

提示 原始卡片的原值、使用部门、工作总量、使用状况、累计折旧、净残值(率)、折旧方法、使用年限、资产类别在没有做变动单或评估单情况下，在录入当月可无痕迹修改；如果做过变动单，只有删除变动单才能无痕迹修改；以上各项目在做过一次月末结账后，只能通过变动单或评估单调整，不能通过卡片修改功能改变。

通过资产增加录入系统的卡片在没有制作凭证和变动单、评估单情况下，录入当月可无痕迹修改。如果做过变动单，只有删除变动单才能无痕迹修改。如果已制作凭证，要修改原值或累计折旧必须删除凭证后，才能无痕迹修改。

卡片上其他项目，任何时候均可无痕迹修改。

3. 删除卡片。删除卡片，是指把卡片资料彻底从系统内清除，不是资产清理或减少。该功能只有在下列两种情况下有效：

(1)当月录入的卡片如有错误可以删除。在卡片管理界面双击选择要删除的卡片，单击【删除】按钮即可。删除后如果该卡片不是最后一张，卡片编号保留空号。

(2)通过“资产减少”功能减少的卡片资料，在其满足会计档案管理要求后可以将原始资料从系统彻底清除，否则不允许删除。

提示 非本月录入的卡片，不能删除；卡片作过一次月末结账后不能删除；作过变动单或评估单的卡片删除时，需要先删除相关的变动单或评估单；已制作过凭证的卡片删除时，需要先删除相应凭证，然后删除卡片。

4. 打印卡片。固定资产卡片可以打印输出，即可打印单张卡片，也可批量打印卡片，还可以打印卡片列表。

(1)打印单张卡片。在单张卡片查看界面，单击【打印】按钮可直接打印该卡片主卡及各附属表。

(2)打印卡片列表。在卡片管理界面，首先根据查询条件选择显示符合条件的卡片列表，单击【打印】，弹出系统提示，选择“打印列表”，确定后即可打印资产列表。

（3）批量打印卡片。批量打印卡片实际上是前两种打印方式的综合。在卡片管理界面，首先根据查询条件选择显示符合条件的卡片列表，单击【打印】，弹出系统提示，选择“批量打印卡片”，确定后即以单张卡片形式打印输出列表集合中列示的卡片。

6.3.2 固定资产增减管理

1. 固定资产增加。企业在生产经营过程中经常以各种方式增加固定资产，固定资产增加也应该录入新卡片，与原始卡片录入相对应。一项固定资产通过“原始卡片录入”还是通过“资产增加”录入，在于资产在本单位的开始使用日期，只有当开始使用日期的期间等于录入的期间时，才能通过“资产增加录入”。

［**例6-8**］宏盛公司2007年12月25日购入一台不需安装的车床，当月交铸造生产车间使用。车床的使用年限为10年，原值5万元，净残值率2%，采用双倍余额递减法计提折旧。

操作步骤

（1）单击“卡片”｜“资产增加”，打开“资产类别参照”对话框。

（2）选择“032车床”，确定后进入“新增资产”窗口，如图6-29所示。

（3）在“固定资产卡片”中输入各项内容。其录入过程与“原始卡片录入”相同，只是卡片中“开始使用日期”栏的年份和月份不能修改。

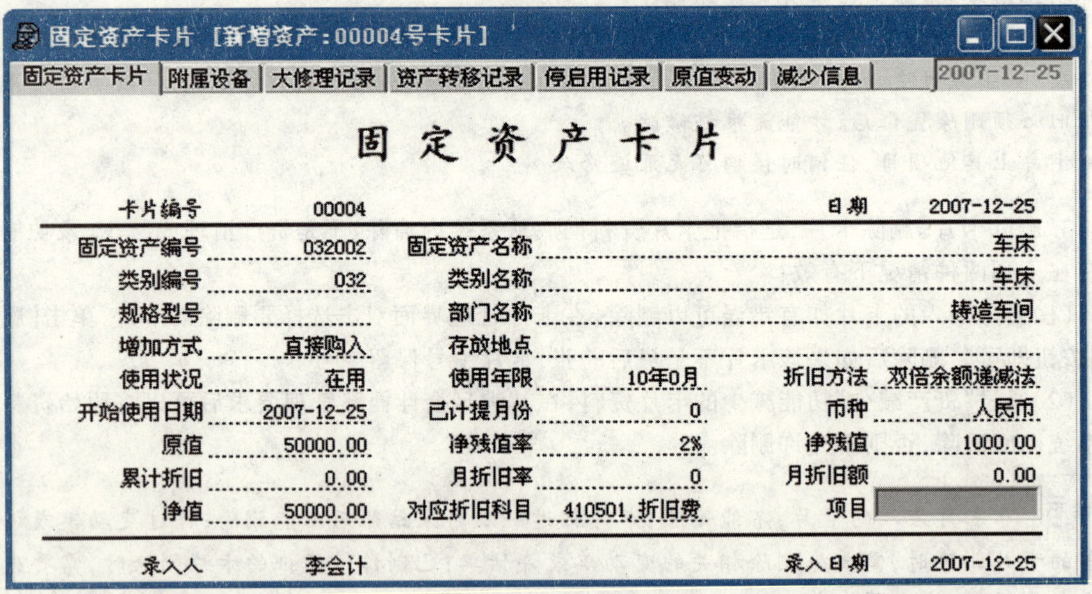

图6-29 固定资产增加

（4）“固定资产卡片”内容输入完成后，单击其他选项卡，输入附属设备及其他信息。

（5）单击【保存】，保存录入的卡片。

2. 固定资产减少。固定资产在使用过程中，会由于各种原因（如毁损、出售、盘亏等）退出企业，此时要做固定资产减少处理。

操作步骤

(1)单击“卡片”|“资产减少”，打开“资产减少”对话框，如图6-30所示。

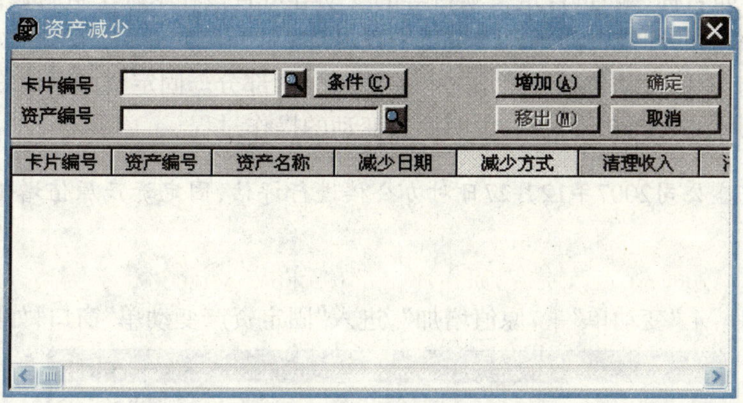

图6-30 资产减少

(2)选择要减少的资产。如果要减少的固定资产较少或没有共同点，通过输入资产编号或卡片号，然后单击【增加】，将资产添加到资产减少表中。如果要减少的资产较多并且有共同点，则通过单击【条件】，屏幕显示的界面与卡片管理中自定义查询的条件查询界面一样。输入一些查询条件，将符合该条件集合的资产挑选出来进行减少。

(3)在表内输入资产减少的信息：减少日期、减少方式、清理收入、清理费用、清理原因。如果当时清理输入和费用还不知道，可以以后在该卡片的附表“清理信息”中输入。

(4)单击【确定】，即完成该(批)资产的减少。

提示 系统提供了固定资产减少的批量操作，为同时清理一批资产提供方便。只有当账套开始计提折旧后才可以使用资产减少功能，否则，减少资产只有通过删除卡片来完成。已减少的固定资产只要卡片未被删除，就可以通过卡片管理中“已减少资产”来查看。

3. 撤销已减少资产。撤销已减少资产是一个纠错的功能，对于误减少的资产，可以使用该功来能恢复。

操作步骤

(1)在卡片管理界面，选择查询“已减少资产”。

(2)在已减少资产列表中，选中要恢复的资产，单击“卡片”|“恢复减少”。

提示 只有当月减少的资产才可以恢复。如果资产减少操作已制作凭证，必须删除凭证后才能恢复。

6.3.3 固定资产变动管理

固定资产在使用过程中，可能会调整卡片上的某些项目，这种变动要求留下原始凭证，为此制作的原始凭证称为“变动单”。

固定资产变动管理包括：原值变动、部门转移、使用状况变动、使用年限调整、折旧方法调整、净残值（率）调整、工作总量调整、累计折旧调整、资产类别调整、变动单管理等。

而其他项目，如名称、编号、自定义项目等的变动等可直接在卡片上进行修改。本月录入的原始卡片和本月增加的固定资产不允许进行变动处理。

1. 原值变动。原值变动包括原值增加和原值减少两部分。固定资产原值增加与原值减少是相对的，下面以增加资产原值为例，说明原值变动的操作过程。

［例6-9］ 宏盛公司2007年12月27日对办公楼进行评估，固定资产原值增值1万元。

操作步骤

（1）单击“卡片”｜“变动单”｜“原值增加”，进入“固定资产变动单”窗口，如图6-31所示。

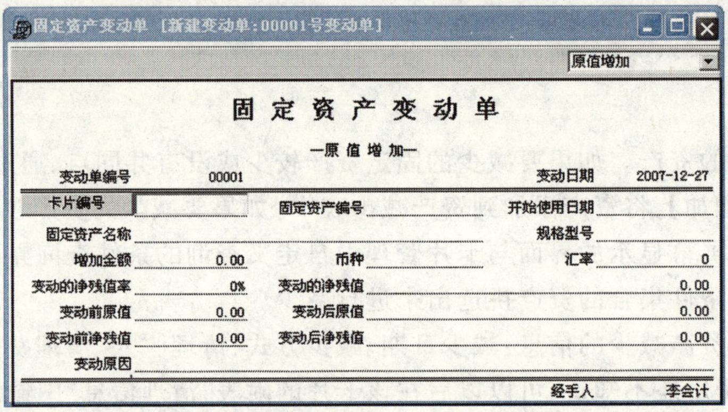

图6-31 资产变动——原值增加

（2）在变动单窗口中，选择“卡片编号”或“固定资产编号”，自动带出开始使用日期、固定资产名称、变动前原值、净残值、净残值率等相关信息。

（3）输入增加金额“10000”元，系统自动计算“变动后原值”、“变动后净残值”且不允许修改。如果“变动的净残值率”或“变动的净残值”不正确，可手工修改其中之一，另一个会自动计算。

（4）输入变动原因：“评估增值”。

（5）单击【保存】，完成原值变动，卡片上相应的项目如原值、净残值、净残值率根据变动单而改变。

提示 固定资产原值发生变动，需要制作记账凭证，如果选项中选择了“业务发生后立即制单”，可以立即制作记账凭证；也可以在批量制单中制作记账凭证。变动单保存后不能修改，只能在当月删除后重新填制，所以保存前要慎重。

2. 部门转移。资产在使用过程中，因内部调配而发生的部门变动应及时处理，否则将影响部门的折旧计算。资产的部门转移可通过系统提供的“变动单”｜“部门转移”功能完成。

操作步骤

（1）单击“卡片”｜“变动单”｜“部门转移”，打开“固定资产变动单”对话框。如图6-32所示。

（2）选择“卡片编号”或“固定资产编号”，自动带出开始使用日期、固定资产名称、变动前部

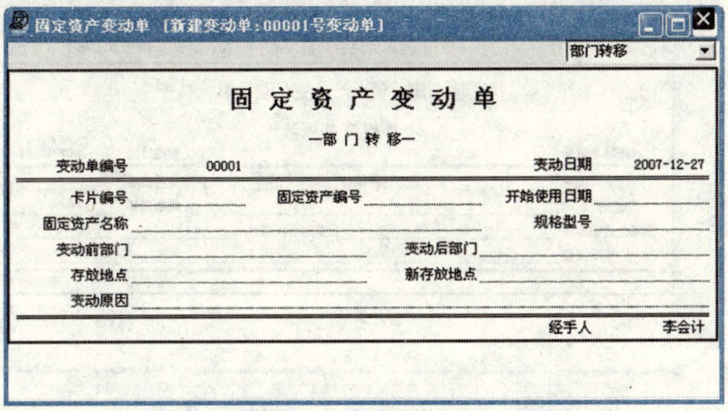

图6-32 资产变动——部门转移

门等相关信息。

(3)选择“变动后部门”，输入“变动原因”。

(4)单击【保存】，弹出系统提示，确认后保存本次变动结果。

变动单保存后，固定资产主卡上“部门名称”会自动修改，附属页签“资产转移记录”自动登记。

3. 使用状况变动。固定资产的使用状况分为在用、未使用、不需用、停用、封存等五种情形。固定资产在使用过程中，使用状况会由于各种原因发生变化，这种变化会影响到固定资产折旧的计算，因此，应及时调整。

使用状况变动可通过系统提供的“变动单”|“使用状况变动”功能完成，如图6-33所示，操作步骤可参照“部门转移”。

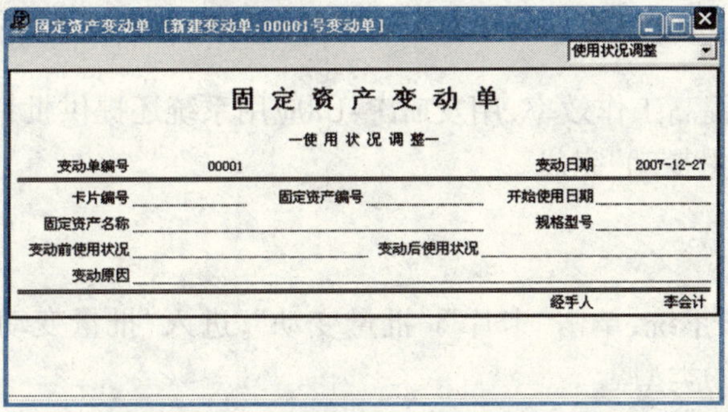

图6-33 资产变动——使用状况调整

变动单保存后，固定资产主卡上“使用状况”自动修改，附属页签“停启用记录”自动登记。

4. 使用年限调整。固定资产在使用过程中，可能会由于资产的重估、大修等原因调整资产的使用年限。可以通过系统提供的“变动单”|“使用年限调整”功能完成，操作步骤可参照“部门转移”。

提示 进行使用年限调整的固定资产在调整的当月就按调整后的使用年限计提折旧。

5. 折旧方法调整。一般来说，固定资产的折旧方法一年之内不应改变，但如有特殊情况需要调整的，可通过系统提供的“变动单”|“折旧方法调整”功能完成，操作步骤可参照“部门转移”，如图6-34所示。

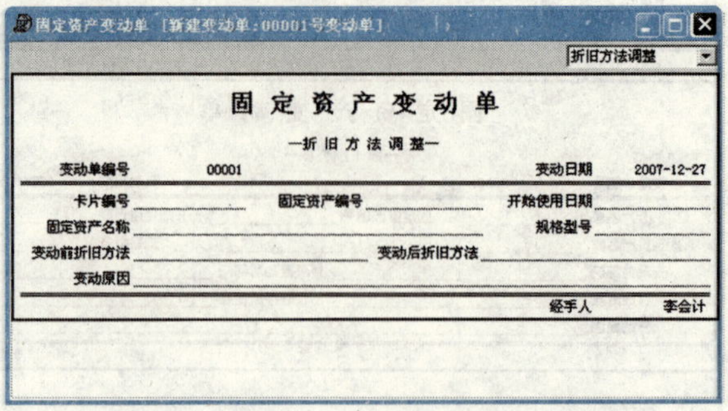

图6-34 资产变动——折旧方法调整

提示 所属类别为“总提折旧”的资产调整后的折旧方法不能是“不提折旧”。所属类别为“总不提折旧”的资产的折旧方法不能调整。进行折旧方法调整的资产在调整的当月就按调整后的折旧方法计提折旧。

6. 累计折旧调整。上述折旧方法调整属于会计政策变更，根据《企业会计制度》的规定，应采用追溯调整法进行调整。而本系统只在当月按照新的方法计提折旧，以前期间的数据不能自动调整，所以需通过“累计折旧调整”功能手工调整累计折旧额。

7. 其他调整。其他项目的调整可参照上述方法进行。

提示 调整后的累计折旧必须保证大于等于残值，调整后的工作量不能小于累计用量，调整后的净残值必须小于净值，调整后的类别和调整前的类别的计提属性必须相同。

8. 批量变动。为提高工作效率，用友ERP-U8应用系统还提供批量处理固定资产变动的功能，可通过“卡片”|“批量变动”完成。

操作步骤

(1)在固定资产子系统，单击“卡片”|“批量变动”，进入“批量变动单”窗口，在“变动类型”下列框中选择需变动的类型。

(2)手工选择或条件选择批量变动的资产。

(3)输入变动内容及变动原因后，单击右键选择“保存”菜单，可将需变动的资产在变动单。

9. 变动单管理。变动单管理可以对系统制作的变动单进行综合管理。单击“卡片”｜“变动单”｜“变动单管理”，可实现对变动单的各种操作。

因为本系统遵循严格的序时管理，删除变动单必须从该资产制作的编号最大的变动单删起。

6.3.4 固定资产评估管理

随着市场经济的发展，企业在经营活动中，根据行业需要或国家要求需要对部分资产全部资产进行评估和重估，其中，固定资产评估是资产评估的重要组成部分。

用友ERP-U8应用系统提供对固定资产评估作业的管理，主要包括：将评估机构的评估数据手工录入或定义公式录入到系统；根据国家要求手工录入评估结果或根据定义的评估公式生成评估结果；对评估单进行管理。

1.资产评估。

［**例6–9**］ 对经过大修理的办公楼原值进行重估，重估前原值为200万元，累计折旧为98.4万元，重估后原值为200万元，累计折旧为60万元，该项固定资产卡片编号为“00001”资产编号为“021001”。

操作步骤

(1)选择评估项目。进行资产评估时，每次要评估的内容可能不一样，可以根据需要从系统给定的可评估项目中选择。本系统给定的可评估项目包括原值、累计折旧、净值、使用年限、工作总量、净残值率。用户可以根据需要选择。

单击“卡片”|“资产评估”，进入资产评估管理窗口，然后单击【新增】按钮，打开“资产评估选择”对话框，如图6–35所示。从左侧的“可评估项目”目录中选择要评估的项目“原值”和“累计折旧”。

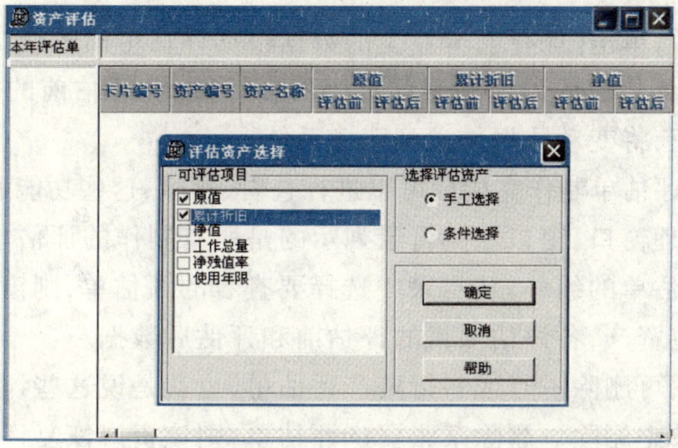

图6–35 评估资产选择

提示 原值、累计折旧和净值三项中必须且只能选择两个，另一个通过公式“原值–累计折旧=净值”推算得到。

(2)选择要评估的资产。每次要评估的资产可能不同，可以采用手工选择或条件选择的方式进行选择。选择卡片编号为“00001”的固定资产。

(3)录入评估数据。选择了评估项目和评估资产后，系统根据录入评估后数据或通过自定义公式生成评估后数据生成评估单。评估单显示被评资产所评估的项目评估前后的数据，如图6–36所示。当表中列出的资产有一个项目发生变化，表示该资产已评估，则评估状态栏自动置为“Y”。本例“(A)原值”输入“2000000”元，“(A)累计折旧”输入“600000”元。

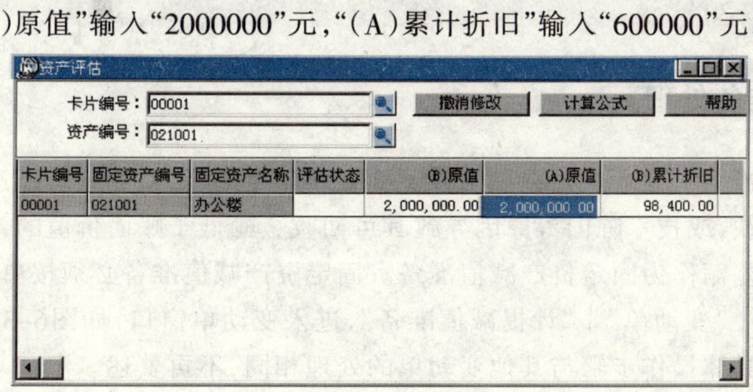

图6–36 录入评估数据

自定义公式生成评估后数据的操作步骤：

①选择要定义公式的区域“(A)累计折旧”，选中后该区域背景是蓝色(所选的区域只能是评估后数据区域，并且选中的只能是一列)。

②单击【计算公式】，屏幕显示定义公式界面，双击评估项目将该项目添加到公式中，同时输入字符和数字，定义出评估公式“累计折旧——38400”。

③单击【确定】，则选中的区域的数据中按公式计算出的数据。

提示 计算时公式中所包含的项目的值是评估前该项目的值；定义的公式中折旧年限是以月份表示的；定义公式中净残值率是指没有换算成百分数的数据。此外，评估后的数据必须满足以下公式：原值-净值=累计折旧>0；净值=净残值率×原值；工作总量>=累计工作量；(B)列是评估前价值，不可修改；(A)列是评估价值，按评估价值录入。

(4)评估单完成后，单击【保存】，卡片上的数据根据评估单而改变。

当评估变动表中评估后的原值和累计折旧的合计数，和评估前的数据不相等时，通过【制单】功能制作记账凭证，将变动数据传送到账务系统。

2. 评估单管理。评估单制作完成后可以进行查看、删除，这些功能通过资产评估管理实现。

进入资产评估管理窗口，窗口左侧目录列示的是所有制作的评估单，包括该评估发生的日期和系统分配给该评估单的编号。从目录中选择要查看的评估单，则窗口右侧的列表即是该评估单，显示评估了哪些资产，各评估项目的评估前和评估后数据。

单击【删除】按钮，可删除一行或多行资产评估单，也就是说这些评估单中的资产不参与此次评估，需要从评估单中删除。删除某张资产评估单，则该资产恢复评估前状态。

提示 删除评估单不是修改评估单，因为修改评估单只是改变评估单中的一部分内容。只有当月制作的评估单才可以修改。从评估单中删除的资产，如果这次评估后制作过变动单或评估单，必须先删除后边的操作。

6.4 固定资产管理系统期末处理

6.4.1 减值准备处理

1. 计提减值准备。企业应当在期末或至少在每年度终了，对固定资产逐项进行检查，如果由于市价持续下跌，或技术陈旧等原因导致其可回收金额低于账面价值的，应当将可回收金额低于账面价值的差额作为固定资产减值准备。固定资产减值准备必须按单项资产计提。

单击“卡片”|“变动单”|“计提减值准备”，进入变动单窗口，如图6-37所示，可进行计提减值准备处理。具体操作步骤与其他变动单的处理相同，不再赘述。

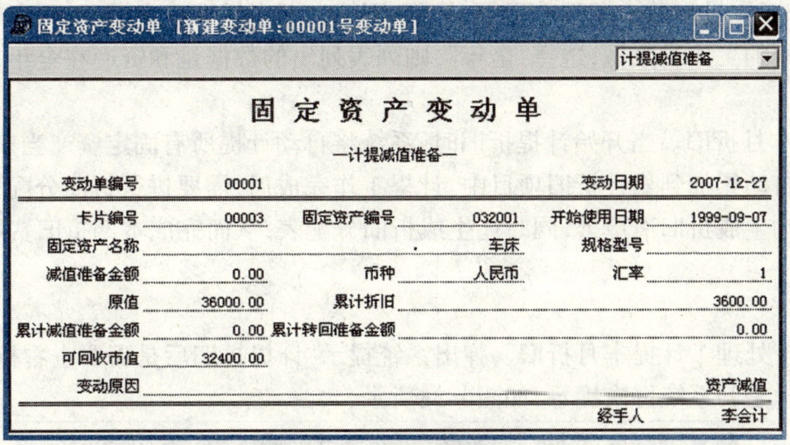

图6-37 计提减值准备

2. 转回减值准备。如果计提的固定资产价值又得以恢复,应在原已提的减值准备范围转回。

在固定资产子系统中,单击“卡片”|“变动单”|“转回减值准备”,进入变动单窗口,可进行转回减值准备处理。具体操作步骤与其他变动单的处理相同。

6.4.2 折旧处理

自动计提折旧是固定资产系统的主要功能之一。企业可以利用系统提供的“折旧计提”功能,对各项固定资产每期计提一次折旧,并自动生成折旧分配表,然后制作记账凭证,将本期的折旧费用自动登账。

影响折旧计提的因素有很多方面,如原值、减值准备、累计折旧、净残值(率)、折旧方法、使用年限、使用状况等等。固定资产在使用过程中,上述各项因素可能产生变动,这些变动对以后的折旧计提会产生影响。

1. 工作量输入。当账套内的资产有使用工作量法提折旧的时候,每个月提折旧前必须录入固定资产当月的工作量,本功能提供当月工作量的录入和以前期间的工作量信息的查看。

操作步骤

(1)在固定资产子系统中,单击“处理”|“工作量输入”,进入“工作量”输入窗口,窗口中显示了当月需要计提折旧,并且折旧方法是工作量法的所有资产的工作量信息。

(2)如果本月是最新的未结账的月份,该表可编辑,可以输入本月工作量。当某些资产本月工作量与上月相同时,选中该区域,单击【继承上月工作量】,选中区域的资产的本月工作量自动录入。累计工作量显示的是截止本次工作量输入后的资产的累计工作量。单击【保存】按钮,即完成工作量输入工作。

提示 输入的本期工作量必须保证使累计工作量小于等于工作总量;在选择继承上月工作量情况下,如果上期期末工作量加上本期继承值大于工作总量,则系统不执行继承上月工作量,而是根据“本月工作量=工作总量-上期期末累计工作量”自动计算,然后本月工作量后的资产的累计工作量的单元格内标上星号,如果对自动计算的值不满意,可手工修改。

(3)查询工作量。单击期间选择框，从第1至第12期中任选一个期间，列表中的各项数据就是查看的期间的工作量数据；选择“全年”，则列表列出的数据是和资产在全年12期各期间的工作量数据。

2. 计提本月折旧。当开始计提折旧时，系统将自动计提所有固定资产当期折旧额，并将当期的折旧额自动累加到累计折旧项目中。计提工作完成后，需要进行折旧分配，形成折旧费用，系统除了自动生成折旧清单外，同时还生成折旧分配表，从而完成本期折旧费用登账工作。

操作步骤

(1)单击“处理｜计提本月折旧”，弹出系统提示“计提折旧后是否要查看折旧清单？”

(2)单击【是】，系统再次提示，如图6-38所示。

图6-38 计提折旧提示

(3)单击【是】，系统计提折旧完毕后，自动打开“折旧清单”，如图6-39所示。

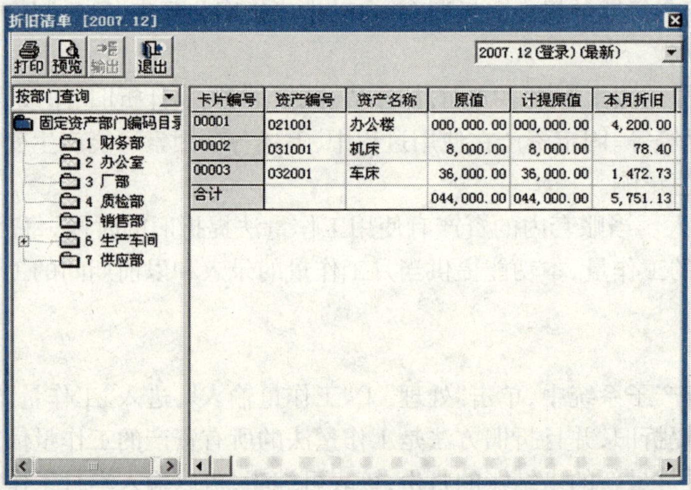

图6-39 折旧清单

提示 (1)在一个期间内可以多次提折旧，每次提折以后，只是将计提的折旧累加到月初的累计折旧上，不会重复累计。

(2)若上次计提折旧已制单并传递到总账系统，则必须删除该凭证才能重新计提折旧。

(3)计提折旧后又时账套进行了影响折旧计算或分配的操作，必须得新计提折旧，否则系统不允结账。

(4)若自定义的折旧方法月折旧额出现负数，系统中自动中止计提。

(5)资产的使用部门和资产折旧要汇总的部门可能不同，为了加强资产管理，使用部门必须是明细部门，而折旧分配部门不一定分配到明细部门，不同的单位处理可能不同，因此要在计提折旧后，分配折旧费用时做出选择。

3. 折旧清单。折旧清单显示所有应计提折旧的资产所计提折旧数额的列表，单期的折旧清单中列示了资产名称、计提原值、月折旧率、单位折旧、月工作量、月折旧额等信息。全年的折旧清单中同时列出资产在12个计提期间中的月折旧额、本年累计折旧等信息。如图6-40所示。

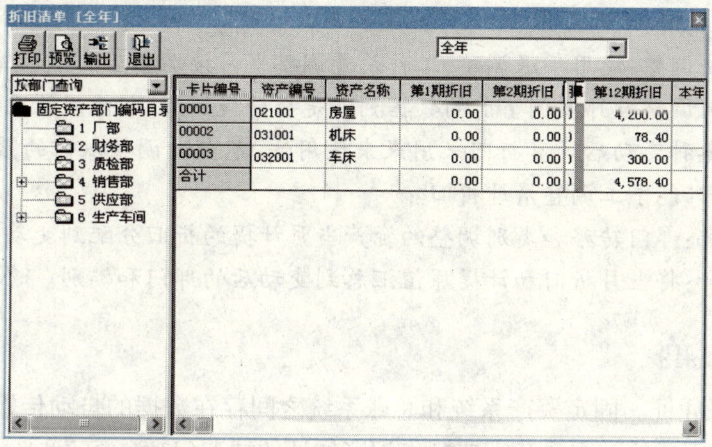

图6-40 全年折旧清单

4. 折旧分配表。折旧分配表是制作记账凭证，把计提折旧额分配到有关成本和费用的依据。折旧分配表有两种类型：类别折旧分配表和部门折旧分配表，部门折旧分配表如图6-41所示。只能从中选择一种类型制作记账凭证，生成折旧分配表的时间根据初始化或选项中选择的折旧分配汇总期确定，如果选的是1个月，则每期计提折旧后自动生成折旧分配表；如果选定的是3个月，则只有到3的倍数的期间，即第3、6、9、12期间计提折旧后分别才自动生成折旧分配凭证。制作记账凭证要在生成折旧分配表后进行。

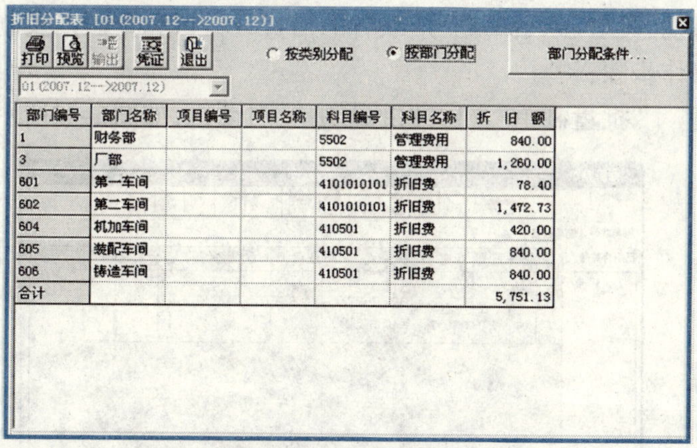

图6-41 部门折旧分配表

在折旧费用分配表界面，单击【制单】按钮可以制作记账凭证，也可以不在此制单，以后利用“批量制单功能”进行制单。

提示 (1)系统提供的直线法计算折旧时总是以净值作为计提原值,以剩余用年限计算折旧,充分体现平均分摊的思想(平均年限法(一)除外)。

(2) 本系统发生与折旧计算有关的变动后, 加速折旧法在变动生效当期以净值为计提原值,以剩余使用年限为计提年限计算折旧,以前修改的月折旧额或单位折旧的继承值无效;直线法还以原公式计算(因公式中已考虑了价值变动和年限调整)。

(3)当发生原值调整、累计折旧调整、净残值(率)调整时,当月计提的折旧额不变,下月按变化后的值计提折旧。

(4)折旧方法调整、使用年限调整、工作总量调整当月按调整后的值计算折旧。

(5)使用状况调整当月按调整前的数据判断是否计提折旧,即使用状况调整下月有效。

(6)本系统各种变动后计算折旧采用未来适用法,不自动调整以前的累计折旧,而采用追溯适用法的企业只能手工调整累计折旧。

(7)折旧分配:部门转移和类别调整的资产当月计提的折旧分配到变动后部门和类别。

(8)报表统计:将当月折旧和计提原值汇总到变动后的部门和类别。

6.4.3 制　单

1. 制作记账凭证。固定资产系统和总账系统之间存在数据的自动传输关系,这种传输是通过记账凭证来完成的。本系统需要制作记账凭证的情况包括:资产增加、减少、卡片修改(涉及到原值和累计折旧时)、资产评估(涉及原值和累计折旧时)、原值变动、累计折旧调整以及折旧分配等。

制作记账凭证可以采取“立即制单”或“批量制单”两种方法实现。当在“选项”中设置了“业务发生后立即制单”,则以上需要制单的相关业务发生后,系统自动调出不完整凭证供修改;如果在“选项”中未选取“业务发生后即制单”,则可利用本系统提供的批量制单功能完成制单工作。批量制单功能可同时将一批需要制单的业务连续制作凭证并传输到账务系统,避免了多次制单的繁琐。凡是业务发生当时没有制单的,该业务自动排列在批量制单表中,表中列示应制单的业务发生的日期、类型、原始单据号、缺省的借贷方科目和金额以及制单选择标志。

批量制单的操作步骤:

(1)单击“处理”|“批量制单”,打开“批量制单”对话框,如图6-42所示。

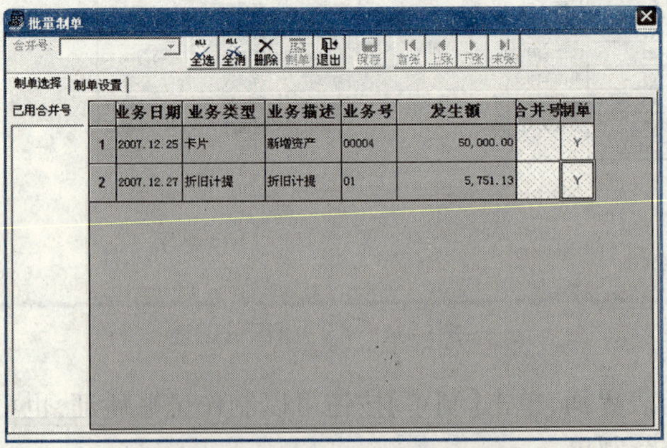

图6-42 批量制单——制单选择

(2)单击“制单选择”页签，在每个业务行的“制单”栏双击选中。若要进行合并制单，在“合并号”一栏下输入标记，以确定哪几张卡片合并制作一张单据。

(3)单击“制单设置”页签，根据实际情况和需要选择“科目”和“部门核算”，如图6-43所示。

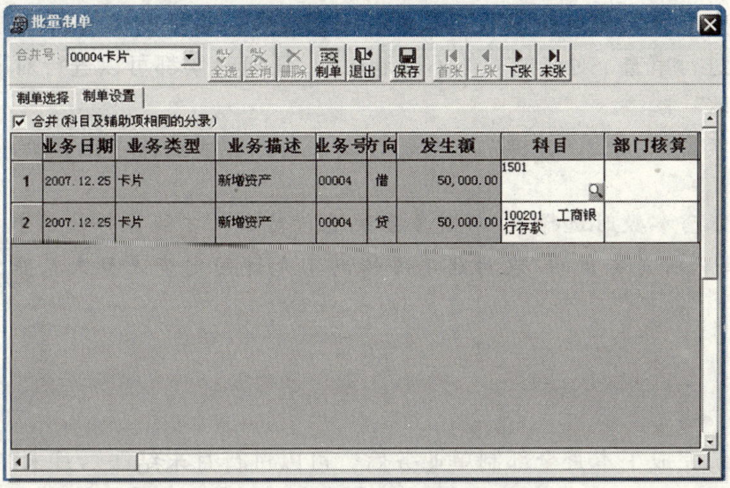

图6-43 批量制单——制单设置

(4)单击【制单】按钮，将根据设置进行批量制单和汇总制单，屏幕显示所制作的记账凭证，如图6-44所示。

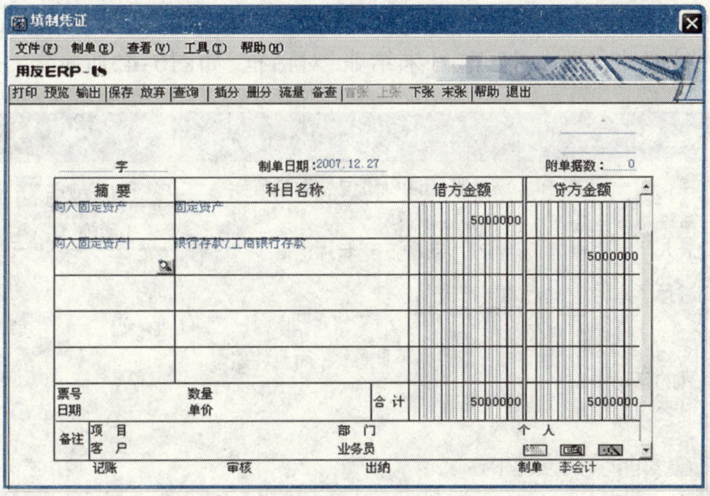

图6-44 生成凭证

(5)选择凭证类别、日期，输入摘要等，确认无误后单击【保存】，系统在凭证左上角提示“已生成”。

(6)单击【下张】，完成其他业务制单。

2. 查询、修改、删除凭证。本系统所产生的凭证的查询、修改和删除可通过“处理”|“凭证查询”完成。

提示 固定资产系统传递到总账中的凭证，总账无权修改和删除。修改凭证时，能修改的内容仅限摘要、用户自行增加的凭证分录、系统缺省的分录的折旧科目，而系统缺省的分录的金额是与原始相关的，不能修改。

6.4.4 对　账

为保证固定资产系统的资产价值与总账系统中固定资产科目的数值相等，可随时使用对账功能对两个系统进行审查。对账的操作不限制时间，任何时候都可以进行对账。系统在执行月末结账时自动对账一次。

在固定资产子系统中，单击“处理”|“对账”，系统自动完成对账工作并给出对账结果。

提示　只有设置账套参数时选择了“与财务系统进行对账”，才能操作使用本功能；如果对账不平，需要根据初始化时是否选中“在对账不平情况下允许固定资产月末结账，来判断是否可以进行结账处理。

6.4.5 月末结账

当固定资产系统完成了本月全部制单业务后，可以进行月末结账。月末结账每月进行一次，结账后当期数据不能修改。本期不结账，将不能处理下期的数据；结账前一定要进行数据备份，否则数据一旦丢失，将造成无法挽回的后果。

操作步骤

(1)单击“处理”|“月末结账”，打开“月末结账”对话框，如图6–45所示。

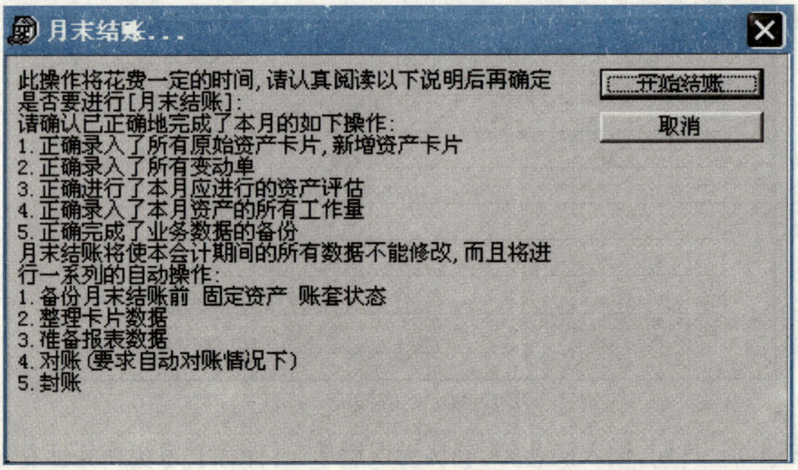

图6–45　月末结账提示

(2)阅读系统提示，单击【开始结账】按钮开始结账。

(3)稍候，系统提示“与账务对账结果”。

(4)单击【确定】，系统提示“结账成功完成！”。

结账后，用户不能再对此账套本月任何数据进行修改。再次登录系统，则开始下一会计期间的业务处理。

如果结账后发现有未处理的业务或者需要修改的事项，可通过系统提供的“恢复月末结账前状态”功能进行反结账。

反结账操作步骤：

(1)以要恢复结账的月份登录系统，单击“处理”|“恢复月末结账前状态”，屏幕显示提示信息。

(2)单击【是】，系统即执行反结账操作。

(3)反结账完成后，系统提示：“成功恢复账套月末结账前状态！”，单击【确定】返回。

提示 “恢复月末结账前状态”功能不能跨年度恢复数据，即本系统年末结转后，不能利用本功能恢复年末结转。如果成本系统从本系统提取了某期的折旧费数据，则该期不能反结账。此外，恢复月末结账前状态后，本账套内结账后所做的一切工作都被无痕迹删除。

6.4.6 账表管理

固定资产管理过程中，需要及时统计资产的各类信息，并以账和表的形式将这些信息提供给财务人员和资产管理人员。用友ERP–U8系统所提供的报表分为五类：分析表、统计表、账簿、折旧表、自定义报表。选择相应账表可查看各报表信息。同时，账表管理提供了强大的联查功能，将各类账表与部门、类别明细和原始单据等有机地联系起来，真正实现了方便、快捷的查询模式。

1. 分析表。分析表主要通过对固定资产的综合分析，为管理者提供管理和决策依据。系统提供了四种分析表：部门构成分析表、价值结构分析表、类别构成分析表、使用状况分析表。管理者可以通过这些表了解本企业资产计提折旧的程度和剩余价值的大小。

2. 统计表。统计表是根据资产管理的需要，按管理目的统计的数据。系统提供了八种统计表：固定资产原值一览表、固定资产到期提示表、固定资产统计表、评估汇总表、评估变动表、盘盈盘亏报告表、逾龄资产统计表、役龄资产统计表。这些表从不同的侧面对固定资产进行统计分析，使管理者可以全面细致地了解企业对资产的管理、分布情况，为及时掌握资产的价值、数量以及新旧程度等指标提供依据。

3. 账簿。系统自动生成的账簿有：(单个)固定资产明细账、(部门、类别)明细账、固定资产登记簿、固定资产总账。这些账簿以不同方式，序时地反映了资产变化情况，在查询过程中可联查某时期(部门、类别)明细及相应原始凭证，从而获得所需财务信息。

4. 折旧表。固定资产系统提供了五种折旧表：(部门)折旧计提汇总表、固定资产及累计折旧表(一)(二)、固定资产折旧计算明细表、固定资产折旧清单表。通过这些折旧表可以了解并掌握本企业所有资产本期、本年乃至某部门计提折旧及其明细情况。

(1) 部门折旧计提汇总表。部门折旧计提汇总表反映该账套内各使用部门计提折旧的情况，包括计提原值和计算的折旧额信息。

该表既可选择某一个月份汇总折旧数据，又可选择期间段进行查询。如果用户选择期间段数据，如选择“2~3月”，则报表栏目中隐藏“计提原值”列，仅显示按期间段汇总的“折旧额”数据，并且不允许联查明细账。

(2)固定资产折旧清单。固定资产折旧清单表用于查询按资产明细列示的折旧数据及累计折旧数据信息，以完善系统报表查询功能。该报表可以按部门、资产类别查询固定资产的明细折旧数据信息。

(3)固定资产折旧计算明细表。折旧计算明细表是按类别设立的,反映资产按类别计算折旧的情况,包括上月计提情况、上月原值变动和本月计提情况。

(4)固定资产及累计折旧表(一)。固定资产及累计折旧表(一)是按期编制的反映各类固定资产的原值、累计折旧(包括年初数和期末数)和本年折旧的明细情况。

(5)固定资产及累计折旧表(二)。本表是固定资产及累计折旧表(一)的续表,反映本年截止到查询期间固定资产的增减情况。本表与表(一)的数值之间是有联系的,它们之间的关系可用公式描述如下:

固定资产原值期末数合计=原值年初数合计+本年增加的原值合计-本年减少的原值合计

固定资产累计折旧期末数合计=累计折旧年初数合计+本年折旧额合计+本年增加累计折旧合计-本年减少累计折旧合计

但在资产发生原值变动情况下,表(一)反映该变动,而表(二)不反映,上述公式不成立。

5. 自定义报表。当系统提供的报表不能满足企业要求时,可以自定义报表,并存放在自定义账夹中。

6. 图形分析。所谓图形分析,是将报表中的数据用图形反映出来。可进行图形分析的报表有:固定资产总账、部门折旧计提汇总表、固定资产使用状况分析表、固定资产部门构成分析表、固定资产及累计折旧表(二)。

用户还可以根据自己管理卡片的需要自定义查询表,其内容是根据所定义的查询条件(由多个查询条件组成的查询条件集合)筛选出的卡片集合。

第7章 往来账管理系统

公司业务量猛增的同时，客户也由原来的3家增加到了20家，原料供应商也增加到了8家。经过一番准备，小李启用了应收款管理系统和应付款管理系统……

本章提要

- 应收款管理系统概述
- 应收款管理系统应用
- 应付款管理系统概述
- 应付款管理系统应用

往来账管理是指通过往来账管理功能模块对债权债务科目如应收账款、应付账款、其他应收款、其他应付款等进行的辅助核算，又称往来账核算。

用户既可以在往来账核算功能中对往来账进行管理，也可以在账务处理子系统（总账系统）中将往来客户设为明细科目直接进行核算管理。与直接将往来客户设为明细科目进行核算相比，通过往来账管理功能进行核算，功能更多更强，提供的资料更详尽，更有利于对往来账进行管理。有些软件将往来账核算功能集成在账务处理子系统中，也有的软件将往来账核算功能单独作为一个子系统，但无论怎样设计其基本原理和功能都是相同的。

在用友ERP-U8中，往来账管理系统是单独的子系统，它包括应收款管理系统和应付款管理系统两部分，应收款管理主要核算销售业务，应付款管理主要核算采购业务。

7.1 应收款管理系统概述

应收款管理系统主要用于核算和管理企业与客户之间的往来款项。一方面，对销售业务、其他应收业务产生的应收款项以及对这些应收款项的收回进行处理，及时、准确地提供客户的往来账款余额资料；另一方面，应收账款系统还提供各种分析报表，如账龄分析表、欠款分析、周转分析、回款情况分析等，通过各种分析数据，为企业制订销售政策提供依据，从而提高企业财务管理能力。

7.1.1 应收款管理系统基本功能

1. 应收款管理系统的基本功能。应收款管理系统主要是为实现企业与客户业务往来账款的核算与管理，在应收款管理系统中，以销售发票、费用单、其他应收单等原始单据为依据，记录销售业务及其他业务所形成的往来款项，处理应收款项的收回、坏账、转账等情况，并提供票据处理的功能，实现对应收票据的管理。

根据对客户往来款项核算和管理的详尽程度不同，系统提供了“简单核算”和“详细核算”两种应用方案。不同的应用方案，其系统功能、产品接口和操作流程等均不相同。

（1）“简单核算”应用方案。如果销售业务中应收账款业务并不十分复杂，或者现销业务很多，则可以选择“简单核算”应用方案。在该方案中，应收系统只是连接总账与业务系统的一座桥梁，即只是对销售系统生成的发票进行审核并生成应收款凭证传递到总账，而不能对发票进行其他的处理，也不能对往来明细进行实时查询、分析。此时，往来明细只能在总账中进行简单的查询。在该方案下，其主要功能包括：

①接收销售系统的发票，对其进行审核。

②对销售发票进行制单处理，传递给总账。

（2）“详细核算”应用方案。如果在企业销售业务中应收款核算与管理内容比较复杂，需要追踪每一笔业务的应收款、收款等情况，并希望对应收款项进行各种分析；或者应收款核算到产品一级；则可以选择该方案。采用“详细核算”应用方案，系统能提供以下功能：

①记录应收款项的形成。包括由于商品交易和非商品交易所形成的所有应收项目。

②处理应收项目的收款及转账情况。

③对应收票据进行记录和管理。

④随应收项目的处理过程自动生成凭证，向总账系统进行传递。

⑤对外币业务及汇兑损益进行处理。

⑥提供针对多种条件的各种查询及分析。

具体选择哪一种方案，可以在应收款管理系统的选项中通过设置"应收账款核算模型"来设置。本章后续内容均以"详细核算"应用方案为标准展开。

2. 应收款管理系统与其他系统的关系。应收款管理系统与其他系统的关系如图7-1所示。

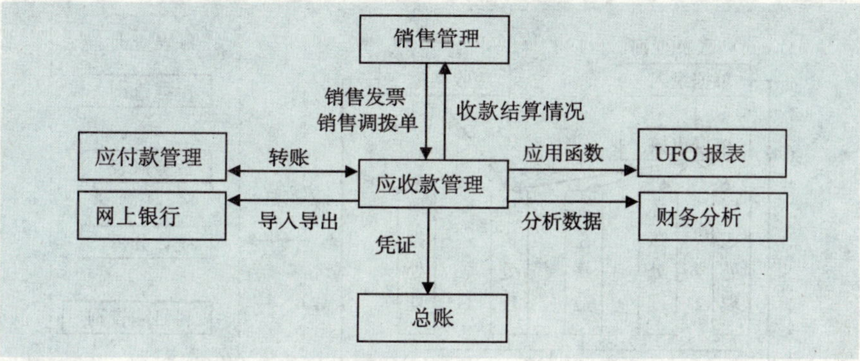

图7-1　应收款管理系统与其他系统的关系

7.1.2 应收款管理系统操作流程

根据对客户往来款项核算和管理的详尽程度不同，系统提供了"简单核算"和"详细核算"两种应用方案，对不同的应用方案，其操作流程不同。

"简单核算"应用方案操作流程为：接收销售系统的发票，对其进行审核；对销售发票进行制单处理，将凭证传递给总账。如图7-2所示。

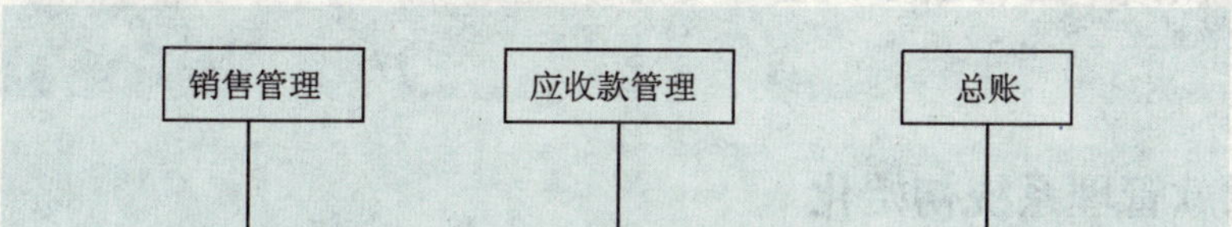

图7-2　应收款管理系统（简单核算）操作流程

"详细核算"应用方案操作流程为：根据用户输入的单据记录应收款项的形成；处理应收项目的收款及转账情况；对应收票据进行记录和管理；对应收项目的处理过程生成凭证，并向总账系统进行传递；对外币业务及汇兑损益进行处理；根据用户所提供的条件，提供各种查询及分析。如图7-3所示。

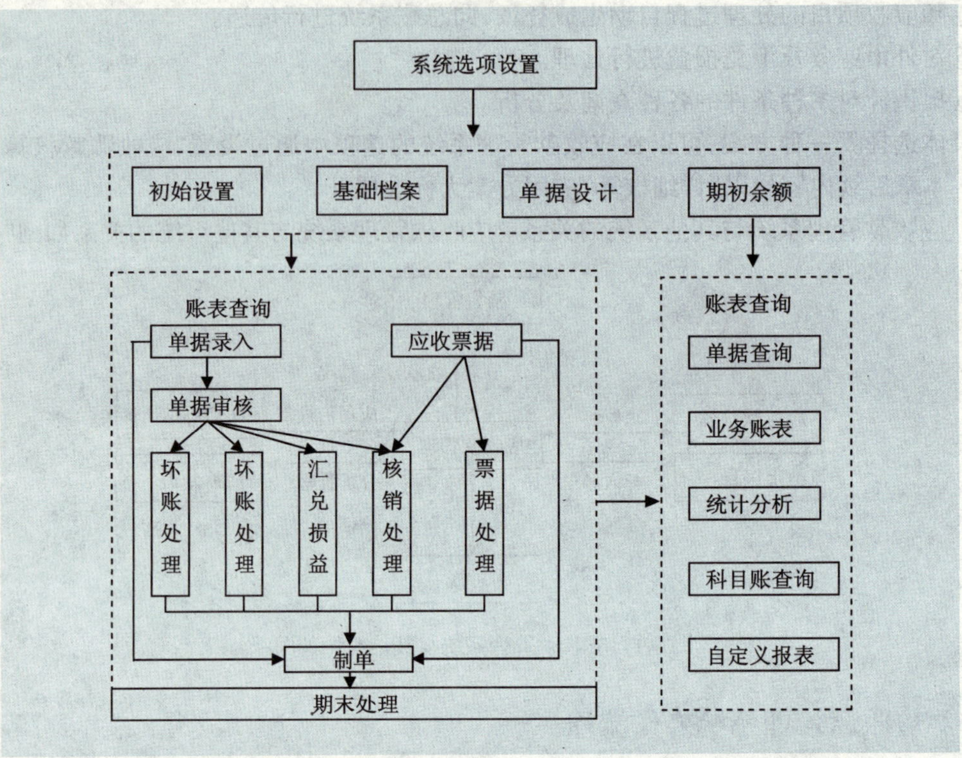

图7-3 应收款管理系统（详细核算）操作流程

7.2 应收款管理系统应用

7.2.1 应收款管理系统初始化

要进行应收款管理系统初始化，首先要启用系统。启用应收款管理系统有两种方法，一是在建账完毕后直接进入系统启用设置进行应收款管理系统的启用；另一种方法是通过企业门户中的“基础信息”进入“系统启用”功能进行启用设置。具体操作参见系统管理。接下来启动系统并进行注册。启动应收款管理系统时，可以选择从“开始”菜单启动；也可以先注册进入企业门户，然后通过企业门户进入应收款管理系统。

在启动应收款管理系统后，进行正常应收业务处理前，应根据企业核算要求和实际业务情况进行有关的设置，这就是系统初始化。应收款管理系统初始化的主要内容包括：选项设置、初始设置、单据设计和期初余额录入等。

1. 选项设置。在运行应收款管理系统前，应在“选项”中设置运行所需要的账套参数，以便系统根据所设定的选项进行相应的处理。

设置账套参数时，单击"设置"|"选项"，打开"账套参数设置"对话框，其中包括三个页签：常规、凭证、权限与报警。

(1)【常规】页签。【常规】页签各选项设置通常如图7-4所示。

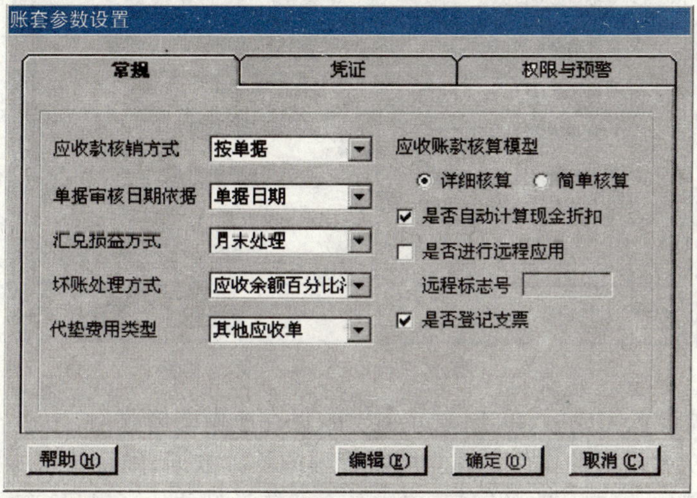

图7-4 账套参数设置——常规

(2)【凭证】页签。【凭证】页签各选项设置通常如图7-5所示。

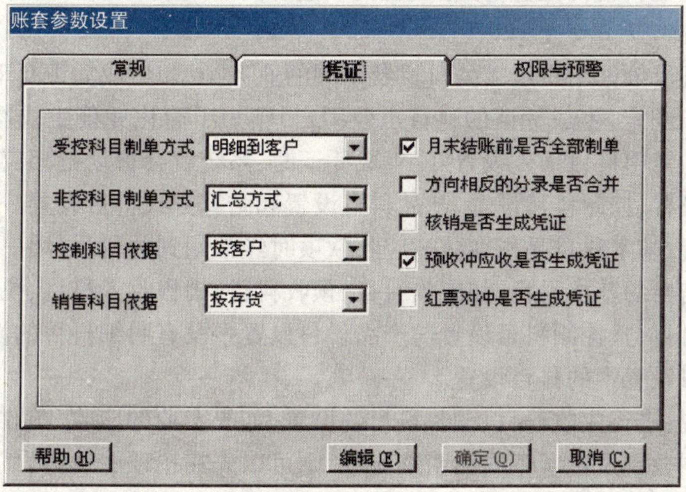

图7-5 账套参数设置——凭证

(3)【权限与预警】页签。【权限与预警】各选项设置通常如图7-6所示。

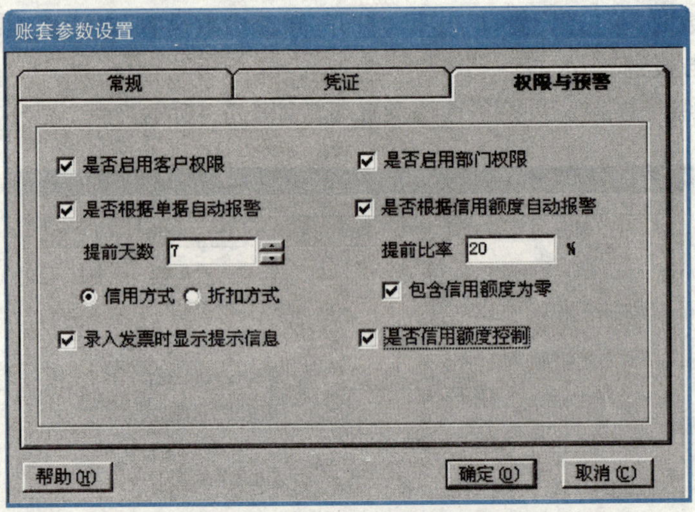

图7-6 账套参数设置——权限与预警

以上页签各选项设置完成后，单击【确定】按钮，保存所做的修改。

2. 初始设置。初始设置的作用是建立应收管理的基础数据，确定使用哪些单据处理应收业务，确定需要进行账龄管理的账龄区间、确定各个业务类型的凭证科目。有了这些功能，用户可以选择使用自己定义的单据类型，进行单据的录入、处理、统计分析并制单，使应收业务管理更符合用户的需要。

初始设置包括凭证科目的设置、单据类型的设置、账龄区间设置、坏账初始设置和报警级别的设置。

(1)凭证科目设置。依据用户定义的科目及不同的业务类型，生成凭证自动带出科目。如果企业应收业务类型较固定，生成凭证的科目也较固定，则为了简化凭证生成操作，可在此处将各业务类型凭证中的常用科目预先设置好，生成凭证时，系统就会自动把相应科目带入。科目设置包括基本科目设置、控制科目设置、产品科目设置和结算方式科目设置。

①基本科目设置：基本科目是指在核算应收款项时经常用到的科目，用户可以在此定义应收系统凭证制单所需要的基本科目，如应收科目、预收科目、销售收入科目、税金科目等。若用户未在单据中指定科目，且控制科目设置与产品科目设置中没有明细科目的设置，则系统依据制单规则取基本科目设置中的科目设置。

②控制科目设置：进行应收科目、预收科目的设置。如果企业的应收、预收科目根据客户的分类或地区分类不同分别设置了不同的明细科目，则可以先在选项中选择设置的依据，并且在此处进行具体的设置。

③产品科目设置：是进行销售收入科目、应交增值税科目、销售退回科目的设置。如果不同的存货(存货分类)分别对应不同的销售收入科目、应交销项税科目和销售退回科目，则先在选项中选择设置的依据，再在此处设置具体科目(销售收入科目和销售退回科目可以相同)。

④结算方式科目设置：是进行结算方式、币种、科目的设置。对于现结的发票、收付款单，系统依据单据上的结算方式查找对应的结算科目，系统制单时自动带出。

(2)坏账准备设置。应收款系统可以根据发生的应收业务情况，提供自动计提坏账准备金的功能。如在账套参数设置选项中坏账处理方式设为直接转销法，则窗口中不出现坏账准备设置这一项。根据应收系统选项中选取的坏账处理方式不同，相应的坏账准备设置也不同，坏账准备参数设置如图7-7所示。

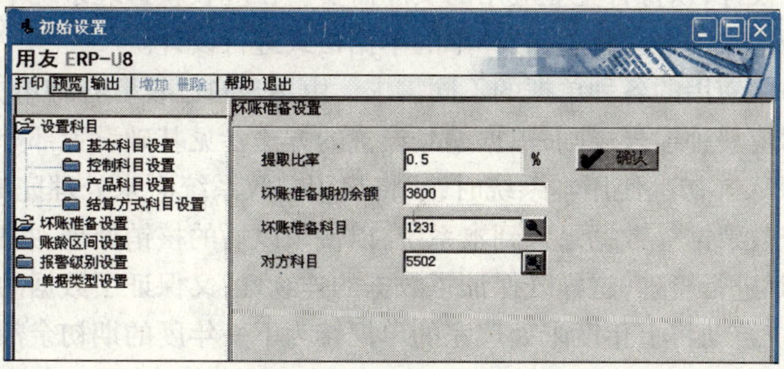

图7-7 坏账准备设置

（3）账龄区间设置。为了对应收账款进行账龄分析，评估客户信誉，并按一定的比例估计坏账损失，应首先在此设置账龄区间。账龄区间设置如图7-8所示。

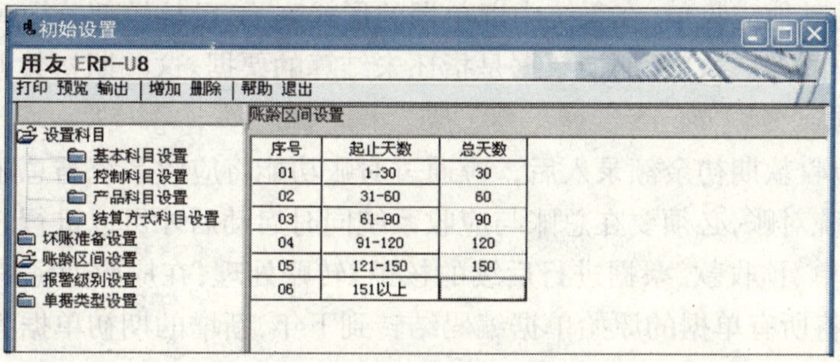

图7-8 账龄区间设置

（4）报警级别设置。通过对报警级别的设置，将客户按照所欠余额与其授信额度的比例分为不同的类型，以便于掌握各个客户的信用情况。报警级别设置如图7-9所示。

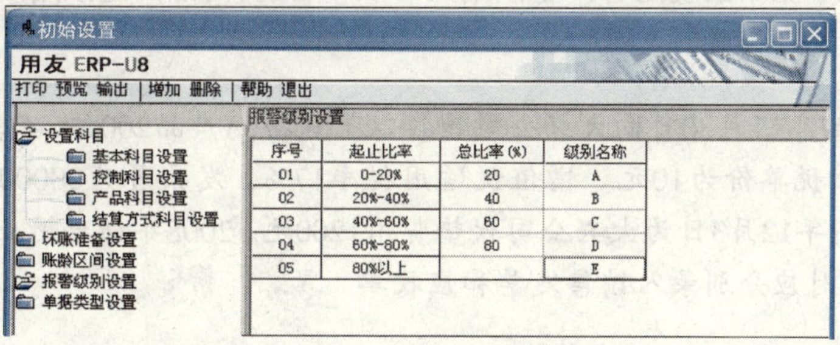

图7-9 报警级别设置

（5）单据类型设置。系统提供了发票和应收单两大类型的单据。如果同时使用销售系统，则发票的类型包括增值税专用发票、普通发票、销售调拨单和销售日报。如果单独使用应收系统，则发票的类型不包括后两种。发票的类型不能修改和删除。

应收单记录销售业务之外的应收款情况。在本功能中，只能增加应收单，而发票的类型是固定的，不能修改删除。应收单可划分为不同的类型，以区分应收货款之外的其他应收款。例如，应收代垫费用款、应收利息款、应收罚款、其他应收款等。

3. 单据设计和单据编号设置。利用单据设计功能可以对系统各主要单据的屏幕显示界面以及打印格式进行设计，以符合企业应用的实际需要。在应收款管理系统中，企业可根据需要对普通发票、专用发票、各类应收单、结算单的单据格式进行设计。

根据企业业务中使用的各种单据的不同需求，由用户自己设置各种单据类型的编码生成原则。每种单据对应一种编号规则，单据编号设置的方法参见基础设置部分。

4. 期初余额录入。初次使用本系统时，要将启用应收系统时未处理完的所有客户的应收账款、预收账款、应收票据等数据录入到本系统，以便于以后的核销处理，并且作为期初建账的数据，系统即可对其进行管理，这样既保证了数据的连续性；又保证了数据的完整性。当进入第二年度处理时，系统自动将上年度未处理完的单据转为下一年度的期初余额。在下一年度的第一个会计期间里，可以进行期初余额的调整。在期初余额主界面，列出的是所有客户、所有科目的期初余额，可以通过过滤功能，查看某个客户的期初余额，或者查看某个科目的期初余额。

录入期初余额，包括未结算完的发票和应收单、预收款单据、未结算完的应收票据。期初发票是指还未核销的应收账款，在系统中以单据的形式列示，已核销部分金额不显示。期初应收单是指还未结算的其他应收单，在系统中以单据的形式列示，已核销部分金额不显示。期初预收单是指提前收取的客户款项。期初票据是指还未结算的票据。这些期初数据必须是账套启用会计期间前的数据。

当完成全部应收款期初余额录入后，应通过对账功能将应收系统与总账系统期初余额进行核对。与总账系统对账，必须要在总账与应收系统同时启动后才可以进行。在日常业务中，可对期初发票、应收单、预收款、票据进行后续的核销、转账处理，在应收业务账表中查询期初数据。年结时，系统将所有单据的原始单据编码结转到下年，新增的期初单据其单据编码根据单据编码设置方案自动生成。

当系统选项中设置了启用客户、部门数据权限，则在查询、编辑期初余额数据时均需要根据登录用户的对应数据权限进行相应的限制。单据中的部门为空时，相当于该单据的部门权限不受控制。如：一张单据中出现的客户是该用户可以查看的，而部门是该用户禁止查看的记录，则该张单据禁止该用户查看。

[例7-1] 2007年11月30日向大兴公司销售以下货物，A产品200件，不含税单价为100元，B产品800件，不含税单价为10元。增值税适用税率17%，发票号为0000000001，订单号为74726526326。2007年12月3日为大兴公司代垫费用1200元。2008年初启用应收款管理系统，启用应收款管理系统时应分别录入销售发票和应收单。

操作步骤

(1)单击“设置”|“期初余额”，打开“期初余额—查询”对话框，单击【确认】按钮，进入“期初余额明细表”窗口。

(2)单击工具栏中的【增加】按钮，打开“单据类别”对话框，选择单据名称：销售发票；单据类型：销售专用发票；方向：正向，然后单击【确认】按钮，进入期初销售发票录入窗口，录入结果如图7-10所示。录入完成后单击【保存】按钮。

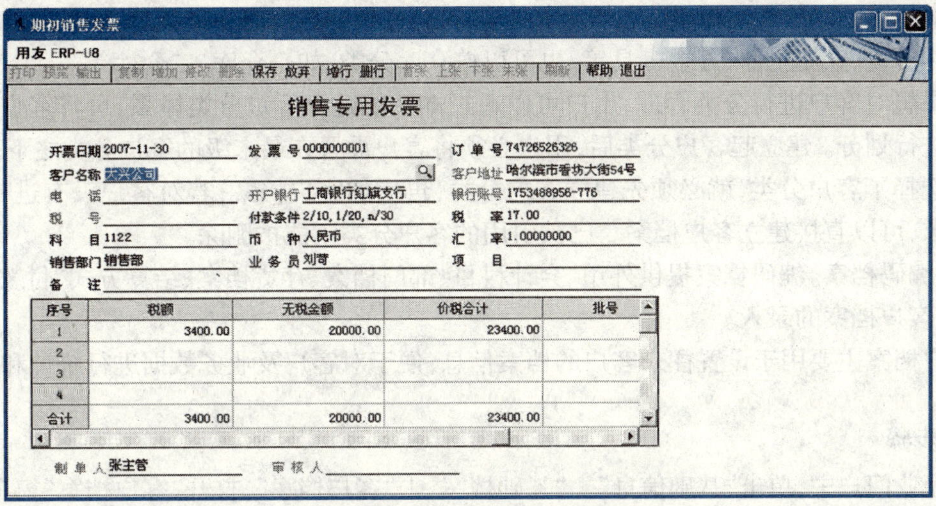

图7-10 录入期初销售发票

(3)单击【退出】按钮,在期初余额明细表界面单击【增加】,重新选择单据继续输入。打开“单据类别”对话框。选择单据名称:应收单;单据类型:其他应收单;方向:正向,然后单击【确认】按钮,进入应收单录入窗口,录入结果如图7-11所示。

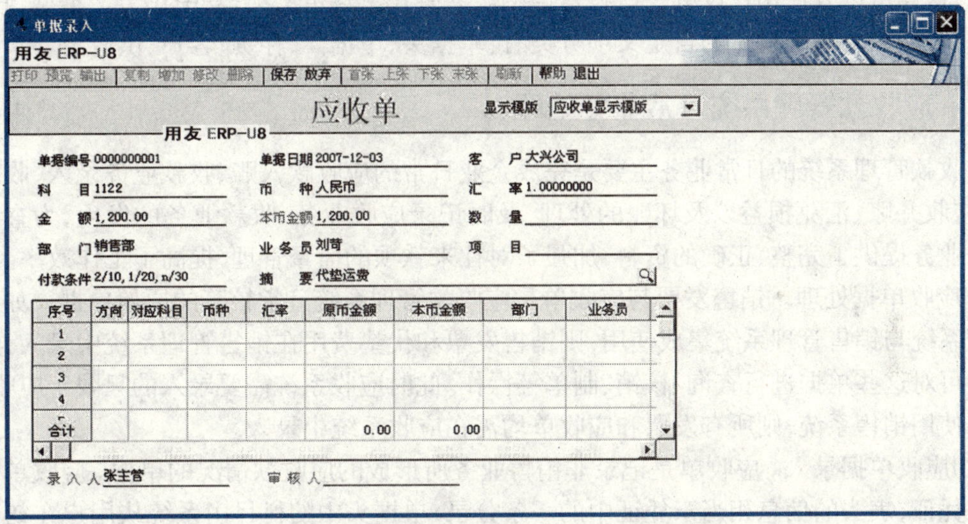

图7-11 录入期初应收单

5. 其他初始化工作。

(1)分类体系。分类体系提供地区分类、存货分类、供应商分类、客户分类等的定义。

地区分类最多有5级,企业可以根据实际需要进行分类,可以按区、省、市进行分类,也可以按省、市、县进行分类。

存货分类用于设置存货分类编码、名称及所属经济分类。存货分类最多可分8级,编码总长不能超过30位,每级级长用户可自由定义。例如工业企业的存货分类可以分为三类:材料、产成品、应税劳务等。用户可以在此基础上继续分类。如材料继续分类,可以按材料属性分为钢材类、木材类等;产成品继续分类可以按照产成品属性分为紧固件、传动件、箱体等。商业企业的存货分类的第一级一般可以分为两类,分别是商品、应税劳务。商品继续分类可以按商品属性分为日用百货、家用电器、五金工具等,也可以按仓库分类,如一仓库、二仓库等。

如果想对客户进行分类管理,用户可以通过本功能建立客户分类体系,可将客户按行业、地区等进行划分。建立起客户分类后,用户必须将客户设置在最末级的客户分类之下。如果在建账时选择了客户分类,就必须先建立客户分类,再增加客户档案;若对客户没有进行分类管理的需求,可以直接建立客户档案。已被引用的客户分类不能被删除。

(2)编码档案。编码档案提供外币、会计科目、部门档案、存货档案、结算方式、付款条件、职员档案、客户档案的录入。

客户档案主要用于设置往来客户的档案信息,便于对客户及业务数据进行统计和分析。

操作步骤

在企业门户中,单击"基础信息"|"基础档案"|"客户档案",打开"客户档案"窗口。窗口分左右两个部分,左窗口显示已设置的客户分类,单击鼠标选中列表中的某一分类(显示为灰色),右窗口中显示该分类下所有的客户列表。单击【增加】按钮,打开"增加客户档案"窗口,即可输入客户档案信息。

(3)自定义项。在用友ERP-U8系统中,为各类原始单据和常用基础信息设置了自定义项和自由项,这样可以方便用户设置一些特殊信息。共有16个自定义项,其中10个文本型,4个数字型和2个日期型。系统设置的自定义项分类有:单据头、单据体、存货、客户、供应商。

7.2.2 应收款管理系统日常业务处理

应收款管理系统的日常业务主要是完成企业日常的应收款入账、收款业务录入、收款业务核销、应收并账、汇兑损益以及坏账的处理,及时记录应收业务、收款业务的发生,为查询和分析往来业务提供了完整、正确的资料,加强了对往来款项的监督管理,提高了工作效率。

1. 应收单据处理。销售发票与应收单是应收款管理系统日常核算的原始单据。如果应收款管理系统与销售管理系统集成使用,则销售发票和代垫费用在销售管理系统中录入,在应收系统中可对这些单据进行查询、核销、制单等操作。此时应收系统需要录入的只限于应收单。如果没有使用销售系统,则所有发票和应收单均需在应收系统中录入。

(1)应收单据录入。应收单是记录非销售业务所形成的应收款情况的单据。应收单的实质是一张凭证,表头的信息相当于凭证中的一条分录,单据头中的科目由系统从用户在初始设置时所设置的应收科目中取得;表体中的一条记录也相当于凭证中的一条分录,单据头的金额合计与单据体中的金额合计应相等。若没有启用销售系统,则销售发票在应收款管理系统中录入,它的修改、删除与应收单处理相同。

应收单据录入方法与录入期初余额时录入销售发票和录入应收单基本相同。

[例7-2] 2008年1月10日向东方经贸公司销售A产品500件,不含税单价为100元,B产品300件,不含税单价为10元。增值税适用税率17%。同日为东方经贸公司代垫费用2000元。进行应收单据录入。

操作步骤

①单击“日常处理”|“应收单据处理”|“应收单据录入”，打开“单据类别”对话框。选择单据名称为“销售发票”；单据类型为“销售专用发票”；单据方向为“正向”。

②单击【确认】按钮，进入“销售专用发票”录入界面进行单据录入。录入完毕，按【保存】按钮，即可保存当前新增单据。如图7-12所示。

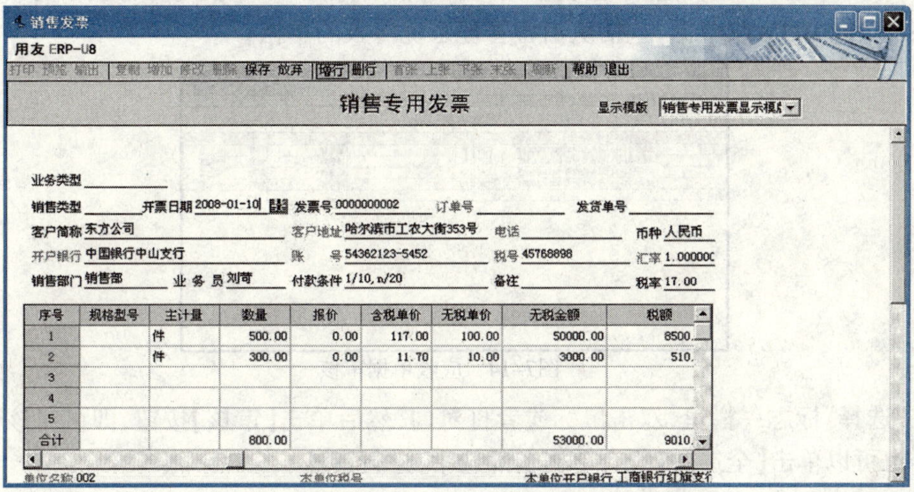

图7-12 录入销售专用发票

③退出后重新进入应收单据录入窗口。选择单据名称为“应收单”；单据类型为“其他应收单”；单据方向为“正向”；单击【确认】按钮，在图7-13所示的“应收单”录入界面进行单据录入。

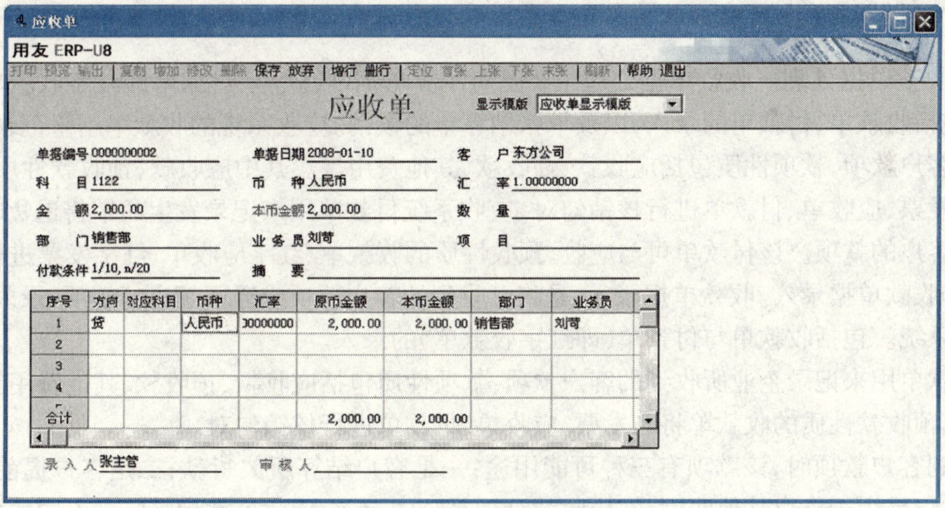

图7-13 录入应收单

接下来用户可以进行审核、弃审、修改、删除等操作。

提示 单据的名称和类型不能修改，从销售系统中传入的单据不允许删除。已审核的单据不能修改或删除，已生成凭证或进行过核销的单据在单据界面不再显示。

（2）应收单据审核。用户既可在单据录入完成后直接进行应收单据审核；也可以在“日常处理”｜“应收单据处理”｜“应收单据审核”中对应收单据进行审核。

操作步骤

①单击“日常处理”｜“应收单据处理”｜“应收单据审核”，打开“单据过滤条件”对话框。输入查询条件后，单击【确认】，进入“应收单据列表”界面，如图7–14所示。屏幕显示的单据包括全部已审核、未审核的应收单据，包括从销售管理系统传入的单据。

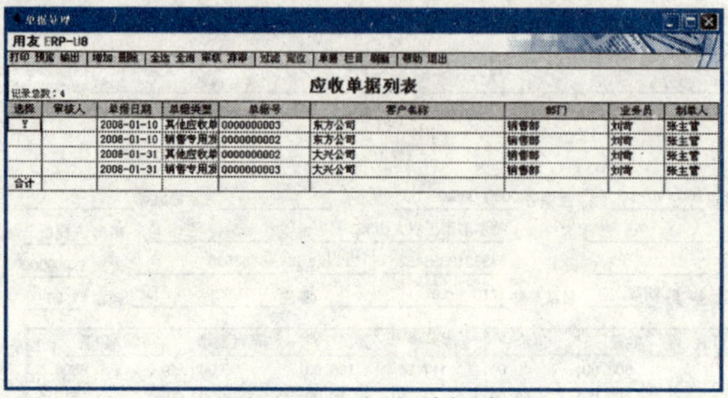

图7–14 应收单据审核

②在“选择”标志一栏里，双击鼠标或者打对勾，然后单击【审核】按钮，即可对该张单据进行审核。也可以单击【全选】将所有单据全部选中，进行审核。

提示 系统提供用户手工审核、自动批审核的功能，自动批审不包括对现结发票的审核，对现结发票审核只能通过手工审核。用户可以对已审核的应收单据进行弃审。作过后续处理的如核销、制单、转账等的单据在【应收单据审核】中不能显示。对这些单据的查询，用户可在【单据查询】中进行。用户也可在应收单据审核界面进行应收单的增加、修改、删除等操作。

2. 收款单据处理。收款单据处理主要是对结算单据（收款单、付款单即红字收款单）进行管理，包括收款单、付款单的录入，以及单张结算单的核销。应收系统的收款单用来记录企业所收到的客户款项，款项性质包括应收款、预收款、其他费用等。其中应收款、预收款性质的收款单将与发票、应收单、付款单进行核销勾对。应收系统付款单用来记录发生的销售退货时，企业退付给客户的款项。该付款单可与应收、预收性质的收款单、红字应收单、红字发票进行核销。

（1）收款单据录入。收款单据录入，是将已收到的客户款项或退回额户的款项，录入到应收款管理系统。包括收款单与付款单（即红字收款单）的录入。

收款单用来记录企业所收到的客户款项，款项性质包括应收款、预收款、其他费用等。其中应收款、预收款性质的收款单将与发票、应收单、付款单进行核销勾对。

收到客户款项时，该款项有三种可能用途：一是客户结算所欠货款；二是客户提前支付的预付款；三是用于支付其他费用。在应收款管理系统中，系统用款项类型来区别不同的用途。如果对于一张收款单，同时有几种用途，那么应该在表体记录中分行显示。

提示 发生销售退货时，企业开具的退付给客户款项的付款单可与应收、预收性质的收款单、红字应收单、红字发票进行核销。在收款单录入界面，单击【切换】，可以在收款与付款单之间进行切换。在销售业务发生之前，如果预收了客户的款项，也要在“收款单据录入”中处理。以后可通过“预收冲应收”、“核销处理”使用此笔预收款。

(2)收款单据审核。收款单据审核主要完成结算单的自动审核、批量审核功能。在收款单录入界面执行单据审核后,可以直接进行核销处理,也可以在“日常处理”|“核销处理”中进行核销。在【收款单据审核】界面中显示的单据包括全部已审核、未审核的收(付)款单,用户可在此进行收款单、付款单的增加、修改、删除等操作。

[例7-3] 2008年1月27日收到银行托收承付收款通知,大兴公司支付2007年12月所欠货款及增值税款23400元,票据号为45326778,经办人为销售部刘苛。录入收款单据后直接进行审核。

操作步骤

①单击“日常处理”|“收款单据处理”|“收款单据录入”,进入“收款单”窗口,如图7-15所示。

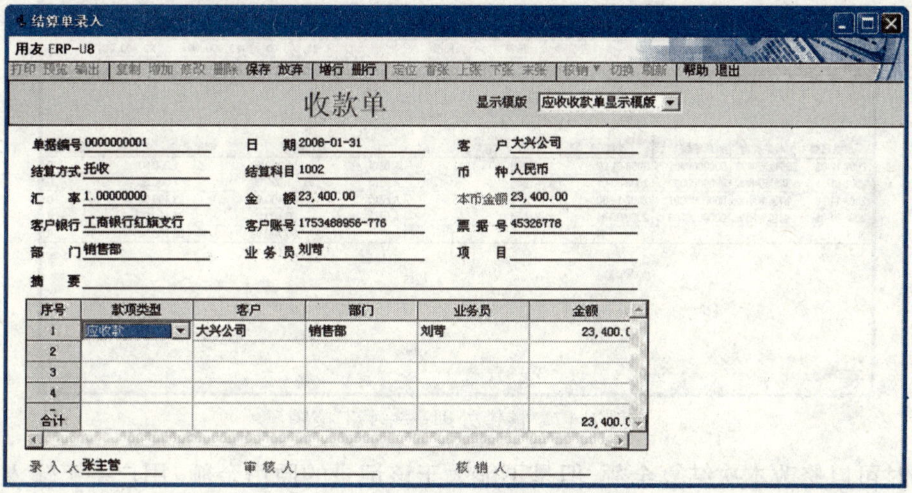

图7-15 录入收款单

②录入完毕后单击【保存】,再单击【审核】按钮,就直接完成了对收款单的审核。

3. 核销处理。核销处理指日常进行的收款核销应收款的工作。单据核销的作用是解决收回客商款项并核销该客商应收款的处理,建立收款与应收款的核销记录,监督应收款及时收取,加强往来款项的管理。

系统提供自动核销和手工核销两种核销方式。

(1)手工核销。手工核销指由用户手工确定收款单核销与它们对应的应收单的工作。通过本功能可以根据查询条件选择需要核销的单据,然后手工核销,加强了往来款项核销的灵活性。

操作步骤

①单击“日常处理”|“核销处理”|“手工核销”,打开“核销条件”对话框,进入核销过滤条件界面如图7-16所示。

②选择需要进行核销处理的客户,输入结算单、被核销单据过滤条件,点击【确认】按钮,进入单据核销界面,上边列表显示该客户可以核销的结算单记录,下边列表显示该客户符合核销条件的对应单据,如图7-17所示。

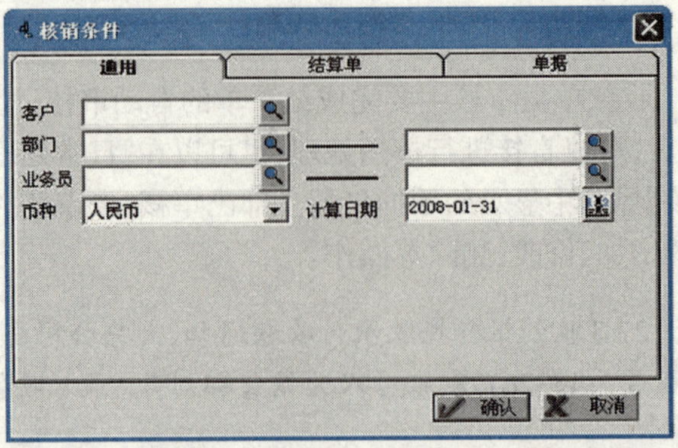

图7-16　核销处理——核销条件

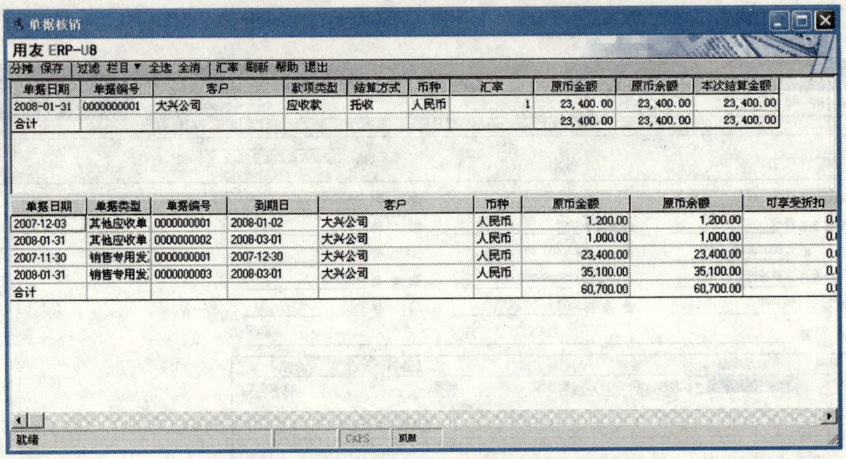

图7-17　核销处理——手工核销

核销时可以修改本次结算金额，但是不能大于该记录的原币余额。用户手工输入本次结算金额。本次结算中，上下列表中的结算金额合计必须保持一致。

③点击【保存】按钮，即可完成本次核销操作。

用户也可手工输入本次结算金额后，点击【分摊】按钮，系统将当前结算单列表中的本次结算金额合计自动分摊到被核销单据列表的本次结算栏中。核销顺序依据被核销单据的排序顺序。用户可更改当前被核销单据的排序，可通过点击【栏目—单据】按钮，即可进行单据列表顺序的设置。点击【保存】按钮，系统自动保存该结算单核销信息。点击【退出】按钮则可退出单据核销功能。

提示 手工核销时一次只能显示一个客户的单据记录，且结算单列表根据表体记录明细显示。当结算单有代付处理时，只显示当前所选客户的记录。若需要对代付款进行处理，则需要在过滤条件中输入该代付单位进行核销。手工核销的情况下一次只能对一种结算单类型进行核销，即需要将收款单和付款单分开核销。手工核销保存时，若结算单列表的本次结算金额合计大于或小于被核销单据列表的本次结算金额合计，系统将提示用户：结算金额不相等，不能保存。核销的记账日期=处理时的注册日期。若发票中同时存在红蓝记录，则核销时先进行单据的内部对冲。用户可以根据结算单单张取消核销处理。

（2）自动核销。自动核销指用户确定收款单核销与它们对应的应收单的工作。通过本功能可以根据查询条件选择需要核销的单据，然后系统自动核销，加强了往来款项核销的效率性。

操作步骤

单击“日常处理”|“核销处理”|“自动核销”，打开“核销条件”对话框。输入过滤条件，单击【确认】按钮，系统进行自动核销。核销完成后，系统提交“自动核销报告”，显示已核销的情况和未核销的原因。

提示 自动核销可对多个客户进行核销处理，依据核销规则对客户单据进行核销处理。自动核销允许在取消操作中按客户分别进行取消核销处理。

如果收款单的数额等于收款单据的数额，则收款单与原有单据完全核销。如果客户事先预付了一部分货款，在业务完成后又付清了剩余的款项，并且要求这两笔款项同时结算，则在核销时需要使用预收款。当收款单的数额小于原有单据的数额，单据仅有一部分核销，未核销的余款留待下次核销。如预收款大于实际结算数，余款退回。如果预收往来单位款项大于实际结算的货款，可以将余款退付给往来单位。处理方法为：按余款数额输入付款单，与原收款单核销。

4. 付款单导出。付款单导出主要完成付款单与网上银行的相互导入导出处理。

不管是应收导出给网上银行的单据还是网上银行导出给应收的单据均只能在应收系统进行制单。对于一张付款单来说只能单向导入/出，即不允许一张单据进行循环导入/出。

提示 可以从应收系统导出到网上银行的付款单只能是未审核过的；导出后，在网上银行未确认支付前，应收系统不能再对这张付款单进行任何处理。

5. 票据管理。票据管理主要是对商业承兑汇票和银行承兑汇票进行日常的业务处理，所有涉及票据的收入、结算、贴现、背书、转出、计息等处理都应该在票据管理中进行。

(1)增加票据。当收到银行承兑汇票或商业承兑汇票时，应将该汇票录入应收款管理系统的票据管理中。单击“日常处理”|“票据管理”，打开“票据查询”对话框，单击【确认】按钮，进入“票据管理”窗口。单击工具条上的【增加】按钮，屏幕会出现票据增加的界面如图7-18所示。

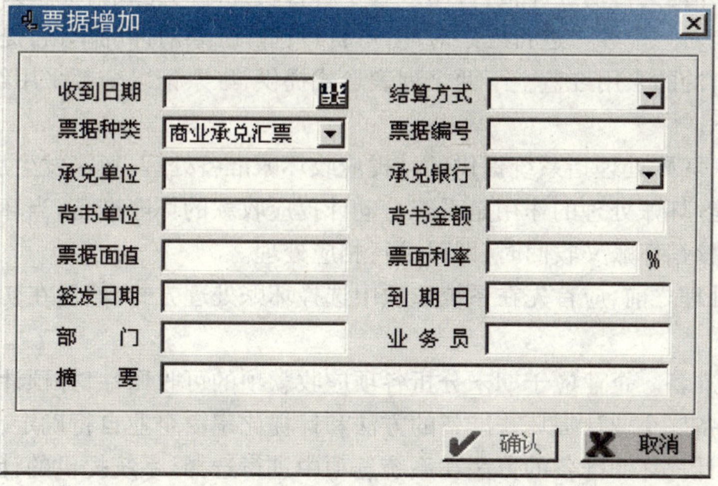

图7-18 票据管理——票据增加

(2)修改票据。发现已录入的票据有错，可以利用系统提供的修改功能修改票据内容。但已进行核销的票据不能被修改，已经进行过计息、结算、转出等处理的票据不能被修改。

(3)票据贴现。票据贴现是指持票人因急需资金，将未到期的承兑汇票背书后转让给银行，贴给银行一定利息后收取剩余票款的业务活动。票据贴现后，将不能再对其进行其他处理。

(4)票据背书。无法支付其他单位的欠款时，可将自己拥有的票据背书，冲减自己的应付款。

票据背书后，将不能对其再进行其他处理。当背书方式为"冲销应付账款"时，如果背书金额大于应付账款，则将剩余金额记为供应商的预付款，并结清该张票据。

(5)票据转出。当票据到期，而承兑单位无力付款时，应该将应收票据转入应收账款。票据转出后，不能再进行其他与票据相关的处理。

(6)票据计息。票据分为带息票据和不带息票据。如果为带息票据就需要对其进行计息处理。

进行票据计息时，只需输入"计息日期"，利息金额由系统自动计算得出，确认后，系统会自动把结果保存在票据登记簿中。再次计息时，系统自动扣除以前已计提过的利息。

进行票据结算时，结算金额不是票据余额，而是通过结算实际收到的现金等。结算金额减去利息加上费用的金额要小于或等于票据余额。票据结算后，不能再进行其他与票据相关的处理。

6. 转账处理。

(1)应收冲应付：即用某客户的应收账款，冲抵某供应商的应付款项。系统通过应收冲应付功能将应收款业务在客户和供应商之间进行转账，实现应收业务的调整，解决应收债权与应付债务的冲抵。

(2)应收冲应收：指将一家客户的应收款转到另一家客户账户中。通过本功能将应收款业务在客商之间进行转入、转出，实现应收业务的调整，解决应收款业务在不同客商间入错户或合并户问题。

(3)预收冲应收：处理客户的预收款和该客户应收欠款的转账核销业务。

(4)红票对冲：红票对冲可实现某客户的红字应收单与其蓝字应收单、收款单与付款单之间进行冲抵的操作。系统提供两种处理方式：自动冲销和手工冲销。

自动对冲可同时对多个客户依据红冲规则进行红票对冲，提高红票对冲的效率。自动红票对冲提供进度条，并提交自动红冲报告，用户可了解自动红冲的完成情况及失败原因。

手工对冲只能对一个客户进行红票对冲，可自行选择红票对冲的单据，提高红票对冲的灵活性。手工红票对冲的采用红蓝上下两个列表形式提供，红票记录全部采用红色显示，蓝票记录全部用黑色显示。

7. 坏账处理。坏账处理指系统提供的计提应收坏账准备处理、坏账发生后的处理、坏账收回后的处理等功能。坏账处理的作用是系统自动计提应收款的坏账准备，当坏账发生时即可进行坏账核销，当被核销坏账又收回时，即可进行相应处理。

在进行坏账处理之前，应首先在系统选项中选择坏账处理方式，然后在初始设置中设置坏账准备参数。

(1)计提坏账准备。企业应于期末分析各项应收款项的可收回性，并预计可能产生的坏账损失，计提坏账准备。企业计提坏账准备的方法和计提比率由企业自行确定，计提比率只能在初始设置中改变，计提坏账准备的方法在系统选项中进行选择。系统提供的计提坏账的方法主要有销售收入百分比法、应收账款百分比法和账龄分析法。

［例7-4］ 采用应收账款百分比法计提坏账准备。

操作步骤

单击“日常处理”|“坏账处理”|“计提坏账准备”，系统自动算出当年度应收账款余额，并根据计提比率计算出本次计提金额。屏幕显示如图7-19所示。

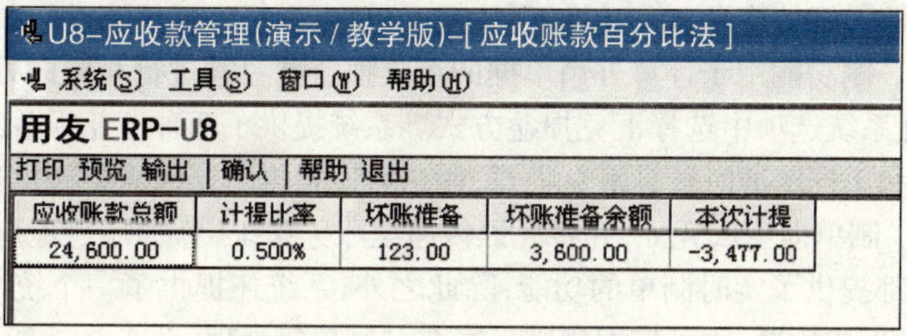

图7-19 日常处理——计提坏账准备

提示 应收账款余额的默认值为本会计年度最后一天的所有未结算完的发票和应收单余额之和减去预收款数额。如果确认此次计提成功，本年度将不能再次计提坏账准备，并且不能修改坏账参数。

(2)坏账发生。发生坏账是在应收款项不能收回时进行的确认。通过本功能，用户可以选定发生坏账的应收业务单据，确定一定期间内应收款发生的坏账，便于及时用坏账准备进行冲销，避免应收款长期呆滞的现象。

操作步骤

①选择“坏账处理”|“坏账发生”，打开“坏账发生”对话框。

②输入客户信息后，单击【确认】，进入坏账发生单据明细界面。在“本次发生坏账金额”栏中直接输入本次坏账发生金额。本次坏账发生金额只能小于等于单据余额。

③单击【确认】，对所选的发票进行坏账处理，执行记账功能。在合计行中自动显示所有记录的各项数值型栏目合计。系统自动将已经输入本次发生坏账金额的单据一一记入应收明细账中。

(3)坏账收回。坏账收回指系统提供的对已确定为坏账后又被收回的应收款进行业务处理的功能。通过本功能可以对一定期间发生的应收坏账收回业务进行处理，反映应收账款的真实情况，便于对应收款的管理。

当用户收回一笔坏账时，应首先在【收款单据录入】功能中录入一张收款单，该收款单的金额即为收回的坏账的金额。该收款单不需要审核。选择【日常处理】菜单项下【坏账处理】中的【坏账收回】。输入全部必需的信息后，单击【确认】按钮，保存此次操作。

提示 在录入一笔坏账收回的款项时，不要把该客户的其他收款业务与该笔坏账收回业务录入到同一张收款单中。

(4)坏账查询。坏账查询指系统提供的对坏账处理过程和处理结果进行查询的功能。通过坏账查询功能可以查询一定期间内发生的应收款坏账发生情况、处理情况及处理结果，加强对坏账的监督。

操作步骤

①选择“坏账处理”|“坏账查询”,进入坏账查询窗口。屏幕会显示坏账发生和坏账收回的综合情况。

②如果想了解详细的信息,单击【详细】按钮,可以查看每一笔坏账发生和收回的情况。

8. 汇兑损益。本功能用于计算外币单据的汇兑损益并对其进行相应的处理。在使用本功能之前,应首先在系统选项中选择汇兑损益方式。系统提供了两种汇兑损益的处理方法,即月末计算汇兑损益和单据结清时计算汇兑损益,用户可以根据自己的需要做出选择。

9. 制单处理。制单即生成凭证,并将凭证传递至账务系统(总账)记账。应收款系统在各个业务处理过程中都提供了实时制单的功能;除此之外,系统还提供了一个统一制单的平台,可以在此快速、成批生成凭证,并可依据规则进行合并制单等处理。

操作步骤

(1)选择“日常处理”|“制单处理”,打开“制单查询”对话框,如图7-20所示。

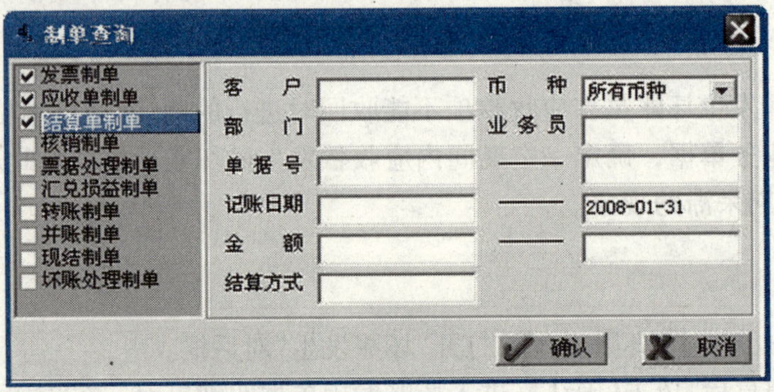

图7-20 制单查询

(2)单击左边选择“制单类型”,制单类型包括发票制单、应收单制单、结算单制单、核销制单、票据处理制单、汇兑损益制单、转账制单、并账制单、现结制单、坏账处理制单。用户可根据自己的实际需要选取需要制单的类型。

(3)输入完查询条件,单击【确认】,系统会将符合条件的所有未制单已经记账的单据全部列出,如图7-21所示。

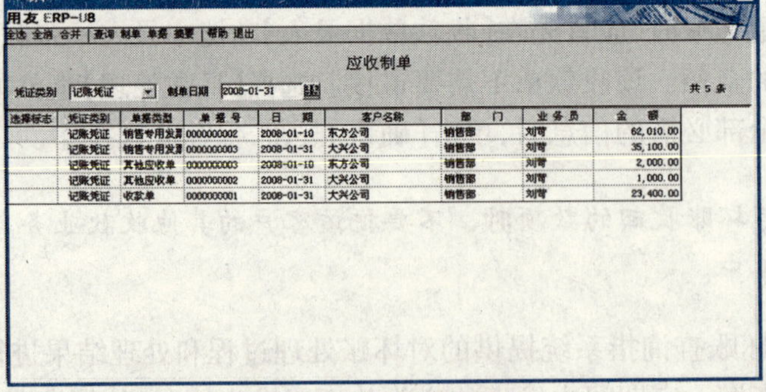

图7-21 应收制单列表

(4)输入制单日期,并在“凭证类别”栏目处,用下拉框为每一个制单类型设置一个默认的凭证类别。该类别可以在凭证中修改。

(5)选中某一记录,单击【单据】按钮,即可显示该条记录所对应的单据卡片形式。若该条记录所对应的单据有多条,则先显示这些单据记录的列表形式,双击可以打开呈卡片形式。

(6)生成的凭证摘要默认为单据备注,如果单据没有备注信息则以业务类型为凭证摘要。若用户希望在生成凭证的过程中系统自动形成凭证的摘要内容,单击【摘要】按钮进入摘要设置界面,即可对各种制单类型的摘要进行设置。

(7)在单据的选择标志栏内对需要制单的单据进行选择,或单击【全选】选择所有单据的制单。

(8)选择要进行制单的单据,在“选择标志”一栏双击,系统会在用户双击的栏目给出一个序号,表明要将该单据制单。用户可以修改系统所给出的序号。相同序号的记录将制成一张凭证。也可单击【合并】按钮,进行合并制单。

(9)选择完所有的条件后,单击【制单】按钮,进入凭证界面进行操作。如图7-22所示。

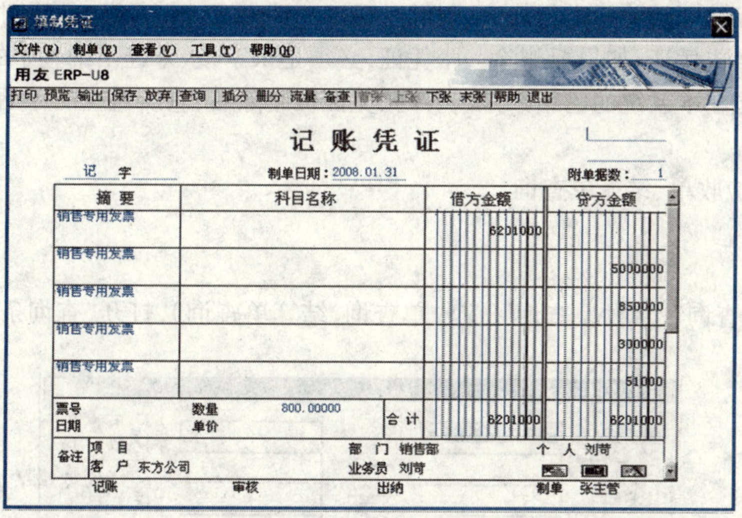

图7-22 应收制单

(10)在凭证界面操作完毕,用鼠标单击【保存】按钮,凭证左上角显示“已生成”,表明已将当前凭证传递到总账系统。

提示 用户可以增加、删除分录,但增加、删除的分录科目不能为受控科目,系统生成的分录不允许删除。用户可以修改科目、项目、部门、个人、制单日期、摘要、凭证类别、附单据数等栏目。凭证金额由系统自动生成,用户不能对此进行修改,但允许对非受控科目分录进行金额的修改。

本系统的控制科目可在其他系统进行制单,但在其他系统制单则会造成应收款管理系统与总账系统对账不平。一张原始单据制单后,将不能再次制单。

制单日期系统默认为当前业务日期。制单日期应大于等于所选的单据的最大日期,但小于等于当前系统日期。如果同时使用了总账系统,且总账选项要求制单序时,所输入的制单日期则应该满足制单日期序时要求:即大于同月同凭证类别的最大日期。

7.2.3 账表查询及其他处理

1. 单据查询。应收系统提供发票查询、应收单查询、结算单查询、凭证查询等功能，进行各类单据、详细核销信息、报警信息、凭证等内容的查询。在查询列表中，系统提供自定义显示栏目、排序等功能，您可以通过单据列表操作来制作符合您要求的单据的列表。用户在单据查询时，若启用客户、部门数据权限控制时，则用户在查询单据时只能查询有权限的单据。

(1) 凭证查询。通过凭证查询可以查看、修改、删除、冲销应收账款系统传到账务系统中的凭证。

操作步骤

单击“单据查询”|“凭证查询”，打开“凭证查询条件”对话框。输入条件后，单击【确认】，进入“凭证查询”窗口。

在凭证查询界面，可以对凭证进行删除、修改、冲销等操作。如果凭证已在总账中记账，又需要对形成凭证的原始单据进行修改，则可以通过冲销方式冲销凭证，然后对原始单据进行其他操作后再新生成凭证。如果要删除一张凭证，必须是未审核、未经出纳签字的凭证，且该凭证的凭证日期不能在本系统的已结账月内。一张凭证被删除后，它所对应的原始单据及操作可以重新制单。

(2) 发票、应收单、结算单查询。

操作步骤

选择“单据查询”|“发票查询”(应收单查询、结算单查询)，打开“查询条件”对话框，如图7-23所示。

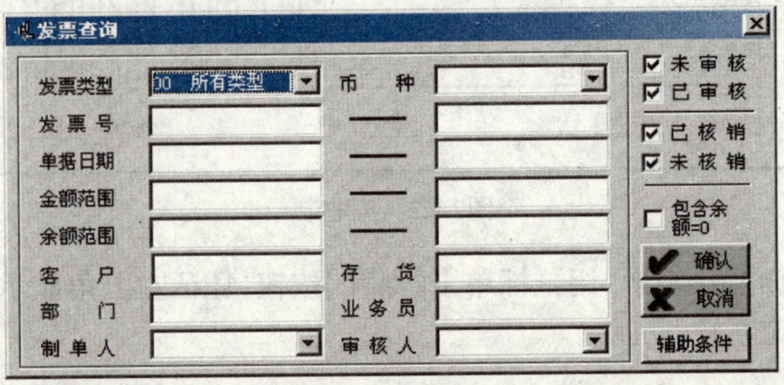

图7-23 发票查询

输入查询条件后，单击【确认】按钮，进入查询结果列表界面，单据日期不选时，显示所有符合条件单据。单击【查询】按钮，可以重新输入查询条件。单击【单据】按钮，可以调出原始单据卡片。单击【详细】按钮(也可在具体记录上单击鼠标右键)，可以查看当前单据的详细结算情况。单击【栏目】按钮，可以设置当前查询列表的显示栏目、栏目顺序、栏目名称、排序方式，且可以保存当前设置的内容。

(3) 单据报警查询。单据报警的作用是对快要到期的单据或即将不能享受现金折扣的单据进行列示。用户可以根据不同的报警设置来查询哪些单据快到期了，哪些单据很快就不能再享受现金折扣了。系统提供自动报警和人工查询两种方式。

如果选择根据信用期自动报警，则用户需要设置报警的提前天数。每次登录本系统时，系统自动将符合“单据到期日-提前天数<=当前注册日期”的已经审核的单据显示出来，以提醒用户及时通知客户哪些业务应该回款了。

如果选择根据折扣期自动报警，则用户需要设置报警的提前天数。每次登录本系统时，系统自动将符合“单据最大折扣日期-提前天数<=当前注册日期”的已经审核的单据显示出来，以提醒用户及时通知客户哪些业务将不能享受现金折扣待遇。

如果没有设置自动报警，那么每次登录本系统时不会出现报警信息。

操作步骤

选择“单据查询”|“单据报警查询”，打开“报警查询条件”对话框，如图7-24所示；选择报警类型和其他查询条件，单击【确认】屏幕显示信用期报警单列表。

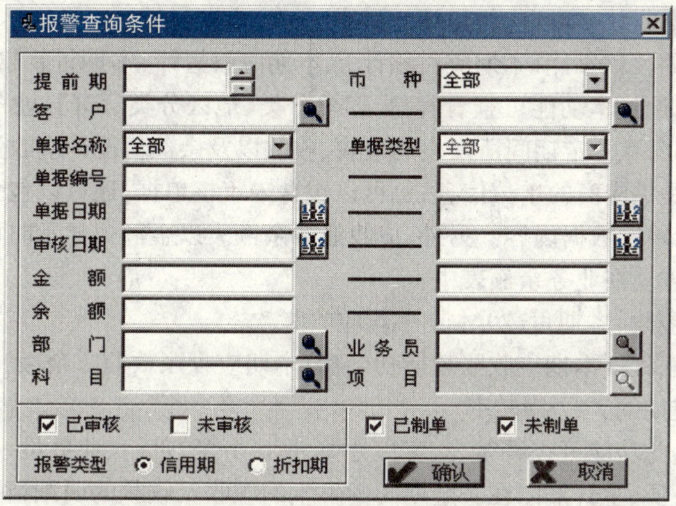

图7-24 单据报警查询

(4)信用报警查询。如果在系统选项中设置了自动根据客户的信用额度进行预警，则当有权限按客户预警查询的用户登录时系统显示该预警表。在信用预警单查询中，用户可输入预警查询条件，如图7-25所示，任意进行信用报警查询。

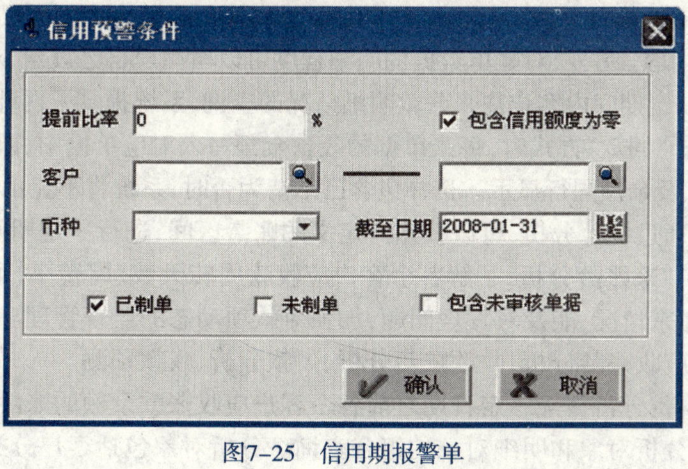

图7-25 信用期报警单

2. 账表管理。用友ERP-U8管理软件提供的"账表管理"是通过账夹来对系统所能提供的全部报表进行管理的。

(1)我的账表。用户选择【我的账表】菜单,系统将弹出账表管理界面。

(2)业务账表。业务账表即业务账表查询,通过该功能可以及时地了解一定期间内应收款期初结存情况、本期发生情况、累计情况及期末应收款结存情况;还可以了解各个客户期初应收款结存明细情况;应收款发生、收款发生的明细情况;累计情况及期末应收款结存明细情况,及时发现问题,加强对往来款项的监督管理。

业务账表查询提供业务总账表、业务余额表、业务明细账、对账单的查询。

①业务总账表:通过本功能可根据查询对象查询在一定期间内发生的业务汇总情况。应收业务总账即可以完整查询既是客户又是供应商的业务单据信息,又可以包含未审核单据查询,还可以包含未开票已出库发货单、暂估采购入库单的数据内容。应收总账表中:

月回收率=(本期收款+本期应付累计)/(本期应收+本期付款)

年回收率=(本期收款累计+本期应付累计)/(本期应收累计+本期付款累计)

②业务余额表:通过本功能可查看客户、客户分类、地区分类、部门、业务员、客户总公司、主管业务员、主管部门在一定期间所发生的应收、收款以及余额情况。应收业务余额表可以完整查询既是客户又是供应商的单位信息,也可以包含未审核单据,还可以包含未开票已出库发货单、暂估采购入库单的数据内容。另外,应收业务余额表以金额式显示时可以查看应收账款的周转率和周转天数。在业务余额表中:

周转率=(本期应收+本期付款)/本期平均应收账款

本期平均应收账款=(本期应收账款期初余额+本期应收账款期末余额)/2

周转天数=指定期间天数/周转率

③业务明细账:此功能可查看客户、客户分类、地区分类、部门、业务员、存货分类、存货、客户总公司、主管业务员、主管部门在一定期间内发生的应收及收款的明细情况。应收业务明细账可以完整查询既是客户又是供应商的业务单据信息,可以包含未审核单据查询,还可以联查包含未开票已出库发货单、暂估采购入库单的单据信息。

④对账单:此功能可以获得一定期间内各客户、客户分类、客户总公司、地区分类、部门、业务员、主管部门、主管业务员的对账单并生成相应的催款单。应收对账单可以完整查询既是客户又是供应商的业务单据信息,可以包含未审核单据查询,还可以包含未开票已出库发货单、暂估采购入库单的数据内容。另外,对账单数据的明细程度可以由用户自己设定,对账单打印的表头格式可以设置。对一定期间内客户往来账款明细情况的查询,系统提供了两种显示方式:明细方式和回款方式。选择"回款"方式时,每张单据的收款金额写入对应单据中,即单据的应收款项、收款金额、单据余额及余额同行显示。选择包含已结清为否时,系统将不显示已两清的单据。

(3)统计分析。通过统计分析,可以按用户定义的账龄区间,进行一定期间内应收款账龄分析、收款账龄分析、往来账龄分析,了解各个客户应收款周转天数、周转率,了解各个账龄区间内应收款、收款及往来情况,能及对发现问题,加强对款项动态的监督管理。

统计分析包括应收账龄分析、收款账龄分析、欠款分析、收款预测。

①应收账龄分析:分析截至一定日期之前各个客户应收账款余额的账龄情况。系统提供丰富的过滤条件以及分析对象和明细对象的组合查询。分析对象包括客户分类、客户总分类、地

区分类、部门、主管部门、业务员、主管业务员、客户、存货、存货分类10项。分析对象提供范围选择。如果不按产品核销,则不能查看存货和存货分类两项。明细对象决定了查询返回数据的分类排列方式,是对按照查询对象分类的总账进一步进行分类确定的。

②收款账龄分析:分析截至一定日期客户收款所冲销的应收款的账龄情况。

③欠款分析:分析截至某一日期,客户、部门或业务员的欠款金额,以及欠款组成情况。

④收款预测:预测将来某一段日期范围内,客户、部门或业务员等对象的收款金额和构成情况,而且提供比较全面的预测对象、显示格式。

(4)科目账查询。科目账是对已生成凭证的业务信息进行的综合反映。科目账查询包括科目明细账、科目余额表的查询。

①科目余额表查询:查询应收科目各个客户的期初余额、本期借方发生额合计、本期贷方发生额合计、期末余额。细分为:科目余额表、地区分类余额表。

②科目明细账查询:用于查询客户往来科目下各个往来明细账。细分为科目明细账、地区分明类明细账、多栏明细账。

提示 应收系统中的科目账查询结果一般来说应该与总账中的客户往来账查询结果相同,但如果存在以下情况之一,就会导致两边不一致:其一,总账期初余额明细与应收期初明细不一致;其二,在其他系统使用应收控制科目进行了制单。这时不影响其他处理,不必进行任何调整。但为了保持账账相等,最好不允许其他系统对应收控制科目进行制单。

3. 其他处理。用户可以在其他处理功能项中进行远程数据的传递、取消操作、月末结账等处理。

(1)远程应用。随着市场经济的发展,企业的集团化成为企业发展的一种趋势。对于销售系统的收款方式来说,在企业的集团化的背景下,企业的收款业务在空间上以总公司为核心向异地拓展。集团内部总公司和异地收款之间的数据传递问题成为集团企业关注的焦点。为使总公司能及时了解各地的收款状况,全面掌握整个企业集团的应收账款收款情况,从而在一定程度上控制异地销售点的经营管理,系统提供了总公司和异地销售之间的数据导出、导入功能及其服务功能,收件和发件管理,为企业提供了完整的远程数据通讯方案。

(2)取消操作。在应收款管理的各个业务处理环节中,都可能由于各种各样的原因造成操作失误,为方便修改,系统提供取消操作功能。取消操作类型包括取消核销、取消坏账处理、取消转账、取消汇兑损益、取消票据处理、取消并账等几类。取消操作一般受一定条件限制,以下会分别进行说明。

(3)月末结账。如果当月业务已全部处理完毕,就需要执行"月末结账"功能。只有当月结账后,才可以开始下月工作。进行月末处理时,一次只能选择一个月进行结账;前一个月没有结账,则本月不能结账;结算单还有未审核的,不能结账;如果选择交易日期为审核日期,则应收单据在结账前应该全部审核;如果选项中选择"月末全部制单",则月末处理前应该把所有业务生成凭证;年度末结账,应对所有核销、坏账、转账等处理全部制单。在执行了月末结账功能后,该月将不能再进行任何处理。

提示 应收系统与销售管理系统集成使用时,应在销售系统结账后,才能对应收系统进行结账处理。在执行了月末结账功能后,如发现该月还有未处理的业务,可以执行取消结账处理。

7.3 应付款管理系统概述

应付账款是企业负债的一个重要组成部分。应付账款是因为赊购业务产生的，因此入账时间的确认是与物资采购的时间一致的，而由于商业折扣、现金扣折等因素，应付账款入账价值的确定比较复杂。企业不仅要对应付账款进行核算，还要加强对自身偿债能力的管理。用友ERP—U8提供的应付款管理系统，在应付款管理方面提供了强大的功能，可详尽记录应付账款的发生原由，有效掌握应付账款付款冲销状况，提供适时的查询依据，提高对自身信用的管理，有效利用信用期内的浮游资金，提高资金利用率。

尽管应付款是企业的负债，应收款是企业的资产，但二者都核算企业与其他单位之间的往来业务，因此，用友ERP—U8系统中应付款管理系统与应收款管理系统在功能和操作流程方面有很多相似之处。

7.3.1 应付款管理系统基本功能

1. 应付款管理系统基本功能。应付账款系统主要用于核算和管理企业与供应商之间的往来款项。该系统主要对采购业务产生的应付款项进行处理，记录采购及其他业务的往来交易，通过采购发票、其他应付单、付款单等单据的处理，对企业的供应商往来账款进行综合管理，并及时、准确地提供供应商的往来账款余额资料。此外，应付账款系统还提供各种分析报表，如账龄分析表，周转分析、欠款分析、付款情况分析以及信用报警单等，通过各种分析报表，企业可以清楚地掌握自己的信用利用情况，据此调整支付政策，提高财务管理能力。

根据对供应商往来款项核算和管理的程度不同，系统提供了“详细核算”和“简单核算”两种应用方案可供选择。不同的应用方案，其系统功能、产品接口、操作流程等均不相同。

(1)“详细核算”应用方案。如果在企业采购业务中应付款核算与管理内容比较复杂，需要追踪每一笔业务的应付款、付款等情况，并希望对应付款项进行各种分析；或者需要将应付款核算到产品一级；那么可以选择该方案。

在该方案下，其功能主要包括：

①如果与采购管理系统集成使用，系统会根据由采购管理系统传递过来的单据，记录应付款的形成。非商品交易形成的应付项目在应付款管理系统中直接记录。

②处理应付项目的付款及转账业务。

③对应付票据进行记录和管理。

④在应付项目的处理过程中生成凭证，并向总账系统进行传递。

⑤对外币业务及汇兑损益进行处理。

⑥根据所提供的条件，提供各种查询及分析。

本章后续内容均以“详细核算”应用方案为标准展开。

(2)“简单核算”应用方案。如果采购业务中应付账款业务并不十分复杂，或者现购业务很多，则可以选择“简单核算”的方案，该方案中，应付系统只是连接总账与采购业务系统的一座桥梁，即只是对采购系统生成的发票进行审核并生成凭证传递到总账，而不能对发票进行其他的处理，也不能对往来明细进行实时查询、分析。此时，往来明细只能在总账中进行简单的查询。

在该方案下，其主要功能包括：

①接收采购系统的发票，对其进行审核。

②对采购发票进行制单处理。

具体选择哪一种方案，可以在应付款管理系统中通过“应付账款核算模型”来设置。

2. 应付款管理系统与其他系统的主要关系。采购管理系统向应付款管理系统提供已结算的采购发票，由应付款管理系统生成凭证，并根据发票进行付款结算处理。应付款管理系统为采购系统提供采购发票的付款结算情况。

应付款管理系统向总账系统传递凭证，并能够查询其所生成的凭证。

应付款管理系统与应收款管理系统之间可以进行转账处理，如应付冲应收；同时对于既是客户又是供应商的往来业务对象，可以同时查询应收和应付往来明细。

应付款管理系统可向UFO提供应用函数。应付款管理可与网上银行进行付款单的导入导出。

应用“详细核算”方案时应付款管理系统与其他系统的关系如图7-26所示：

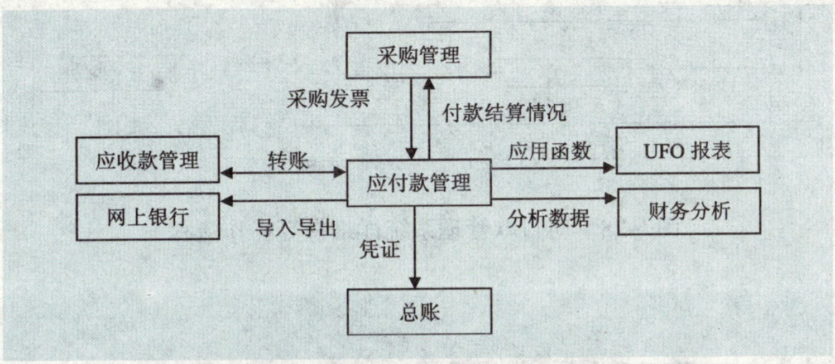

图7-26　应付款管理系统与其他系统的主要关系

7.3.2 应付款管理系统操作流程

1. “简单核算”应用方案的操作流程（见图7-27）。

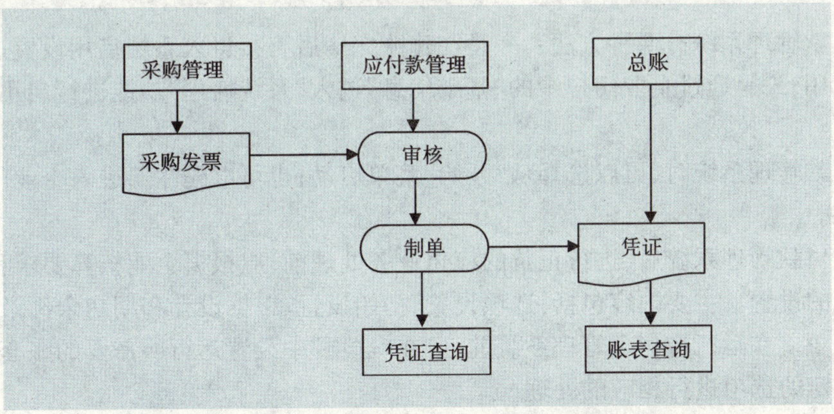

图7-27　应付款系统简单核算操作流程

2. “详细核算”应用方案的操作流程(见图7-28)。

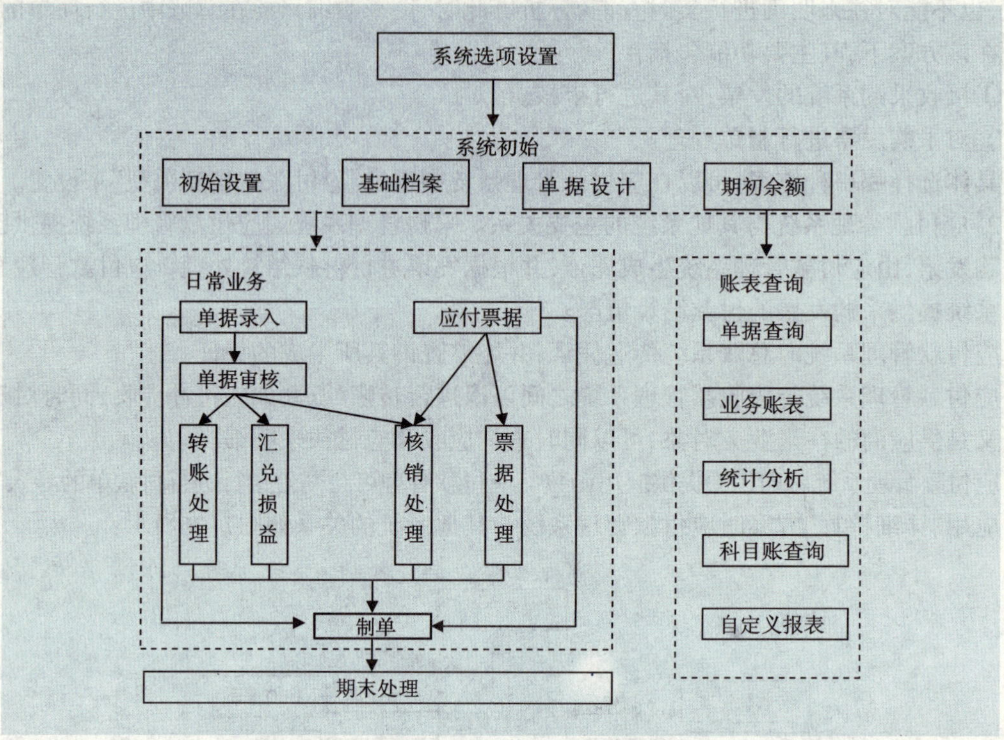

图7-28 应付款管理系统详细核算操作流程

7.4 应付款管理系统应用

7.4.1 应付款管理系统初始化

启用应付款管理系统有两种方法：一是在建账完毕后直接进入系统启用设置进行应付款管理系统的启用；二是通过企业门户中的“基础信息”进入“系统启用”功能进行启用。具体操作参见第3章。

启动应付款管理系统时，可以选择从“开始”菜单启动；也可以先注册进入企业门户进入应付款管理系统。

在启动应付款管理系统后，进行正常的应付业务处理前，应根据企业核算要求和实际业务情况进行有关的设置。主要内容包括：选项设置、初始设置、单据设计和期初余额录入等。

1. 选项设置。在运行应付款管理系统前，应在“选项”中设置运行所需要的账套参数，以便系统根据所设定的选项进行相应的处理。

设置账套参数时，单击“设置”|“选项”，打开“账套参数设置”对话框，其中包括3个页签：常规、凭证、权限与报警。

(1)【常规】页签。【常规】页签各选项设置通常如图7-29所示。

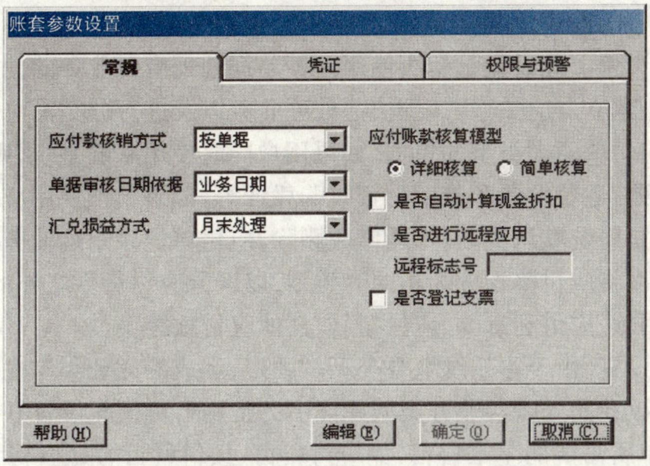

图7-29 账套参数设置—常规

(2)【凭证】页签。【凭证】页签各选项设置通常如图7-30所示。

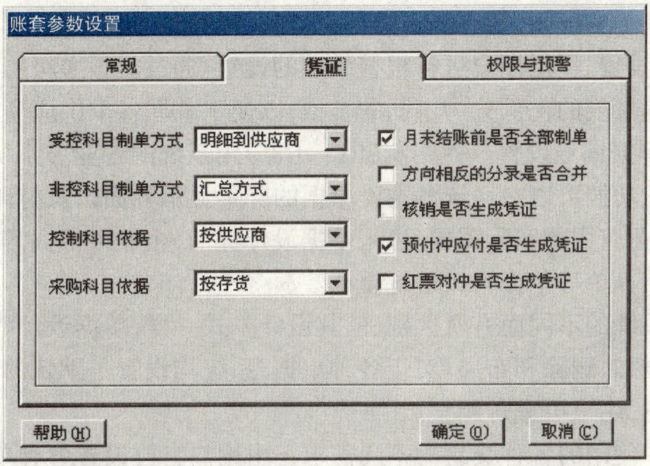

图7-30 账套参数设置—凭证

(3)【权限与预警】页签。【权限与预警】页签设置通常如图7-31所示。

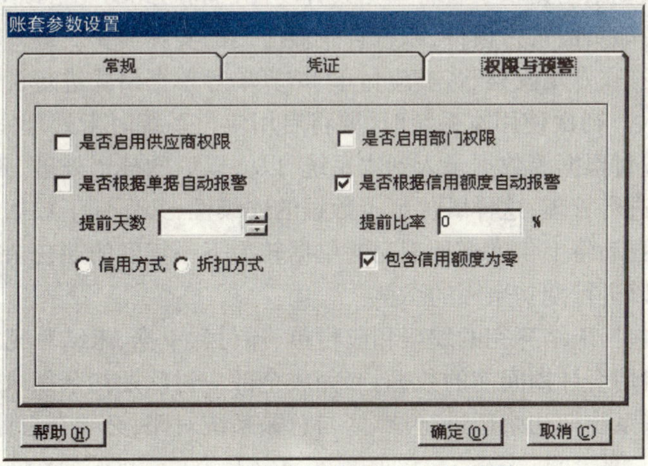

图7-31 账套参数设置—权限与预警

2. 初始设置。用户在应用应付款管理系统之前要在此进行初始设置。初始设置包括：单据类型的设置、凭证科目的设置、账龄区间设置和报警级别的设置。

(1)单据类型的设置。此设置是解决使用何种单据处理应付业务的问题，使用户将自己的往来业务与单据类型建立对应关系，达到快速处理业务以及进行分类汇总、查询、分析的效果。系统提供了发票和应付单两大类型的单据。如果用户同时使用采购系统，则发票的类型包括采购专用发票、普通发票、运费发票和废旧物资收购凭证等。如果单独使用应付系统，则发票类型只包括前两种。发票是系统默认类型，不能修改删除。应付单记录采购业务之外的应付款情况。在本功能中，用户可以将应付单划分为不同的类型，以区分应付货款之外的其他应付款。如将应付单分为应付费用款、应付利息款、应付罚款、其他应付款等。

(2)凭证科目的设置。由于本系统业务类型较固定，生成的凭证类型也较固定，因此为了简化凭证生成操作，可以在此处将各业务类型凭证中的常用科目预先设置好。用户既可以在此定义应付系统凭证制单所需要的基本科目，如应付科目、预付科目、采购科目、税金科目等，也可以进行控制科目的设置，还可以进行产品科目设置、结算方式科目设置。

(3)账龄区间设置。为了对应付账款进行账龄分析，用户应首先在此设置账龄区间，即定义查询或分析应付款账龄的区间，便于随时掌握应付款的动态变化。

(4)报警级别的设置。提供用户进行报警级别的设置。通过对报警级别的设置，将供应商按照欠款余额与其授信额度的比例分为不同的类型，以便于掌握各个供应商的信用情况。

3. 单据设计和单据编号设置。在用友ERP—U8应用系统的各业务系统中均提供了各种单据设计功能，利用此功能可以对系统各主要单据的屏幕显示界面以及打印页面两种格式对象自行设计，以符合企业应用的实际需要。进入单据设计界面，企业可根据需要对普通发票、专用发票、各类应付单、结算单等单据格式进行设计。

单据种类根据系统的不同而有所区别，但其设计方式一样，单据设计的内容包括单据头栏目和单据体栏目的增加、删除和布局。对于各种单据，系统均设置了默认的格式及显示项目，若对默认的内容不满意，用户可进行调整。

根据企业业务中使用的各种交易的不同需求，由用户自己设置各种单据类型的编码生成原则。每种单据对应一种编号规则，单据编号设置的方法参见基础设置一章。在用友ERP—U8应用系统的各业务系统中均提供了各种单据设计功能，利用此功能可以对系统各主要单据的屏幕显示界面以及打印页面自行设计，以符合企业应用的实际需要。进入单据设计界面，企业可根据需要对普通发票、专用发票、各类应付单、结算单等单据格式进行设计。

4. 期初余额录入。初次使用本系统时，要将启用应付系统时未处理完的所有供应商的应付账款、预付账款、应付票据等数据录入到本系统，以便以后的核销处理，并且作为期初建账的数据，系统即可对其进行管理，这样既保证了数据的连续性，又保证了数据的完整性。当进入第二年度处理时，系统自动将上年度未处理完的单据转为下一年度的期初余额。在下一年度的第一个会计期间里，可以进行期初余额的调整。

录入期初余额，包括未结算完的发票和应付单、预付款单据、未结算完的应付票据。这些期初数据必须是账套启用会计期间前的数据。当完成全部应付款期初余额录入后，应通过对账功能将应付系统与总账系统期初余额进行核对。与总账系统对账，必须在总账与应付系统同时启动后才可以进行。

5. 其他初始化工作。参见应收款管理系统其他初始化工作。

7.4.2 应付款管理系统日常业务处理

应付款管理系统日常业务主要是完成企业日常的应付款入账、付款业务录入、付款业务核销、应付并账、汇兑损益计算，通过及时记录应付业务，付款业务的发生，为查询和分析往来业务提供完整、准确的资料，加强对往来款项的监督管理，提高工作效率。

1. 应付单据处理。应付单据处理主要是对应付单据（采购发票、应付单）进行管理，包括应付单据的录入、审核。采购发票与应付单是应付款管理系统日常核算的原始单据。如果同时使用应付款管理系统和采购系统，则发票由采购系统录入，在本系统可以对这些单据进行审核、弃审、查询、核销、制单等功能。此时，在本系统需要录入的单据仅限于应付单。如果用户没有使用采购系统，则各类发票和应付单均应在本系统录入。

(1)应付单据录入。应付单是记录非采购业务所形成的应付款情况的单据。应付单实际上是一张凭证，表头的信息相当于凭证中的一条分录，单据头中的科目由系统从用户在初始设置时所设置的应付科目中取得；表体中的一条记录也相当于凭证中的一条分录，单据头的金额合计与单据体中的金额合计应相等。

［例7–5］ 2008年1月12日供应商林庆木材厂为公司代垫费用3600元，经办人为供应部李小红。录入应付单。

操作步骤

①单击“日常处理”|“应付单据处理”|“应付单据录入”，打开“单据类别”对话框。选择单据名称“应付单”；单据类型“其他应付单”；单据方向“正向”；单击【确认】按钮，屏幕显示“应付单”录入界面，如图7–32所示。

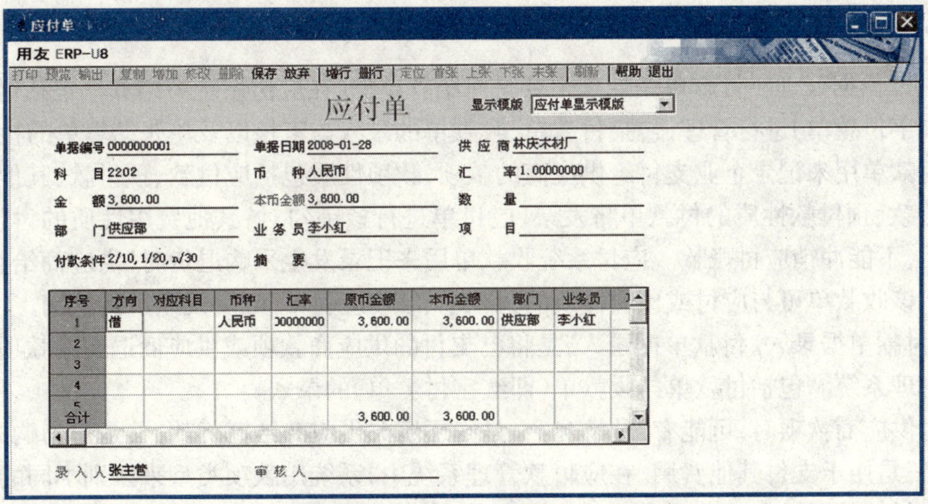

图7–32 应付单据录入

②录入完成后，按【保存】按钮，即保存当前新增单据，可直接审核，也可单击【增加】按钮继续录入下一张应付单。

提示 用户可对录入的应付单据进行修改或删除，但单据的名称和类型不能修改，已审核或已生成凭证的单据不能修改，也不允许删除。从采购系统中传入的单据不允许删除。

(2)应付单据审核。系统提供用户手工审核、自动批审核的功能。用户既可以在单据录入完成后直接审核，也可以在“日常处理”|“应付单据处理”|“应付单据审核”中对应付单据进行批量审核。

在应付单据审核界面中显示包括全部已审核、未审核的应付单据，包括从采购管理系统传入的单据，如图7–33所示。

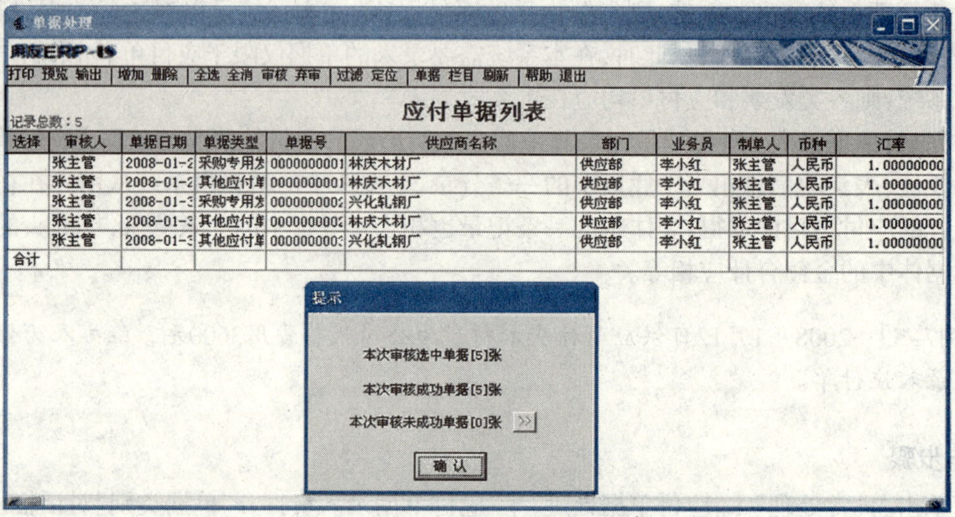

图7–33 应付单据审核

提示 进行过核销、制单、转账等处理的单据不能在【应付单据审核】中显示。对这些单据的查询，可在【单据查询】中进行。在应付单据审核界面，可以进行应付单的增加、修改、删除等操作。

2. 付款单据处理。付款单据处理主要是对结算单据(在应付系统中结算单包括付款单、收款单即红字付款单)进行管理，包括付款单、收款单的录入与审核以及单张结算单的核销。应付系统的付款单用来记录企业支付给供应商的款项，款项性质包括应付款、预付款、其他费用等。其中应付款、预付款性质的付款单将发票、应付单进行核销勾对，其他费用性质的付款则直接计入费用，不能冲销应付账款。应付系统收款单用来记录发生采购退货时，供应商给企业的退付款项。该收款单可与应付或预付性质的付款单、红字应付单、红字发票进行核销。

(1)付款单据录入。付款单据录入，是将已支付的供应商款项或供应商退回的款项，录入到应付款管理系统。包括付款单与收款单(即红字付款单)的录入。

支付供应商款项时，可能有3种情况：一是归还所欠供应商结算货款；二是作为购买货物的预付款；三是用于支付其他费用。在应付款管理系统中，系统用款项类型来区别不同的用途。如果同一张付款单同时有几种用途，那么应该在表体记录中分行显示。

[例7–6] 2008年1月17日公司以电汇方式向供应商林庆木材厂支付3600元，用以归还所欠费用，经办人为供应部王大力。

操作步骤

单击“日常处理”|“付款单据处理”|“付款单据录入”，进入“付款单”窗口，如图7-34所示，进行付款单据录入。

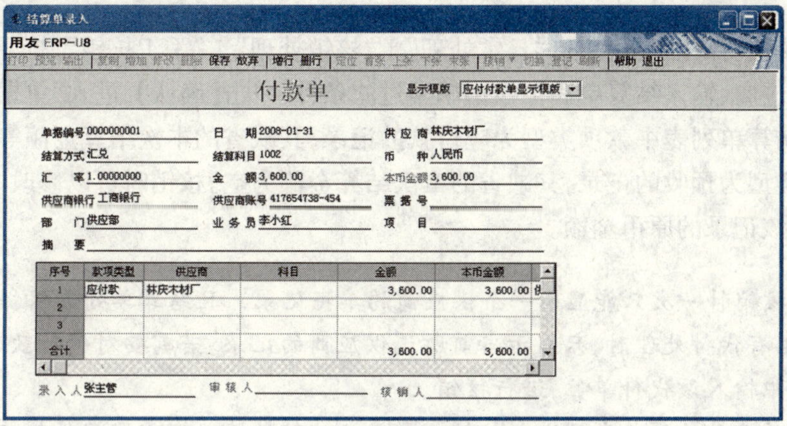

图7-34 付款单据录入

在一张付款单中，若选择表体记录的款项类型为应付款，则该款项性质为冲销应付款；若选择表体记录的款项类型为预付款，则该款项用途为形成预付款；若选择表体记录的款项类型为其他费用，则该款项用途为其他费用。对于不同用途的款项，系统提供的后续业务对于冲销应付账款，以及形成预付款的款项，后续可进行核销处理，即将付款单与其对应的采购发票或应付单进行核销勾对，冲销对供应商的债务。对于其他费用用途的款项则不需要进行核销，可直接计入费用科目。

有时，由于三角债的关系，用于支付某个供应商的一笔款项中包括代另一个供应商支付的货款。代付款的处理在应付款管理系统中有两种处理方式：一是将代付的款项单独录入一张付款单，将付款单位直接记录为另外一个供应商，金额为代付金额；二是将付款对象仍然记录为实际收款的单位，但通过在表体输入代付供应商的功能处理代付款业务。这种方式的好处是既可以保留该笔付款业务的原始信息，又可以处理同时代多个单位付款的情况。

提示 发生采购退货时，供应商退付给企业款项的收款单可与应付、预付性质的付款单、红字应付单、红字发票进行核销。在付款单录入界面，单击【切换】，可以在付款单与收款单之间进行切换。在采购业务发生之前，如果预付给供应商款项，也要在“付款单据录入”中处理。以后可通过“预付冲应付”、“核销处理”使用此笔预付款。

(2)付款单据审核。在“结算单”界面中，系统提供手工审核、自动批审核的功能。结算单列表界面中显示的单据包括全部已审核、未审核的付(收)款单，可以进行结算单的增加、修改、删除等操作。

在应付单和结算单录入的过程中可随时切换单据模板，最后单据的显示格式以保存前的模板为准；修改单据时不能再变换单据模板。

对单据进行修改、删除、审核、制单等处理的具体操作同应付单据录入基本相同。

3. 核销处理。核销处理指用户日常进行的付款核销应付账款的工作。单据核销的作用是处理付款核销应付款、建立付款与应付款的核销记录、监督应付款及时支付、加强往来款项的管理。

系统提供单张核销、自动核销和手工核销三种核销方式。单张核销是在付款单录入界面执行单据审核后，直接进行核销处理。自动核销和手工核销则是在"日常处理"|"核销处理"中进行核销。

(1)手工核销。操作步骤：单击"日常处理"|"核销处理"|"手工核销"，打开"核销条件"对话框。选择供应商、输入结算单和被核销单据过滤条件，单击【确认】，进入"单据核销"窗口。

核销时，结算单列表中款项类型为应付款的记录，其缺省的本次结算金额等于该记录的原币余额；款项类型为预收的记录，其缺省的本次结算金额为空。核销时可以修改本次结算金额，但是不能大于该记录的原币金额。

提示 手工核销时一次只能显示一个供应商的单据记录，且结算单列表根据表体记录明细显示。当结算单有代付处理时，只显示当前所选供应商的记录。若需要对代付款进行处理，则需要在过滤条件中输入该代付单位，进行核销。

一次只能对一种结算单类型进行核销，即手工核销的情况下需要将付款单和收款单分开核销。核销的记账日期为处理时的注册日期。若发票中同时存在红蓝记录，则核销时先进行单据的内部对冲。用户可以根据结算单单张取消核销处理。

(2)自动核销。自动核销指由用户确定付款单核销与它们对应的应付单的工作。通过本功能可以根据查询条件选择需要核销的单据，然后系统进行匹配核销，加强往来款项核销的效率性。

操作步骤

单击"日常处理"|"核销处理"|"自动核销"，打开"核销条件"对话框。输入过滤条件，单击【确认】按钮，系统进行自动核销，并显示自动核销进度条。核销完成后，系统提交"自动核销报告"，显示已核销的情况和未核销的原因。

提示 自动核销可对多个供应商进行核销处理，依据核销规则对供应商单据进行核销处理。自动核销允许在取消操作中按供应商分别进行取消核销处理。

(3)核销规则。对应付单据和付款单据进行核销时，分为以下几种情况，每种情况下都分为同币种核销和异币种核销：

如果付款单的数额等于付款单据的数额，则付款单与原有单据完全核销。

如果事先预付给了供应商一部分货款，在业务完成后又付清了剩余的款项，并且要求这两笔款项同时结算，则在核销时需要使用预付款。使用的预付款的币种必须与核销的应付单以及第二笔付款单的币种相同，如果预付款的币种与需要核销的应付单的币种不一致，则需要分两次通过单张付款单异币种核销进行处理。

如果支付的款项小于原有单据的数额，那么单据仅能得到部分核销，未核销的余款留待下次核销。

如果预付往来单位款项大于实际结算的货款，可以将余款退付给往来单位。处理方法为：

按余款数额输入红字付款单，与原付款单核销。

4. 选择付款。本功能主要提供一次对多个供应商、多笔款项的集中支付业务处理，以简化用户的日常付款操作，同时便于用户掌握和控制资金的流出。

操作步骤

单击“日常处理”｜“选择付款”打开“选择付款—条件”对话框。选择供应商，录入过滤条件，单击【确定】后，进入选择付款列表界面。在要支付的应付单据后面的“付款金额”栏中录入要支付的金额（不能超过单据金额），确认后系统自动按照供应商分别生成付款单，并自动进行核销。

5. 付款单导出。付款单导出主要完成付款单与网上银行的导出处理。

不管是应付导出给网上银行的单据还是网上银行导出给应付的单据，均只能在应付系统进行制单。对于一张付款单来说只能单向导入、导出，即不允许一张单据进行循环导入、导出。可以从应付系统导出到网上银行的付款单只能是未审核过的；导出后，在网上银行未确认支付前，应付系统不能再对这张付款单进行任何处理，除非先在网上银行单据处理中把这张付款单删掉。

6. 票据管理。票据管理主要是对商业承兑汇票和银行承兑汇票进行管理，内容包括记录票据详细信息和票据处理情况。所有涉及票据的开具、结算、转出、计息等日常票据处理都应该在票据管理中进行。

如果要进行票据科目的管理，必须将应付票据科目设置为应付受控科目。当用户向供应商支付商业汇票时，要将该汇票录入到应付系统的票据管理中。系统自动在付款单据录入中增加结算方式为承兑汇票的付款单，用户可以在【付款单据录入】中进行查询，并可以与应付单据进行核销勾对。而在票据管理中，用户可以对该票据进行计息、结算、转出等处理。

7. 转账处理。其同应收款管理系统中的转账处理基本相同。

（1）应付冲应付，指将一家供应商的应付款转给另一家供应商。通过应付冲应付功能将应付账款在供应商之间进行转入、转出，实现应付业务的调整，解决应付款业务在不同供应商间入错户或合并户问题。

（2）预付冲应付，通过预付冲应付处理供应商的预付款、红字预付款和该供应商应付款、红字应付款之间的转账核销业务。

（3）应付冲应收，用供应商的应付账款来冲抵客户的应收款项。系统通过应付冲应收功能将应付款业务在供应商和客户之间进行转账，实现应付业务的调整，解决应收债权与应付债务的冲抵。

（4）红票对冲，可实现供应商的红字应付单据与其蓝字应付单据、收款单与付款单之间进行冲抵的操作。系统提供两种处理方式：自动冲销和手工冲销。

8. 制单处理。制单即生成凭证，并将凭证传递至总账记账。应付款系统在各个业务处理过程中都提供了实时制单的功能；除此之外，系统提供了一个统一制单的平台，可以在此快速、成批生成凭证，并可依据规则进行合并制单等处理。

操作步骤

（1）选择“日常处理”｜“制单处理”，打开“制单查询”对话框，输入完查询条件，单击【确认】，系统列示所有符合条件的未制单已经记账的单据。

(2)选择要进行制单的单据,选择完所有的条件后,单击【制单】按钮,进入凭证界面。

(3)检查各项内容无误后,单击【保存】按钮,凭证左上角显示“已生成”,表明将当前凭证传递到总账系统。

生成的凭证摘要默认为单据备注,如果单据没有备注信息则以业务类型为凭证摘要;用户可以对凭证摘要进行设置。

提示 本系统的控制科目可在其他系统进行制单,在其他系统制单则会造成应付款管理系统与总账系统对账不平。制单日期系统默认当前业务日期。制单日期应大于或等于所选单据的最大日期,但小于或等于当前系统日期。如果同时使用了总账系统,且总账选项要求制单序时,所输入的制单日期应大于同月同类别凭证的最大日期。

7.4.3 账表查询及其他处理

1. 单据查询。应付款管理系统提供对发票、应付单、结算单、凭证等的查询。在查询列表中,系统提供自定义显示栏目、排序等功能,在进行单据查询时,若启用供应商、部门数据权限控制时,则在查询单据时只能查询有权限的单据。

(1)发票、应付单、结算单查询。单击“单据查询”|“发票查询”(应付单查询、结算单查询),打开“查询条件”对话框。输入查询条件后,单击【确认】按钮,进入查询结果列表界面,单据日期不选时,显示所有符合条件单据。

(2)凭证查询。通过凭证查询可以查看、修改、删除、冲销应付账款系统传到账务系统中的凭证。

单击“单据查询”|“凭证查询”,打开“凭证查询条件”对话框。输入条件后,单击【确认】,进入“凭证查询”窗口,在凭证查询界面,可以对凭证进行删除、修改、冲销等操作。

如果凭证已在总账中记账,又需要对形成凭证的原始单据进行修改,则可以通过冲销方式冲销凭证,然后对原始单据进行其他操作后再重新生成凭证。如果用户要对一张凭证进行删除操作,则该凭证的凭证日期不能在本系统的已结账月内。一张凭证被删除后,可对原始单据重新制单。只有未审核、未经出纳签字的凭证才能删除。

(3)单据报警查询。单据报警的作用是对快要到期的单据或即将不能享受现金折扣的单据进行列示,系统提供自动报警和人工查询两种方式。

如果在“设置”|“选项”中选择了“根据单据自动报警”(信用方式),那么每次登录本系统时,系统自动将单据到期日提前天数<=当前注册日期的已经审核的单据显示出来,以提醒用户哪些供应商的款项应该付款了。如果选了“根据单据自动报警”(折扣方式),那么每次登录系统时,系统自动将单据最大折扣日期-提前天数<当前注册日期并已经审核的单据显示出来,以提醒用户哪些采购业务再不付款就不能享受现金折扣待遇了。

如果选择了不进行自动报警,那么每次登录本系统时不会出现报警信息,需要查询时,可以进行人工查询。选择“单据查询”|“单据报警查询”,打开“报警查询条件”对话框;选择报警类型和其他查询条件,单击【确认】,屏幕显示信用期报警单列表。

(4)信用报警查询。在信用预警单查询中,具有按供应商信用报警查询权限的用户可输入预警查询条件，任意进行信用报警查询。

在系统选项中若设置了自动根据供应商的信用额度进行预警，则具有相应权限的用户登录时系统显示“信用期报警单”。

如果没有设置自动报警，需要查询时，可以单击“单据查询”|“信用报警查询”打开“信用预警条件”对话框。录入信用预警条件，单击【确认】，系统显示符合条件的信用报警单。

2. 账表管理。账表管理分为我的账表、业务账表查询、科目账表查询、统计分析。

(1)我的账表。通过“我的账表”进行新建账夹、设置账夹口令来对报表进行管理，还可以进行自定义报表。自定义报表就是根据企业管理要求，为用户提供的内部管理分析报表工具，是一种可以设置报表标题、表头、表体、定义报表数据来源，灵活定义过滤条件和显示、打印方式的自定义查询报表工具。

(2)业务账表查询。通过业务账表查询，可以及时了解一定期间内应付款发生、付款的汇总情况、累计情况及期末应付款项。

业务账表包括业务总账、业务余额表、业务明细账、对账单。

①业务总账查询：进行一定期间内应付款汇总情况的查询。

②业务余额表查询：进行一定期间内对各供应商应付款余额的查询。

③业务明细账查询：进行一定期间内各个供应商应付款、付款明细情况的查询。

④对账单查询：提供一定期间内供应商往来账款明细情况的查询。可以打印并与供应商进行对账，系统提供了两种显示方式：明细方式和付款方式。

查询时可以按照供应商、供应商分类、地区分类、部门、业务员、存货分类、存货、供应商总公司、主管业务员、主管部门来进行细分；对于既是供应商又是客户的单位，可以把相关所有应收、应付业务登记处在一张表中显示；可以包含未审核单据查询，还可以包含未开票已出库、已入库未结算的信息。

(3)统计分析。通过统计分析，可以按用户定义的账龄区间，进行一定期间内应付款账龄分析、付款账龄分析、往来账龄分析，了解各个供应商应付款周转天数、周转率，了解对各个供应商应付款项的账龄及付款情况，便于企业掌握应付账款信用利用情况，加强对往来款项动态的监督管理。

统计分析包括应付账龄分析、付款账龄分析、欠款分析、付款预测。

①应付账龄分析：分析截至一定日期之前对各个供应商应付账款余额的账龄情况。

②付款账龄分析：分析截至一定日期所付款冲销的应付账款的账龄情况。

③欠款分析：分析截至某一日期，部门或业务员对各个供应商的欠款金额，以及欠款组成情况。

④付款预测：预测将来某一段日期范围内，应向供应商、部门或业务员等对象付款的金额和构成情况。

用友ERP-U8的应付款管理系统提供了丰富的过滤条件以及分析对象和明细对象的组合查询。分析对象包括供应商分类、供应商总公司、地区分类、部门、主管部门、业务员、主管业务员、供应商、存货、存货分类等10项。明细对象决定了查询返回数据的分类排列方式。

系统首先按照用户确定的查询分析对象，返回一个按查询对象排列的查询结果。在查询结果界面，选择【详细】按钮，系统将把按照查询对象分类的总账进一步进行分类，其进一步分类的标准就是明细对象所确定的内容。

(4)科目账查询。科目账查询包括科目明细账、科目余额表的查询。

①科目明细账查询:用于查询供应商往来科目下各个往来供应商的往来明细账。细分为科目明细账、供应商明细账、三栏明细账、部门明细账、项目明细账、业务员明细账、供应商分类明细账、地区分类明细账、多栏明细账。

②科目余额表查询:查询应付受控科目各个供应商的期初余额,本期借方发生合计、本期贷方发生额合计、期末余额。细分为:科目余额表、供应商余额表、三栏余额表、部门余额表、项目余额表、业务员余额表、供应商分类余额表、地区分类余额表。

提示 科目账是对已生成凭证的业务信息进行的综合反映。应付系统中的科目账查询结果一般来说应该与总账中的供应商往来账查询结果相同,但如果总账期初余额明细与应付期初明细不一致或在其他系统使用应付控制科目进行了制单,就会导致两边不一致。这时不影响其他处理,不必进行任何调整。但为了保持账账相符,最好不允许其他系统对应付控制科目进行制单。

3. 其他处理。在其他处理里,用户可以进行远程数据的传递、取消操作、月末结账等处理。

(1)远程应用。在企业集团化的背景下,为使总公司能及时了解各地的付款状况,全面掌握整个企业集团的应付账款付款情况,从而在一定程度上控制异地采购点的经营管理,系统为企业提供了完整的远程数据通讯方案,提供了总公司和异地采购之间的数据导出、导入功能,并对导入、导出数据进行管理。

(2)取消操作。在应付款管理各个业务处理环节,都可能由于各种各样的原因造成操作失误,为方便修改,系统提供取消操作功能。如对原始单据进行了审核、对付款单进行了核销等操作后,发现操作失误,可将其恢复到操作前的状态,以便用户进行修改。取消操作类型包括取消核销、转账、汇兑损益、票据处理、并账等几类。

如果核销处理已经制单,应先删除其对应的凭证,再进行恢复。如果票据处理日期在已经结账的月份内,则不能被恢复。如果票据在处理后已经制单,应先删除其对应的凭证,再进行恢复。票据转出后所生成的应付单如果已经进行了核销等处理,则不能恢复。票据计息和票据结算后,如果又进行了其他处理,如已生成凭证等,则也不能恢复。

(3)期末处理。期末处理指用户进行的期末结账工作。如果当月业务已全部处理完毕,就需要执行"月末结账"功能。只有当月结账后,才可以开始下月工作。

进行月末处理时,一次只能选择一个月进行结账;前一个月没有结账,则本月不能结账;结算单还有未审核的,不能结账;如果选项中选择交易的日期为审核日期,则应付单据在结账前应该全部审核,如果选择"月末全部制单",则月末处理前应该把所有业务生成凭证;年度末结账,应对所有核销、转账等处理全部制单。

提示 在执行了月末结账功能后,该月将不能再进行任何处理。应付系统与采购管理系统集成使用时,只有在采购系统结账后,才能对应付系统进行结账处理。在执行了月末结账功能后,发现该月还有未处理的业务,可以执行取消结账处理。但如果当月总账系统已经结账,那么不能对应付系统执行取消结账功能。

第8章 进销存管理系统

小李再一次让经理刮目相看！因为他根据公司的发展趋势向经理提交了一份实现进销存一体化管理的建议书……

本章提要

- 进销存管理系统概述
- 采购管理系统应用
- 销售管理系统应用
- 存货管理系统应用

进销存管理系统通过采购管理、销售管理、存货管理等模块，对采购、销售等业务以及库存资金占用情况进行核算与控制，使企业的管理模式更符合实际情况，制定出最佳的企业运营方案。进销存管理系统的主要功能在于增加预测的准确性，减少库存，提高发货供货能力；减少工作流程周期，提高生产效率，降低进销存成本；减少总体采购成本，缩短生产周期，加快市场响应速度。本章将以用友ERP-U8.5为例，结合实例说明进销存系统的应用。

8.1 进销存管理系统概述

进销存管理系统是供应链管理系统的一部分，主要包括采购管理、销售管理、库存管理、存货核算等模块，主要功能在于增加预测的准确性，减少库存，提高发货供货能力；减少工作流程周期，提高生产效率，降低进销存成本；减少总体采购成本，缩短生产周期，加快市场响应速度，同时对采购、销售等业务以及库存资金占用情况进行核算与控制。

8.1.1 采购管理系统概述

1. 采购管理系统主要功能。采购管理系统主要功能是对采购业务进行核算与控制。采购业务处理涉及到的功能模块主要有采购管理、应付系统、库存管理、存货核算、总账系统。采购业务类型主要有采购入库业务、采购开票业务、采购付款业务、采购退货业务、月末暂估入库业务。

不同类型的企业采购业务核算方法也不尽相同，有实际成本法和计划成本法两类。在采购核算中，一要核算采购材料或商品的采购成本，在此应注意采购过程中运杂费的处理，工业企业运杂费计入采购成本，商业企业运杂费计入营业费用；二要核算采购过程中产生的税金；三要核算采购活动中产生的运杂费，需要考虑运费的抵扣问题；四要核算采购过程产生的往来款项。下面以按实际成本法核算的工业企业为例，简单介绍企业对采购活动的核算。

按实际成本计价时，企业要设置的账户主要有：原材料、物资采购、银行存款、应付账款、应付票据、预付账款、应交税金——应交增值税——进项税额。企业由于材料的采购地点和结算方式的不同，材料的入库时间和货款的支付时间可能不一致。这样在账务处理时，存在几种可能：

（1）“单货同到”，即结算凭证和发票等单据与货物同时到达。企业应根据结算凭证、发票账单等凭证在支付货款后借记“物资采购”，借记“应交税金——应交增值税——进项税额”，贷记“银行存款”；材料验收入库后，根据收料单等凭证，借记“原材料”，贷记“物资采购”；若尚未付款，则贷记“应付账款”或“应付票据”。

（2）“单到货未到”，即支付货款或已开出商业汇票，但材料未到或尚未验收入库。企业应根据结算凭证、发票账单等凭证借记“物资采购”，借记“应交税金——应交增值税——进项税额”，贷记“银行存款”或“应付票据”；待材料收到后，再根据收料单等凭证，借记“原材料”，贷记“物资采购”。

（3）“货到单未到”，即材料已到，结算凭证未到，货款尚未支付。月末时作暂估处理，借记“原材料”，贷记“应付账款”；下月初，红字冲销，待下月单到时，按正常程序进行账务处理。

（4）采用预付货款方式采购材料。预付货款时，借记“预付账款”，贷记“银行存款”；材料到达时，根据发票账单所列金额，借记“物资采购”或“原材料”，借记“应交税金——应交增值税——进项税额”，贷记“预付账款”。

2. 采购业务处理流程。采购业务的处理流程如图8-1所示。

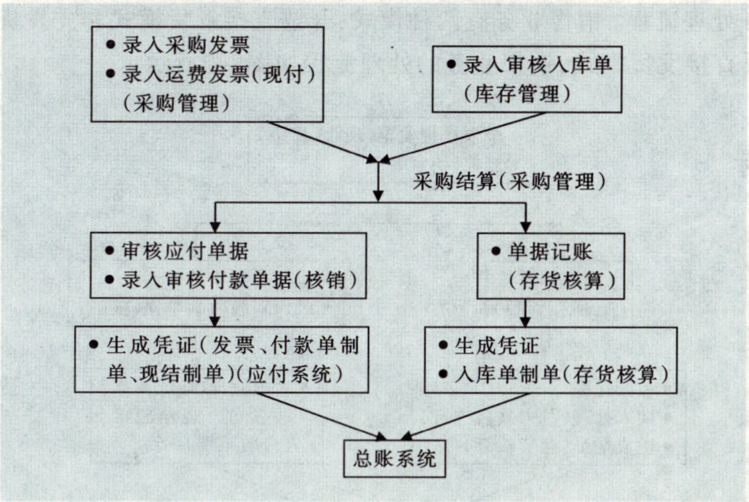

图8-1 采购业务处理流程

8.1.2 销售管理系统概述

1. 销售管理系统主要功能。销售管理是进销存的重要组成部分，提供了报价、订货、发货、开票的完整销售流程，支持普通销售、委托代销、分期收款、直运、零售、销售调拨等多种类型的销售业务，并可对销售价格和信用进行实时监控。用户可根据实际情况对系统进行定制，构建自己的销售业务管理平台。

销售活动包括两个方面：一方面是将生产出的产品发给购货单位；另一方面还要按照销售价格收取货款。销售管理分为4种业务类型：

（1）普通销售：指正常的销售业务，适用于大多数企业的日常销售业务。普通销售业务根据“发货—开票”的实际业务流程不同，可以分为两种业务模式：先发货后开票模式（即先录入发货单）、开票直接发货模式（即先录入发票）。系统在处理两种业务模式的流程不同，但允许两种流程并存。系统判断两种流程的最本质区别是先录入发货单还是先录入发票。

（2）委托代销业务：委托代销业务，指企业将商品委托他人进行销售但商品所有权仍归本企业的销售方式，委托代销商品销售后，受托方与企业进行结算，并开具正式的销售发票，形成销售收入，商品所有权转移。

（3）直运业务：直运业务是指产品无需入库即可完成购销业务，由供应商直接将商品发给企业的客户；结算时，由购销双方分别与企业结算。直运业务包括直运销售业务和直运采购业务，没有实物的出入库，货物流向是直接从供应商到客户，财务结算通过直运销售发票、直运采购发票解决。直运业务适用于如大型电器、汽车、设备等产品的销售。

（4）分期收款业务：分期收款发出商品业务类似于委托代销业务，货物提前发给客户，分期收回货款，收入与成本按照收款情况分期确认。分期收款销售的特点是：一次发货，当时不确认收入，分次确认收入，在确认收入的同时配比性地转成本。

销售业务处理涉及到的功能模块主要有销售管理、应收系统、库存管理、存货核算、总账系统。对于工业企业，销售业务涉及的账户主要有：主营业务收入、主营业务成本、库存商品、银行存款、应收账款、应收票据、预收账款、应交税金——应交增值税——销项税额等。

2. 销售业务处理流程。销售业务有两种模式：开票直接发货模式和先发货后开票模式。如果采用的是开票直接发货模式，销售业务的处理流程如图8-2所示。

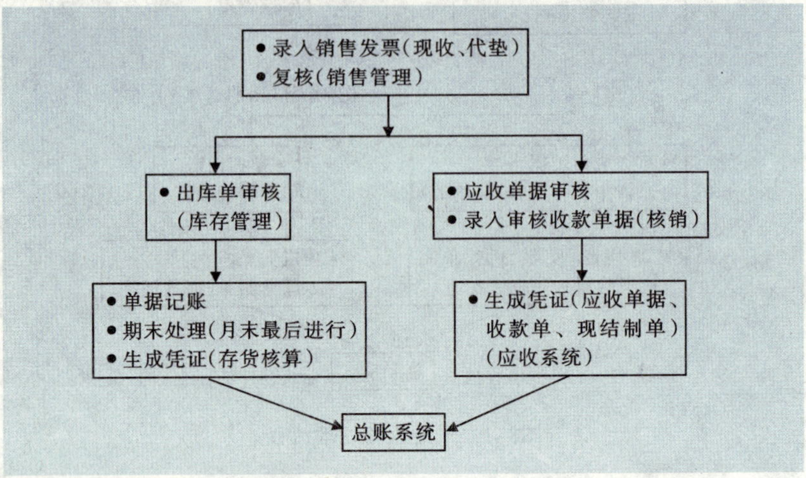

图8-2 销售业务处理流程

8.1.3 存货管理系统概述

1. 存货管理系统主要功能。存货管理系统主要从资金流和物流两个角度对存货加以管理与核算。

（1）从资金流方面对存货的管理与核算。存货核算系统主要核算企业存货的入库成本、出库成本和结余成本，反映和监督存货的收发、领退和保管情况；反映和监督存货资金的占用情况，动态反映存货资金的增减变动情况，提供存货资金周转和占用的分析；在保证生产经营的前提下，降低库存量，减少资金积压，加速资金周转。

（2）从物流方面对存货的管理与核算。主要从实物方面对存货的入库、出库和结余加以反映和监督。系统可处理不同种类的入库业务、不同种类的出库业务、调拨业务和盘点业务，对库存可以有存货安全库存预警、存货保质期管理、呆滞积压存货报警、供应商跟踪等各种监督与控制。系统根据输入的各种入库单和出库单，可输出放映存货收发存情况的出入库流水账、库存台账等账簿；可进行各种统计分析，输出存货收发存的汇总情况。

存货管理业务处理涉及的功能模块主要有库存管理、存货核算、总账系统。库存管理业务类型主要有采购入库业务、产成品入库业务、销售出库业务、材料出库业务等。

2. 存货业务处理流程。存货业务的处理流程如图8-3所示。

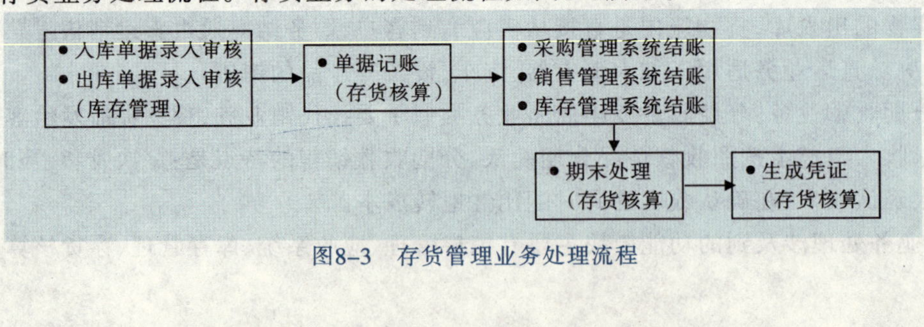

图8-3 存货管理业务处理流程

8.1.4 进销存管理系统的启用

要使用进销存管理系统，首先必须启用相应的功能模块，即启用采购管理系统、销售管理系统、库存管理系统、存货核算系统等。

[**例8-1**] 进销存管理系统的启用日期为2008年2月1日，启用相应的功能模块。

操作步骤

1. 以会计主管身份登录进入企业门户，选择“基础信息”|“基本信息”|“系统启用”，进入“系统启用”窗口如图8-4所示。

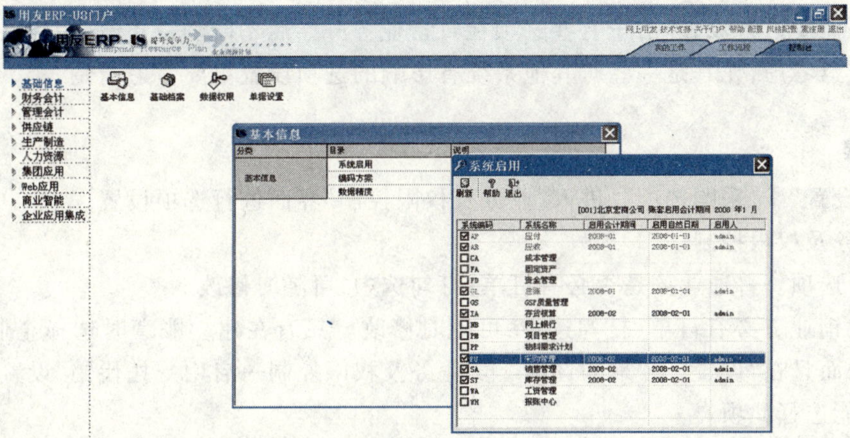

图8-4 启用进销存管理系统

2. 分别在采购管理、销售管理、库存管理和存货核算系统前面选项框中打上“✓”，参照输入启用日期“2004年2月1日”。

3. 单击“系统启用”窗口左上角【刷新】按钮，退出系统启用。

8.2 采购管理系统应用

不论是工业企业还是商业企业，采购环节都是企业价值实现的开始，企业通过采购材料或商品来开始生产经营活动。企业的采购从订单开始，根据ERP、MRP的管理思想，采购订单不是盲目产生的，而是企业根据产品的市场销售状况或客户的需求和库存的情况而产生的。这样做的目的是，一方面可以减少资金的占用，另一方面可以减少经营的风险和存储的成本，把库存降到最低，达到目前所说的零库存。所以企业采购什么、采购多少完全是由市场需求和企业库存来决定。由于计算机及网络技术在企业管理中的广泛应用，企业内部及外部信息的共享程度越来越高，采购订单的产生模式对于不同类型企业也是不同的。本节主要介绍采购订单产生后的采购核算和管理。

8.2.1 采购管理系统初始化设置

进销存系统初始化设置是为用户在计算机上处理自己企业的采购业务、销售业务和存货管理业务准备一个适宜的运行环境，使通用的进销存管理系统能够适应本企业购销存等业务的管理需要，同时，可在企业的经济业务处理发生变化时对已有的设置进行修改，以便适应企业的变化。进销存系统初始化设置应分别在采购管理系统、销售管理系统和存货管理系统中分别进行。采购管理系统初始化设置包括以下几项内容：

1. 采购选项。系统选项也称系统参数、业务处理控制参数，其是指在企业业务处理过程中所使用的各种控制参数，系统参数的设置将决定用户使用系统的业务流程、业务模式、数据流向。用户在进行选项设置之前，一定要详细了解选项开关对业务处理流程的影响，并结合企业的实际业务需要进行设置。由于有些选项在日常业务开始后不能随意更改，用户最好在业务开始前进行全盘考虑，尤其是一些对其他系统有影响的选项设置更要考虑清楚。

操作步骤

单击“设置”|“采购选项”，进入“业务及权限控制”界面进行选项设置。

(1)业务及权限控制。

①业务选项。普通业务是否必有订单：打勾选中，可随时修改。

受托代销业务必有订单：打勾选中，可随时修改。只有在建立账套时选择企业类型为“商业”的账套，而且在“设置”|“采购选项”|“业务及权限控制—启用受托代销”设置有受托代销业务时，才能选择此项。

启用受托代销：打勾选中。只有在建立账套时选择企业类型为“商业”的账套，该选项才可选。选中该项，表示企业有受托代销业务，采购系统菜单中会出现有关受托代销的单据、受托代销结算功能、受托代销统计功能。用户可以在采购管理系统设置，也可以在库存管理系统设置。在其中一个系统的设置，同时改变在另一个系统的选项。

是否允许超订单到货及入库：打勾选中，可随时修改。如不允许，则参照订单生成到货单、入库单，不可超订单数量。如允许，可超订单数量，但不能超过订单数量入库上限，即订单数量×(1+入库上限)，入库上限在存货档案中设置。

入库单是否自动带入单价：单选，可随时更改。只有在采购管理系统不与库存管理系统集成使用，即采购入库单在采购管理系统制单时可设置。

订单\到货单\发票单价录入方式：单选，可随时修改。

历史交易价参照设置：填制单据时可参照的存货价格，最新价格的来源规则也在此设置，可随时更改。

最高进价控制口令：系统默认为“system”，可修改，也可为空。如设置口令则在填制采购单据时，当货物本币无税单价高于最高进价时，系统出现提示并要求输入控制口令，口令不正确不能保存采购单据。如不设置口令则在系统出现提示时，不需输口令，确定后即可保存。

修改税额时是否改变税率：打勾选中，默认为不选。税额一般不用修改，在特定情况下，如系统和手工计算的税额相差几分钱，用户可以调整税额尾差。

②结算选项。商业版费用是否分摊到入库成本：打勾选中，则根据商业企业的特殊需求，由

用户来决定采购费用是否要分摊到存货成本中。只有商业版可选此项。

③权限控制：对采购管理系统是否进行档案的数据权限控制进行设置。

(2)公共及参照控制。本系统启用的会计月、启用日期：根据采购管理系统的启用月和会计月的第一日带入，不可修改。

供应商是否分类：打勾选中。显示建立账套时的设置，不可修改。

存货是否分类：打勾选中。显示建立账套时的设置，不可修改。

专用发票默认税率：录入必填，默认为“17”，可修改。用户采购制单时自动带入采购单据(订单、到货单、专用发票)的表头税率，可修改。普通发票的表头税率默认为“0”；运费发票的表头税率默认为“7”。

2. 仓库档案。存货一般是由仓库来保管的。对存货进行核算管理，首先应对仓库进行管理，因此进行仓库设置是供销链管理系统的重要基础准备工作之一。第一次使用本系统时，应先将本单位使用的仓库，预先输入到系统之中，即进行“仓库档案设置”。仓库档案可以增加、修改和删除。

操作步骤

单击“设置”|“仓库档案”，单击【增加】按钮，进入“增加仓库档案”界面，如图8–5所示。

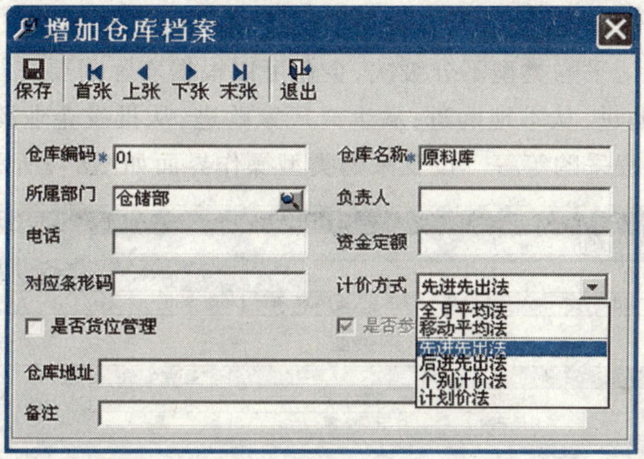

图8–5　增加仓库档案

系统提供六种计价方式。工业有计划价法、全月平均法、移动平均法、先进先出法、后进先出法、个别计价法；商业有售价法、全月平均法、移动平均法、先进先出法、后进先出法、个别计价法。每个仓库必须选择一种计价方式。值得注意的是，新企业会计准则已取消了后进先出法。

(1)先进先出、后进先出：出库单记账时(包括红字出库单)，计算出库成本时，只按此仓库的同种存货的入库记录进行先进先出或后进先出选择成本，只要存货相同、仓库相同则将入库记录全部大排队进行先进先出或后进先出选择成本。

移动加权平均：计算出库成本时要根据该仓库的同种存货按最新结存金额和结存数量计算的单价计算出库成本。

(2)个别计价：计算成本的方法不变。

(3)全月加权平均：期末处理计算出库成本时，要根据该仓库同种存货的金额和数量计算的平均单价计算出库成本。

(4)计划价：期末处理计算差异率时，要根据此仓库的同种存货的差异、金额计算的差异率计算出库成本。

(5)售价：期末处理计算差价率时，要根据此仓库的同种存货的差异、金额计算的差价率计算出库成本。

3. 收发类别。收发类别设置，是为了用户对材料的出入库情况进行分类汇总统计而设置的，表示材料的出入库类型，用户可根据各单位的实际需要自由灵活地进行设置。设置收发类别操作界面如图8-6所示。

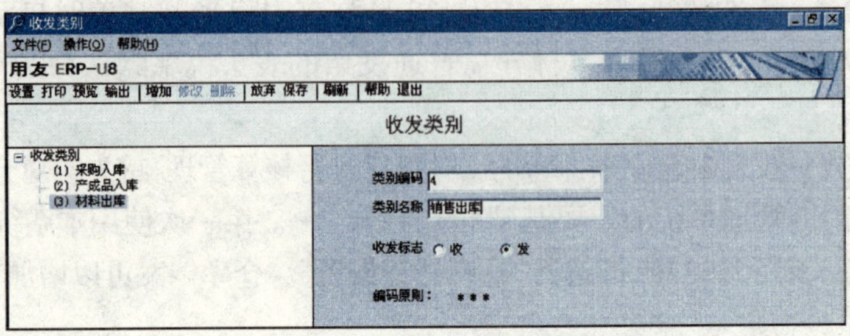

图8-6 设置收发类别

4. 采购类型。采购类型是由用户根据企业需要自行设定的项目，用户在使用采购管理系统，填制采购入库单等单据时，会涉及采购类型栏目。如果企业需要按采购类型进行统计，那就应该建立采购类型项目。采购类型不分级次，企业可以根据实际需要进行设立。例如：从国外购进、国内购进、从省外购进、从本地购进；从生产厂家购进，从批发企业购进；为生产采购、为委托加工采购、为在建工程采购等等。设置采购类型操作界面如图8-7所示。

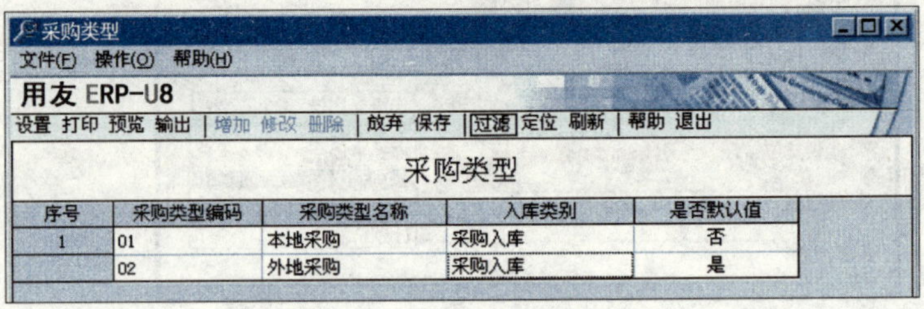

图8-7 设置采购类型

5. 采购期初数据录入。初次使用采购管理系统时，应先输入期初数据。期初数据包括：期初暂估入库、期初在途存货、期初受托代销商品。如果系统中已有上年的数据，在使用【结转上年】后，上年度采购数据自动结转本年。

(1)期初暂估入库存货。企业第一次使用采购管理系统时，如期初有暂估入库存货，则应在记账前录入上月月末暂估入库的存货数据。

操作步骤

①在采购管理系统菜单中单击“业务”|“入库”|“入库单”；

②单击【增加】按钮，在如图8-8所示的“期初暂估入库存货录入”窗口录入期初采购入库单，并保存数据。

(2)期初在途存货。期初如存在“单到货未到”的情况，则需要录入期初在途存货数据。

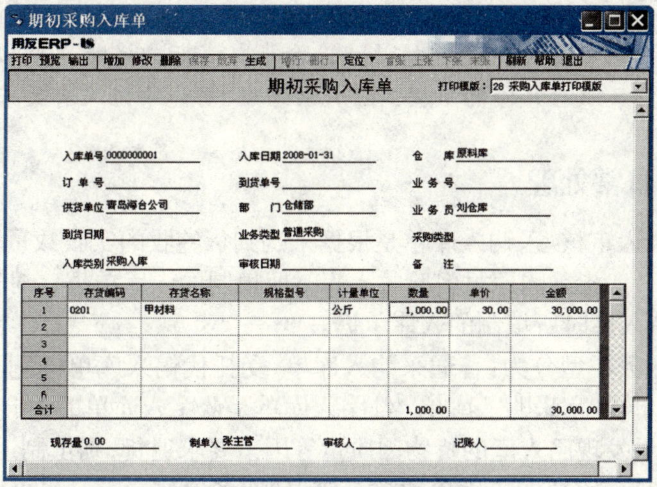

图8-8 期初暂估入库存货录入

操作步骤

①在采购管理系统菜单中单击“业务”|“发票”|“专用采购发票”(或“普通采购发票/运费发票”)。

②单击【增加】按钮，在如图8-9所示的“期初在途存货录入”窗口录入期初采购专用发票，并保存数据。

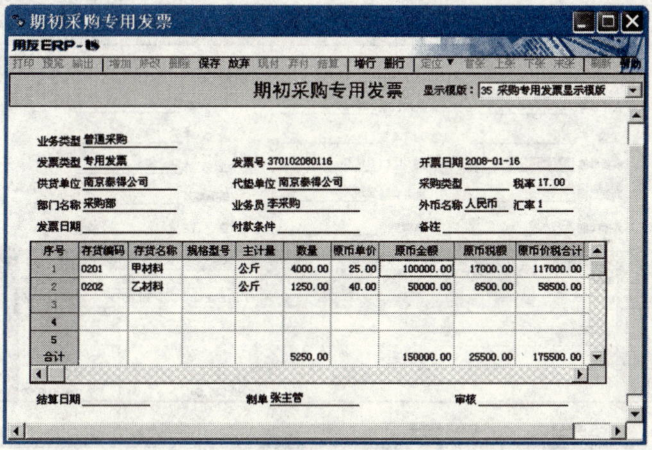

图8-9 期初在途存货录入

(3)期初受托代销商品。期初如存在受托代销商品，则需要录入期初受托代销商品数据。操作步骤与在途存货期初数据录入基本相同。

6. 采购期初记账。期初记账是将采购期初数据记入有关采购账、受托代销商品采购账中。

操作步骤

(1)输入期初单据后，选择“设置”|“采购期初记账”。

(2)进入采购期初记账界面，系统显示提示信息。

(3)单击【记账】，系统开始记账。

记账后，如取消记账，则单击【取消记账】，系统将期初记账数据设置为未期初记账状态。

提示 期初记账后，期初数据不能增加、修改，除非取消期初记账。期初记账后输入的入库单、发票都是启用月份及以后月份的单据，在【月末结账】功能中记入有关采购账。

8.2.2 采购业务日常处理

1. 采购入库单录入审核。采购入库单是根据采购到货签收的实收数量填制的单据。对于工业企业，采购入库单一般指采购原材料验收入库时所填制的入库单据。对于商业企业，采购入库单一般指商品进货入库时所填制的入库单据。

采购入库单按业务类型分为：普通采购入库单、受托代销入库单（商业）；按进出仓库方向分为：蓝字采购入库单、红字采购入库单。红字入库单是蓝字入库单的逆向单据，即退货单。在采购业务活动中，如果发现已入库的货物因质量等因素要求退货，则填制退货单对采购业务进行退货处理；如果发现已审核的入库单数据有错误（如多填数量等），也可以填制退货单（红字入库单）原数冲抵原入库单数据。

录入、审核采购入库单操作步骤：

(1)进入库存管理系统，单击系统菜单中“日常处理”|“入库”|“采购入库单”，进入如图8-10所示的采购入库单录入窗口。

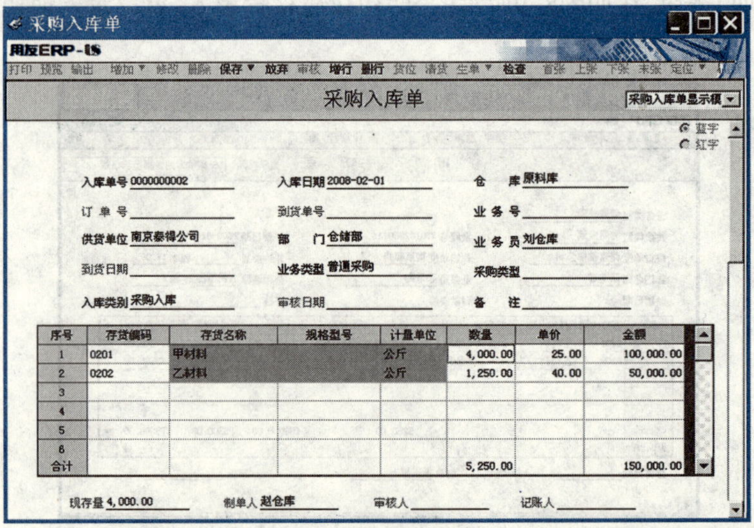

图8-10 采购入库单录入

(2)单击【增加】，进入单据录入状态；可以生单的，单击【生单】进行参照生单。

(3)输入单据表头的各项内容，输入单据表体的各项内容。填写完毕，发现单据有错，可以直接将光标移到有关栏目进行修改。在单据保存前，可以放弃当前单据，返回单据查询界面。

(4)保存单据，此时单据状态为未审核。未审核的单据可以修改、删除。

(5)审核单据，对未审核的单据进行审核。已审核的单据为有效单据，可被其他单据、其他系统参照使用。

提示 已审核的单据不能修改、删除。如要修改、删除已审核单据，应先执行弃审，弃审后单据状态为未审核，再对其修改、删除。

2. 采购发票录入。采购发票是供应商开出的销售货物的凭证，系统将根据采购发票确认采购成本，并据以登记应付账款。

采购发票按业务性质分为：蓝字发票、红字发票。按发票类型分为增值税专用发票、普通发票和运费发票。

(1)录入增值税专用发票。增值税专用发票的单价为无税单价。

操作步骤

①进入采购管理系统，单击系统菜单中“业务”|“发票”|“专用采购发票”，进入如图8-11所示的采购专用发票录入窗口。

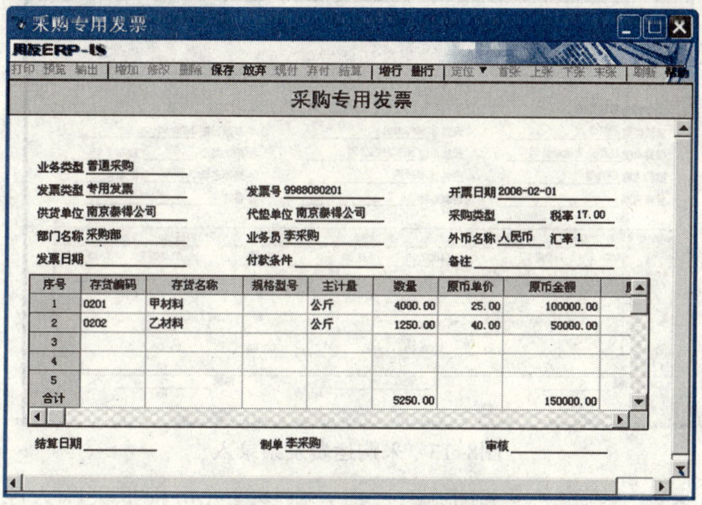

图8-11 采购专用发票录入

②单击【增加】，进入单据录入状态，输入单据表头的各项内容，输入单据表体的各项内容。

③填写完毕，发现单据有错，可以直接将光标移到有关栏目进行修改。

④保存单据，单据可以修改、删除。

⑤如果采购的同时支付款项，单击【现付】，进入如图8-12所示的“采购现付”窗口继续录入。单击【弃付】可以进行修改。

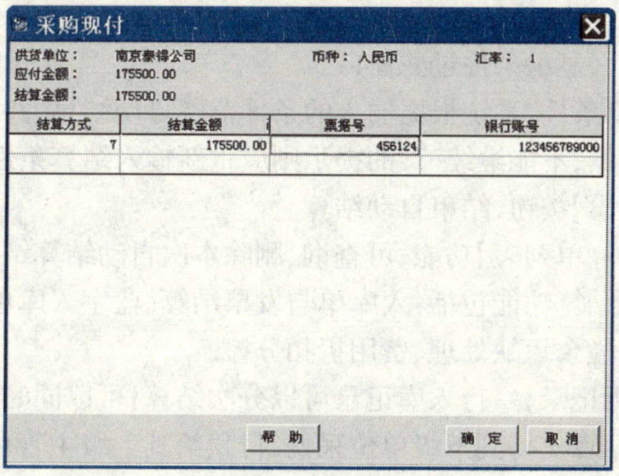

图8-12 采购现付

(2)普通发票。普通发票包括普通发票、废旧物资收购凭证、农副产品收购凭证、其他收据，普通发票录入的方法类似于专用发票，但是普通发票的单价、金额都是含税的，普通发票的默认税率为0。

(3)运费发票。运费发票主要是指向供货单位或提供劳务单位支付的代垫款项、运输装卸费、手续费、违约金(延期付款利息)、包装费、包装物租金、储备费、进口关税等的发票，运费发票的单价、金额都是含税的，运费发票的默认税率为7。运费发票中的存货只能是在存货档案中设定属性为“应税劳务”的存货。

采购运费发票录入窗口如图8-13所示。采购运费也可现付或弃付。

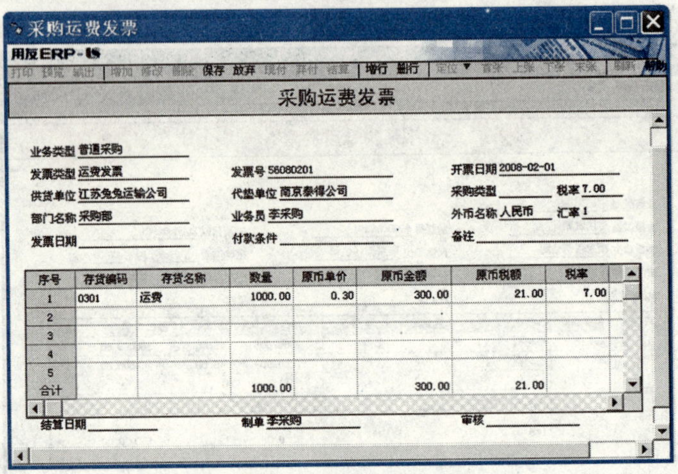

图8-13 采购运费发票录入

3. 采购结算。采购结算也称采购报账，是指采购核算人员根据采购入库单、采购发票核算采购入库成本；采购结算的结果是采购结算单，它是记载采购入库单记录与采购发票记录对应关系的结算对照表。

采购结算从操作处理上分为自动结算、手工结算两种方式。

(1)自动结算。自动结算是由系统自动将符合结算条件的采购入库单记录和采购发票记录进行结算。系统按照三种结算模式进行自动结算：入库单和发票、红蓝入库单、红蓝发票。

操作步骤

①进入自动结算界面，显示条件过滤窗口。

②根据需要输入结算条件，系统根据输入的条件范围自动结算，并产生结算结果列表。如出现“没有符合条件的单据，不能继续。”的提示则应重新输入结算条件。

③单击工具栏的【退出】按钮，结束自动结算。

④单击执行【采购结算单列表】功能，可查询、删除本次自动结算结果。

(2)手工结算。手工结算功能包括：入库单与发票结算、蓝字入库单与红字入库单结算、蓝字发票与红字发票结算、溢余短缺处理、费用折扣分摊。

手工结算时可拆单拆记录，一行入库记录可以分次结算；可以同时对多张入库单和多张发票进行手工结算。手工结算支持到下级单位采购，付款给其上级主管单位的结算；支持三角债结算，即甲单位的发票可以结算乙单位的货物。

操作步骤

①进入采购管理系统，单击系统菜单中“业务”|“采购结算”|“手工结算”，进入手工结算界面。

②单击【选单】按钮，显示结算选单界面，如图8-14所示。单击【过滤】按钮过滤，单击【刷票】按钮刷新发票，单击【刷入】按钮刷新入库单，选择需结算的发票和入库单后确定。

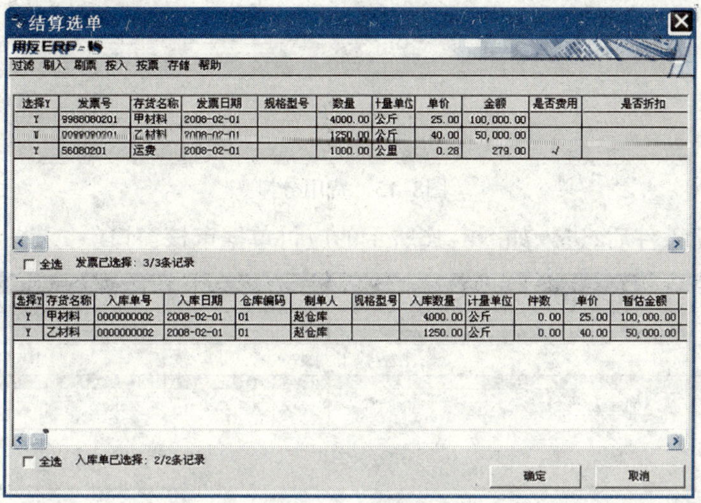

图8-14 结算选单

③选单后返回结算选单界面，窗口上方带入发票记录、入库单记录，窗口下方带入费用折扣存货发票记录、运费发票记录。

④选择费用分摊方式：选中“按金额”或“按数量”。费用名称、发票号、对应仓库、对应存货、金额根据所选择的费用折扣存货发票记录、运费发票记录带入。供货单位、代垫单位、发票日期、规格型号、数量、计量单位、单价根据所选择的费用折扣存货发票记录、运费发票记录带入。入库数量与发票数量不符时，可录入溢余短缺数量、金额，将两者数量调平。

⑤费用分摊：用户可以把某些运费、挑选整理费等费用按会计制度摊入采购成本，单击【选单】手工选择费用折扣存货的发票记录，或单击【选单】选择运费发票记录，所选记录显示在窗口下方的费用结算列表。

⑥选择分摊方式：在如图8-15所示的费用分摊窗口选中“按金额”或“按数量”，然后单击【分摊】，则将费用折扣分摊到入库单。

⑦结算：入库单、发票选择完毕后，单击【结算】按钮，系统自动将本次选择的数据进行结算。

⑧结算完成后，系统把已结算的单据数据从屏幕上清除，重复②~⑦步骤可进行其他采购结算。

⑨单击【关闭】按钮，退出手工结算界面。

⑩结算的结果可以在【结算单列表】功能中查看，也可以删除结算单后重新结算。

4. 应付单据审核。

操作步骤

(1)进入应付款管理系统，单击系统菜单中“日常处理”|“应付单据处理”|“应付单据审

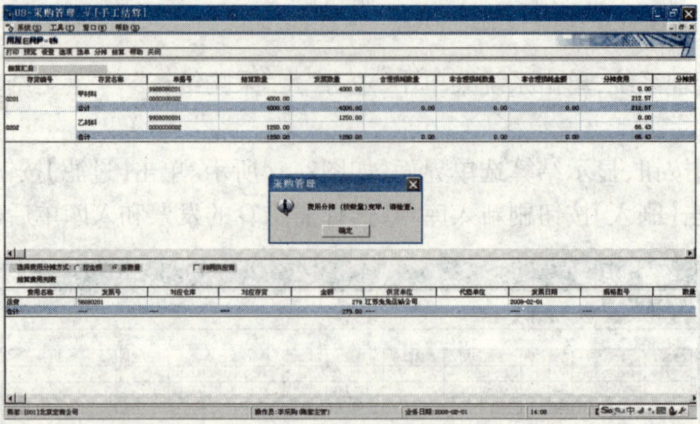

图8-15 费用分摊

核”，输入单据过滤条件后，进入如图8-16所示的应付单据审核窗口。

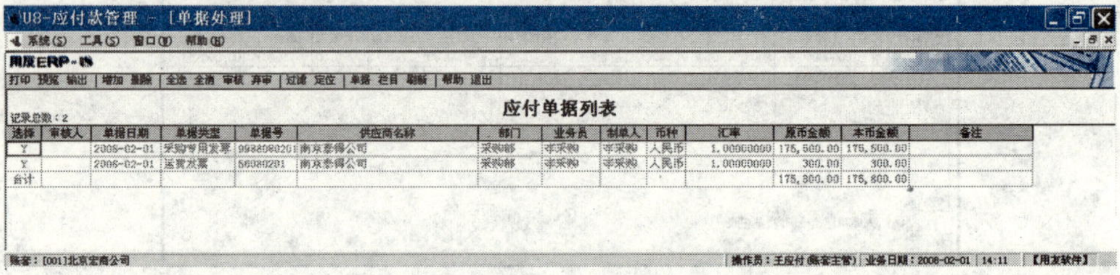

图8-16 应付单据审核

(2)选择需审核单据，单击【审核】按钮审核单据，也可双击打开某张单据再审核。

(3)审核后的单据可以通过单击【弃审】按钮取消审核。

5. 付款单据录入、审核。付款单据录入，是将支付供应商款项和供应商退回的款项，录入到应付款管理系统。包括付款单与收款单(即红字付款单)的录入。

操作步骤

(1)进入应付款管理系统，单击系统菜单中“日常处理”|“付款单据处理”|“付款单据录入”，输入单据过滤条件后，进入如图8-17所示付款单据录入窗口。

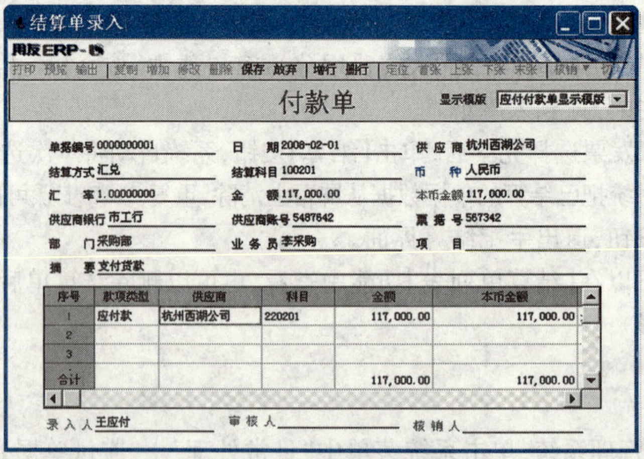

图8-17 所示付款单据录入

(2)在单据界面上,单击【增加】按钮可新增付款单,单击【切换】按钮则可新增收款单。

(3)依据栏目说明输入各个项目,录入完毕后单击【保存】按钮。

(4)单击【审核】按钮可对已保存单据进行审核。若审核后发现录入的单据有错误,可单击【弃审】按钮进行弃审后,单击【修改】按钮进行修改,也可单击进行【删除】按钮。

(5)对修改后的单据,单击【保存】按钮将其保存。

(6)审核完成后,系统提示是否制单,可选择立即制单,也可选择在制单处理中统一进行制单。选择立即制单,则系统弹出凭证卡片,可进行修改并保存。

6. 生成记账凭证。发票、付款单、现结等原始单据可以由应付款管理系统自动生成记账凭证,并传入总账系统。

操作步骤

(1)进入应付款管理系统,单击系统菜单中“日常处理”|“制单处理”。

(2)选择制单类型:发票制单、结算单制单或现结制单。

(3)输入完查询条件,单击【确认】,系统列示符合条件的所有未制单已经记账的单据,如图8-18所示。

(4)单击【制单】按钮,进入凭证界面。输入制单日期,选择凭证类别,并输入其他各项内容。

(5)单击【保存】按钮,可以将当前凭证传递到总账系统。

(6)通过【上翻】或者【下翻】按钮可以查看上一张或者下一张凭证。

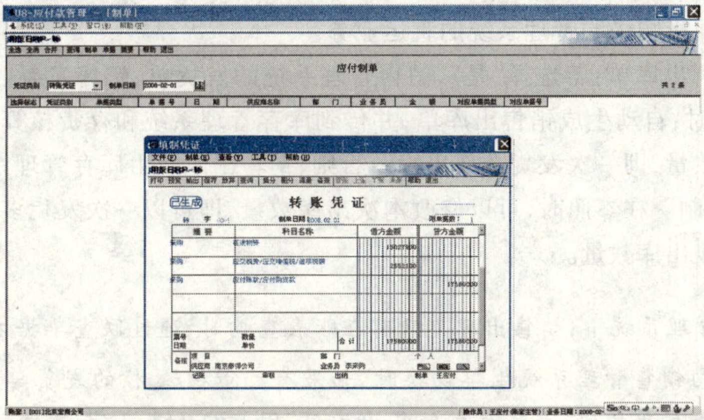

图8-18 生成凭证(应付系统)

提示 在凭证界面可以增加、删除分录,但增加、删除的分录科目不能为受控科目,系统生成的分录不允许删除。可以修改科目、项目、部门、个人、制单日期、摘要、凭证类别、附单据数等栏目。金额由系统自动生成,不能对此进行修改。但允许对非受控科目分录进行金额的修改。除坏账处理制单暂时只能独立制单外,各种制单类型均可以实现合并制单处理。

按单据制单时,自动取单据中相应的备注内容填充摘要,如没有备注内容,则按当前单据类型或处理内容填充摘要;按发票制单时,取发票类型及摘要作为凭证摘要内容。摘要允许修改。

7. 月末暂估入库。对于月末暂估入库业务,可先录入入库单,当存货核算系统中作期末处理时系统自动作暂估入库处理。在存货核算系统中选择“采购入库单(暂估记账)”生成月末暂估入库凭证。

8.3 销售管理系统应用

8.3.1 销售管理系统初始化设置

1. 销售选项设置。

(1)业务控制。是否有零售日报业务:若选择“有”,系统增加【零售】菜单项,相关账表如销售收入明细账中包含零售日报的数据,否则系统不能处理零售日报业务。此功能可以作为与前台销售收款系统的接口。

是否有销售调拨业务:若选择“有”,系统增加【销售调拨】菜单项,相关账表如销售收入明细账中包含销售调拨单的数据,否则系统不能处理内部销售调拨业务。

是否有委托代销业务:若选择“有”,系统增加【委托代销】菜单项,增加委托代销明细账等账表,否则系统不能处理委托代销业务。

是否有分期收款业务:若选择“有”,填制销售单据时可选择分期收款的业务类型,否则不可用。

是否有直运销售业务:若选择“有”,可选择直运销售的业务类型,否则不可用。销售管理系统的直运业务选项影响采购管理系统的直运业务。

是否生成销售出库单:若选择“是”,销售管理系统的发货单、销售发票、零售日报、销售调拨单在审核/复核时,自动生成销售出库单,并传到库存管理系统和存货核算系统,库存管理系统不可修改出库数量,即一次发货全部出库。否则,销售出库单由库存管理系统参照上述单据生成,不可手工填制。在参照时,可以修改本次出库数量,即可以一次发货多次出库;生成销售出库单后不可修改出库数量。

提示 在销售管理系统中,销售出库单只有在账表查询时,通过联查单据才可见到。在由库存管理系统生单向销售管理系统生单切换时,如果有已审核/复核的发货单、发票未在库存管理系统生成销售出库单的,将无法生成销售出库单,因此应检查已审/复核的销售单据是否均已全部生成销售出库单后再切换。

销售是否必填批号:若选择“是”,则按批次管理存货,在销售管理系统开据发货单、销售发票、零售日报、销售调拨单时,批号为必填项。否则,批号在销售管理系统可指定也可不指定。在销售管理系统指定批号后,在库存管理系统中不能修改,未指定则在库存管理系统中指定。如果【是否销售生成出库单】选择“是”,则批号只能在销售管理系统中指定,用户不可修改。

单据按存货编码排序:若选择“是”,单据保存时将单据上的存货按存货编码升序调整。否则,按录入的顺序保存。

是否启用防伪税控自动保存发票功能:若选择“启用”,则系统新增销售发票保存时,可调用防伪税控接口,在防伪税控开票系统实时生成一张相同的发票;系统销售发票作废时,可调用防伪税控接口，在防伪税控开票系统作废原来对应生成的发票。

防伪税控输出文件路径：直接录入或参照录入。系统给出默认路径，用户可修改。

覆盖原输出文件：若选择“是”，新输出的防伪税控文件将原输出文件覆盖，否则不覆盖。

(2)其他控制。新增发货单、退货单、发票默认：用于设置新增发货单、退货单、发票时是否弹出销售订单、销售发货单的参照界面。设置参数后，用户也可取消弹出界面，直接使用工具栏上的【订单】、【发货】按钮弹出参照界面。

(3)信用控制、可用量管理、价格管理。进行客户、部门、业务员的信用控制范围的设置。可用量控制包括可用量检查公式、可用量控制公式、超可用量控制。价格管理选项设置取价方式、报价参照、价格政策、最低售价控制。

2. 开户银行。此功能用于维护及查询使用单位的开户银行信息。开户银行一旦被引用，便不能进行修改和删除的操作。设置开户银行操作界面如图8-19所示。

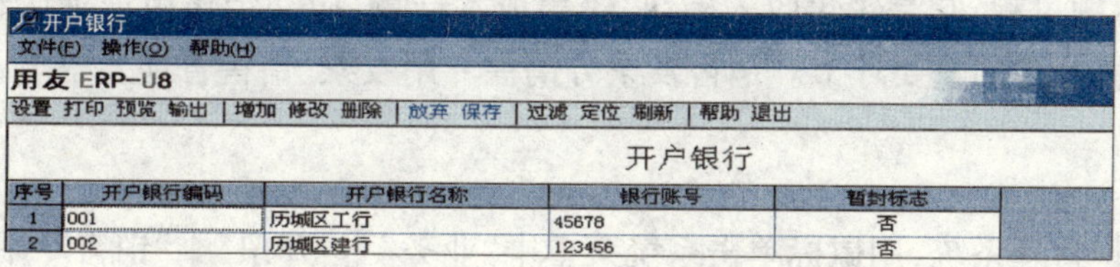

图8-19 开户银行设置

3. 销售类型设置。企业在处理销售业务时，可以根据自身的实际情况自定义销售类型，以便于按销售类型对销售业务数据进行统计和分析。本功能完成对销售类型的设置和管理，可以根据业务的需要方便地增加、修改、删除、查询、打印销售类型。

销售类型设置操作界面如图8-20所示。

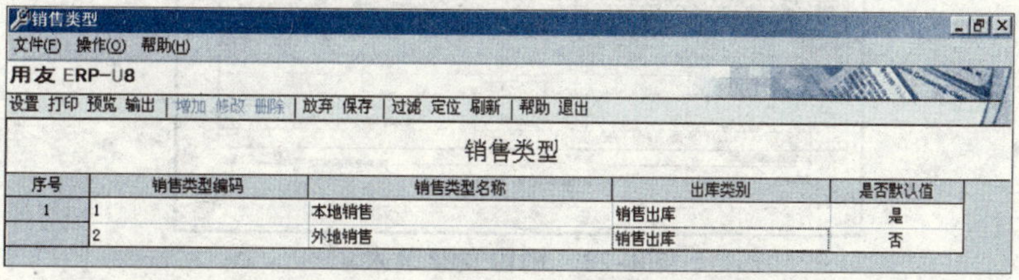

图8-20 销售类型设置

销售类型编码、名称：不能为空，且不能重复。

出库类别：输入销售类型所对应的出库类别，以便销售业务数据传递到库存管理系统和存货核算系统时进行出库统计和财务制单处理。可以直接输入出库类别编号或名称，也可以用参照输入法。出库类别是收发类别中的收发标志为“发”的那部分，收发标志为“收”的收发类别是不能作为出库类别的。

是否默认值：标识销售类型在单据录入或修改被调用时是否作为调用单据的销售类型的默认取值。

4. 费用项目设置。企业在处理销售业务中的代垫费用、销售支出费用时，应先行在本功能中设定这些费用项目。本功能完成对费用项目的设置和管理，可以根据业务的需要方便地增加、修改、删除、查询、打印费用项目。

费用项目设置界面如图8-21所示。

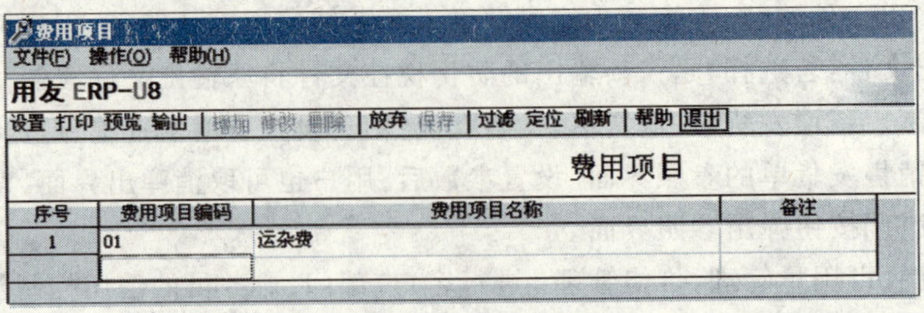

图8-21 费用项目设置

8.3.2 销售业务日常处理

1. 销售发票录入(开票直接发货模式)。销售开票是在销售过程中企业给客户开具销售发票及其所附清单的过程,它是销售收入确认、销售成本计算、应交销售税金确认和应收账款确认的依据,是销售业务的重要环节。销售发票分销售专用发票、销售普通发票。

操作步骤

(1)进入销售管理系统,用鼠标单击系统菜单中“业务”|“开票”|“销售专用发票”(或“销售普通发票”),单击【增加】,进入如图8-22所示的销售发票录入窗口。

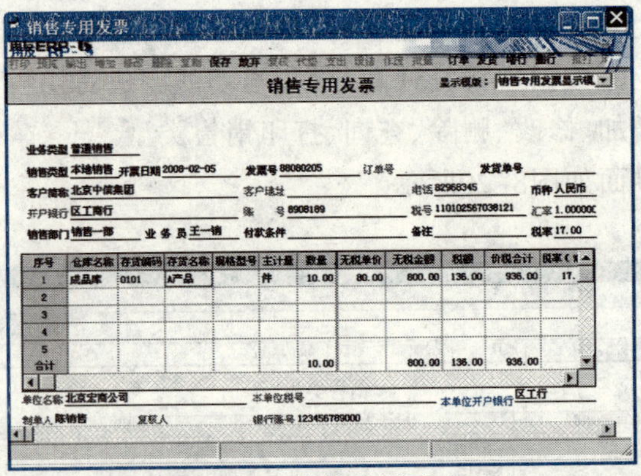

图8-22 销售发票录入

(2)输入单据表头的各项内容,再输入单据表体的各项内容。填写完毕,发现单据有错,可以直接将光标移到有关栏目进行修改。

(3)保存单据,单据状态为未复核。未复核的单据可以修改、删除。

(4)如果在销售的同时收到款项,可以单击【现结】按钮,输入收款单据。

(5)如果在销售的同时有代垫运杂费等代垫费用,可以通过单击【代垫】按钮,输入代垫费用单,并审核代垫费用单。

(6)复核单据:未复核的单据可以复核,复核后单据状态为已复核,不能修改、删除。已复核的单据为有效单据,可被其他单据、其他系统参照使用。已复核的单据可以弃复,弃复后单据状态为未复核。

提示 在复核发票后,系统会自动产生一张销售发货单,如果在销售选项中选择了“销售生成出库单选项”，系统还会自动产生一张销售出库单。

2. 收款单录入、审核。收款单据录入，是将已收到的客户款项或退回客户的款项，录入到应收款管理系统。包括收款单与付款单(即红字收款单)的录入。

收款单录入和审核的操作界面如图8-23所示，操作步骤与付款单录入和审核基本相同，在此不再重复。

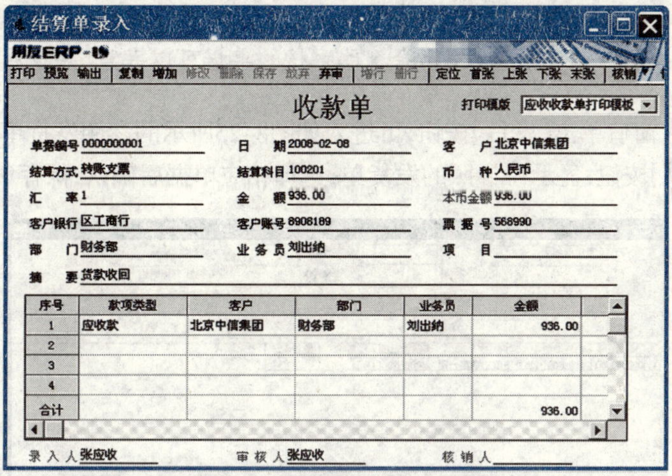

图8-23 收款单录入审核

3. 应收单据审核。应收单据审核窗口类似于应付单据审核界面，在第7章中也已经介绍，在此不再重复。

4. 销售发货单录入(先发货后开票模式)。发货单是销售方给客户发货的凭据，是销售发货业务的执行载体。先发货后开票时，销售发货单可以手工增加，也可以参照销售订单填制；开票直接发货时，销售发货单根据销售发票自动生成。先发货后开票时，销售发货单可以修改、删除、审核、弃审、关闭、打开；开票直接发货时销售发货单不可以修改、删除、弃审，但可以关闭、打开。先发货后开票时，已审核未关闭的销售发货单可以参照生成销售发票。

操作步骤

(1)进入销售管理系统，单击系统菜单中“业务”|“发货”|“发货单”，单击【增加】，进入如图8-24所示销售发货单录入窗口。

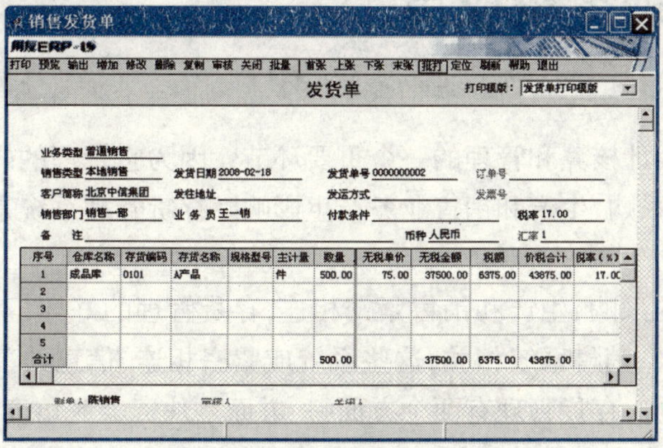

图8-24 销售发货单录入

(2)输入单据表头的各项内容,再输入单据表体的各项内容。填写完毕,发现单据有错,可以直接将光标移到有关栏目进行修改。

(3)保存单据,单据状态为未审核。未审核的单据可以修改、删除。

(4)审核单据:未审核的单据可以审核,已审核的单据为有效单据,可被其他单据、其他系统参照使用。

提示 单据状态为已审核,不能修改、删除。已审核的单据可以弃审,弃审后单据状态为未审核。

在销售发票录入窗口单击【发货】按钮,可进入如图8–25所示的参照发货单生成销售发票窗口。输入客户,单击【显示】按钮,显示待参照的发货单,选择相应单据后确认,保存该发票,并复核。

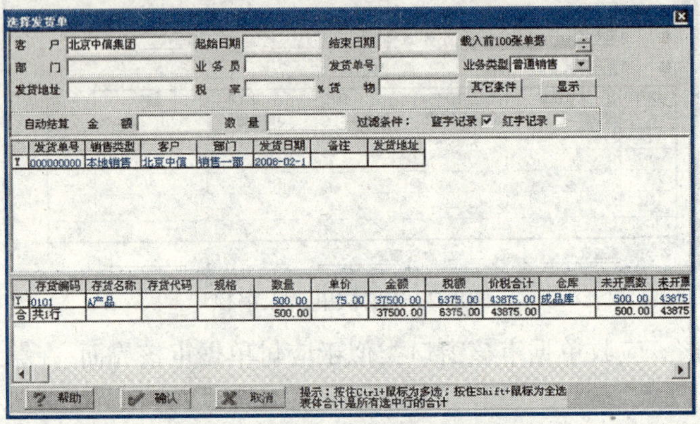

图8–25　参照发货单生成销售发票

5. 销售退货。销售退货业务是指客户因货物质量、品种、数量等不符合要求而将已购货物退回本企业的业务。销售退货时需要录入退货单(红字发货单)和红字销售发票,其处理办法类似于发货单和销售发票的录入,只不过数量和金额为红字(负数)。

6. 生成记账凭证。销售发票、收款单、现结等原始单据可以由应收款管理系统自动生成记账凭证,并传入总账系统。在生成凭证时分别选择发票制单、结算单制单或现结制单。

8.4　存货管理系统应用

存货管理是企业会计核算和管理的一个重要环节，因为它管理的好坏和信息提供的及时准确与否,直接对企业采购、生产和销售业务产生影响。存货管理系统是企业会计信息系统的重要构成部分。

存货管理与企业的采购、生产和销售紧密相连,存货管理的好坏,不仅与存货管理系统本身有关,也与采购、生产、销售系统相关,这些系统应紧密相连、信息共享,所以在很多企业里,“购销存”是集成使用的。存货管理有两个方面:一方面是从资金流角度上的管理,是以货币计量的,考虑采购增加了多少存货的价值,销售减少了多少存货的价值,库存剩余的存货价值是多少，占用了多少企业的资金，一般称为“存货核算”；另一方面是从物流角度上的管理，是以实物单位计量的，如各种存货的库位管理、保质期管理、安全库存管理等，一般称为“库存管理”。

8.4.1 库存管理系统初始化设置

1. 库存选项设置。库存管理系统选项包括通用设置、专用设置、可用量控制、可用量检查等内容。其中常用的通用设置选项有：

(1)业务设置。

有无组装拆卸业务：打勾选中，不可随时修改。

有无形态转换业务：打勾选中，不可随时修改。

有无委托代销业务：打勾选中，不可随时修改。

有委托代销业务：打勾选中，则当销售出库单的业务类型增加“委托代销”后，可查询“委托代销备查簿”；没有委托代销业务时，不能进行以上操作。

有无受托代销业务：打勾选中，不可随时修改。只有商业版才能选择有受托代销业务，工业版不能选择有受托代销业务。选中“有”，可在【存货档案】中设置受托代销存货，当采购入库单的业务类型增加“受托代销”后，可查询【受托代销备查簿】；没有受托代销业务时，不能进行以上操作。

有无成套件管理：打勾选中，默认为否，不可随时修改。选中“有”，可在【存货档案】中设置某存货为成套件，可设置【成套件】档案，【收发存汇总表】、【业务类型汇总表】可按成套件展开统计；没有成套件管理时，不能进行以上操作。

有无批次管理：打勾选中，默认为否，不可随时修改。选中“有”，可在【存货档案】中设置批次管理存货，并可查询【批次台账】、【批次汇总表】。否则，不能设置和查询。

有无保质期管理：打勾选中，默认为否，不可随时修改。选中“有”，可在【存货档案】中设置保质期管理存货，可执行【失效日期维护】，并查询【保质期预警】；没有保质期管理时，没有以上功能。

(2)修改现存量时点。企业根据实际业务的需要，有些单据在单据保存时进行实物出入库，而有些单据在单据审核时才进行实物出入库。为了解决单据和实物出入库的时间差问题，企业可以根据不同的单据制定不同的现存量更新时点。该选项会影响现存量、可用量、预计入库量、预计出库量。可以选择“采购入库审核时改现存量”、“销售出库审核时改现存量”、“材料出库审核时改现存量”、“产成品入库审核时改现存量”、“其他出入库审核时改现存量”等。

2. 期初数据录入与审核。账簿都应有期初数据，以保证其数据的连贯性。初次使用库存管理系统时，应先输入全部存货的期初数据。如果系统中已有上年的数据，可将上年度各存货结存结转本年。

操作步骤

(1)单击“初始设置”|“期初数据”|“期初结存”，进入如图8-26所示的“库存期初数据录入”窗口。

(2)选择录入结存的仓库。

(3)单击【修改】直接录入存货；单击【选择】，可批量增加存货。

(4)填写完毕，发现单据有错，可以直接将光标移到有关栏目进行修改。

(5)保存单据，单据状态为未审核。在单据保存前，可以放弃当前单据，返回单据查询界面。

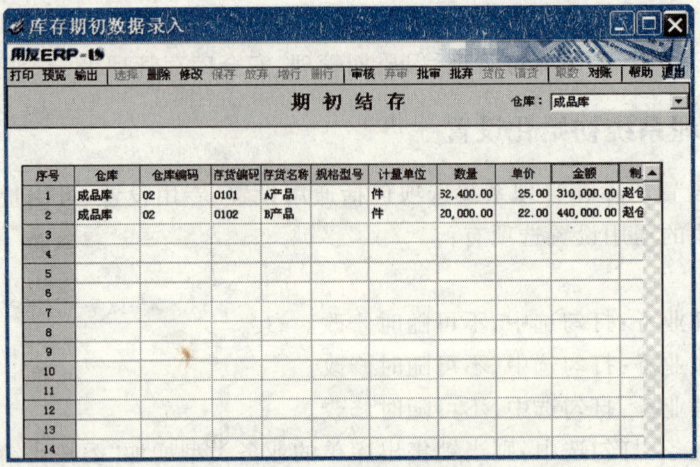

图8-26 库存期初数据录入

(6)审核单据：未审核的单据可以审核。有日常业务发生的，期初结存不能弃审。

提示 已审核的单据不能修改、删除。未审核的单据可以修改、删除。发现已审核的单据有错可以弃审，弃审后单据状态为未审核，就可以修改或删除了。

8.4.2 存货核算系统初始化设置

1. 存货核算选项设置。用于定义企业所使用本系统的选项，经常使用的存货核算选项包括：核算方式、控制方式、最高最低控制。

(1)核算方式。按仓库核算：按仓库设置计价方式，并且每个仓库单独核算出库成本。即按用户在仓库档案中设置的计价方式进行核算。不同仓库，相同存货可按不同计价方式核算成本。

按部门核算：按仓库中的所属部门设置计价方式，并且相同所属部门的各仓库统一核算出库成本。即不同部门，相同存货可按不同计价方式核算成本。也即按用户在仓库档案中设置的部门计价方式进行核算。

按存货核算：通常情况下，企业应按存货进行核算。按存货核算，则无论部门或仓库，相同存货均按相同计价方式核算成本。即按用户在存货档案中设置的计价方式进行核算。一般来说，同种存货不论其所属仓库、所属部门，其核算口径应是一致的，因此很多企业采用按存货核算的方式。

(2)暂估方式。

月初回冲：月初回冲是指月初时系统自动生成红字回冲单，报销处理时，系统自动根据报销金额生成采购报销入库单。

单到回冲：单到回冲是指报销处理时，系统自动生成红字回冲单，并生成采购报销入库单。

单到补差：单到补差是指报销处理时，系统自动生成一笔调整单，调整金额为实际金额与暂估金额的差额，用来处理暂估业务。

2. 存货期初数据录入与记账。存货期初数据录入功能用于录入使用系统前各存货的期初结存情况。存货的期初余额和库存的期初余额应分开录入。库存和存货的期初数据分别录入处理，库存和存货核算就可分别先后启用，即允许先启存货再启库存或先启库存再启存货。库存的期初数据可与存货核算的期初数据不一致，系统提供两边互相取数和对账的功能。

当使用存货核算时，如果不需要输入期初差异，则可直接输入期初余额、分期收款发出商品余额、委托代销商品余额后，进行期初记账；如果需要输入期初差异，则应保存期初余额并退出，进入差异录入界面，输入完差异后，再进入期初余额进行期初记账。期初记账后，用户可以进行日常业务核算。企业可修改期初数据，期初记账后就不能修改了。期初记账前可修改计价方式及核算方式。

操作步骤

（1）单击“初始设置”｜“期初数据”｜“期初余额”，进入如图8–27所示的存货期初余额录入窗口。

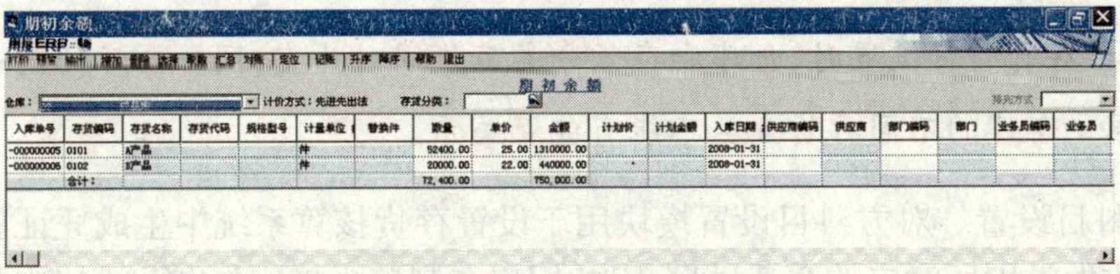

图8–27　存货期初余额录入

（2）选择要输入期初余额的仓库/部门/存货，输入期初余额。可单击【选择】按钮，进行批量选择存货快速录入。

（3）可以通过单击【取数】按钮，从库存系统取期初数。

（4）输入此仓库/部门/存货的期初余额，并保存。保存后，可以单击【对账】按钮，将存货系统期初与库存系统期初进行对账。

（5）当期初余额输入完毕后，单击【记账】按钮，则用户可以进行日常处理。记账可以恢复。

3. 科目设置。科目设置用于设置存货核算系统中生成凭证所需要的各种存货科目、差异科目、分期收款发出商品科目、委托代销科目、运费科目、税金科目、结算科目、对方科目等，设置科目后，在生成凭证时，系统能够根据各个业务类型将科目自动带出，因此用户在制单之前应先在此模块中将存货科目设置正确、完整，否则无法生成科目完整的凭证。

科目设置的业务规则：采购入库制单时，借方取存货科目，贷方取收发类别所对应的对方科目；采购结算制单时，借方取存货科目、运费科目、税金科目，贷方取应付科目；产成品入库制单时，借方取存货科目，贷方取收发类别所对应的对方科目；发出商品制单时，借方科目取分期收款发出商品对应的科目，贷方取存货对应的科目；发票制单时，借方科目取收发类别对应的科目，贷方取分期收款发出商品对应的科目；销售出库制单时，借方取收发类别所对应的对方科目，贷方取存货科目；材料出库结转成本制单时，借方取收发类别所对应的对方科目，贷方取存货科目；调拨业务制单时，借方取存货科目，贷方取存货科目；盘盈业务制单时，借方取存货科目，贷方取对方科目；盘亏业务制单时，借方取对方科目，贷方取存货科目；组装、拆卸、形态转换业务制单时，借方取存货科目，贷方取存货科目；入库调整单制单时，借方取存货科目，贷方取对方科目；出库调整单制单时，借方取对方科目，贷方取存货科目。

（1）存货科目设置。

操作步骤

①单击“初始设置”｜“科目设置”｜“存货科目”，进入如图8–28所示的存货科目设置窗口。

②单击【增加】按钮，输入所要设置的存货科目、差异科目、分期收款发出商品科目、委托代销科目等并保存。

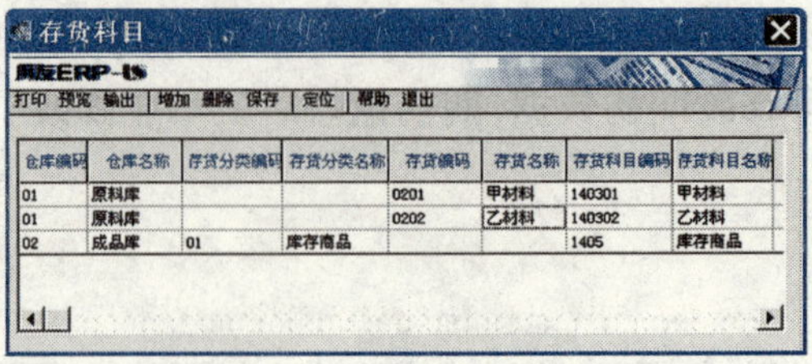

仓库编码	仓库名称	存货分类编码	存货分类名称	存货编码	存货名称	存货科目编码	存货科目名称
01	原料库			0201	甲材料	140301	甲材料
01	原料库			0202	乙材料	140302	乙材料
02	成品库	01	库存商品			1405	库存商品

图8-28 存货科目设置

提示 在进行存货科目设置时，仓库和存货分类不能同时为空，同一仓库的同一存货分类不能重复设置，同一仓库的不同存货分类不能有包涵关系。

(2)对方科目设置。对方科目设置模块用于设置存货核算系统中生成凭证所需要的存货对方科目，即收发类别所对应的会计科目，因此用户在制单之前应先在此模块中将存货对方科目设置正确、完整，否则无法生成科目完整的凭证。

操作步骤

①用鼠标单击“初始设置”|“科目设置”|“对方科目”，进入如图8-29所示的存货对方科目设置窗口。

②单击【增加】按钮，选中末级收发类别输入对方科目、暂估科目，并保存。

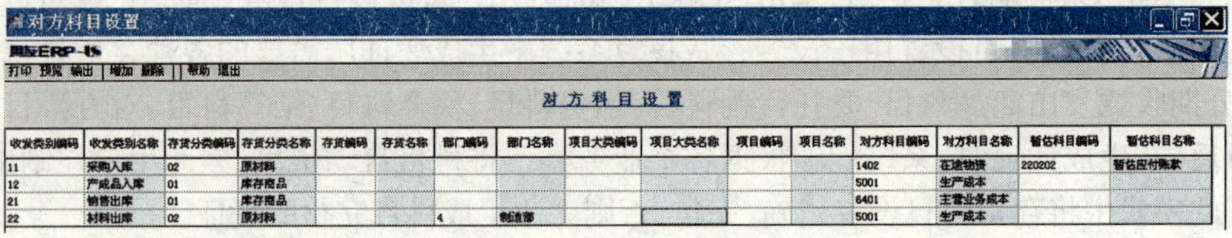

收发类别编码	收发类别名称	存货分类编码	存货分类名称	存货编码	存货名称	部门编码	部门名称	项目大类编码	项目大类名称	项目编码	项目名称	对方科目编码	对方科目名称	暂估科目编码	暂估科目名称
11	采购入库	02	原材料									1402	在途物资	220202	暂估应付账款
12	产成品入库	01	库存商品									5001	生产成本		
21	销售出库	01	库存商品									6401	主营业务成本		
22	材料出库	02	原材料			4	制造部					5001	生产成本		

图8-29 存货对方科目设置

提示 对方科目不能为空而且必须是末级科目，对方科目可根据收发类别、存货分类、部门、项目分类、项目和存货来设置。

8.4.3 存货管理业务日常处理

1. 材料出库单录入、审核。对于工业企业，材料出库单是领用材料时所填制的出库单据，当从仓库中领用材料用于生产时，就需要填制材料出库单。只有工业企业才有材料出库单，商业企业没有此单据。

操作步骤

(1)进入库存管理系统，单击系统菜单中“日常业务”|“出库”|“材料出库单”，单击【增加】，进入材料出库单录入状态，出现如图8-30所示的材料出库单录入窗口。

(2)输入单据表头的各项内容，再输入单据表体的各项内容。

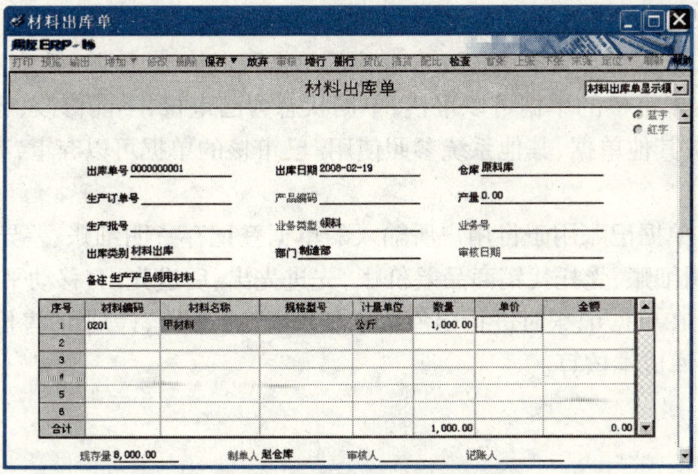

图8-30 材料出库单录入

(3) 填写完毕，发现单据有错，可以直接将光标移到有关栏目进行修改。

(4) 保存单据，此时单据状态为未审核。未审核的单据可以修改、删除。

(5) 审核单据：未审核的单据可以审核，单据状态为已审核，不能修改、删除。已审核的单据为有效单据，可被其他单据、其他系统参照使用。已审核的单据可以弃审，弃审后单据状态为未审核。

提示 如果存货成本计算时采用的是全月加权平均法，则在材料出库时只反映出库材料的数量，待存货核算系统进行期末处理后会自动计算出加权平均单价和出库成本。

2. 产成品入库单录入、审核。对于工业企业，产成品入库单一般指产成品验收入库时所填制的入库单据。产成品入库单是工业企业入库单据的主要部分。只有工业企业才有产成品入库单，商业企业没有此单据。

产成品入库单录入审核步骤如下：

(1) 进入库存管理系统，用鼠标单击系统菜单中“日常业务”|“入库”|“产成品入库”，单击【增加】，进入产成品入库单录入状态，进入如图8-31所示的产成品入库单录入窗口。

(2) 输入单据表头的各项内容，再输入单据表体的各项内容。

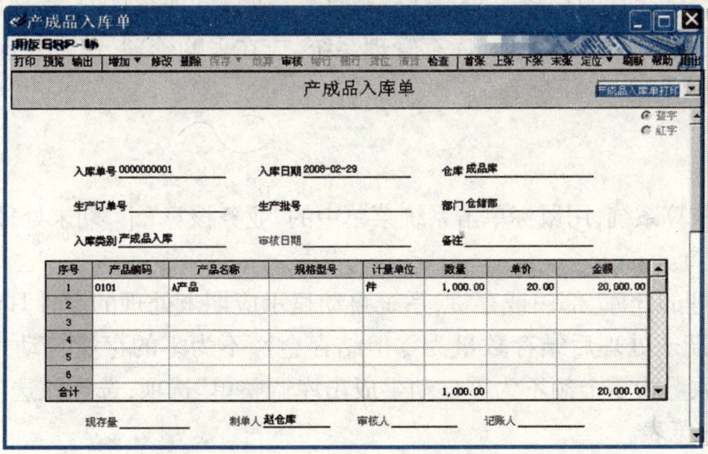

图8-31 产成品入库单录入

(3)填写完毕,发现单据有错,可以直接将光标移到有关栏目进行修改。

(4)保存单据,单据状态为未审核。未审核的单据可以修改、删除。

(5)审核单据:未审核的单据可以审核,单据状态为已审核,不能修改、删除。已审核的单据为有效单据,可被其他单据、其他系统参照使用。已审核的单据可以弃审,弃审后单据状态为未审核。

3. 单据记账。单据记账用于将用户所输入的单据登记存货明细账、差异明细账/差价明细账、受托代销商品明细账、受托代销商品差价账。先进先出、后进先出、移动平均、个别计价这四种计价方式的存货在单据记账时进行出库成本核算;全月平均、计划价/售价法计价的存货在期末处理处进行出库成本核算。

操作步骤

(1)进入存货核算系统,单击系统菜单中"业务核算"|"正常单据记账"(或"特殊单据记账"),选择要记账单据,确认后,进入如图8-32所示的单据记账窗口。

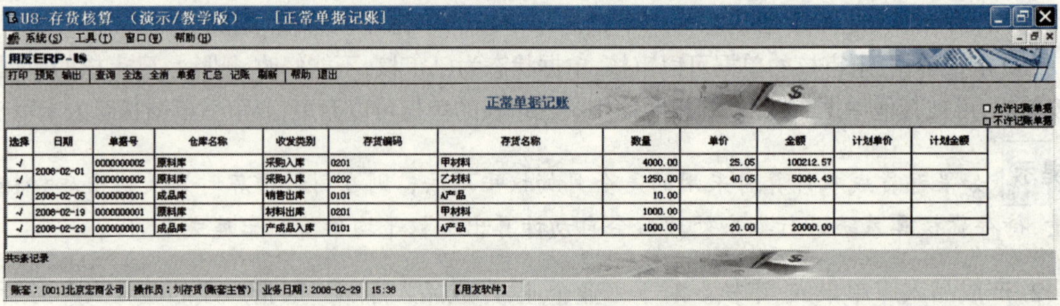

图8-32 单据记账

(2)屏幕显示"未记账单据一览表"界面,在所要记账的单据前选择打勾或在工具栏单击【全选】,再单击【记账】,系统自动记账。

(3)记账后,也可利用恢复记账功能将已登记明细账的单据恢复到未记账状态。

4. 期末处理。当日常业务全部完成后,用户可进行期末处理,功能是:计算按全月平均方式核算的存货的全月平均单价及其本会计月出库成本;计算按计划价/售价方式核算的存货的差异率/差价率及其本会计月的分摊差异/差价; 对已完成日常业务的仓库/部门/存货做处理标志。如果使用了采购管理、销售管理和库存管理系统,应在采购管理、销售管理和库存管理系统作结账处理后才能进行。

操作步骤

(1)进入存货核算系统,用鼠标单击系统菜单中的"业务核算"|"期末处理",进入如图8-33所示的期末处理窗口。

(2)选择要处理的仓库、部门或存货,系统自动显示应期末处理的会计月份。

(3)如果要对期末处理后结存数量为零但结存金额不为零的存货自动生成出库调整单,则可以选择"结存数量为零金额不为零自动生成出库调整单"选项,选择该选项,期末处理后则显示零数量/成本一览表。

(4)选择【确认】按钮,即可对所选对象进行期末处理。

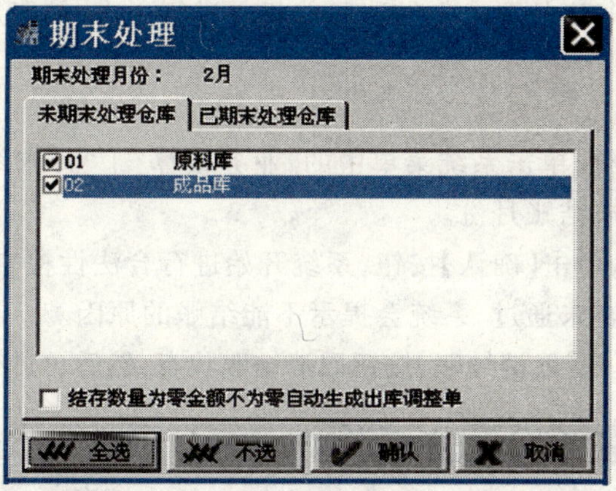

图8-33 期末处理

（5）系统提供恢复期末处理功能，但是在总账结账后将不可恢复，可以通过选择“已期末处理仓库”来恢复期末处理。

5. 生成凭证（存货核算）。入库单据和出库单据在记账后可以由系统自动生成相应的记账凭证，并传入总账系统。

操作步骤

（1）进入存货核算系统，单击系统菜单中的“财务核算”｜“生成凭证”，屏幕显示图8-34所示的“生成凭证”界面。

（2）选择所需生成的“凭证类别”，单击工具栏“选择”铵钮，在“查询条件”中用户根据需要选择需生成凭证的单据类别，可单选，可复选，以及输入相应条件，单击【确认】。

（3）选择要生成凭证的记录，单击【生成】按钮或【合成】按钮。

（4）显示所生成的凭证，用户可修改凭证类别、凭证摘要、借方科目、贷方科目、金额，可以增加或删除借贷方记录，但应保证借贷方金额相平，并等于所选记录的金额。

（5）生成凭证，选择【确认】按钮保存此凭证。

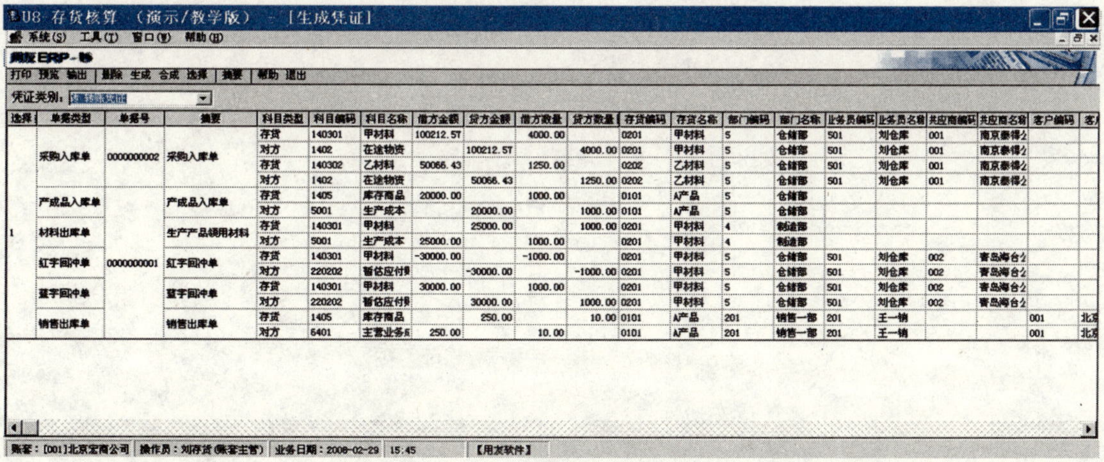

图8-34 生成凭证（存货核算）

6. 存货核算系统月末结账。手工会计处理中，都有结账的过程，在计算机会计处理中也应有这一过程，以符合会计制度的要求。结账只能每月进行一次，结账后本月不能再填制单据。

操作步骤

(1)进入存货核算系统，单击系统菜单中的“业务核算”|“月末结账”，进入如图8-35所示的月末结账窗口，显示月末结账月份。

(2)选择“月末结账”，单击【确认】按钮，系统开始进行合法性检查。如果检查通过，系统立即进行结账操作；如果检查未通过，系统会提示不能结账的原因。

(3)当某月结错账，可用【取消结账】按钮取消结账状态，然后再进行该月业务处理，再结账。

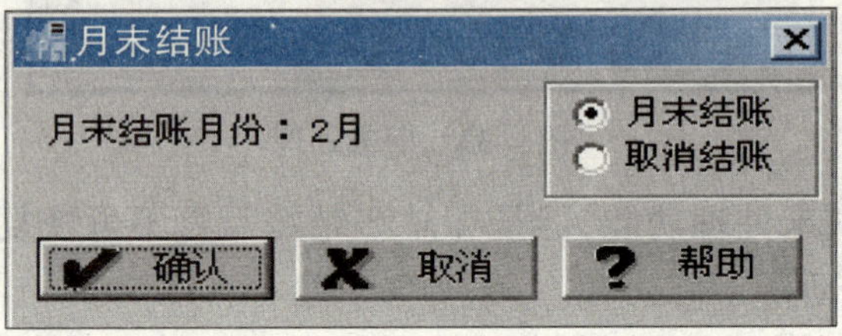

图8-35 月末结账

附录1

《企业会计准则》会计科目名称和编号

顺序号	编号	会计科目名称
		一、资产类
1	1001	库存现金
2	1002	银行存款
3	1003	存放中央银行款项
4	1011	存放同业
5	1012	其他货币资金
6	1021	结算备付金
7	1031	存出保证金
8	1101	交易性金融资产
9	1111	买入返售金融资产
10	1121	应收票据
11	1122	应收账款
12	1123	预付账款
13	1131	应收股利
14	1132	应收利息
15	1201	应收代位追偿款
16	1211	应收分保账款
17	1212	应收分保合同准备金
18	1221	其他应收款
19	1231	坏账准备
20	1301	贴现资产
21	1302	拆出资金
22	1303	贷款
23	1304	贷款损失准备
24	1311	代理兑付证券
25	1321	代理业务资产
26	1401	材料采购
27	1402	在途物资

续表

28	1403	原材料
29	1404	材料成本差异
30	1405	库存商品
31	1406	发出商品
32	1407	商品进销差价
33	1408	委托加工物资
34	1411	周转材料
35	1421	消耗性生物资产
36	1431	贵金属
37	1441	抵债资产
38	1451	损余物资
39	1461	融资租赁资产
40	1471	存货跌价准备
41	1501	持有至到期投资
42	1502	持有至到期投资减值准备
43	1503	可供出售金融资产
44	1511	长期股权投资
45	1512	长期股权投资减值准备
46	1521	投资性房地产
47	1531	长期应收款
48	1532	未实现融资收益
49	1541	存出资本保证金
50	1601	固定资产
51	1602	累计折旧
52	1603	固定资产减值准备
53	1604	在建工程
54	1605	工程物资
55	1606	固定资产清理
56	1611	未担保余值
57	1621	生产性生物资产
58	1622	生产性生物资产累计折旧

续表

59	1623	公益性生物资产
60	1631	油气资产
61	1632	累计折耗
62	1701	无形资产
63	1702	累计摊销
64	1703	无形资产减值准备
65	1711	商誉
66	1801	长期待摊费用
67	1811	递延所得税资产
68	1821	独立账户资产
69	1901	待处理财产损溢
		二、负债类
70	2001	短期借款
71	2002	存入保证金
72	2003	拆入资金
73	2004	向中央银行借款
74	2011	吸收存款
75	2012	同业存放
76	2021	贴现负债
77	2101	交易性金融负债
78	2111	卖出回购金融资产款
79	2201	应付票据
80	2202	应付账款
81	2203	预收账款
82	2211	应付职工薪酬
83	2221	应交税费
84	2231	应付利息
85	2232	应付股利
86	2241	其他应付款
87	2251	应付保单红利
88	2261	应付分保账款

续表

89	2311	代理买卖证券款
90	2312	代理承销证券款
91	2313	代理兑付证券款
92	2314	代理业务负债
93	2401	递延收益
94	2501	长期借款
95	2502	应付债券
96	2601	未到期责任准备金
97	2602	保险责任准备金
98	2611	保户储金
99	2621	独立账户负债
100	2701	长期应付款
101	2702	未确认融资费用
102	2711	专项应付款
103	2801	预计负债
104	2901	递延所得税负债
		三、共同类
105	3001	清算资金往来
106	3002	货币兑换
107	3101	衍生工具
108	3201	套期工具
109	3202	被套期项目
		四、所有者权益类
110	4001	实收资本
111	4002	资本公积
112	4101	盈余公积
113	4102	一般风险准备
114	4103	本年利润
115	4104	利润分配
116	4201	库存股
		五、成本类

续表

117	5001	生产成本
118	5101	制造费用
119	5201	劳务成本
120	5301	研发支出
121	5401	工程施工
122	5402	工程结算
123	5403	机械作业
		六、损益类
124	6001	主营业务收入
125	6011	利息收入
126	6021	手续费及佣金收入
127	6031	保费收入
128	6041	租赁收入
129	6051	其他业务收入
130	6061	汇兑损益
131	6101	公允价值变动损益
132	6111	投资收益
133	6201	摊回保险责任准备金
134	6202	摊回赔付支出
135	6203	摊回分保费用
136	6301	营业外收入
137	6401	主营业务成本
138	6402	其他业务成本
139	6403	营业税金及附加
140	6411	利息支出
141	6421	手续费及佣金支出
142	6501	提取未到期责任准备金
143	6502	提取保险责任准备金
144	6511	赔付支出
145	6521	保单红利支出
146	6531	退保金

续表

147	6541	分出保费	
148	6542	分保费用	
149	6601	销售费用	
150	6602	管理费用	
151	6603	财务费用	
152	6604	勘探费用	
153	6701	资产减值损失	
154	6711	营业外支出	
155	6801	所得税费用	
156	6901	以前年度损益调整	

附录 2

《企业会计制度》会计科目名称和编号

顺序号	编　号	名　称
		一、资产类
1	1001	现金
2	1002	银行存款
3	1009	其他货币资金
4	1101	短期投资
5	1102	短期投资跌价准备
6	1111	应收票据
7	1121	应收股利
8	1122	应收利息
9	1131	应收账款
10	1133	其他应收款
11	1141	坏账准备
12	1151	预付账款
13	1161	应收补贴款
14	1201	物资采购
15	1211	原材料
16	1221	包装物
17	1231	低值易耗品
18	1232	材料成本差异
19	1241	自制半成品
20	1243	库存商品
21	1244	商品进销差价
22	1251	委托加工物资
23	1261	委托代销商品
24	1271	受托代销商品
25	1281	存货跌价准备
26	1291	分期收款发出商品
27	1301	待摊费用

续表

28	1401	长期股权投资
29	1402	长期债权投资
30	1421	长期投资减值准备
31	1431	委托贷款
32	1501	固定资产
33	1502	累计折旧
34	1505	固定资产减值准备
35	1601	工程物资
36	1603	在建工程
37	1605	在建工程减值准备
38	1701	固定资产清理
39	1801	无形资产
40	1805	无形资产减值准备
41	1815	未确认融资费用
42	1901	长期待摊费用
43	1911	待处理财产损溢
		二、负债类
44	2101	短期借款
45	2111	应付票据
46	2121	应付账款
47	2131	预收账款
48	2141	代销商品款
49	2151	应付工资
50	2153	应付福利费
51	2161	应付股利
52	2171	应交税金
53	2176	其他应交款
54	2181	其他应付款
55	2191	预提费用
56	2201	待转资产价值
57	2211	预计负债

续表

58	2301	长期借款
59	2311	应付债券
60	2321	长期应付款
61	2331	专项应付款
62	2341	递延税款
		三、所有者权益类
63	3101	实收资本(或股本)
64	3103	已归还投资
65	3111	资本公积
66	3121	盈余公积
67	3131	本年利润
68	3141	利润分配
		四、成本类
69	4101	生产成本
70	4105	制造费用
71	4107	劳务成本
		五、损益类
72	5101	主营业务收入
73	5102	其他业务收入
74	5201	投资收益
75	5203	补贴收入
76	5301	营业外收入
77	5401	主营业务成本
78	5402	主营业务税金及附加
79	5405	其他业务支出
80	5501	营业费用
81	5502	管理费用
82	5503	财务费用
83	5601	营业外支出
84	5701	所得税
85	5801	以前年度损益调整

全国高职高专院校财会系列教材简介

书　　名	主　编	书　号	定价
基础会计(第二版) Principles of Accounting	李惟庄	F.8584	21.00
基础会计(第二版)实训与练习 Training for Principles of Accounting	李惟庄	F.8585	14.00
财务会计(第二版) Financial Accounting	程坚	F.8588	29.00
财务会计(第二版)实训与练习 Training for Financial Accounting	程坚	F.8589	28.00
成本会计 Principles of Cost Accounting	杨翠萍　李洁	F.7069	17.00
成本会计实训与练习 Training for Principles of Cost Accounting	杨翠萍　李洁	F.7070	23.00
财务管理 Financial Management	杨欣	F.7071	23.00
财务管理实训与练习 Training for Financial Management	杨欣	F.7072	15.00
管理会计 Management Accounting	孙振丹　窦乐江	F.7073	18.00
管理会计实训与练习 Training for Management Accounting	孙振丹　窦乐江	F.7074	14.50
审计(第二版) Principles of Auditing	苗美华	F.8586	24.00
审计(第二版)实训与练习 Training for Principles of Auditing	苗美华	F.8587	23.00
纳税筹划 Tax Paying Planning	梁伟样	F.7077	24.00
纳税筹划实训与练习 Training for Tax Paying Planning	梁伟样	F.7078	13.50
会计电算化(第二版) Computer-based Accounting	刘东辉　张洪波	F.0510	29.00
会计电算化(第二版)实训与练习 Training for Computer-based Accounting	张洪波　刘东辉	F.0016	14.00
会计基础(第二版)(非会计专业) Enterprise Accounting(Non-accounting major)	丁增稳	F.8590	22.00
会计分岗位实训 Training for Accountant Posts	孙振丹	F.8051	22.00

图书订购单

（可复印使用）

第一步：请您填写以下资料：

单位名称：　　　　　　　　　　　　收书人：

发货(邮寄)地址：　　　　　　　　　邮编：

联系电话：　　　　　　　　　　　　E-mail:

第二步：请您填写您所选购的图书及册数：

图书名称(请注明版次)	数　量	单　价	合　计
合　计			

第三步：请您到邮局将款项汇至以下地址：

收款人：李岩

地　址：北京市海淀区阜成路甲 28 号中国财政经济出版社 902 室

邮　编：100036

电　话：010-88190964　　88190960

传　真：010-88190964

第四步：请确认您是否需要增值税票，如果需要请在传真中注明您的增值税信息：

□开具增值税发票　　　　　　□开具普通发票

第五步：如果您想了解其他详细情况，请垂询销售热线：

电话：010-88190960　　88190964

第六步：请确认后签名并传真至出版社：

客户：

日期：

如果你想了解教材其他情况或有意参与教材的编写，请联系我们：

E-mail：liyan@cfeph.cn　　fanmin@cfeph.cn

电　话：010-88190964　　88190905